JN190478

1時間で覚える
エクセル&ワード
仕事が3倍速になる
超裏ワザ全部!

ワイツープロジェクト

宝島
SUGOI
文庫

宝島社

本書の使い方

タイトルが「やりたいこと」「知りたいこと」になっていますので、目次から探してお使いください。項目ごとに見開きで説明しています。右のページは、この操作をどんなときに使うのか、どのように役立つかの解説です。左のページが具体的な操作方法です。

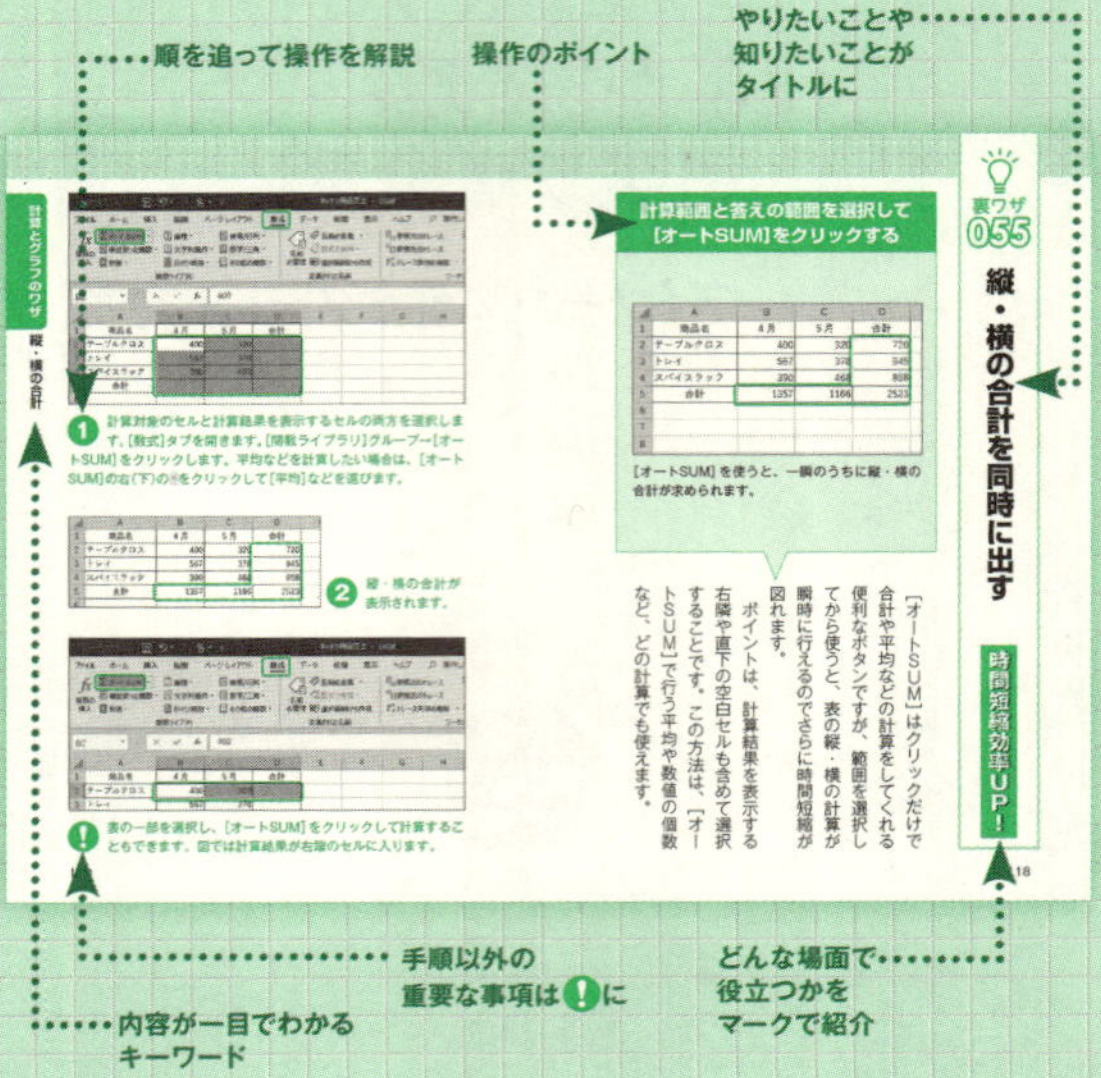

順を追って操作を解説
操作のポイント
やりたいことや
知りたいことが
タイトルに
計算とグラフのワザ
縦・横の合計
計算対象のセルと計算結果を表示するセルの両方を選択します。[数式]タブを開きます。[関数ライブラリ]グループ→[オートSUM]をクリックします。平均などを計算したい場合は、[オートSUM]の右(下)のをクリックして[平均]などを選びます。
縦・横の合計が表示されます。
表の一部を選択し、[オートSUM]をクリックして計算することもできます。図では計算結果が右隣のセルに入ります。
計算範囲と答えの範囲を選択して
[オートSUM]をクリックする
[オートSUM]を使うと、一瞬のうちに縦・横の合計が求められます。
［オートＳＵＭ］はクリックだけで合計や平均などの計算をしてくれる便利なボタンですが、範囲を選択してから使うと、表の縦・横の計算が瞬時に行えるのでさらに時間短縮が図れます。
ポイントは、計算結果を表示する右隣や直下の空白セルも含めて選択することです。この方法は、［オートＳＵＭ］で行う平均や数値の個数など、どの計算でも使えます。
裏ワザ
055
縦・横の合計を同時に出す
時間短縮効率ＵＰ！
18
手順以外の
重要な事項は❗に
どんな場面で
役立つかを
マークで紹介
内容が一目でわかる
キーワード

●本書の操作画面はOffice365（2018年12月現在）で作成しておりますが、今後のアップデートによって、画面や手順などが変わる可能性があります。

宝島SUGOI文庫

1時間で覚えるエクセル&ワード
仕事が3倍速になる超裏ワザ全部!

エクセル編

ブックとシートのワザ

入力と編集のワザ

計算とグラフのワザ

印刷のワザ

ワード編

入力と編集のワザ

エクセル編

- ブックとシートのワザ
- 入力と編集のワザ
- データ活用のワザ
- 計算とグラフのワザ
- 印刷のワザ

裏ワザ 001

入力できるセルを制限してミスを防ぐ

これは便利!

データを入力できるセルを制限すると、第三者は許可されたセル以外での入力や削除ができなくなります。入力セルを間違えたり、必要なデータを削除するようなミスを防ぎたいときに役に立つ設定です。

　この設定は2つのステップで行います。まず入力できるセルのロックを外し、次にシートを保護します。この結果、指定外のセルを編集するにはパスワードが必要になります。

セルのロックを外して シートを保護する

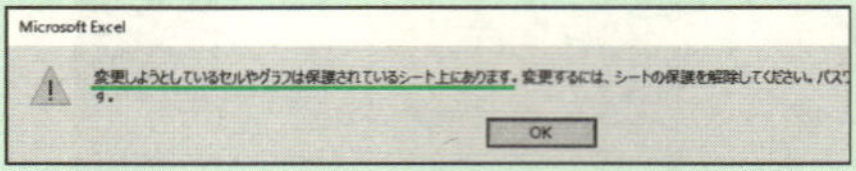
Microsoft Excel
変更しようとしているセルやグラフは保護されているシート上にあります。変更するには、シートの保護を解除してください。パスワ
す。
OK

入力可能なセル以外に入力しようとしても、メッセージが表示されて入力できません(バージョンによってメッセージは異なります)。

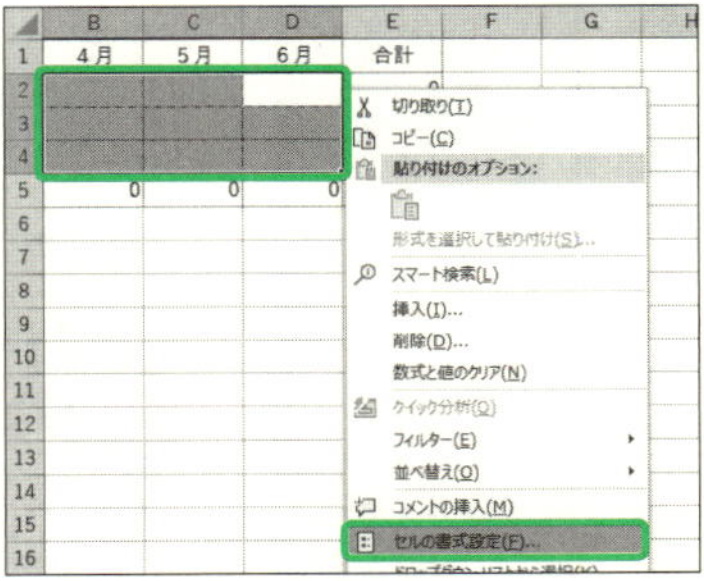

1 入力を許可するセルを選択して右クリックし、[セルの書式設定]を選びます。

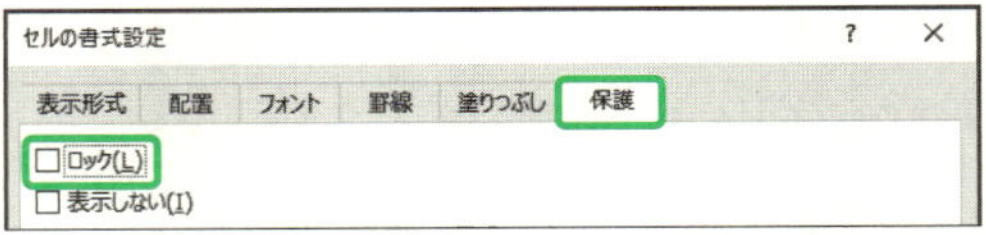

2 [保護]タブを開き、[ロック]をクリックして□にします。[OK]をクリックして閉じます。入力を許可するすべてのセルで、この操作を行ってロックを外します。

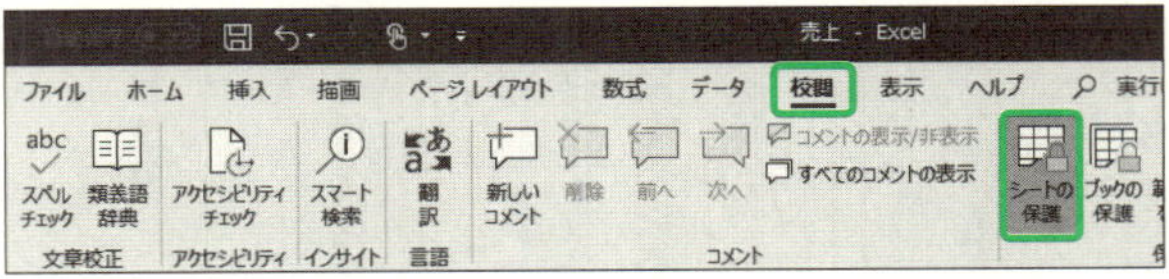

3 [校閲]タブを開き、[保護]グループ→[シートの保護]をクリックします。保護を解除したいときは、ここで[シート保護の解除]をクリックします。

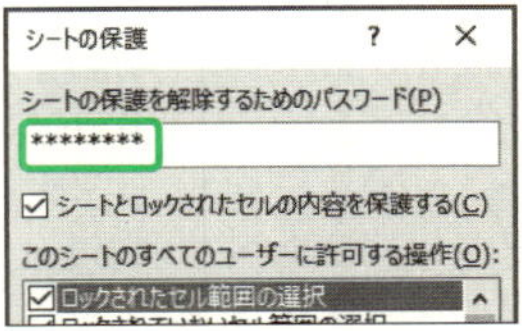

4 半角英数字でパスワードを入力し、[OK]をクリックします。次に「パスワードの確認」画面になるので、パスワードを再入力して[OK]をクリックします。設定ができたらブックを保存してください。

裏ワザ 002

ほかの人にブックを書き換えられないようにする

これは便利!

他人に内容を見せたいものの、書き換えられては困ることがあります。こんなときは、ブックに書き込みパスワードを設定しましょう。パスワードを知らない人は「読み取り専用」として開けるようになります。これなら、内容は見られますが編集して上書き保存はできません。一方、パスワードを知っている人は、編集して上書き保存できる状態でブックを開くことができます。

書き込みパスワードを設定する

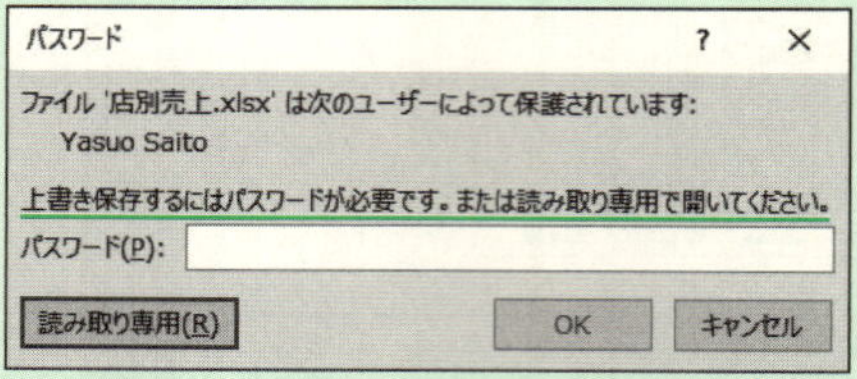

パスワード
?
×
ファイル '店別売上.xlsx' は次のユーザーによって保護されています:
Yasuo Saito
上書き保存するにはパスワードが必要です。または読み取り専用で開いてください。
パスワード(P):
読み取り専用(R)
OK
キャンセル

書き込みパスワードを設定したブックを開こうとすると、この画面になります。[読み取り専用]をクリックすると上書き保存できない状態で開きます。

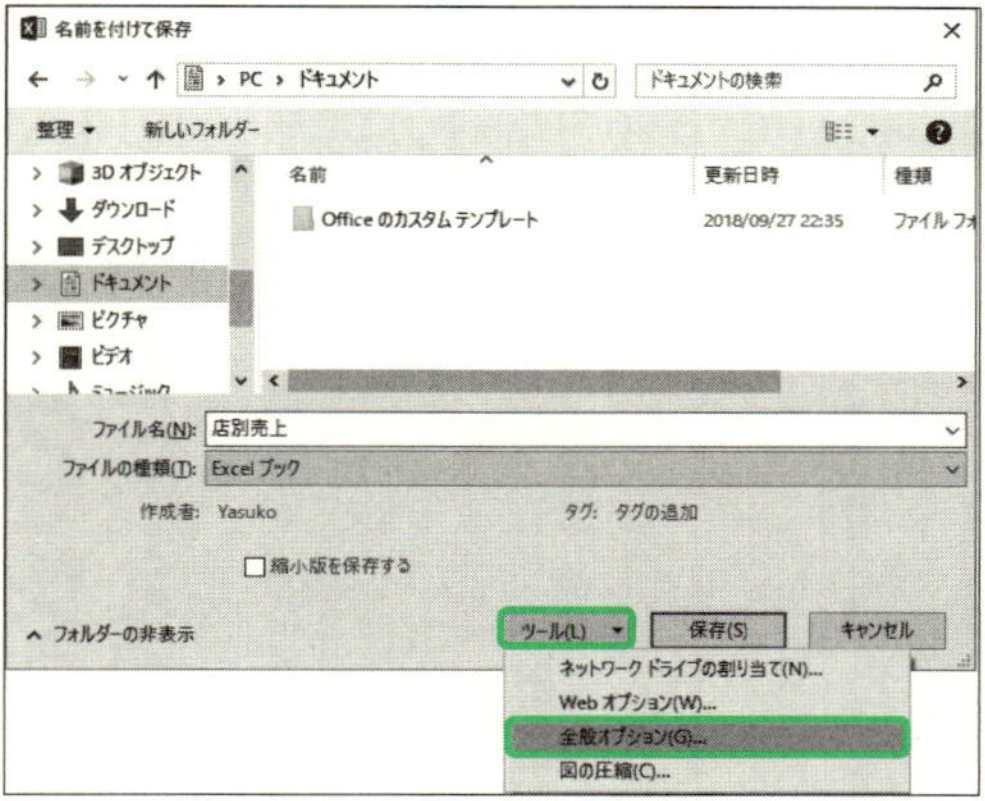

❶ [F12]キーを押して「名前を付けて保存」画面を表示します。[ツール]→[全般オプション]をクリックします。

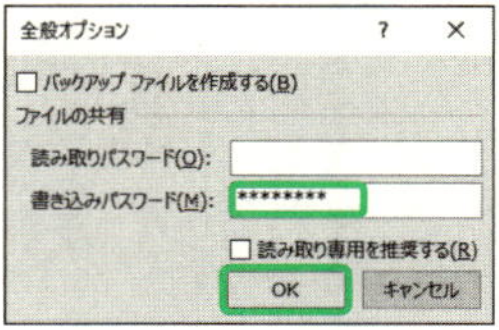

❷ 「書き込みパスワード」欄にパスワードを入力して[OK]をクリックします。パスワードを知っている人だけがブックを開けるようにしたければ、「読み取りパスワード」欄にもパスワードを入力してください。

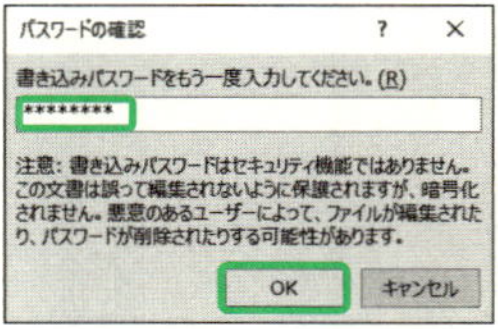

❸ パスワードをもう一度入力して[OK]をクリックします。❷で読み取りパスワードも設定した場合は、読み取りパスワードの確認入力も必要です。「名前を付けて保存」画面に戻るのでブックを保存します。パスワードを解除するには、いったんパスワード入力してブックを開いてから、❷のパスワードを削除してください。

裏ワザ 003

ブックで使うフォントや色を一気に変える

仕上がりキレイ

　表を作って色を付けてみたけれど、どうもありきたりでつまらない、かといってフォントや色を変更するのも面倒、というときに便利なのがテーマの変更です。テーマはフォントや色などの書式の組み合わせです。

　通常、エクセルでは「Ｏｆｆｉｃｅ」のテーマが適用されています。これを別のテーマにすれば、一瞬でブックのなかのすべてのフォントや色を変えられます。

テーマを「Office」以外にする

	G	H	I	J
1	店	4月	5月	
2	東店	100	150	
3	西店	250	230	
4	南店	150	180	
5				

	G	H	I	J
1	店	4月	5月	
2	東店	100	150	
3	西店	250	230	
4	南店	150	180	
5				

テーマを変えると、ブックで使うフォントや色が変わります。

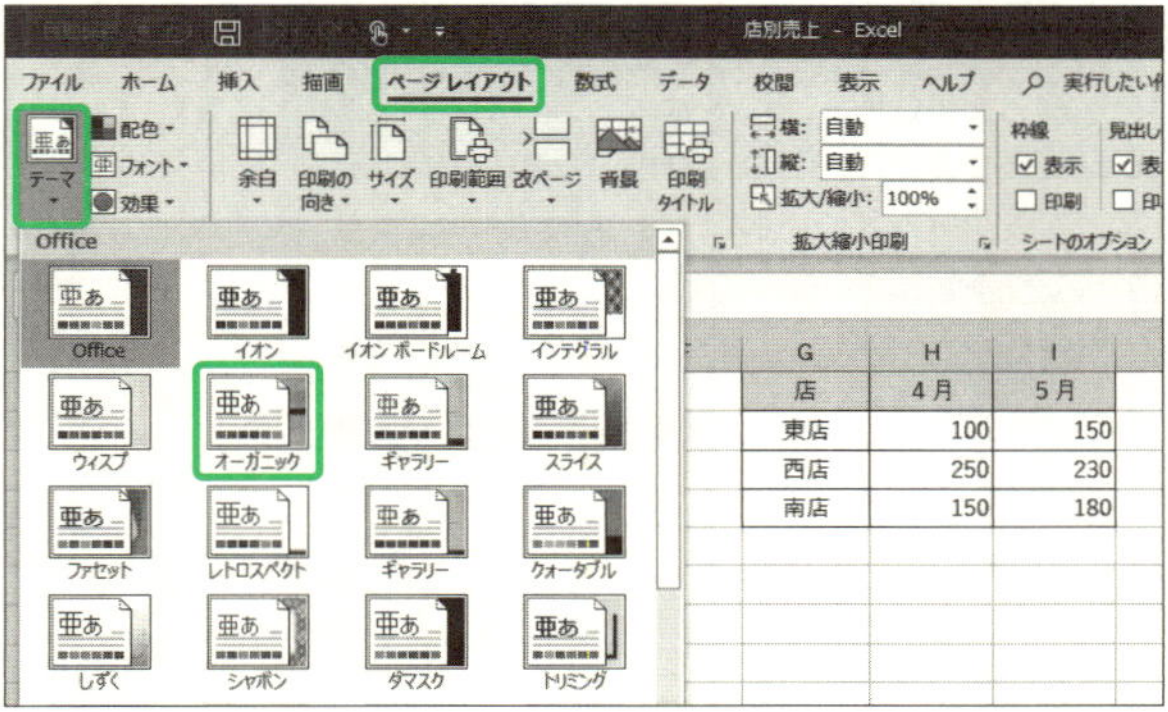

1 [ページレイアウト]タブを開き、[テーマ]グループ→[テーマ]をクリックし、使いたいテーマを選びます。テーマにポインターを合わせると、適用された状態を確認できるので、いろいろ試して選びましょう。

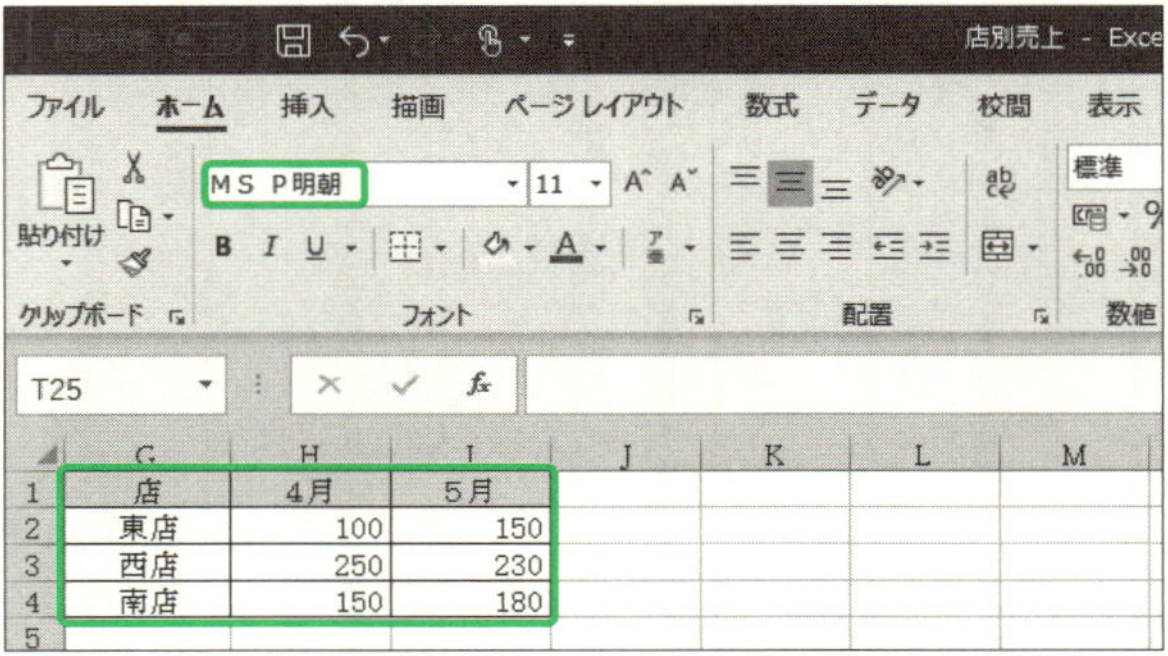

2 テーマが変わり、フォントや色が変わります。図の例ではフォントが「游ゴシック」から「MS P 明朝」に変わり、それに応じて行の高さも変わっています。バージョンによっては、テーマを変えても行の高さは変わらずに列幅が変わることもあります。

裏ワザ

004

新規作成するブックのフォントを変える

仕上がりキレイ

既定のフォントを変える

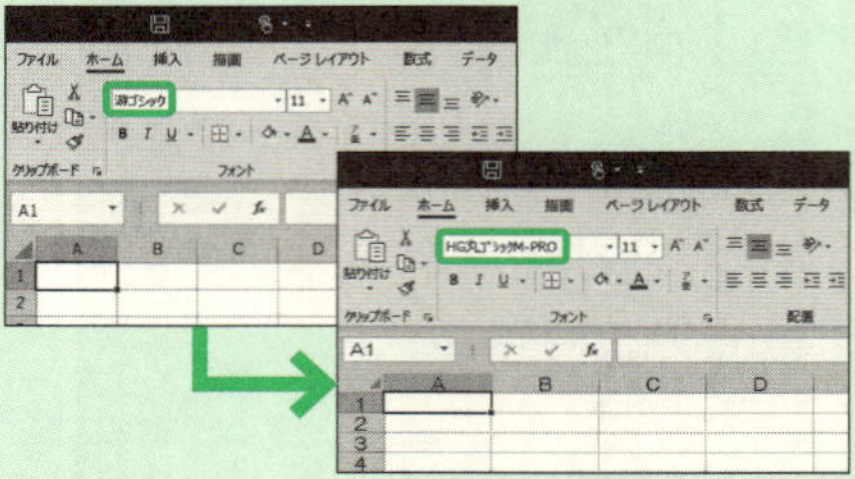

新規作成したブックのフォントは「游ゴシック」でしたが、「HG丸ゴシックM-PRO」を使うように設定を変えました（バージョンによって初期設定のフォントは異なります）。

いつも使いたいフォントが決まっていたら、毎回、範囲を選んでフォントを変更するのではなく、新規作成するブックのフォントを指定したほうが効率的です。これなら、一度の設定で、それ以降のすべての新規ブックにフォントの変更を反映させられます。同じようにしてフォントのサイズも指定できます。最初から自分が使うフォントやサイズにしておくと変更する手間が省けます。

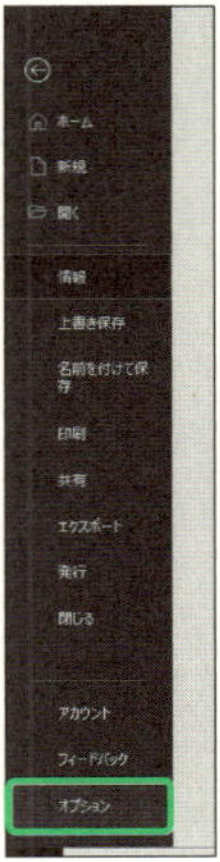

❶ [ファイル] タブを開き、左の一覧で[オプション]を選びます。

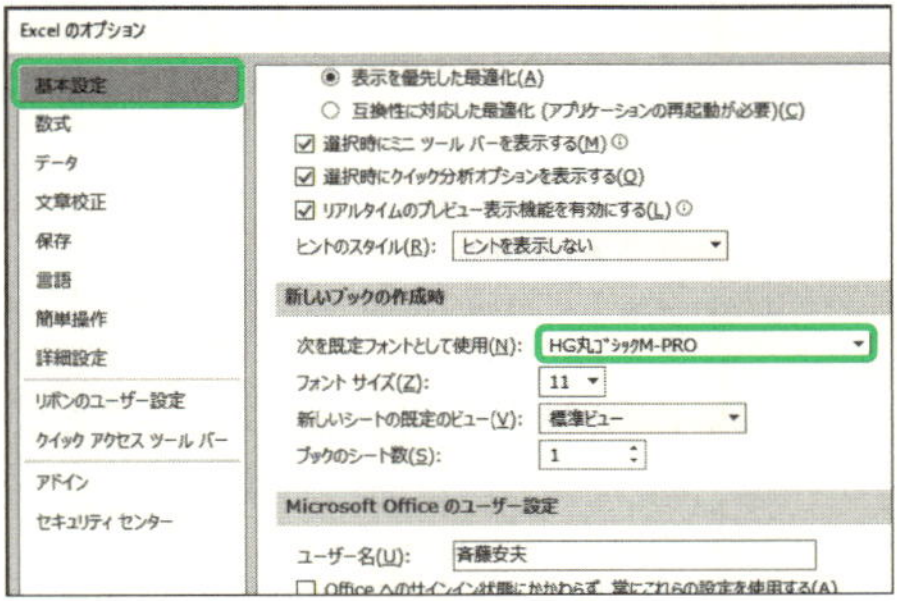

❷ 左の欄で[基本設定]を選びます。右の欄の「新しいブックの作成時」にある「次を既定フォントとして使用」の欄で、いつも使うフォントを選びます。サイズも指定したければ、サイズの欄をクリックして選んでください。[OK]をクリックします。

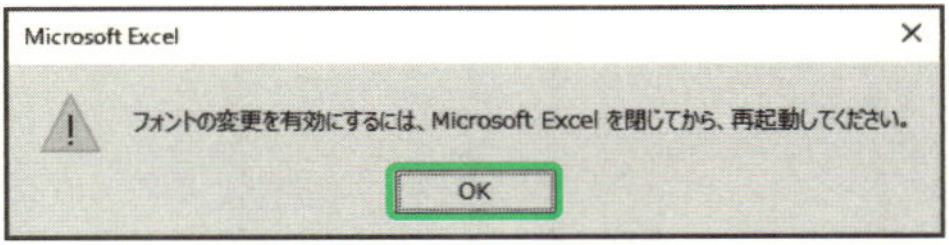

❸ [OK]をクリックしてエクセルを再起動します。これ以降、新規作成するブックは指定したフォントに変わります。元に戻したければ、❷で[本文のフォント]を選んでください。これはテーマによって決まっている本文のフォントを使うという意味です。

裏ワザ 005

見せたくないシートは非表示にする

これは便利！

シート見出しを右クリックし[非表示]を選ぶ

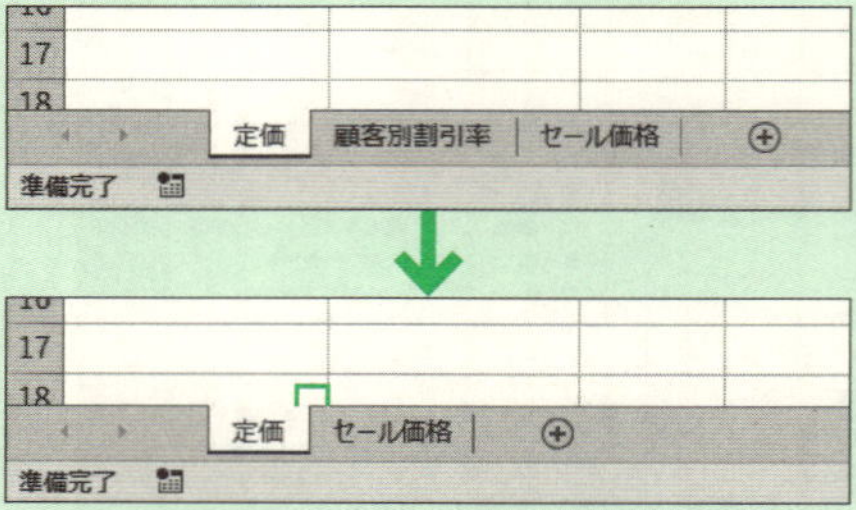

「定価」「顧客別割引率」「セール価格」の３つのシートのうち、「顧客別割引率」を非表示にしました。

共有するブックのなかに、自分のメモとして使っているシートや一時的な計算を行っているシートなど、第三者に見せたくないシートがあったら非表示にしましょう。余分なシートがないほうが、ほかの人も見やすくなります。

　シートを非表示にしたあと「ブックの保護」も行えば、パスワードを知らない人はシートを再表示できなくなります。

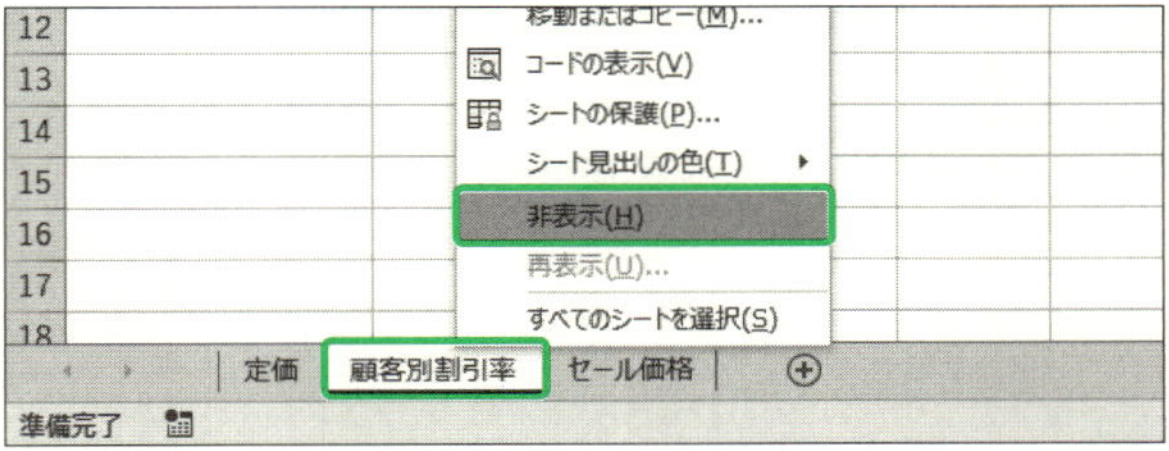

❶ 非表示にするシートのシート見出しを右クリックし、[非表示]を選ぶとシートが非表示になります。再表示するには、ここで[再表示]をクリックして再表示するシートを選びます。

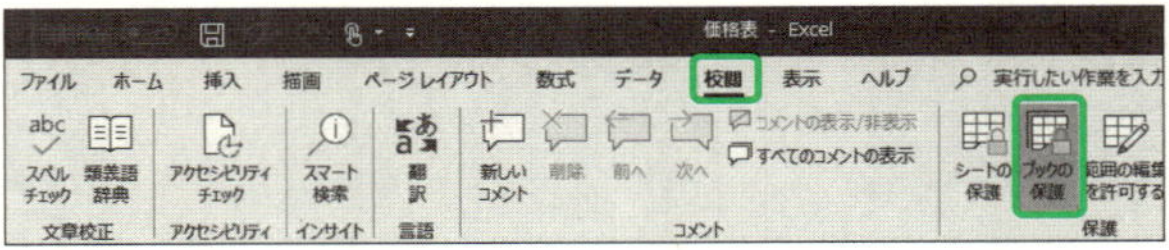

❷ [校閲]タブを開き、[保護]グループ→[ブックの保護]をクリックします。保護を解除したいときも、同様に[ブックの保護]をクリックしてください。

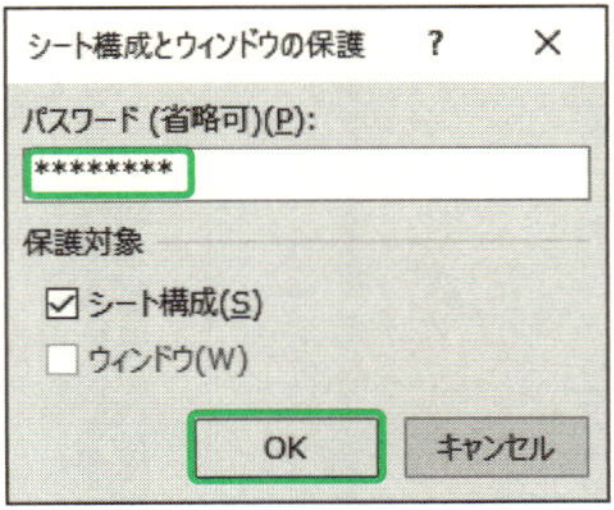

❸ パスワードを入力して、[OK]をクリックします。パスワードの確認画面になるので、もう一度パスワードを入力して[OK]をクリックします。ブックを保存します。保護したブックではシートの再表示やシートの追加ができません。

裏ワザ 006

余白やページの区切りを表示してはみ出しを防ぐ

これは便利！

エクセルのシートにはページ区切りが表示されていません。このため用紙に収めるには、どこまで入力できるのか見当がつかず、困ることがあります。

実はエクセルにもワードのように用紙を想定した表示方法があります。「ページレイアウト」です。これなら、はみ出しがその場でわかるので、レイアウトを調整できますし、ヘッダーやフッターも見えます。

[表示]タブ→[ページレイアウト]で表示を変える

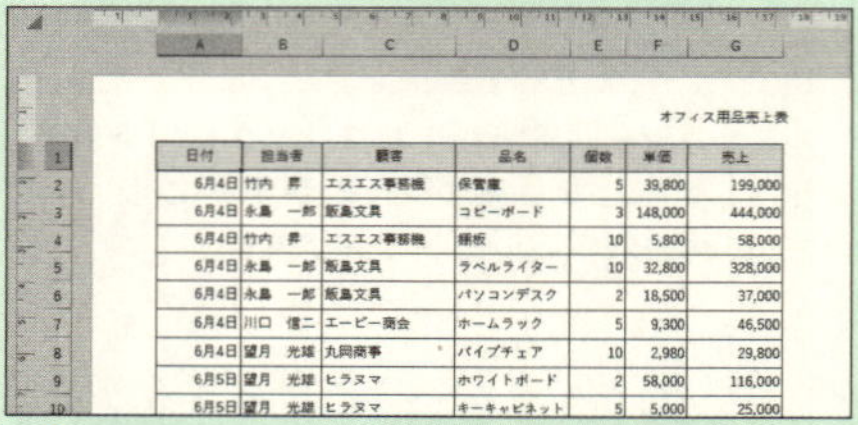

オフィス用品売上表

日付	担当者	顧客	品名	個数	単価	売上
6月4日	竹内　昇	エスエス事務機	保管庫	5	39,800	199,000
6月4日	永島　一郎	飯島文具	コピーボード	3	148,000	444,000
6月4日	竹内　昇	エスエス事務機	掲板	10	5,800	58,000
6月4日	永島　一郎	飯島文具	ラベルライター	10	32,800	328,000
6月4日	永島　一郎	飯島文具	パソコンデスク	2	18,500	37,000
6月4日	川口　信二	エービー商会	ホームラック	5	9,300	46,500
6月4日	望月　光雄	丸岡商事	パイプチェア	10	2,980	29,800
6月5日	望月　光雄	ヒラヌマ	ホワイトボード	2	58,000	116,000
6月5日	望月　光雄	ヒラヌマ	キーキャビネット	5	5,000	25,000

表示をページレイアウトにすると、ヘッダーやフッター、左右の余白などが見えるようになります。

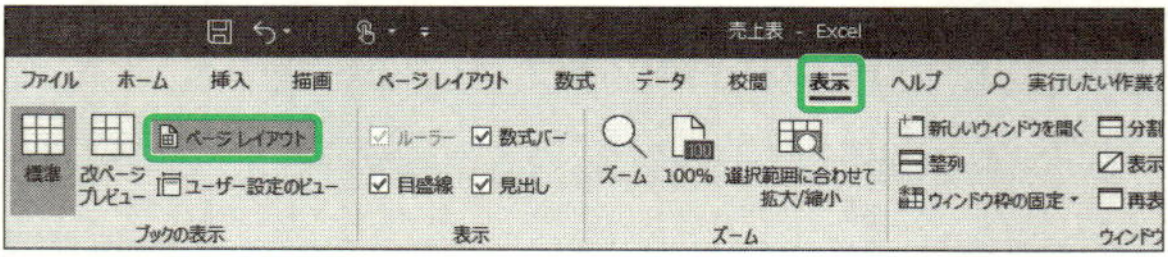

1 [表示]タブを開き、[ブックの表示]グループ→[ページレイアウト]をクリックします。ここで[標準]をクリックすると通常の表示に戻せます。

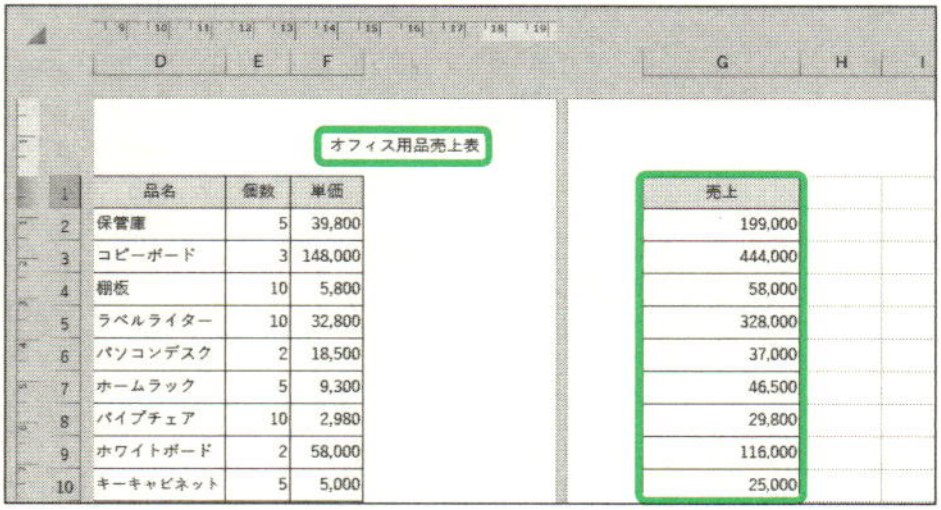

2 ページレイアウト表示になり、ページの区切りや余白、ヘッダーの領域などが見えるようになります。図では用紙から1列はみ出していることがわかります。

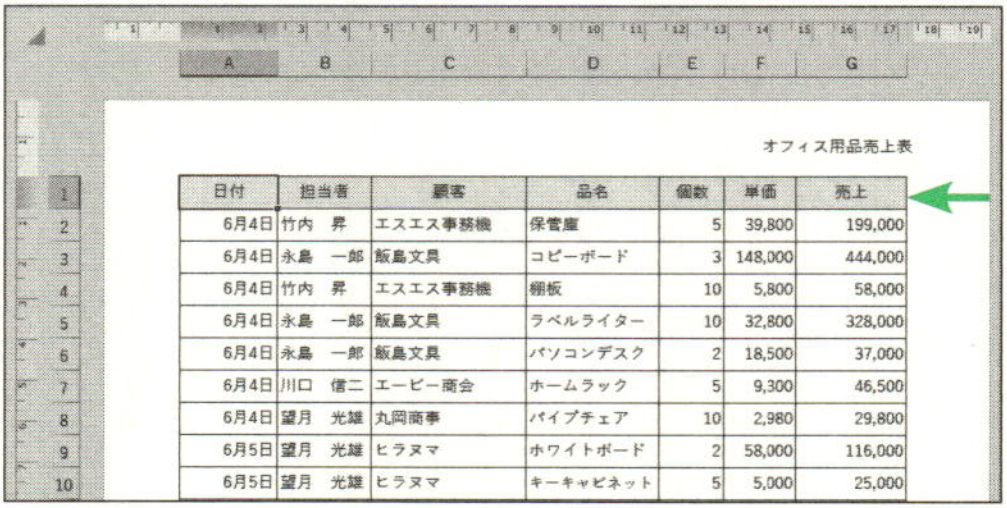

3 はみ出した列の列番号の右端を左にドラッグし、幅を狭くして1ページに収めました。

裏ワザ 007

同じブックの2枚のシートを並べて表示する

時間短縮効率UP!

[新しいウィンドウ]で開き[整列]で並べる

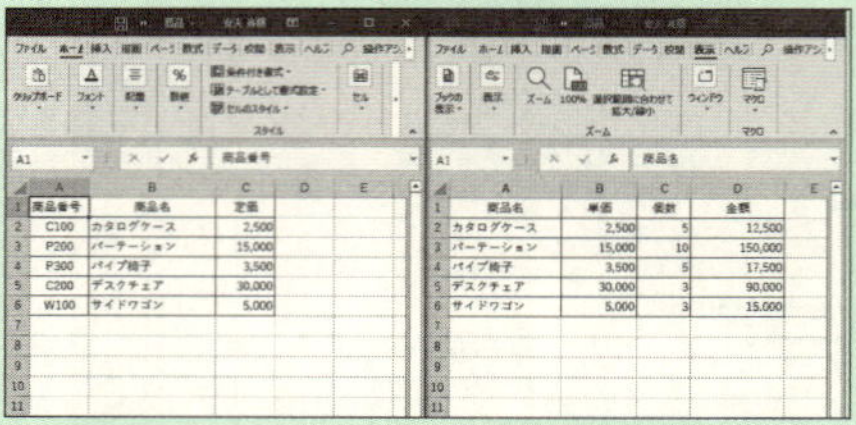

同じブックにあるシートを2つ開いて、並べて表示しています。

1つのブックは1つのウィンドウでしか表示できないと考えがちですが、1つのブックは複数のウィンドウで開けます。この機能を利用すると、同じブックのなかの別のシートを同時に開けます。

こうして開いたウィンドウを整列させれば、同じブックにあるシートを並べて表示できます。数値や文字をコピーしたり、参照するのに便利な表示方法です。

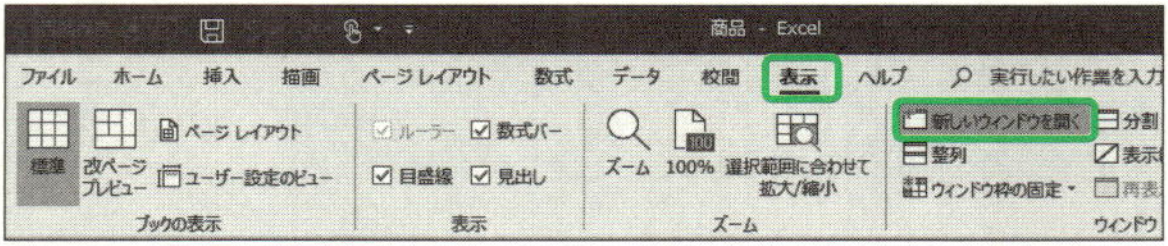

1 [表示]タブを開き、[ウィンドウ]グループ→[新しいウィンドウを開く]をクリックします。

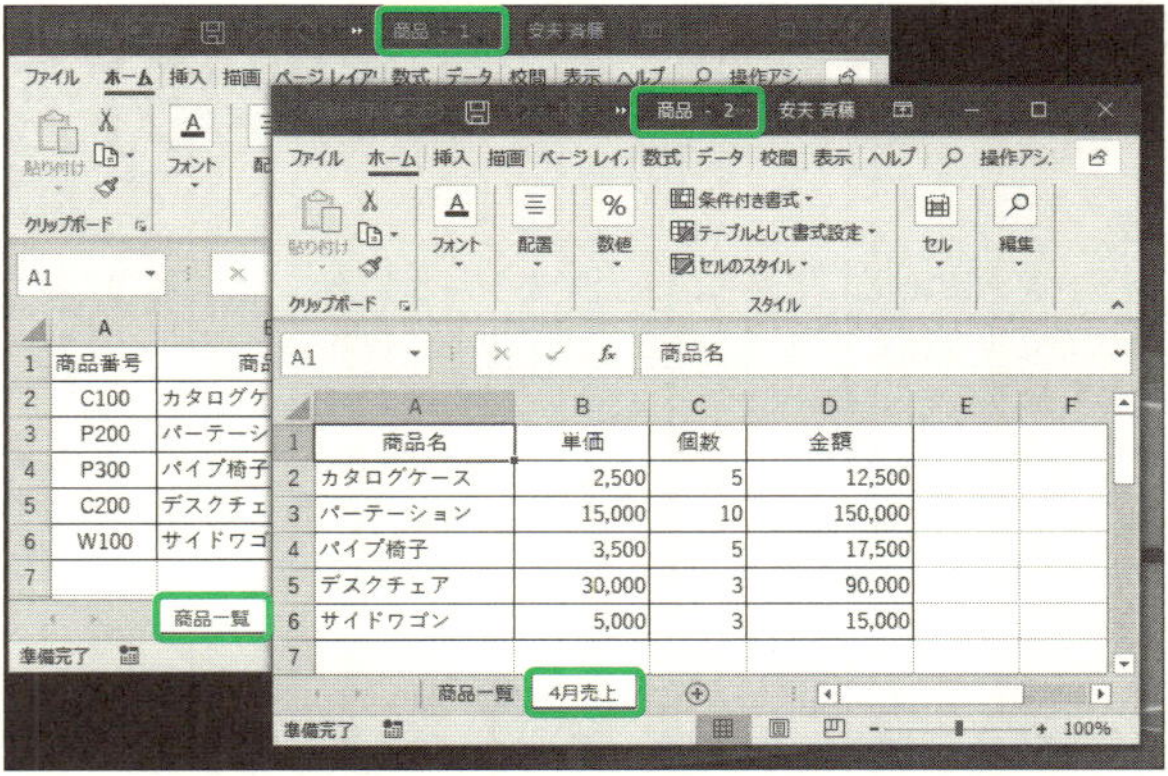

2 表示中のブックが新しいウィンドウとして開きます。ブック名に「1」「2」と数字が振られていて、同じブックが複数開いていることがわかります。片方のウィンドウでシート見出しをクリックすれば、同じブックの別のシートを表示できます。

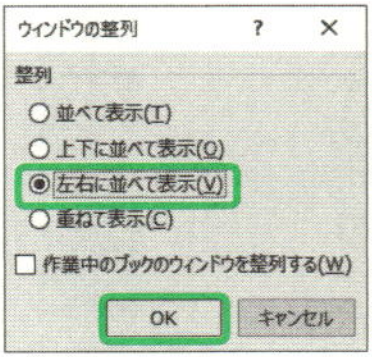

3 [表示]タブを開き、[ウィンドウ]グループ→[整列]をクリックします。[左右に並べて表示]をクリックして◉にし、[OK]をクリックするとウィンドウを左右に並べられます。

裏ワザ
008

シートを方眼紙にして自在に入力する

これは便利！

列の幅を狭くするとシートが方眼紙になる

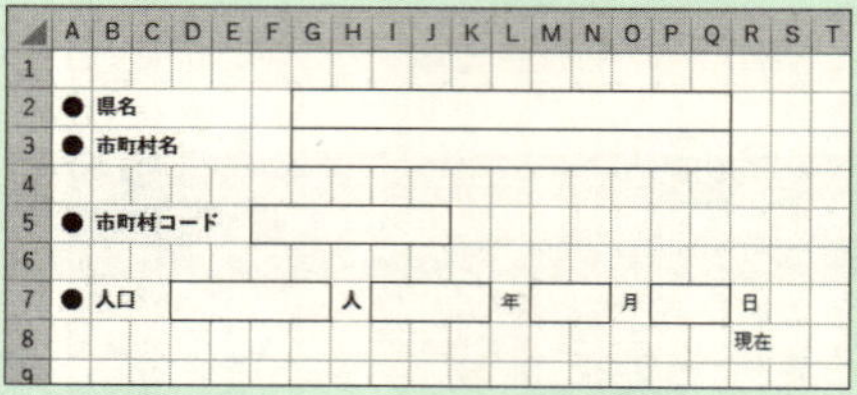

シートを方眼紙にしてから、入力するデータに合わせてセルを結合すれば自由なレイアウトで書類を作れます。

エクセルでは、列幅や行の高さの制限があって、複雑なレイアウトの書類を作るのに手間がかかります。

これを解決するワザがあります。シート全体を方眼紙のようにしてから、セルを結合する方法です。これなら自由なレイアウトが可能です。注意点は、画面ではセルに収まっている文字が印刷で欠ける場合があることです。結合するセルを多めにするのがトラブルを避けるコツです。

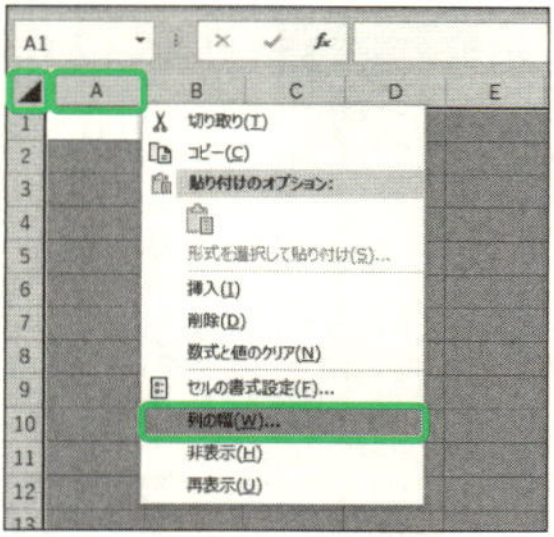

1 A列の左にある［すべて選択］をクリックしてから、任意の列番号を右クリックし、［列の幅］を選びます。

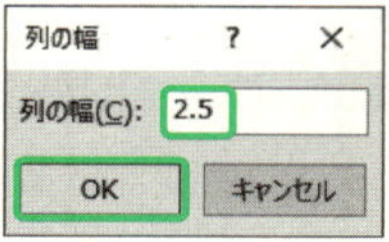

2 「列の幅」に「2.5」（2013以前は「1.63」）と入力して［OK］をクリックします。指定する列の幅はそのワークシートで使っているフォントやサイズ、ディスプレイの解像度などにより変わります。前述の数値を目安に増減してください。

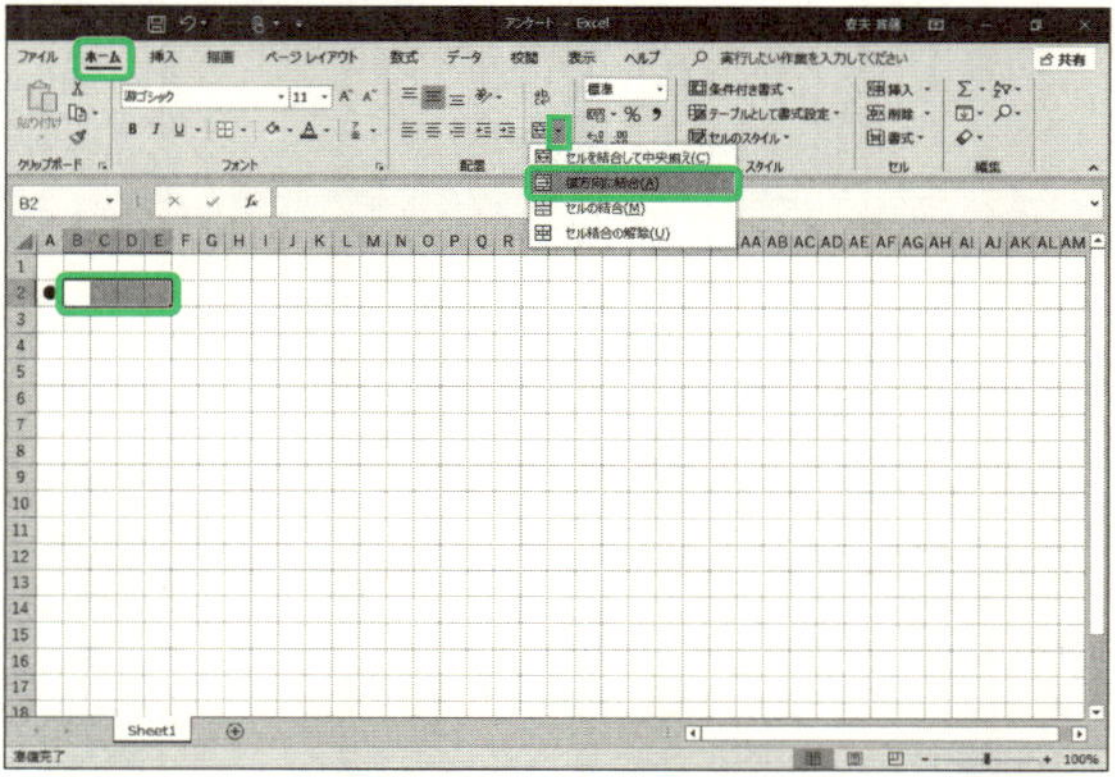

3 シートが方眼紙のようになります。データを入力したいセルを選択して、［ホーム］タブを開きます。［配置］グループ→［セルを結合して中央揃え］の右のをクリックし、［横方向に結合］などをクリックしてセルを結合します。結合したセルに文字を入力したり罫線を設定したりして書類を作ります。

裏ワザ 009

入力する範囲を先に選ぶとセルの移動がラクになる

時間短縮効率UP!

[Ctrl]＋クリックで入力セルを先に選ぶ

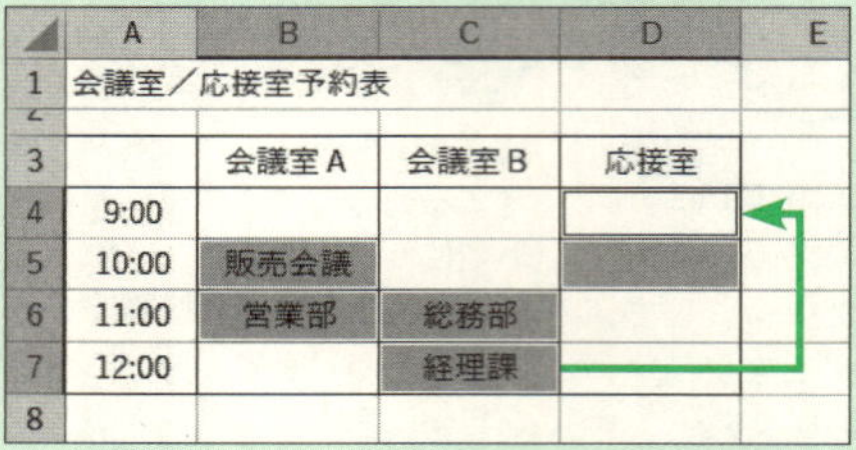

▲	A	B	C	D	E
1	会議室／応接室予約表				
2					
3		会議室A	会議室B	応接室	
4	9:00				
5	10:00	販売会議			
6	11:00	営業部	総務部		
7	12:00		経理課		
8					

入力するセルを先に選んでおくと、[Enter] キーで次の入力セルに移動できます。

離れたセルに入力するのは意外と面倒です。「Enter」キーで確定したあとに次の入力セルまで移動しなければならないからです。

そんな悩みを一気に解決してくれるワザがあります。といっても難しい操作は一切不要。入力するセルを先に選択しておくだけです。先に選んでおけば、入力を確定して「Enter」キーを押すだけで、次のセルにパッと移動できます。

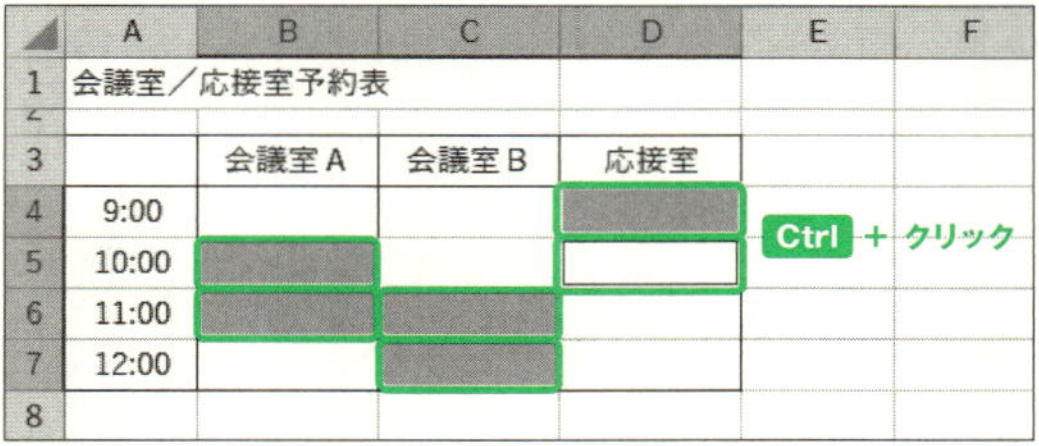

❶ 入力するセルを[Ctrl]キーを押したまま入力する順にクリックします。

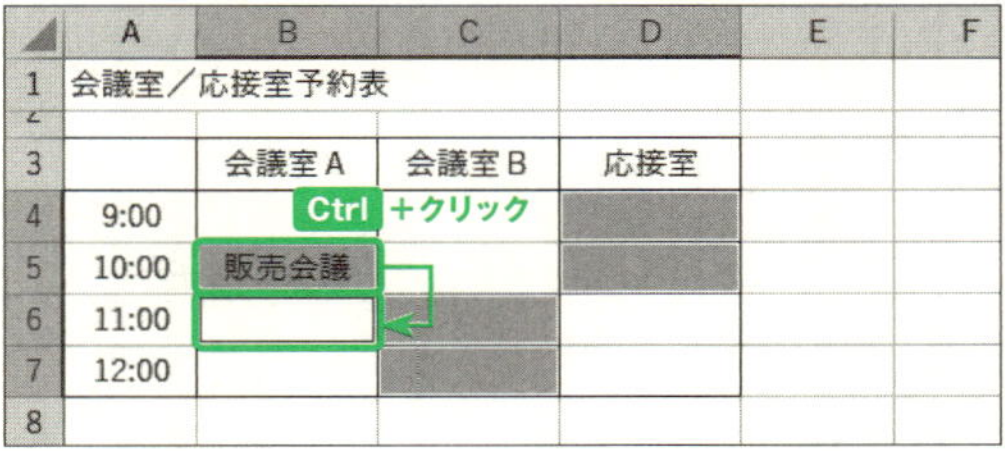

❷ 最初に入力するセルをもう一度[Ctrl]キーを押したままクリックします。文字を入力します。確定したあとに[Enter]キーを押すと次の入力セルに移動します。

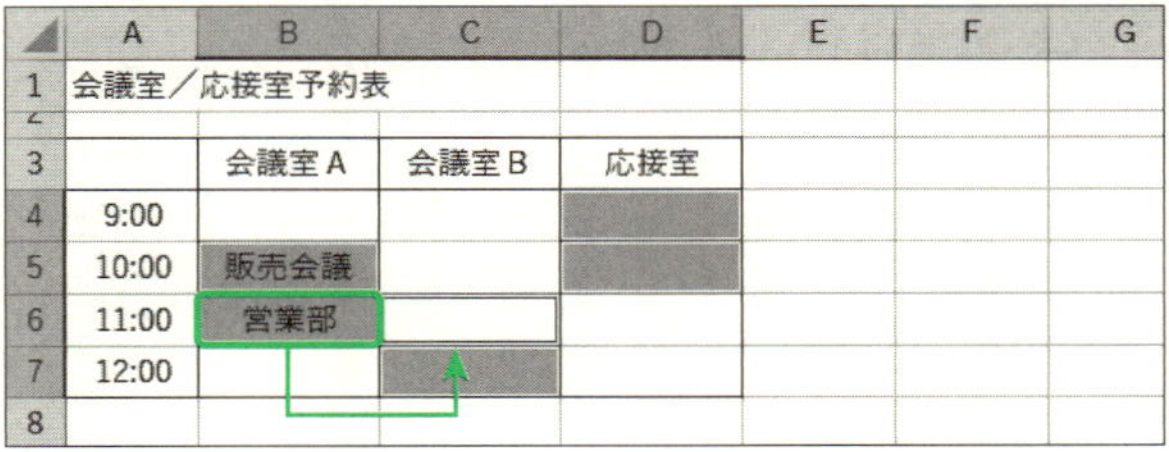

❸ ❷を繰り返してセルを移動しながら入力します。途中でセルをクリックすると、選択が解除されてしまうので注意してください。

裏ワザ 010

曜日は一気に入力できる

時間短縮効率UP!

先頭の曜日を入力してドラッグする

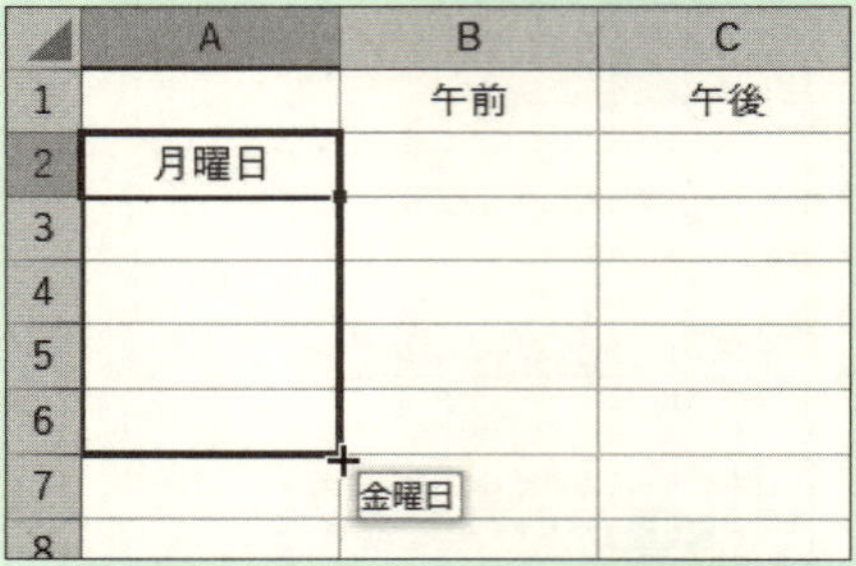

ドラッグしながら右下の表示を見て、目的の曜日まで入力します。

曜日や月名、干支などは先頭のデータだけ入力すれば、ドラッグで続きを自動入力できます。このようなデータを「連続データ」といいます。

数字もドラッグで入力できます。この場合は最初に「1」「2」のように規則性のわかるデータを複数入力し、その範囲を選択してドラッグしてください。「5」「10」のように入力すれば、「5」「10」「15」のような連続データも入力できます。

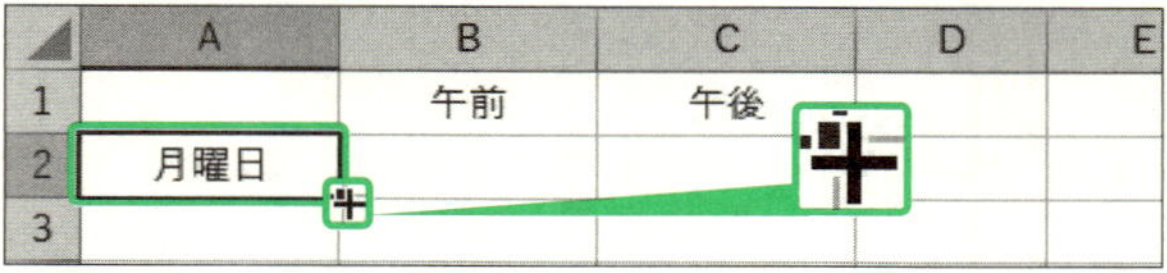

❶「月曜日」と入力し、そのセルを選択します。セルの右下にポインターを合わせ、＋になったことを確認します。

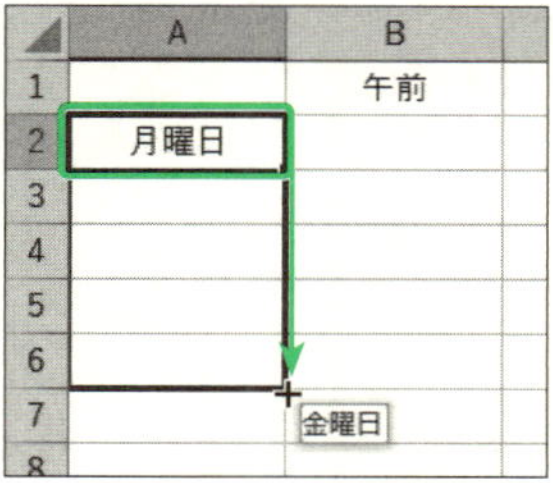

❷入力する最後のセルまでドラッグします。

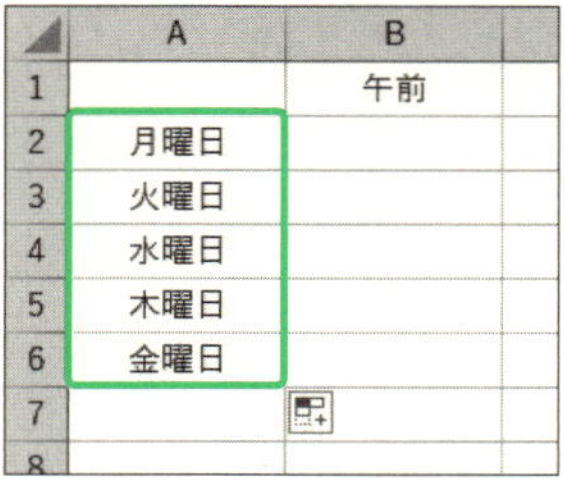

❸曜日が連続で入力できます。

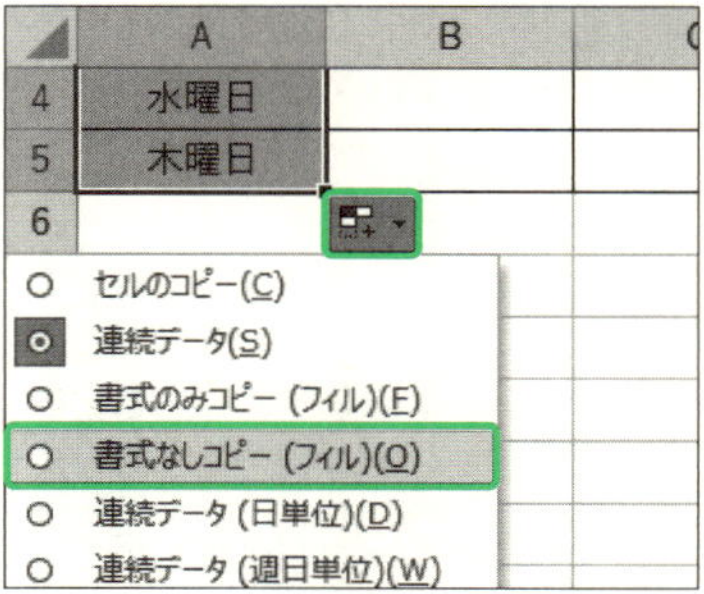

❗この方法では、先頭のセルの書式もコピーされます。罫線やセルの色などをコピーしたくなければ、ドラッグ後に現れる右下の[オートフィルオプション]をクリックして、[書式なしコピー(フィル)]を選択してください。

裏ワザ
011

連続データはダブルクリックで瞬時に入力する

これは便利！

連続データはドラッグで入力するのが定番です。しかし、もっと簡単に入力したいならダブルクリックを使いましょう。

この方法は、入力する列の左右いずれかにデータが入っていれば、使えます。左右両方の列にデータが入っていたら、行数の多いほうに合わせて入力されます。

曜日や月名は、1つだけ入力してダブルクリックすれば入ります。

セルの右下でダブルクリック

	A	B	C	
1	番号	氏名	郵便番号	
2	1	青木　翔太		
3	2	伊藤　美咲		
4	3	大野　大輝		
5	4	加藤　拓海		
6	5	木村　優香		
7	6	小林　智也		
8				

ダブルクリックで1～6の連番を入力しました。

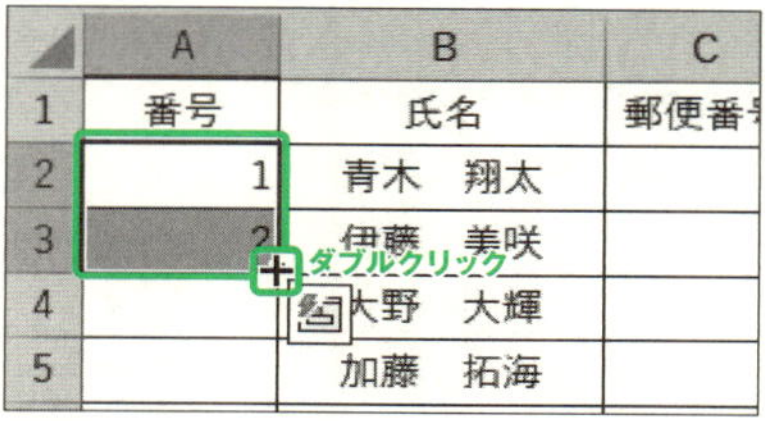

	A	B	C
1	番号	氏名	郵便番
2	1	青木　翔太	
3	2	伊藤　美咲	
4		大野　大輝	
5		加藤　拓海	

❶ 規則性のあるデータを入力して選択します。選択範囲の右下にポインターを合わせ、＋になったらダブルクリックします。

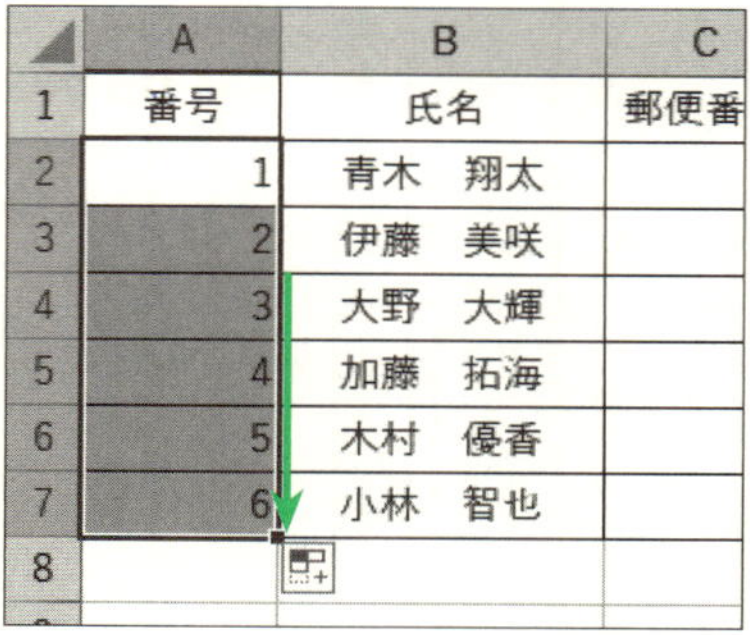

	A	B	C
1	番号	氏名	郵便番
2	1	青木　翔太	
3	2	伊藤　美咲	
4	3	大野　大輝	
5	4	加藤　拓海	
6	5	木村　優香	
7	6	小林　智也	
8			

❷ 連続したデータを一気に入力できます。

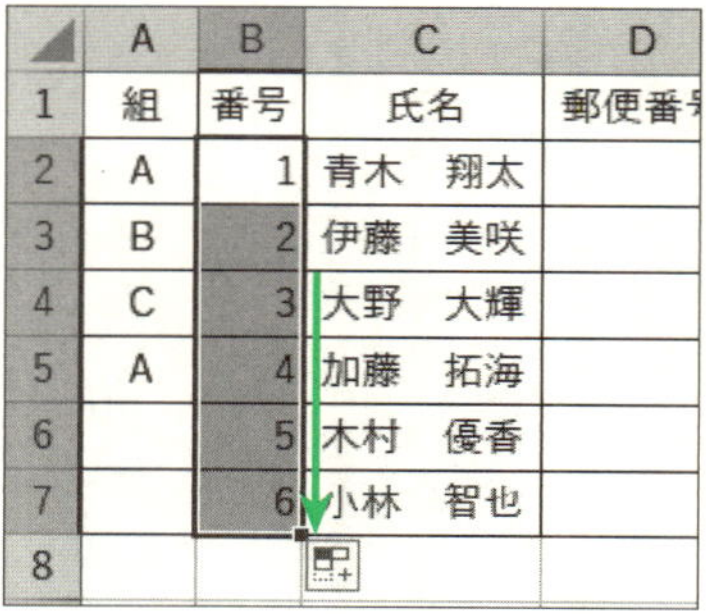

	A	B	C	D
1	組	番号	氏名	郵便番
2	A	1	青木　翔太	
3	B	2	伊藤　美咲	
4	C	3	大野　大輝	
5	A	4	加藤　拓海	
6		5	木村　優香	
7		6	小林　智也	
8				

❗ 「番号」をダブルクリックで入力しました。左右両方の列にデータが入っていると、行数の多い列（図では「氏名」の列）と同じ行まで連続データが入ります。

裏ワザ 012

「1」と入力すると「01」になるように設定する

基本のキホン

エクセルで「01」と入力すると、数値として認識されて「1」と表示されてしまいます。「01」のように表示したいときは、事前に表示桁数を指定します。この設定にすると「1」と入力するだけで「01」と表示されるようになります。

このほか、先頭に「'」（アポストロフィー）を付けて「'01」と入力しても「01」と表示できます。この場合は左揃えで表示されます。

[セルの書式設定]で表示桁数を指定して入力する

	A	B	C
1	店番号	支店名	住所
2	01	千葉	千葉市中央区青葉
3	02	埼玉	川口市新井町０－
4	03	栃木	宇都宮市今泉町０
5	04	群馬	高崎市鍛冶町０－
6	05	神奈川	横浜市西区霞ヶ丘
7			

「1」と入力すれば「01」になるよう表示形式を設定します。

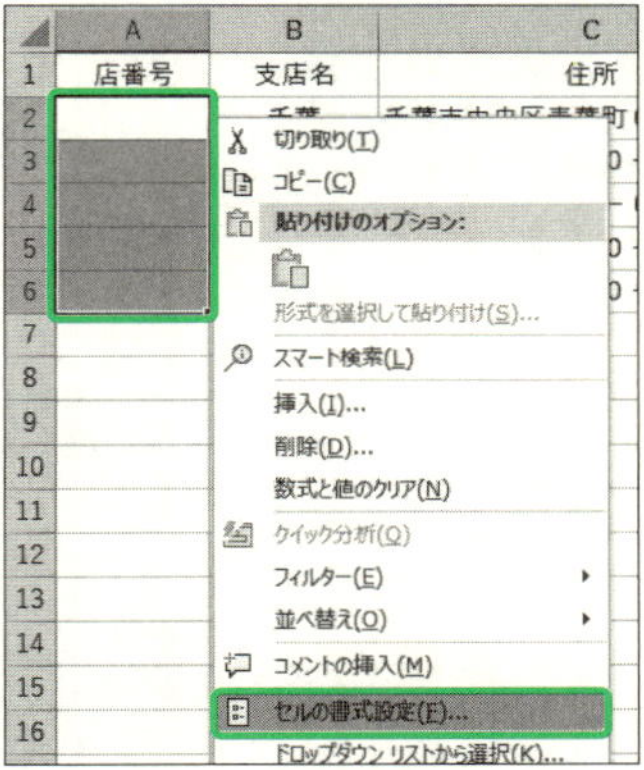

❶ 数字を入力する前に表示形式を指定します。「0」から始まる数字を入力するセルを選択して右クリックし、[セルの書式設定]を選びます。

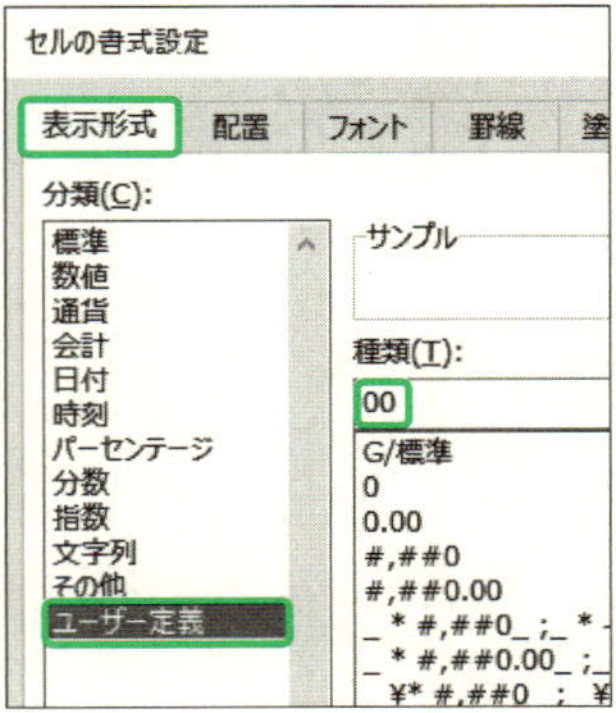

❷ [表示形式]タブを開き、[分類]欄で[ユーザー定義]を選びます。[種類]欄に表示する桁数だけキーボードから「0」を入力します。「00」なら「01」、「000」なら「001」になります。設定ができたら[OK]をクリックします。

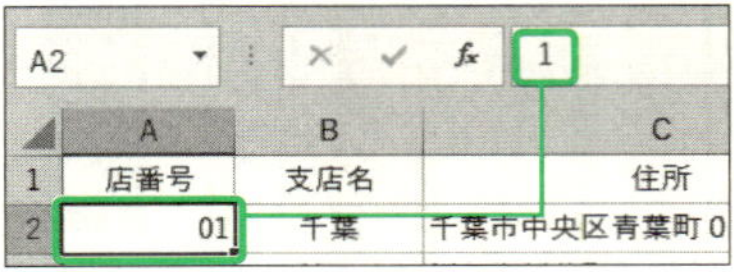

❸ 「1」と入力すると「01」と表示されます。

裏ワザ
013

帯分数を仮分数で表示して数値として扱う

これは便利！

帯分数を入力して表示形式を変える

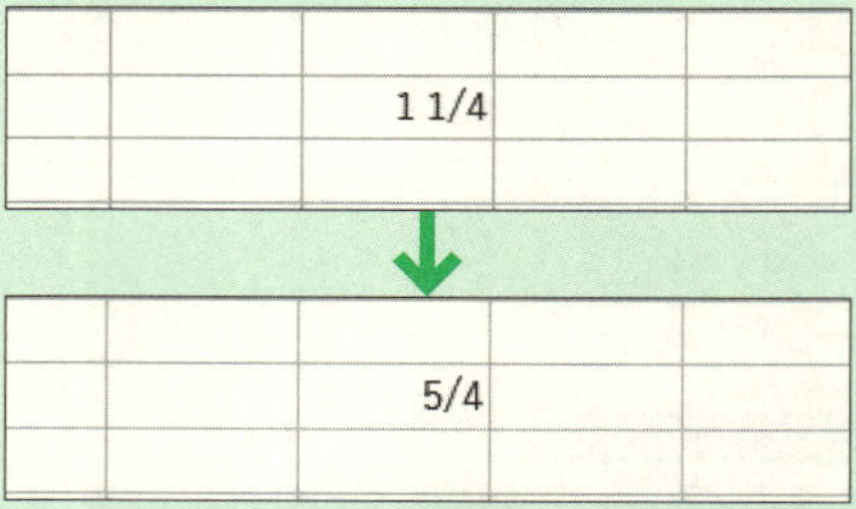

先に「1と1/4」のような帯分数を入力すれば、簡単に仮分数（分子が分母より大きい、または分母と等しい分数）にできます。

「5／4」のような仮分数を入力しようとすると、「5月4日」になってしまうというトラブルがあります。これを解消するために、「'5／4」のように入力する方法もありますが、これでは表示はできるものの文字として扱われるようになるので、計算には使えません。

ここで紹介するのは計算にも使えるように数値として仮分数を入力する方法です。

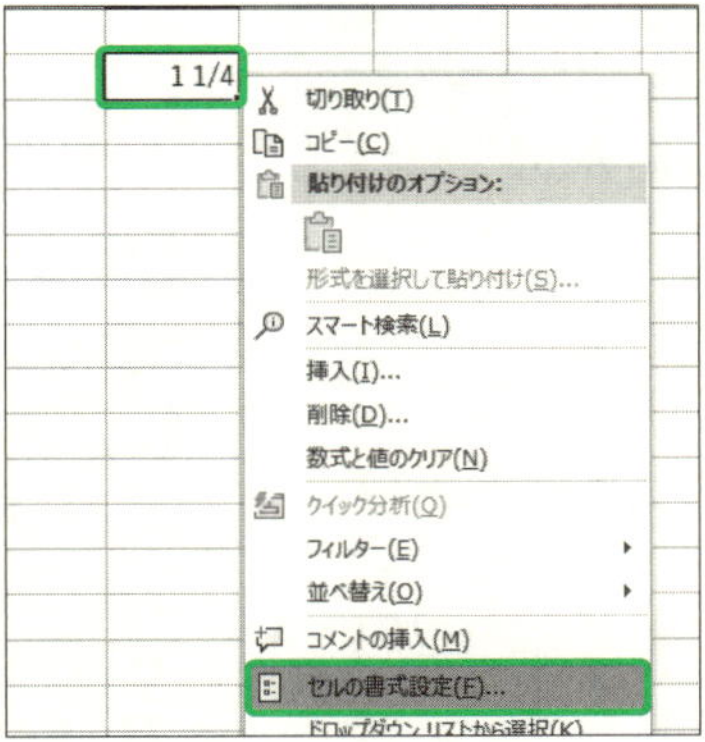

❶ 仮分数にしたい数値を帯分数で入力します。整数部分の次に半角空白を入れてください。このセルを右クリックして[セルの書式設定]を選びます。

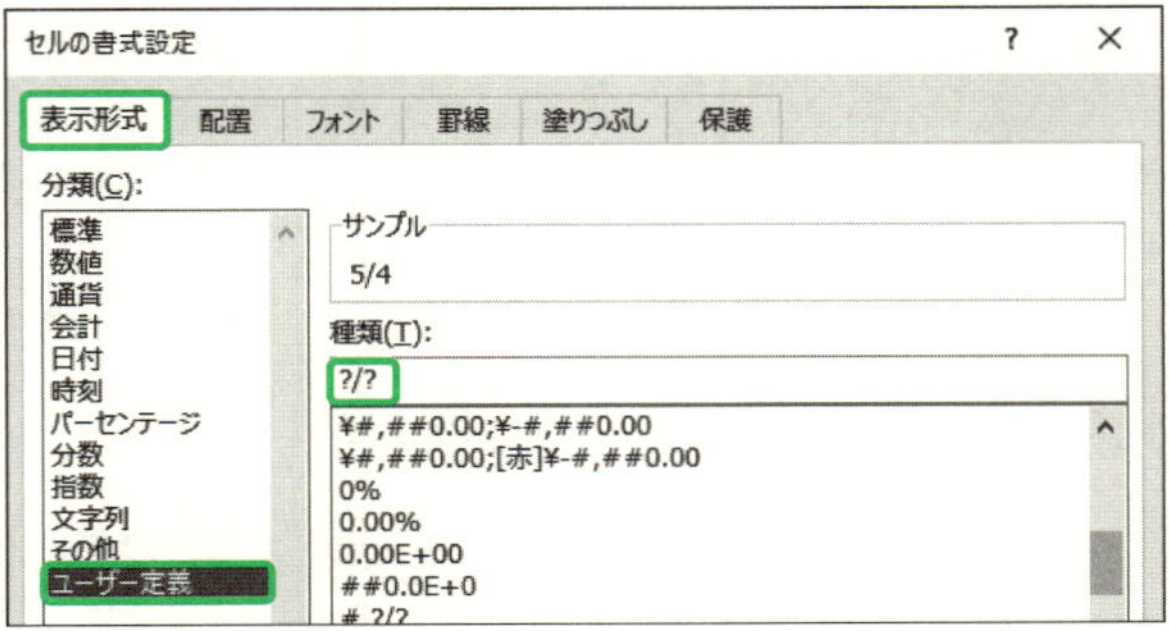

❷ [表示形式]タブを開き、[ユーザー定義]を選択します。「種類」の欄に「?/?」と入力します。「?/?」は分母が1桁の分数です。「??/??」なら分母は2桁までになります。[OK]をクリックします。

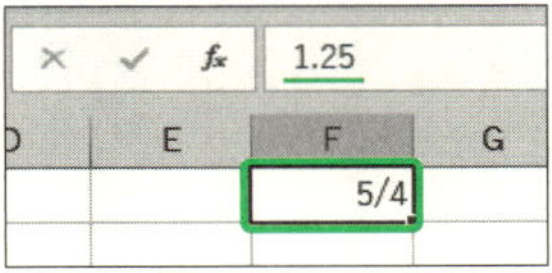

❸ 仮分数で表示されます。数式バーを見ると数値として扱われていることがわかります。

裏ワザ 014

上のセルと同じデータを瞬時に入力する

時間短縮効率UP!

すぐ上のセルと同じデータを入力したいときは、キーを使って操作の時短を図りましょう。上のデータをコピーするキーは「Ｃｔｒｌ」＋「Ｄ」です。これを押すとすぐ上のセルのデータと書式がコピーできます。

同じように左隣のセルのデータもキー操作でコピーできます。これには「Ｃｔｒｌ」＋「Ｒ」キーを使います。「右（Ｒｉｇｈｔ）にコピーする」と覚えましょう。

入力するセルを選択して[Ctrl]＋[D]を押す

	A	B	C	D	E
1	セミナー出席者アンケート				
2	テーマ	専門性	講師	総合評価	
3	4	4	4	4	
4	3	4	3	4	
5	3	4	3	4	
6					
7					

上と同じデータはキー操作で瞬時に入力できます。

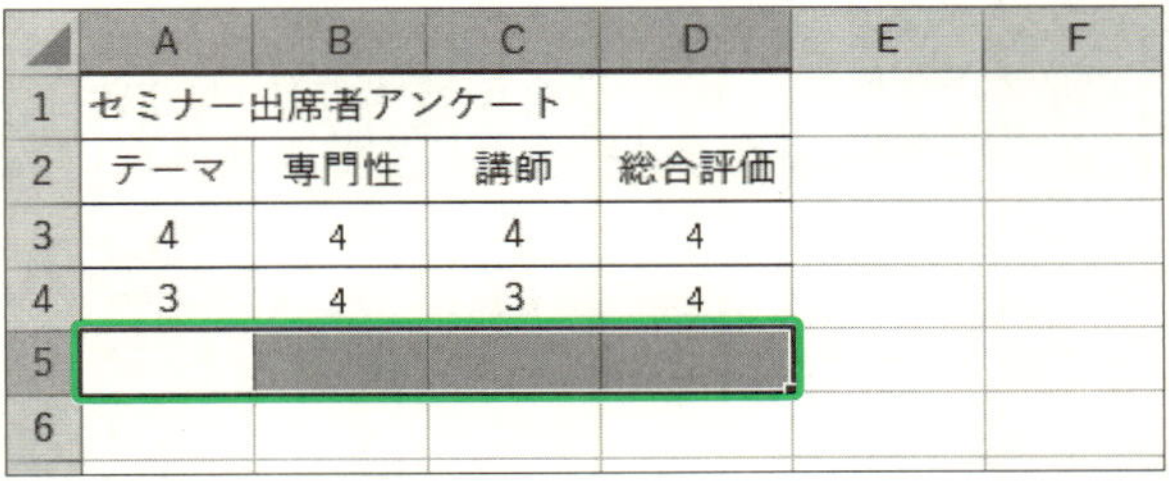

❶ 上のセルと同じデータを入力する範囲を選択します。図では複数のセルを選択していますが、1つのセルでも同じです。

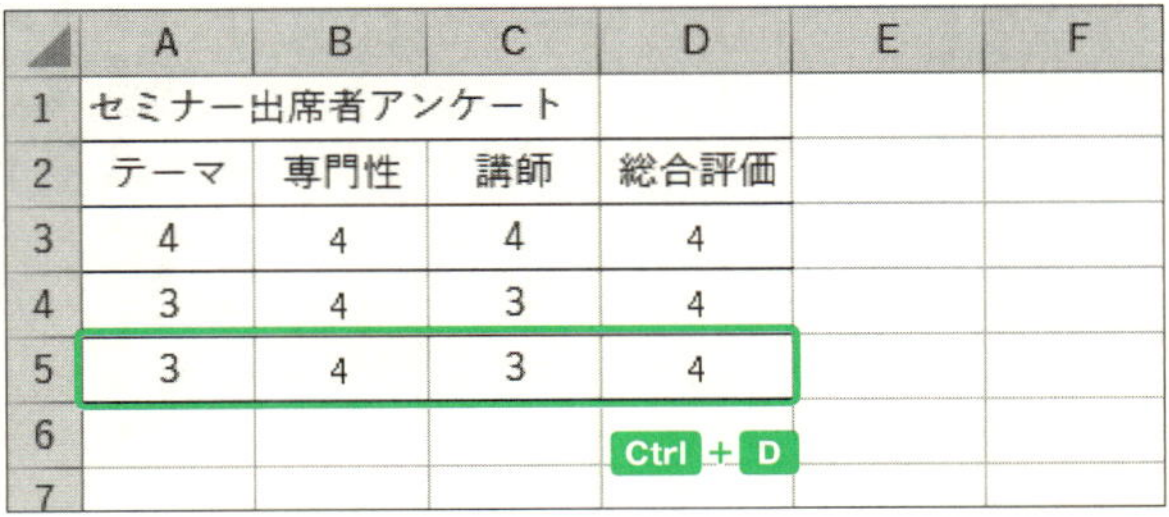

❷ [Ctrl] キーを押したまま [D] キーを押すと、上のセルと同じデータ、同じ書式が入力されます。

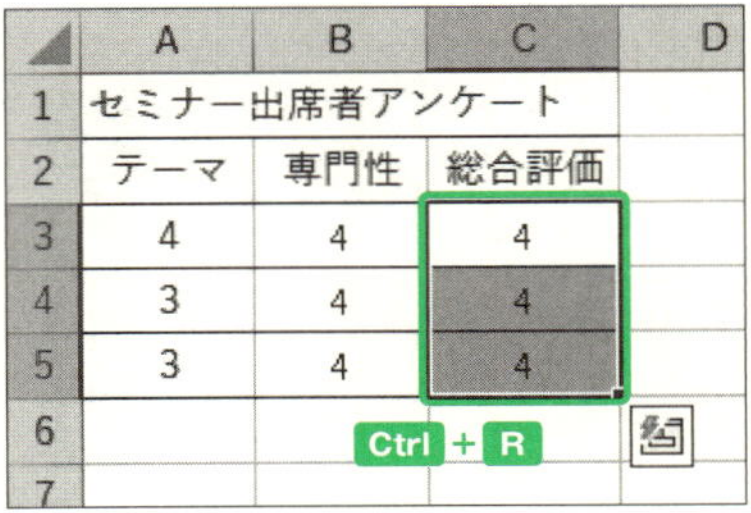

❗ 左隣と同じデータを入力する場合は、範囲を選択してから [Ctrl] キーを押したまま [R] キーを押すと、左のセルと同じデータ、同じ書式がコピーできます。

裏ワザ
015

入力を確定してもセルが移動しないようにする

イライラ解消

[Ctrl]+[Enter]で確定する

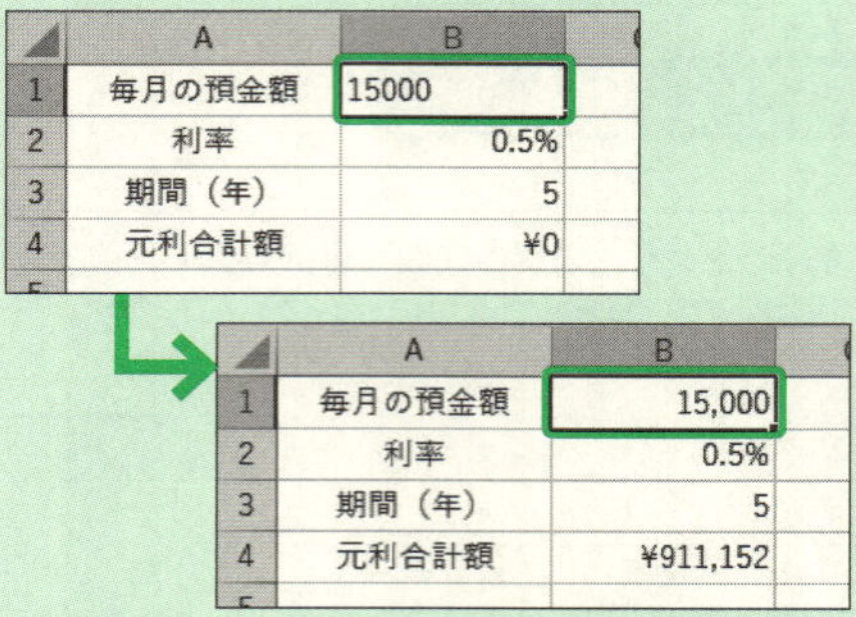

	A	B
1	毎月の預金額	15000
2	利率	0.5%
3	期間（年）	5
4	元利合計額	¥0

	A	B
1	毎月の預金額	15,000
2	利率	0.5%
3	期間（年）	5
4	元利合計額	¥911,152

入力確定後もセルが移動しないので、再入力がラクにできます。

セルへの入力が確定すると、通常は次のセルへ選択が移動します。しかし、［Ｃｔｒｌ］キーを押したまま［Ｅｎｔｅｒ］キーを押して確定するとセルが移動しません。

上の図で「Ｂ１」の数値を変化させて「Ｂ４」の値がどう変わるかを見たいときは、「Ｂ１」に入力した数値をこの方法で確定すれば、セルを選択する手間をかけずに、すぐに次の数値を入力できます。

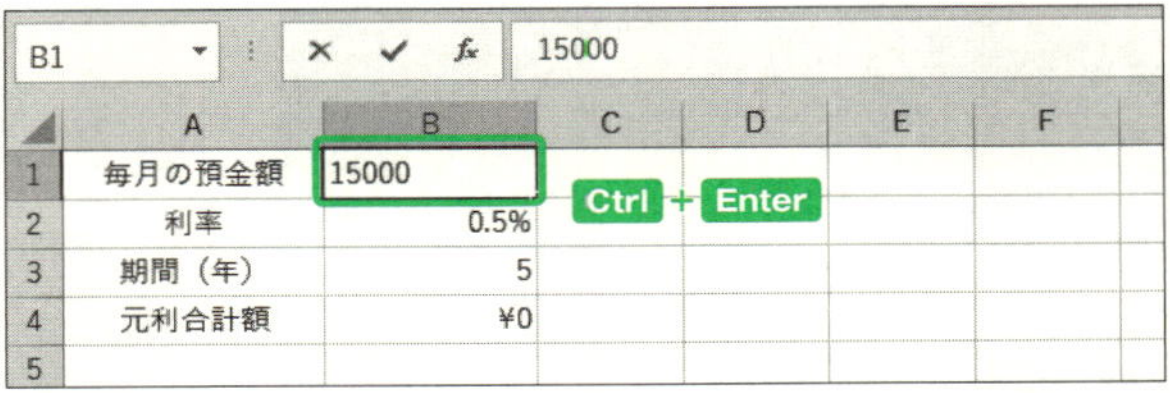

1 セルにデータを入力し、[Ctrl]キーを押したまま[Enter]キーを押して確定します。全角で入力した場合は変換を確定してから[Ctrl]＋[Enter]キーを押してください。数式バーにある✓[入力]をクリックしても同じです。

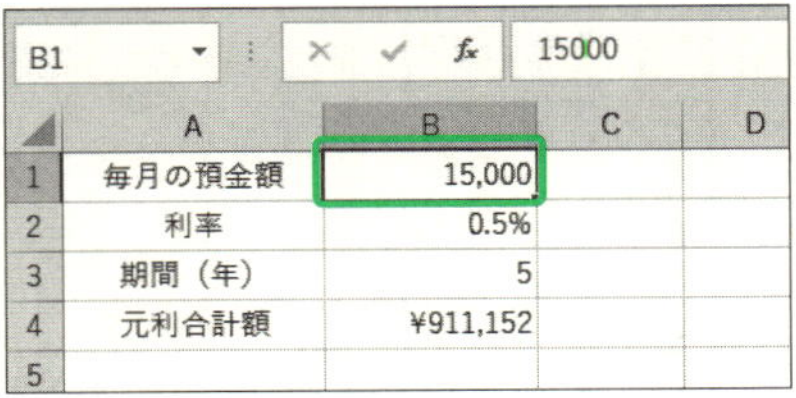

2 入力が確定しても、選択中のセルは変わりません。

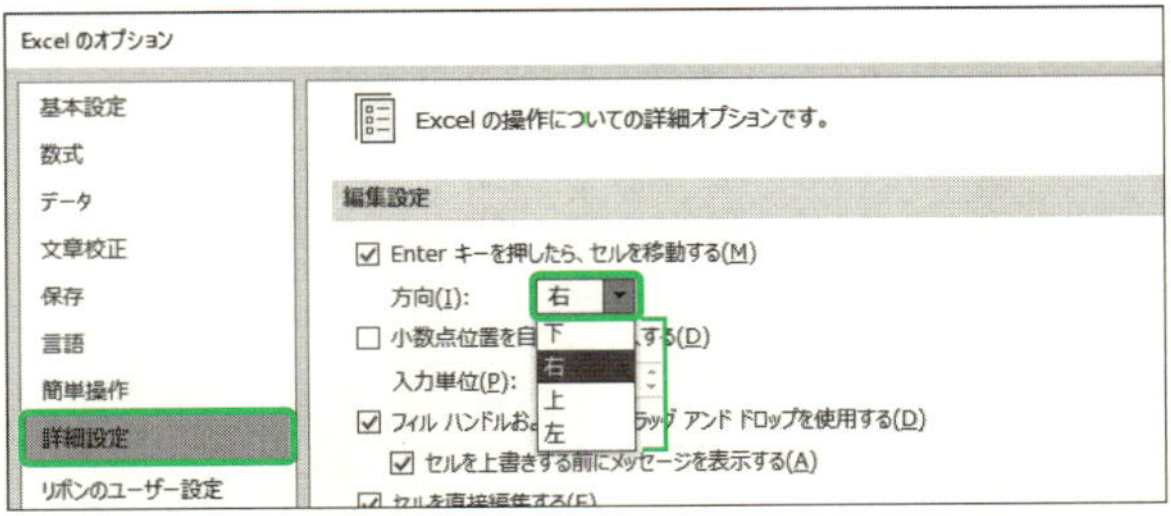

! 入力が確定したあと、次にどのセルを選択するかを指定することもできます。[ファイル]タブを開き、左の一覧で[オプション]をクリックすると[Excelのオプション]の画面になります。左の欄で[詳細設定]を選び、右の欄の「編集設定」にある「方向」の欄をクリックすると、確定後に移動する方向を選択できます。

裏ワザ
016

複数のセルに同じデータを一度に入力する

これは便利!

「Ｃｔｒｌ」キーを押したままセルをクリックする操作を繰り返すと、離れた場所にある複数のセルを選べます。この状態でデータを入力し、「Ｃｔｒｌ」＋「Ｅｎｔｅｒ」キーで確定すれば、選択中のセルに同じデータを一気に入力できます。

　また、入力を確定後、セルの色のような書式を設定すれば一度に反映させられます。「欠席」などを目立たせるのに活用しましょう。

入力セルを選択して[Ctrl]＋[Enter]で確定

	A	B	C
1	番号	氏名	出欠
2	1	青木　翔太	出席
3	2	伊藤　美咲	欠席
4	3	大野　大輝	出席
5	4	加藤　拓海	欠席
6	5	木村　優香	出席
7	6	小林　智也	欠席
8	7	佐々木　楓	出席

空欄をまとめて選択し、「欠席」と入力しました。

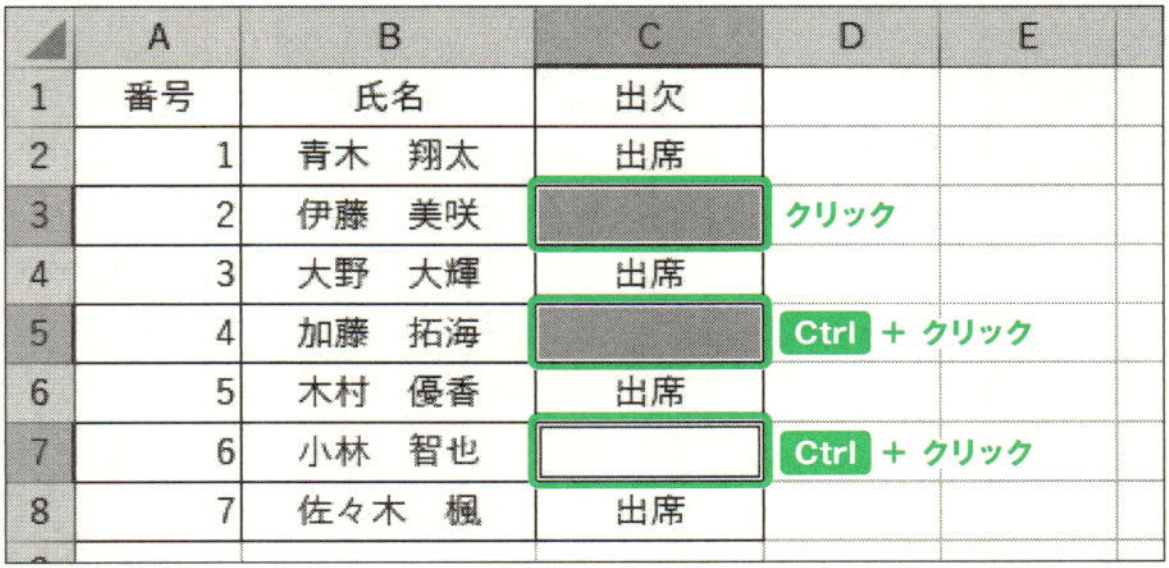

1 データを入力するセルを選択します。[Ctrl] キーを押したままセルをクリックすると、離れたセルを選べます。

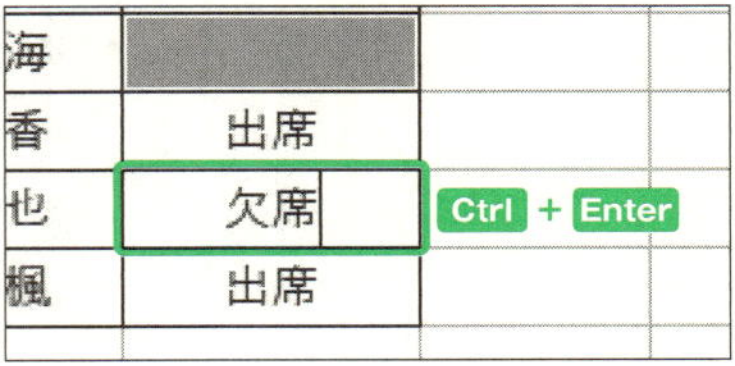

2 データを入力します。文字は変換を確定しておきます。[Ctrl] キーを押したまま [Enter] キーを押して入力を確定します。

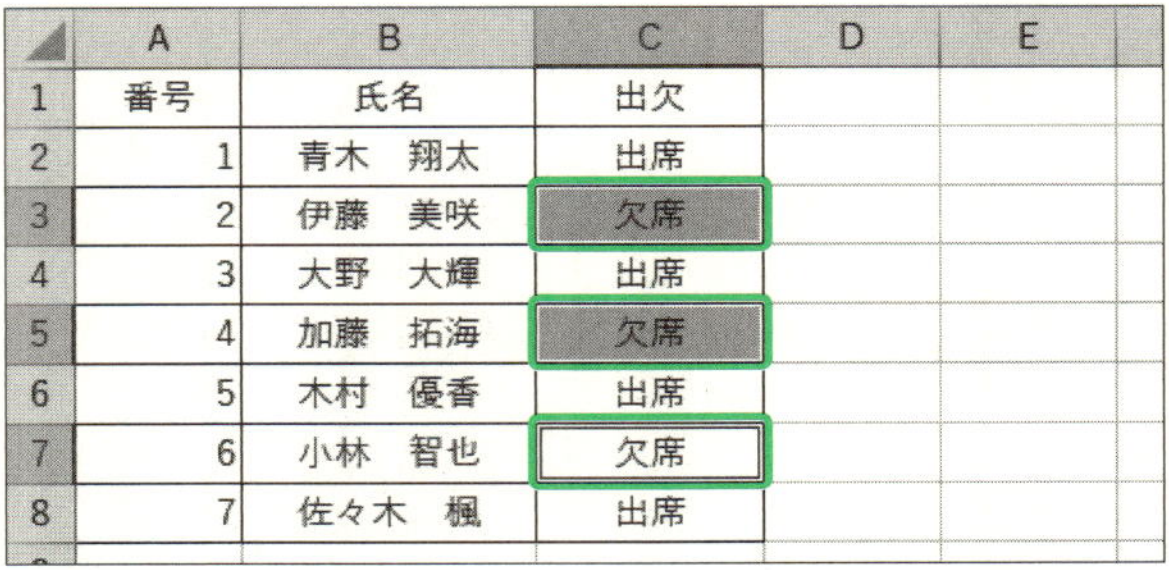

3 選択中のセルに同じデータが入力できます。この状態から一度に書式を設定することもできます。

裏ワザ 017

一度入力したデータをラクして再入力する

時間短縮効率UP!

[Alt]+[↓]で再入力する文字を選べる

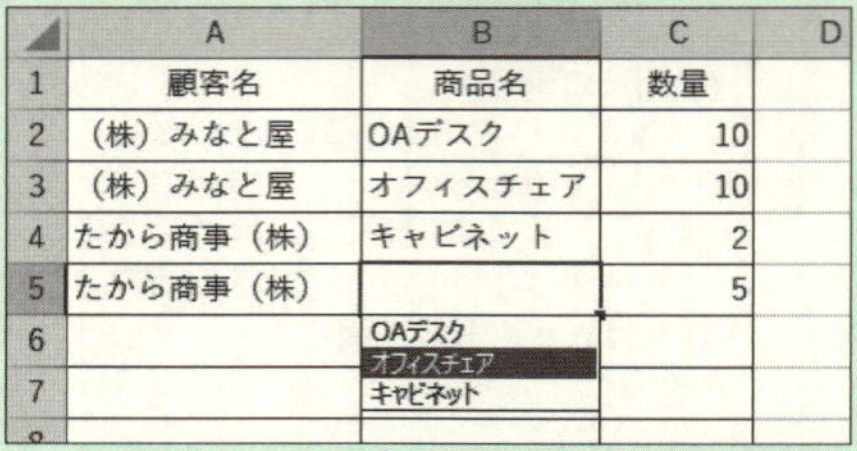

▲	A	B	C	D
1	顧客名	商品名	数量	
2	（株）みなと屋	OAデスク	10	
3	（株）みなと屋	オフィスチェア	10	
4	たから商事（株）	キャビネット	2	
5	たから商事（株）		5	
6		OAデスク		
7		オフィスチェア		
		キャビネット		

入力済みの文字をリストにすれば、ラクにミスなく入力できます。

入力しようとしている文字がすでにその列に入っていたら、既存の文字のリストを表示し、そこから選ぶだけで入力できます。同じデータを素早く入力するのに便利です。リストは「Alt」+「↓」キーで表示できます。

この機能は、対象の列に空白セルがあるとうまく働かないことがあります。また、数値や数式はリストに表示されないので気を付けてください。

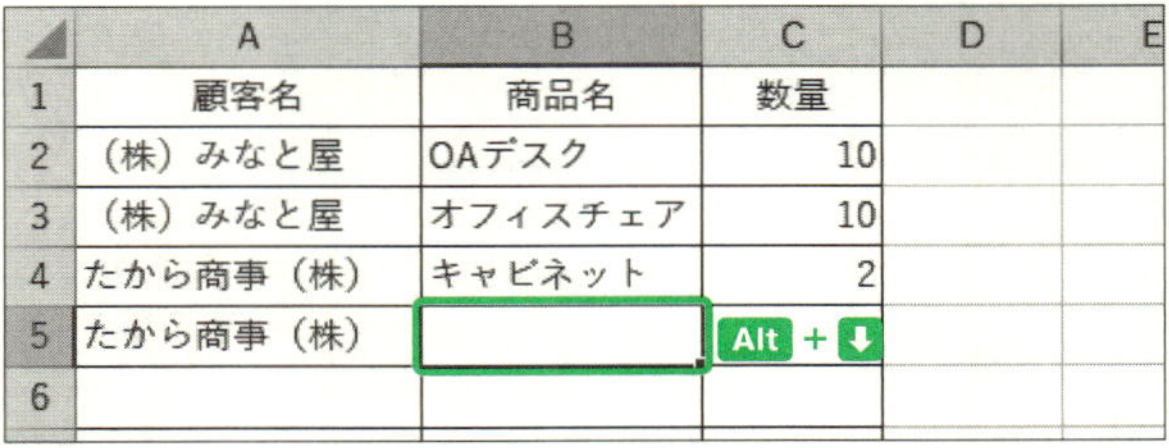

	A	B	C	D	E
1	顧客名	商品名	数量		
2	（株）みなと屋	OAデスク	10		
3	（株）みなと屋	オフィスチェア	10		
4	たから商事（株）	キャビネット	2		
5	たから商事（株）				
6					

❶ 入力するセルを選択し、[Alt]キーを押したまま[↓]キーを押します。

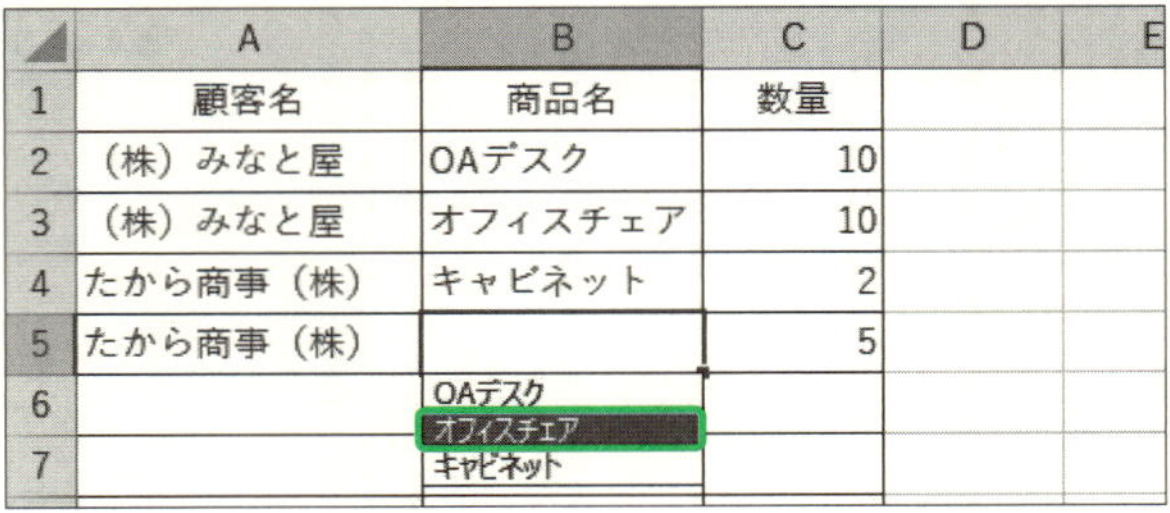

	A	B	C	D	E
1	顧客名	商品名	数量		
2	（株）みなと屋	OAデスク	10		
3	（株）みなと屋	オフィスチェア	10		
4	たから商事（株）	キャビネット	2		
5	たから商事（株）		5		
6		OAデスク			
7		オフィスチェア キャビネット			

❷ 同じ列に入力されている文字のリストが表示されるので、上下の矢印キーで入力する文字を選び、[Enter]キーを押します。

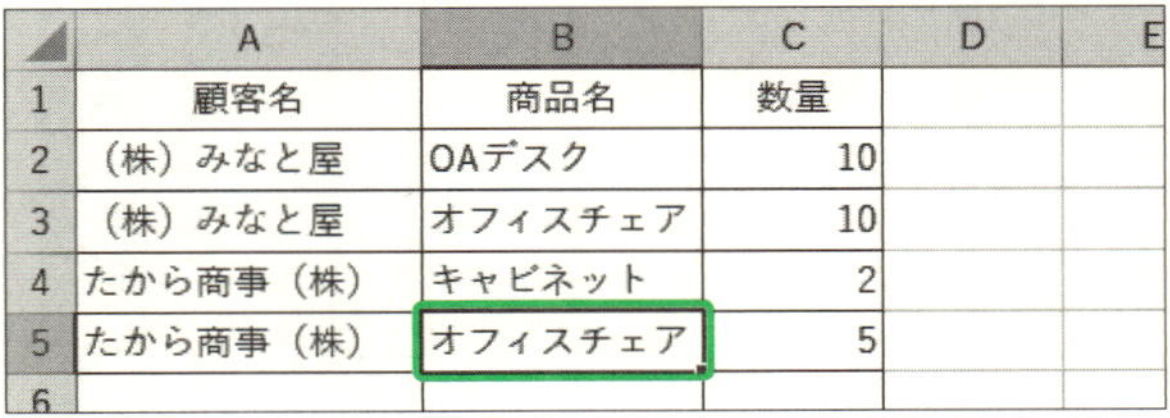

	A	B	C	D	E
1	顧客名	商品名	数量		
2	（株）みなと屋	OAデスク	10		
3	（株）みなと屋	オフィスチェア	10		
4	たから商事（株）	キャビネット	2		
5	たから商事（株）	オフィスチェア	5		
6					

❸ 選択した文字が入力できます。

裏ワザ
018

繰り返し入力するデータはリストにする

時間短縮効率UP!

費目や商品名など同じデータを繰り返し入力する場合は、事前にデータを登録して、選択するだけで入力できるようにすると時短を図れます。

同じ列のデータをリスト表示する方法もありますが（項目017参照）、事前に登録しておけば、はじめからリストに表示できます。この設定をしたセルには、リストのデータ以外は入れられないので入力ミスの防止にもなります。

[データの入力規則]で入力データを登録する

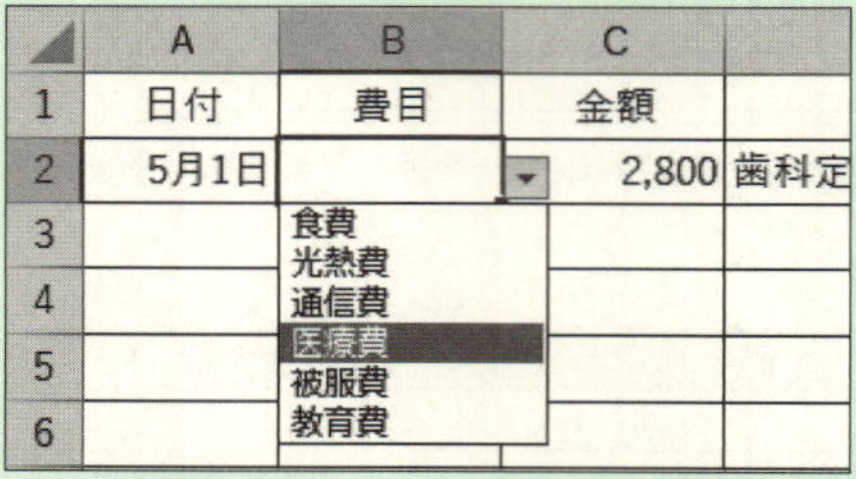

リストから選ぶだけでデータを入力できるように設定してあります。

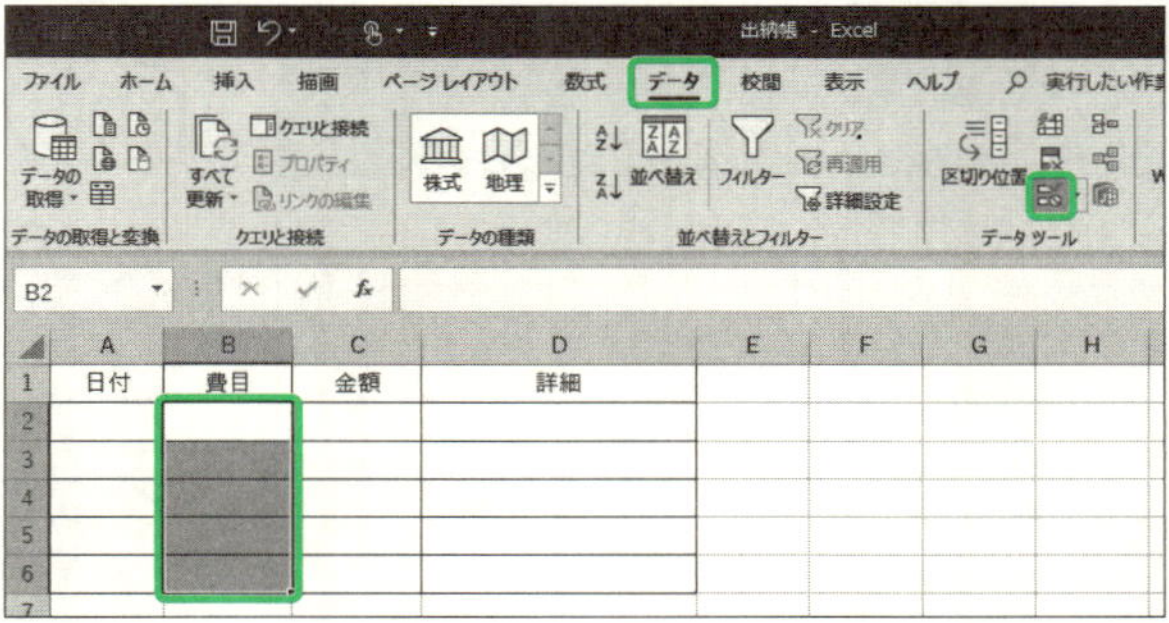

1 リストから選んで入力できるようにするセルを選択します。[データ]タブを開いて[データツール]グループ→[データの入力規則]をクリックします。

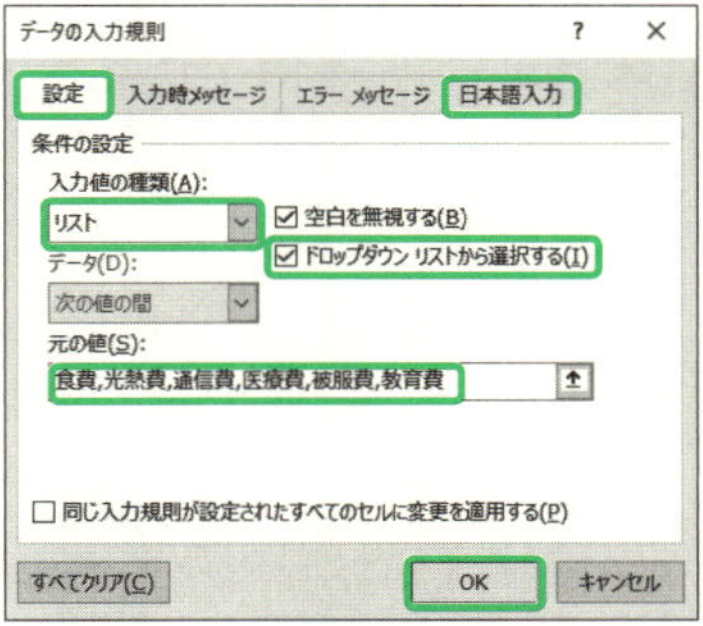

2 [設定]タブを開きます。[入力値の種類]欄で[リスト]を選択します。[ドロップダウンリストから選択する]が☑になっていることを確認します。[元の値]欄にリストとして表示するデータを半角のカンマで区切りながら入力し、[OK]をクリックします。

3 ❶で選択したセルを選ぶと▼が現れ、クリックするとリストが表示されます。データをクリックすると入力できます。

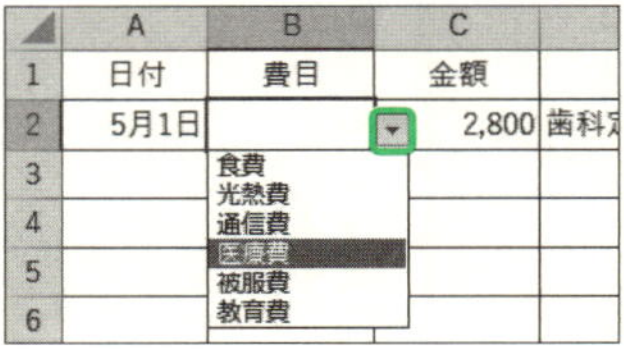

裏ワザ
019

半角英数だけしか入力できないようにする

時間短縮効率UP!

データ入力するときに、入力モードを[ひらがな]→[半角英数]のように切り替えるのは面倒です。また、必ず半角英数にしたいのに、ほかの人が全角で入力したというトラブルが起こることもあります。

こんなトラブルを防ぎ、手間も省くには、対象のセルを選択するだけで日本語入力がオフになる設定にします。こうすると[半角／全角]キーを押しても全角になりません。

[データの入力規則]で日本語入力を無効にする

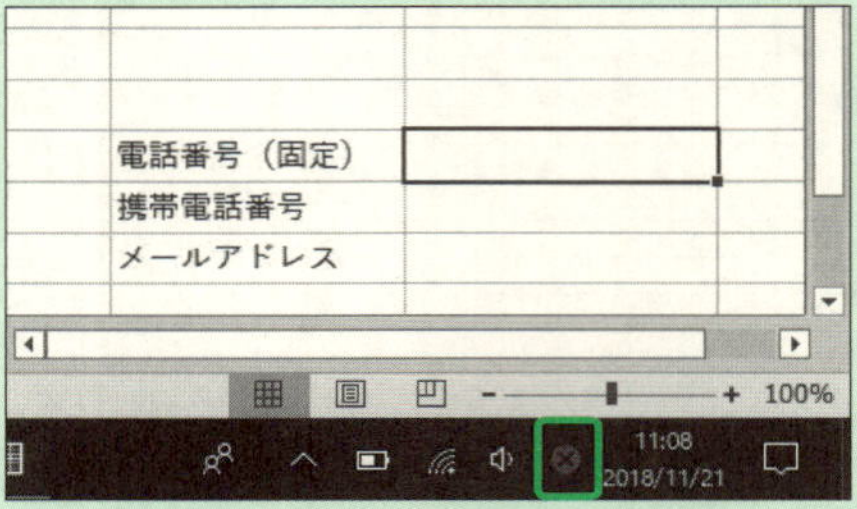

セルを選択すると、日本語入力がオフになり[半角／全角]キーでの切り替えも無効になるように設定しました。

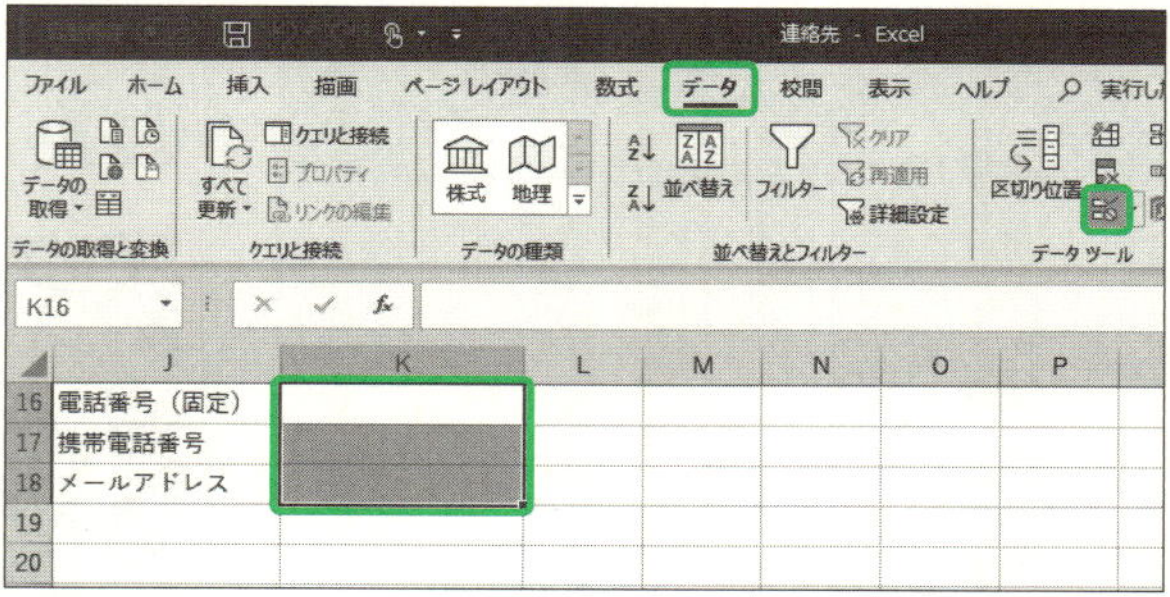

1 入力モードを設定する範囲を選択し、[データ] タブを開きます。[データツール] グループ→[データの入力規則] をクリックします。

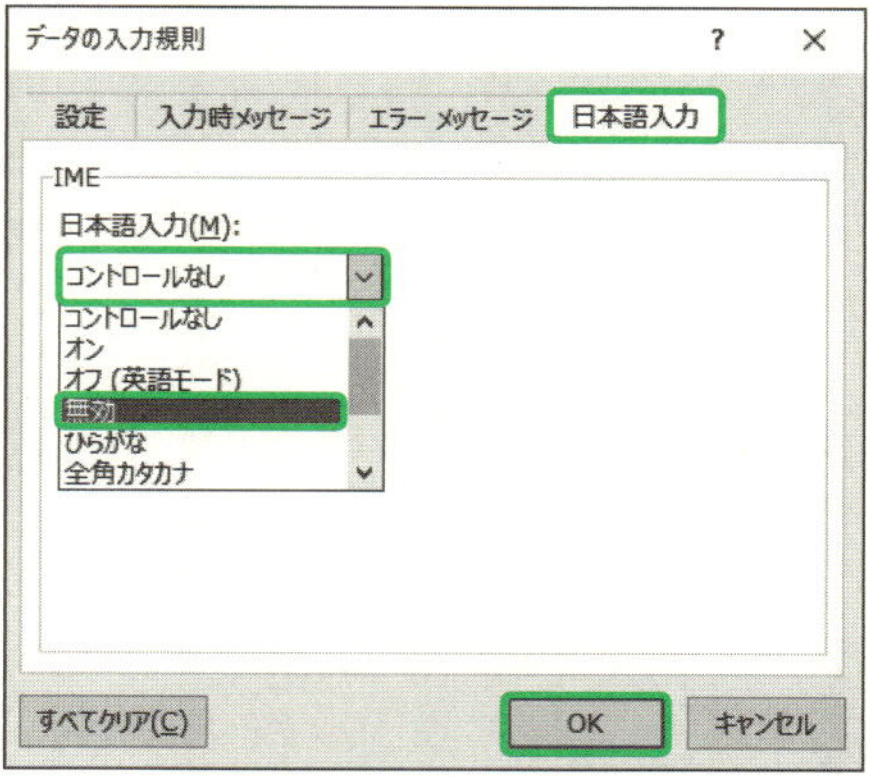

2 [日本語入力] タブを開きます。[日本語入力] の欄をクリックして[無効]を選び、[OK]をクリックします。日本語入力が無効になり、[半角／全角] キーを押しても入力モードが変わらなくなります。元に戻すには[コントロールなし]を選んでください。また、[ひらがな]を選択すると[ひらがな]モードにできます。

裏ワザ 020

タイトルを除いて表の列幅を自動調整する

これは便利！

列番号の右の境界線をダブルクリックすると、その列のもっとも長いデータに合わせた列幅になります。表のタイトルが長い場合に、この方法で列幅を揃えると、タイトルの文字数に合わせた幅になってしまい、表が思いどおりに整わないことがあります。こんなときは、表を選択して列幅を自動調整します。これならタイトルの文字数に影響されずに、データに合った幅になります。

表を選択して[列の幅の自動調整]を選ぶ

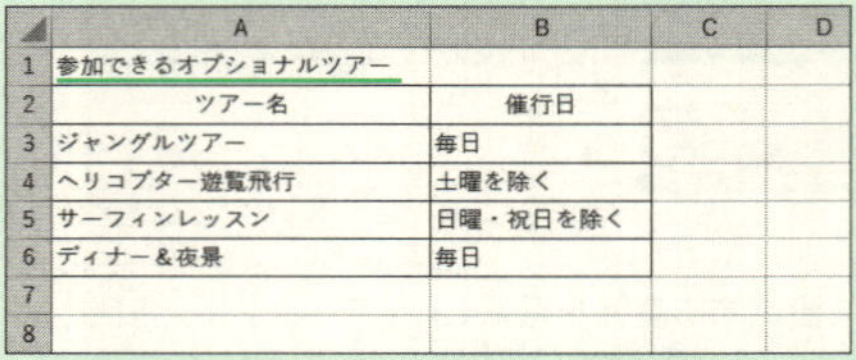

	A	B	C	D
1	参加できるオプショナルツアー			
2	ツアー名	催行日		
3	ジャングルツアー	毎日		
4	ヘリコプター遊覧飛行	土曜を除く		
5	サーフィンレッスン	日曜・祝日を除く		
6	ディナー＆夜景	毎日		
7				
8				

「A列」の幅を自動調整したら、タイトル文字に合わせて幅が広がりすぎて困りました。これを解決します。

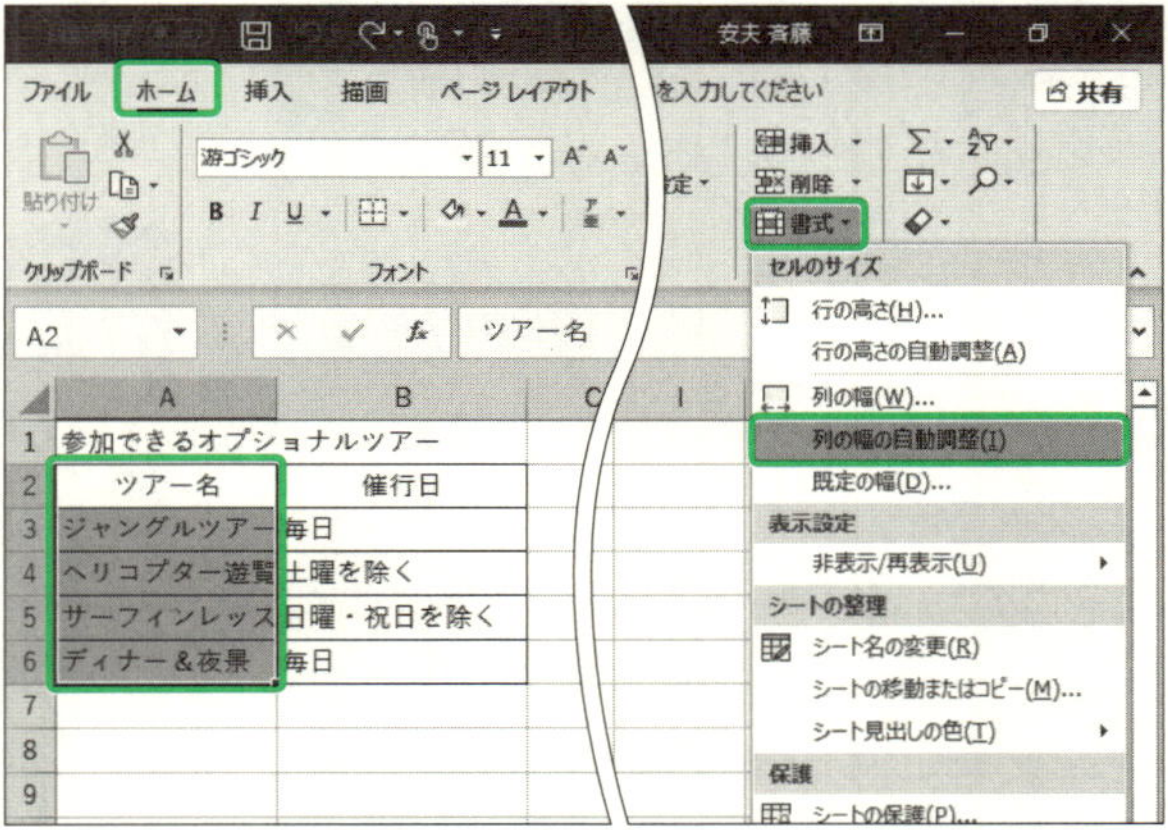

❶ 幅を揃える表のなかの列を選択します。[ホーム] タブを開き、[セル] グループ→[書式]→[列の幅の自動調整] を選びます。

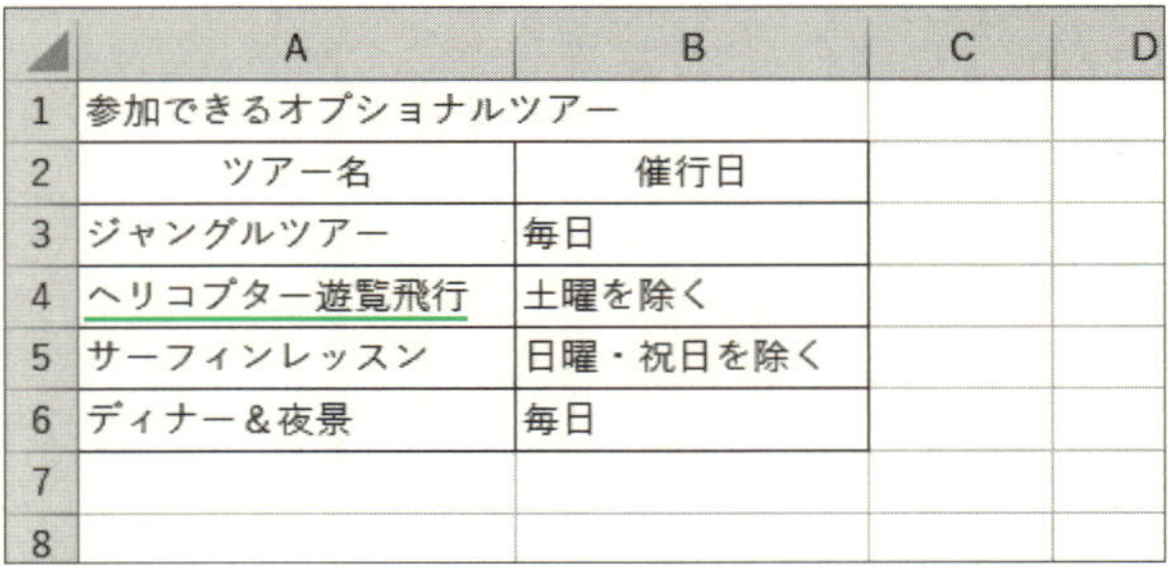

▲	A	B	C	D
1	参加できるオプショナルツアー			
2	ツアー名	催行日		
3	ジャングルツアー	毎日		
4	ヘリコプター遊覧飛行	土曜を除く		
5	サーフィンレッスン	日曜・祝日を除く		
6	ディナー&夜景	毎日		
7				
8				

❷ 表のもっとも文字数の多いデータに応じた列幅になります。この方法では、表に入力された文字数が少ないと列幅が狭くなりすぎることがあります。思いどおりの列幅にならない場合は、列番号の境界線をドラッグして幅を変えてください。

裏ワザ
021

中身の異なるセルだけを選択する

これは便利！

「部署」欄で「営業部」以外のセルを選択するというように、指定したセルとは中身の異なるセルを選び出すには[条件を選択してジャンプ]を使います。指定した条件に一致するセルへ飛ぶわけです。設定によっては空白セルや数値のセル（項目０２３参照）を選ぶこともできます。

　このようにしてセルを選択したあとは、フォントやセルの色を変えるなどの方法で利用しましょう。

[条件を選択してジャンプ]でセル選択の条件を指定する

	A	B	C	D
1	部署	氏名		
2	人事部	秋山　和美		
3	営業部	伊藤　志乃		
4	技術部	池田　太郎		
5	営業部	尾形　由香里		
6	開発部	加藤　裕也		
7	経理部	木村　大介		
8	営業部	倉田　真美		
9				

「部署」が「営業部」以外のセルを選択しています。このあと一気にセルの色を変更できます。

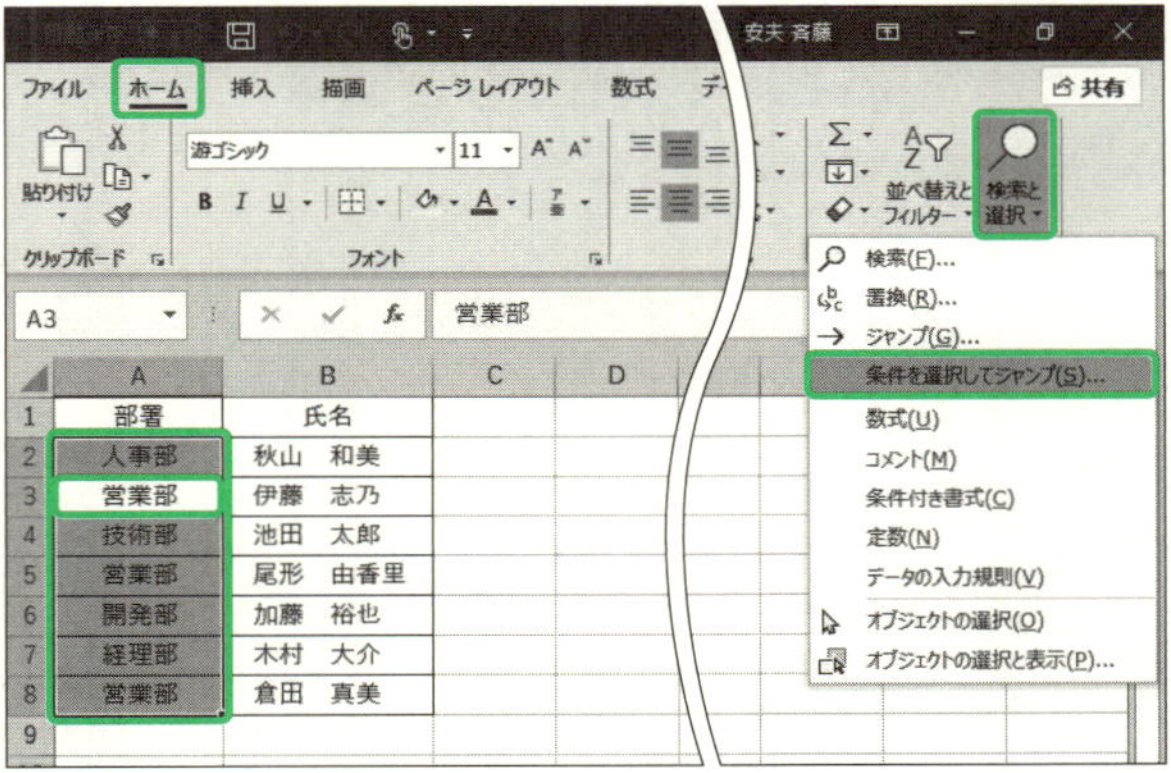

❶ 選択範囲を選択します。[Enter] キーを何度か押して、選択しない内容のセルを選びます。[ホーム] タブを開き、[編集] グループ→[検索と選択]→[条件を選択してジャンプ]を選択します。

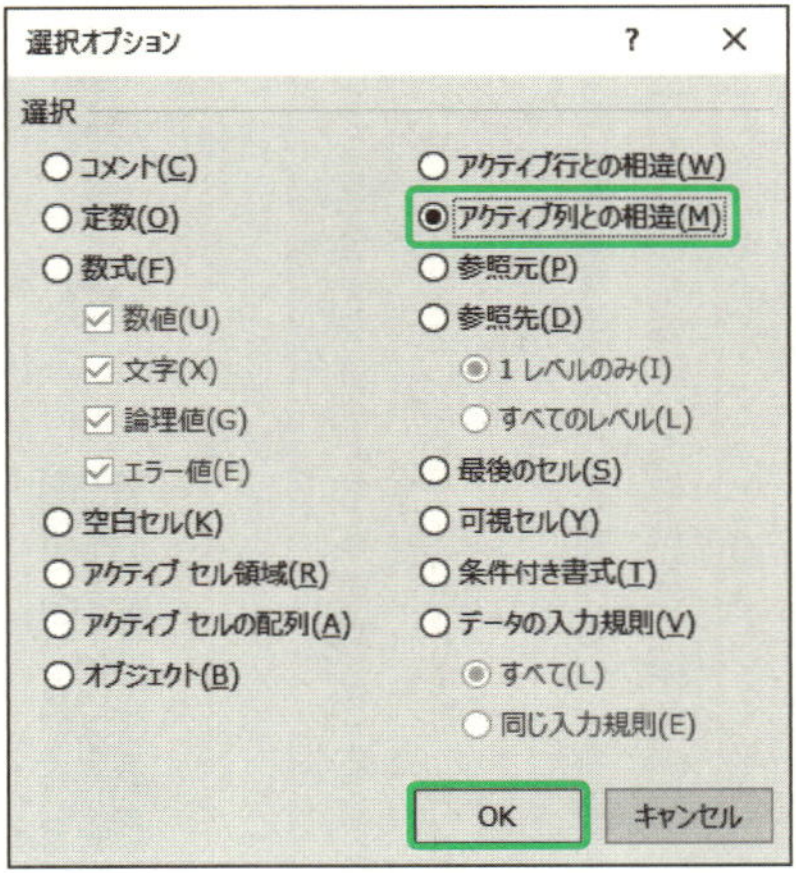

❷ [アクティブ列との相違] をクリックして◉にし、[OK]をクリックすると、❶で選択したセルとは中身の異なるセルが選択できます。選択範囲が行方向なら、[アクティブ行との相違] を選びます。

裏ワザ 022

検索したセルを一度に選択する

これは便利！

「検索」機能の「すべて検索」を利用すると、ある文字を含んだセルを一度に選べます。

検索する文字の指定には、任意の長さの文字列を意味する半角の「*」や任意の1文字を意味する半角の「?」のワイルドカードも使えます。

検索結果を選択した状態で、まとめてセルの色を変えたり、一気に上書きする（項目016参照）などの使い方ができます。

[Ctrl]＋[A]で検索結果をまとめて選択

	A	B	C
1	部署	氏名	
2	人事部	秋山　和美	
3	営業部	伊藤　志乃	
4	技術部	池田　太郎	
5	営業部	尾形　由香里	
6	開発部	加藤　裕也	
7	経理部	木村　大介	
8	営業部	倉田　真美	

「営業部」で検索し、一致したセルを一度に選択しています。

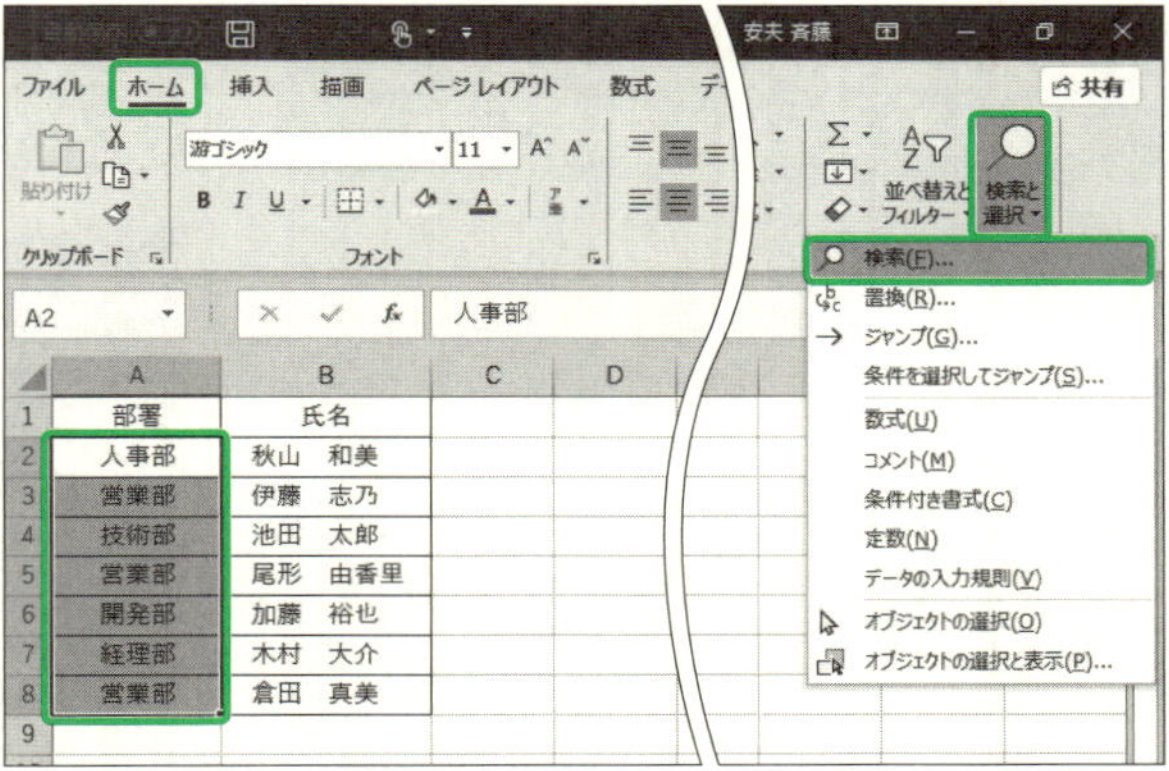

1 検索する範囲を選択し、[ホーム]タブを開きます。[編集]グループ→[検索と選択]→[検索]を選択します。

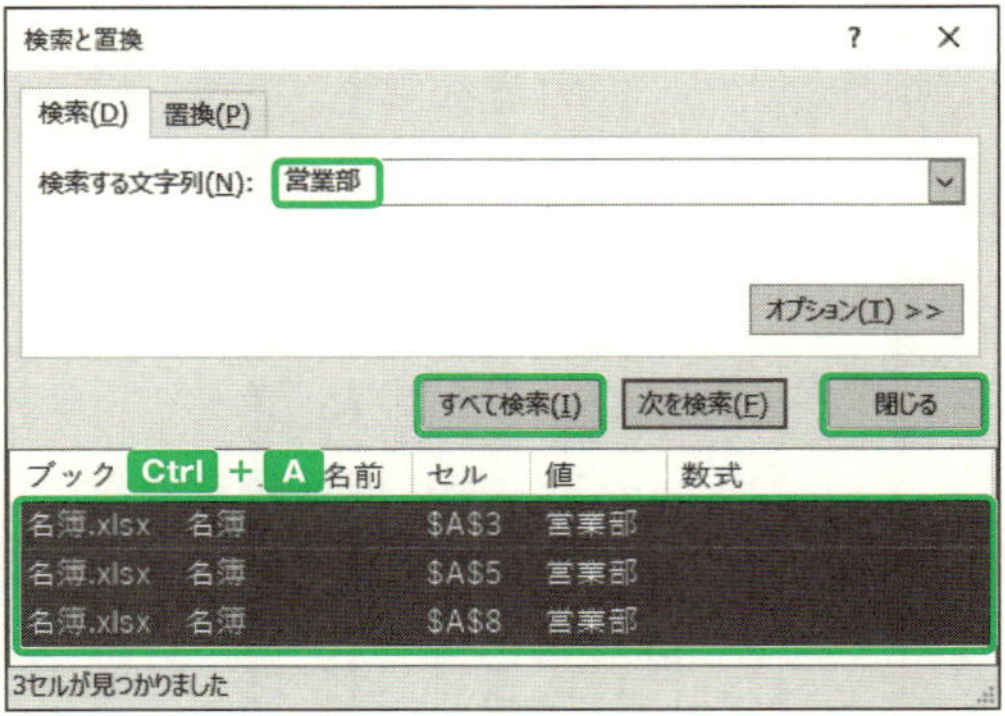

2 [検索する文字列]欄に検索する文字を入力し、[すべて検索]をクリックすると、指定した文字が入力されているセルのリストが表示されます。[Ctrl]+[A]キーを押してリストの内容をすべて選択して[閉じる]をクリックすると、検索したセルが選択されます。

裏ワザ
023

数式を残して数値だけを削除する

これは便利！

既存の表の数値を入れ替えて新しい表にしたいときは、数式は残して数値だけを削除します。これなら数式を作りなおす手間が省けます。

　入力した数値は、［条件を選択してジャンプ］で選択し、続いて［Delete］キーを押せば削除できます。［条件を選択してジャンプ］は、指定した条件に一致するセルを選ぶ機能です。中身の異なるセル（項目021参照）の選択にも使います。

［条件を選択してジャンプ］なら数値だけまとめて選択できる

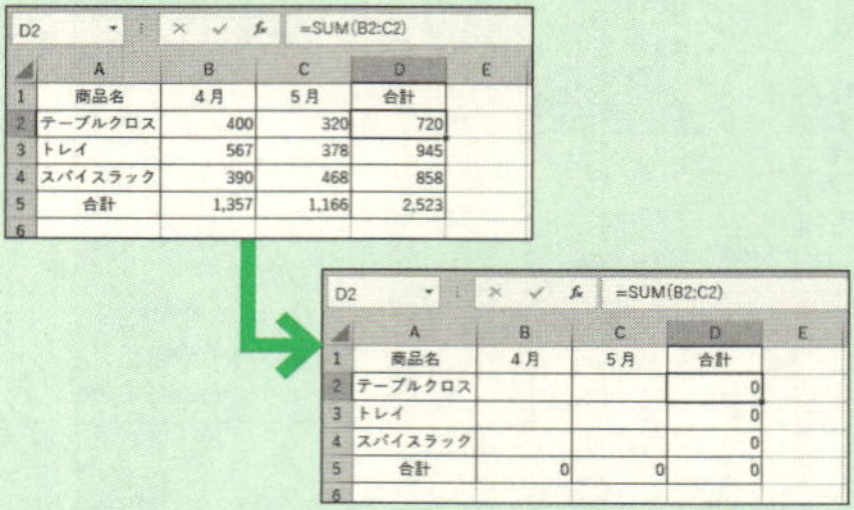

数値だけをエクセルに選んでもらって削除しました。式は残っているので「合計」欄が「0」になっています。

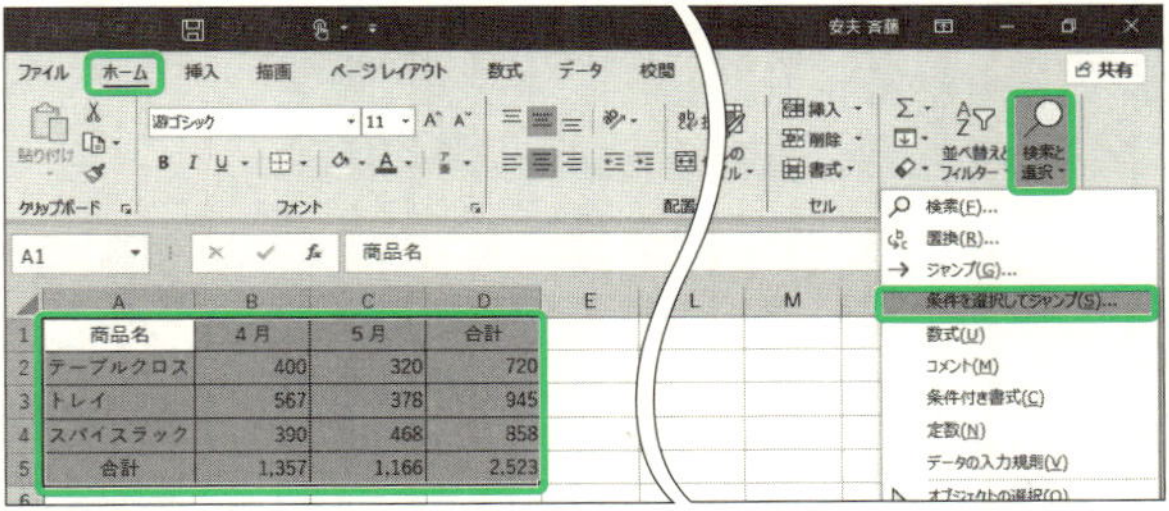

1 数値を削除する範囲を選択します。[ホーム]タブを開き、[編集]グループ→[検索と選択]→[条件を選択してジャンプ]を選択します。

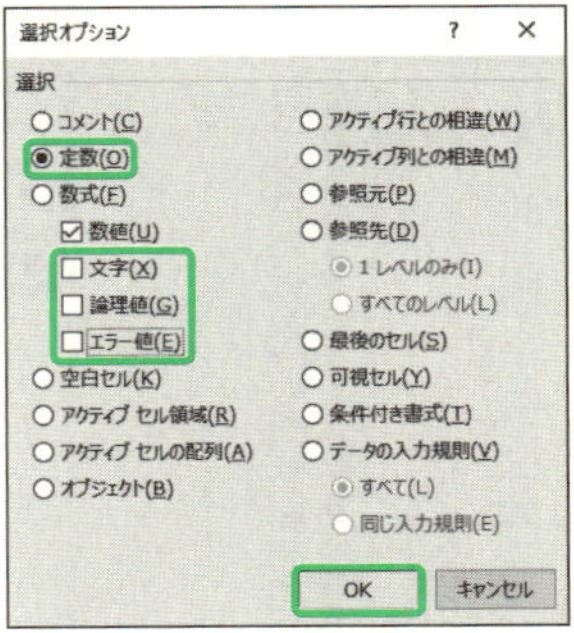

2 [定数]をクリックして◉にし、[文字][論理値][エラー値]をそれぞれ□にして、[OK]をクリックします。

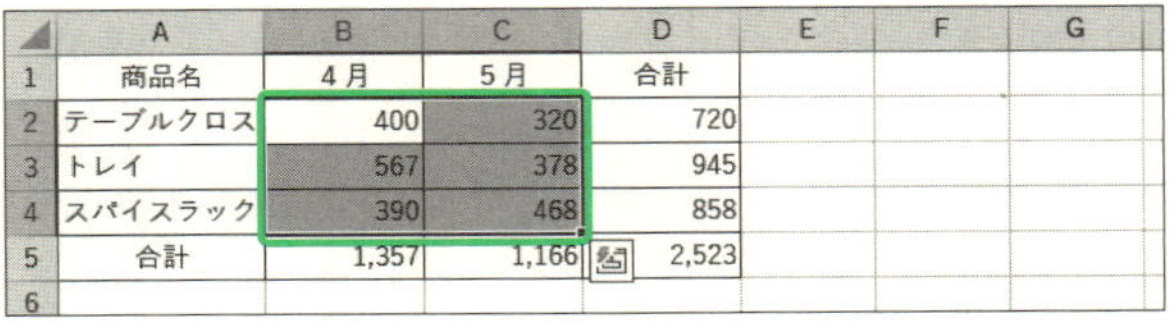

3 直接入力された数値だけが選択されるので、[Delete]キーを押して削除します。数式は残っているので、新たに数値を入力するだけで計算が行われます。

裏ワザ 024

マイナスの数値だけを赤で表示する

［表示形式］を［数値］にしてマイナスを自動で色分け

	A	B	C	D
1		4月	5月	6月
2	前年	350	380	250
3	当年	400	320	280
4	増減	50	-60	30
5				

↓

	A	B	C	D
1		4月	5月	6月
2	前年	350	380	300
3	当年	400	320	280
4	増減	50	-60	-20
5				

マイナスの数値の文字色だけ自動で「赤」になるように設定しました。

マイナスの数値は赤色で目立たせると効果的です。［表示形式］の分類で［数値］を選ぶと、正の数を黒色、負の数を赤色に自動的に色分けする表示を選べます。値に変化があれば文字色も変わるので、いちいち色を設定しなおす手間もかかりません。

　負の数の表示形式は、▲付きの黒色、カッコを付けた赤色などもあります。場面に応じて使い分けてください。

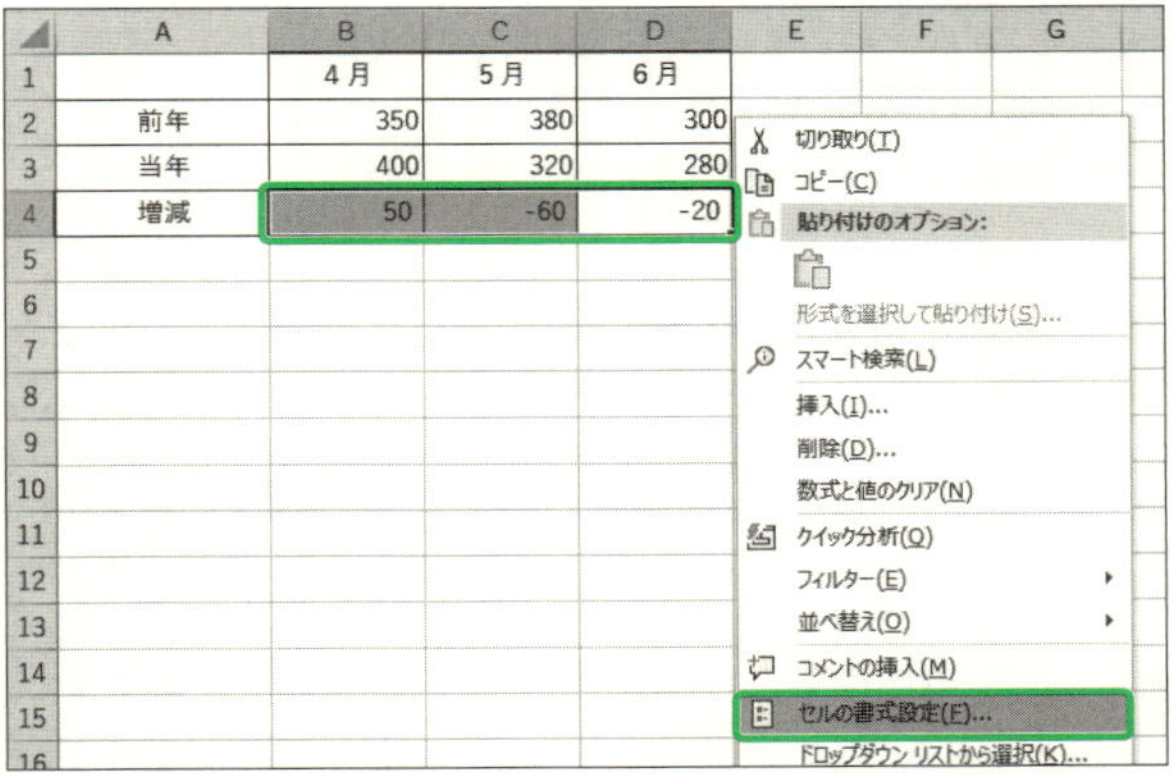

1 表示を設定するセルを選択して右クリックし、[セルの書式設定]を選択します。

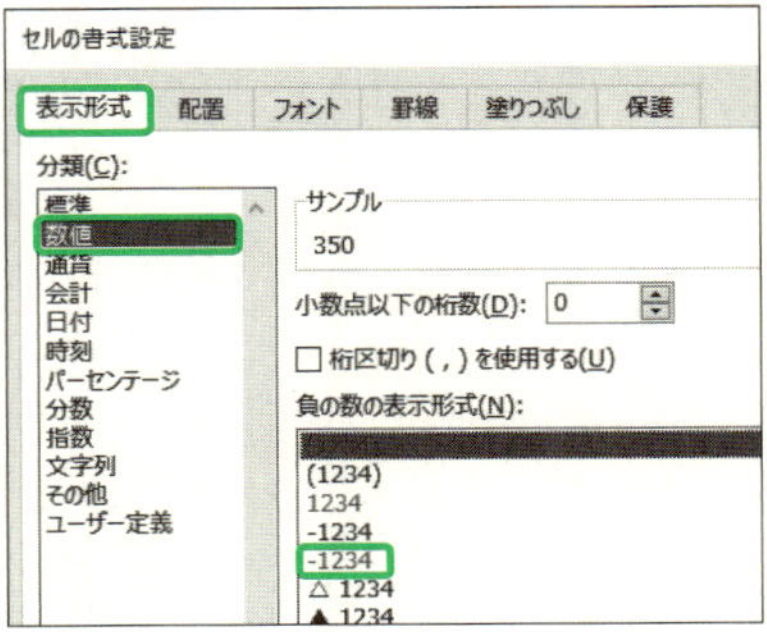

2 [表示形式]タブを開きます。[分類]欄で[数値]を選択し、[負の数の表示形式]欄でマイナス記号の付いた赤色の表示例をクリックして、[OK]をクリックします。

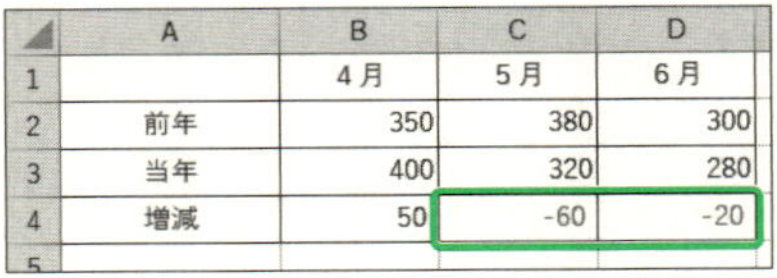

3 負の数が赤で表示されます。

裏ワザ 025

「人」などの単位を付けても数値として計算できる

これは便利！

数値に「人」「個」「㎜」などの単位を付けたいことがあります。しかし、単位を付けて入力すると計算に使えなくなります。計算もできるようにしたければ、単位付きの表示形式を作ってください。これなら数値を入れるだけで単位が表示され、計算もできます。

登録した表示形式はブック単位で保存されるので、同じブック内のほかのシートでも利用できます。

表示形式の[ユーザー定義]で単位付きの形式を作る

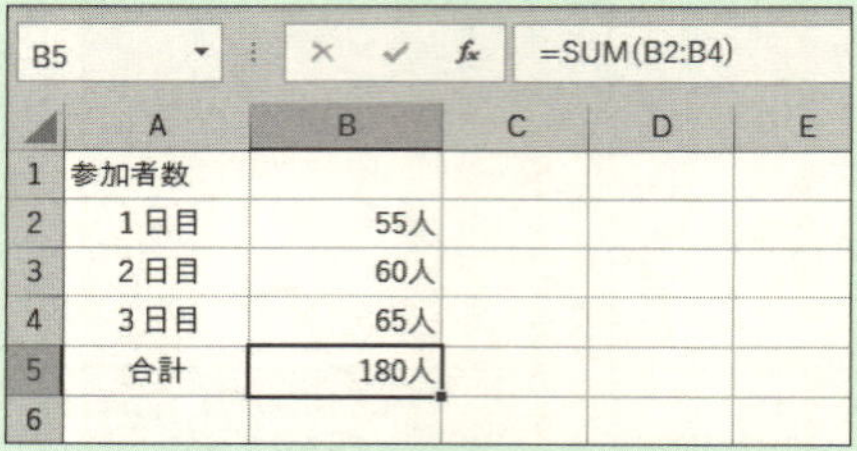

	A	B	C	D	E
	B5 ▼ : × ✓ fx =SUM(B2:B4)				
1	参加者数				
2	1日目	55人			
3	2日目	60人			
4	3日目	65人			
5	合計	180人			
6					

単位付きの表示形式を作ると、数値に単位が付いて計算も行えます。

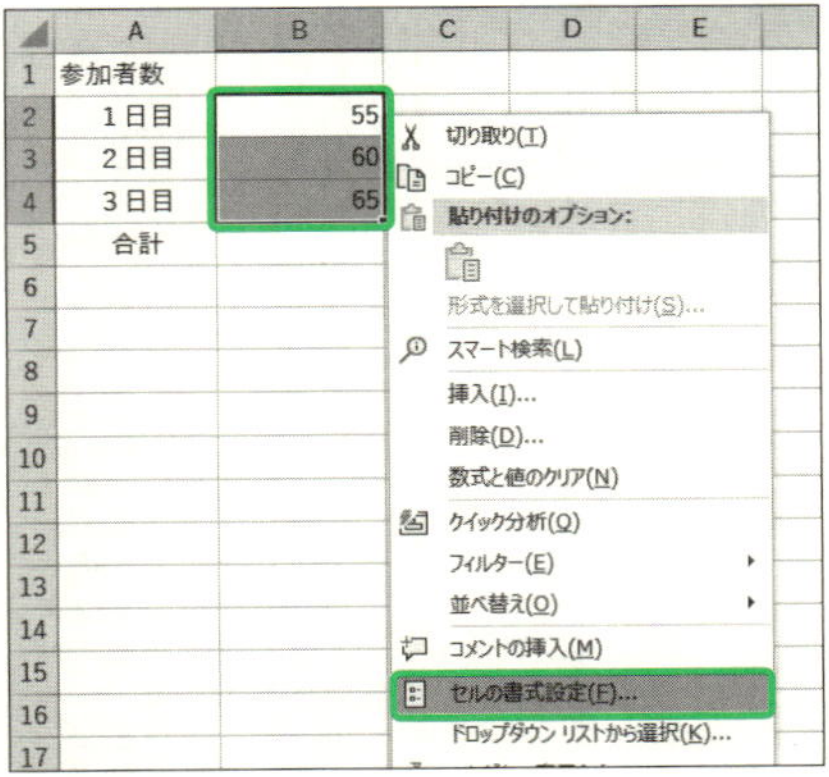

1 数値に単位を付けて表示するセルを選択して右クリックし、[セルの書式設定]を選びます。

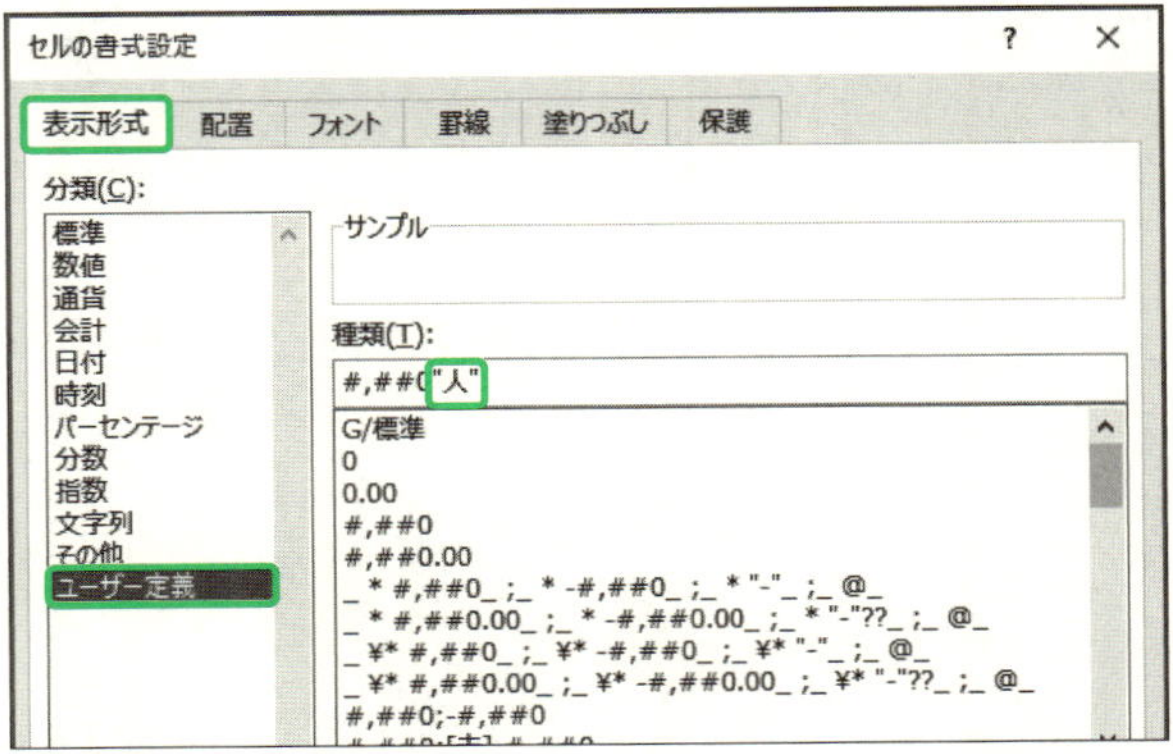

2 [表示形式]タブを開き、[分類]欄で[ユーザー定義]を選びます。[種類]欄で[#,##0]を選択し、単位を「"」(ダブルクォーテーション)で囲って入力します。[OK]をクリックすると数値に単位が付きます。次からは、[分類]欄で[ユーザー定義]を選び、[種類]欄で作成した表示方法を選べます。

裏ワザ
026

「千円」単位で表示する

仕上がりキレイ

表示形式の[ユーザー定義]で「千円」単位の形式を作る

2		7月	8月	
3	リビング家具	9,460,000	7,640,000	
4	キッチン収納	6,500,000	5,600,000	
5	書斎家具	3,400,000	3,100,100	
6				

1			(単位：千円)	
2		7月	8月	
3	リビング家具	9,460	7,640	
4	キッチン収納	6,500	5,600	
5	書斎家具	3,400	3,100	

桁数の多い数字は、「千円」単位にすると見やすくなります。

数字は桁が増えると読みにくくなります。桁数が多かったら「千円」単位の表示にしましょう。表示形式を自分で作れば、「千円」や「百万円」単位での表示ができます。「千円」単位では百の桁、「百万円」単位では十万の桁を四捨五入して表示します。

　左ページの表は、表示形式を作るのに使う記号です。表示形式を作れば、日付や曜日もさまざまな表示に変えられます。

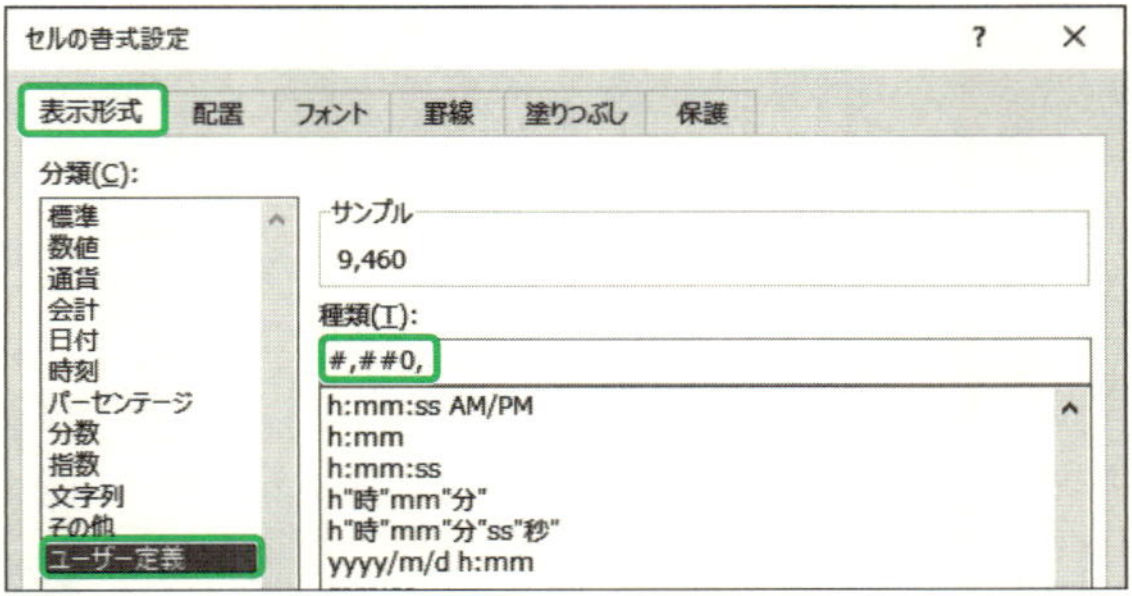

1 千円単位で表示するセルを選択して右クリックし、[セルの書式設定]を選択します。[表示形式]タブを開き、[分類]欄で[ユーザー定義]を選びます。[種類]欄に「#,##0,」と入力します。「百万円」単位にしたければ「#,##0,,」にします。[OK]をクリックすると千円単位で表示されます。

[表示形式]で使う記号

記号	意味
0	位取り記号。桁数が指定された0の数より多い場合はそのまま表示し、少ない場合は0を補って表示する
?	位取り記号。桁数が指定よりも多い場合はそのまま表示し、桁数が指定より少ない場合にはスペースで補う
#	位取り記号。桁数が指定よりも多い場合はそのまま表示し、桁数が指定よりも少ない場合には0もスペースも補わずに表示する。「#,###」のようにして桁区切りの指定もできる
,(カンマ)	桁区切り記号。「#,###」なら3桁ごとに「,」が付く。また「#,」なら1000未満、「#,,」なら100万未満、「#,,,」なら10億未満の桁が四捨五入され、それぞれの桁未満は表示されない
.(ピリオド)	小数点。数値の整数部と小数部の桁数を指定する。「#.#」なら小数点以下第1位まで表示する
d	先頭にゼロの付かない日付(例　5)。
dd	先頭にゼロが付く日付(例　05)。
aaa	省略した日本語の曜日(例　月)
aaaa	省略しない日本語の曜日(例　月曜日)
m	先頭にゼロの付かない月名(例　4)
mm	先頭にゼロの付く月名(例　04)
mmmm	英語の月名(例　April)
yyyy	西暦を4桁で表示

裏ワザ 027

セルの内容を変えずに書式だけコピーする

これは便利!

セルを単にコピーすると、データと書式の両方がコピーされますが、ボタンを使えば書式だけをコピーできます。これならすでに設定済みの書式を効率よく使い回せます。ボタンはクリックすると書式をコピーして1回貼り付けられ、ダブルクリックすると書式を繰り返し貼り付けられます。書式は別のワークシート、別のブックにもコピーできます。

[書式のコピー/貼り付け]ボタンでセルの書式を使い回す

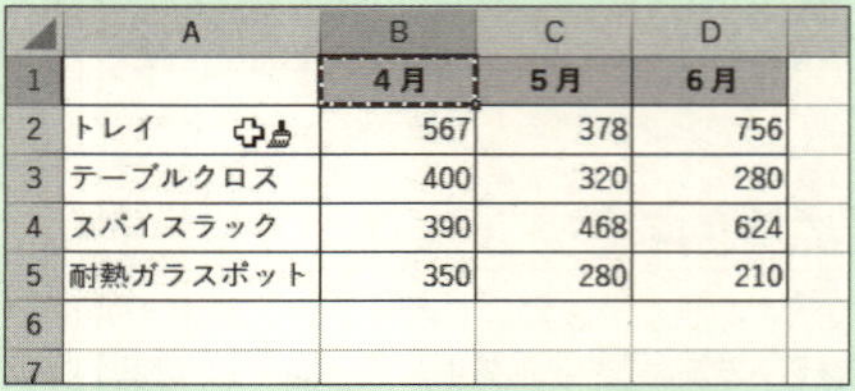

	A	B	C	D
1		4月	5月	6月
2	トレイ	567	378	756
3	テーブルクロス	400	320	280
4	スパイスラック	390	468	624
5	耐熱ガラスポット	350	280	210
6				
7				

書式のコピー中はマウスポインターの形が変わります。このポインターのときにクリックやドラッグすると書式が貼り付けられます。

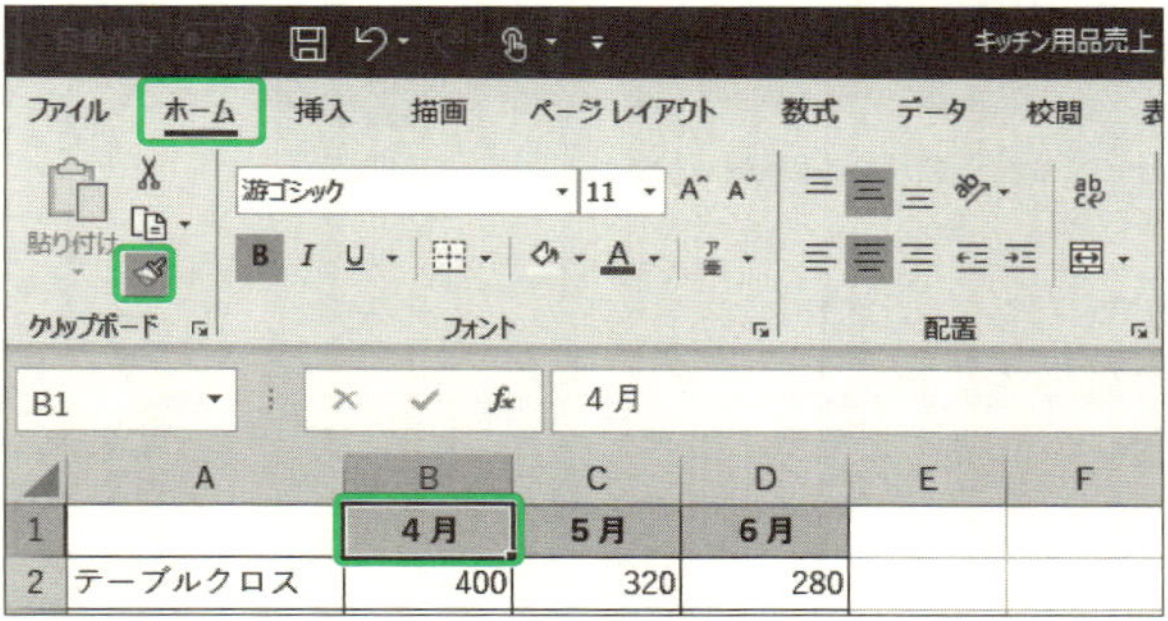

1 書式のコピー元のセルを選択します。[ホーム] タブを開き、[クリップボード] グループ→ [書式のコピー／貼り付け] をクリックします。繰り返し貼り付ける場合はダブルクリックします。

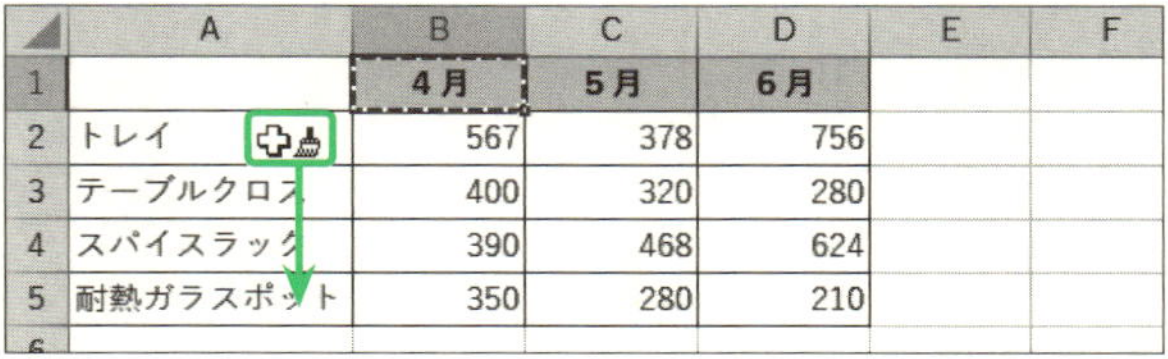

2 ポインターが になったら貼り付け先をクリックまたはドラッグします。

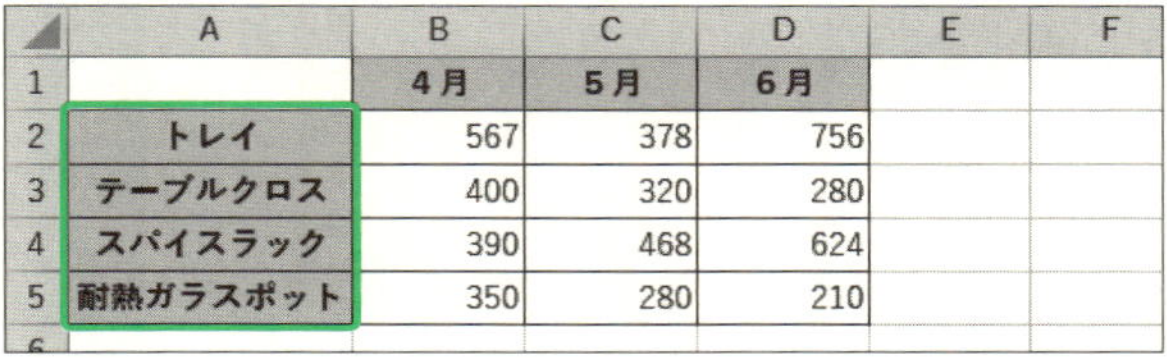

3 書式がコピーされます。 をダブルクリックした場合は、[Esc] キーを押すと作業が終了します。

裏ワザ 028

［Ctrl］＋ドラッグで中身も書式も一気に削除

時間短縮効率UP!

セルのデータと書式の両方を削除するのは、意外と面倒なものです。［Delete］キーではデータしか削除できないためです。

　そこでおすすめなのが、［Ctrl］キーを押したままドラッグする方法です。これでデータも書式もまとめて削除できます。操作のコツはドラッグの方向です。範囲を選択したら、上または左に向かってドラッグしてください。

［Ctrl］＋ドラッグで データも書式も削除できる

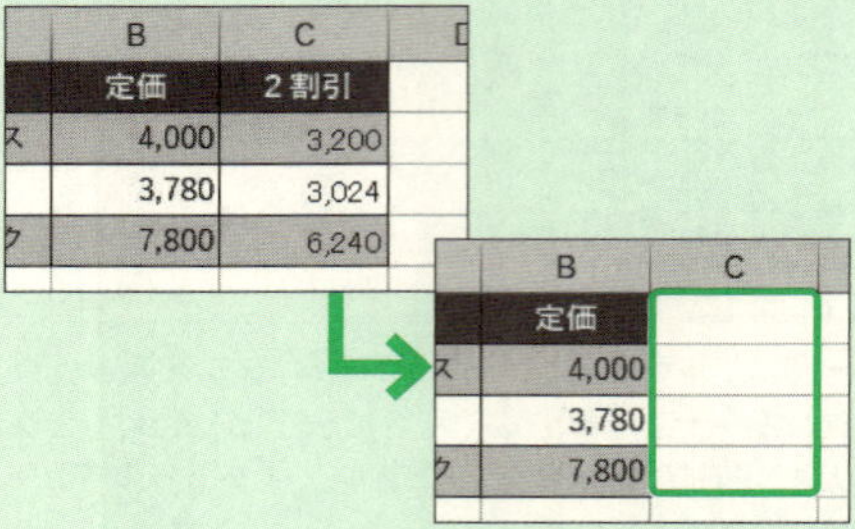

［Ctrl］＋ドラッグで、「2割引」欄のデータと書式を一気に削除しました。

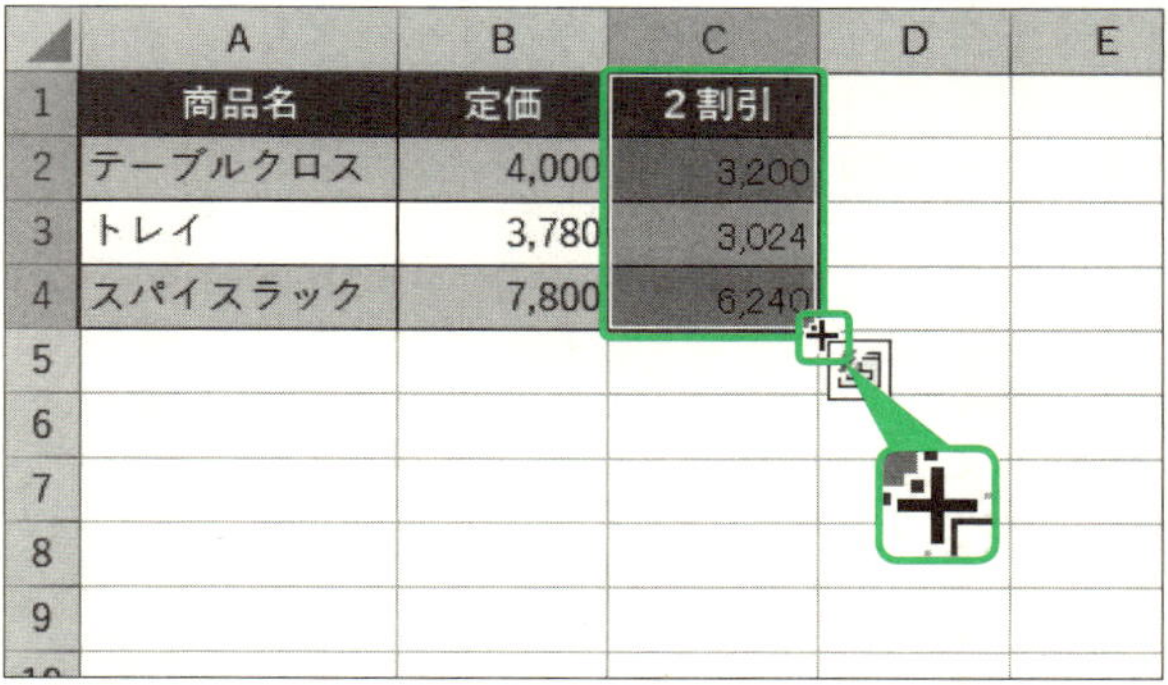

	A	B	C	D	E
1	商品名	定価	2割引		
2	テーブルクロス	4,000	3,200		
3	トレイ	3,780	3,024		
4	スパイスラック	7,800	6,240		
5					
6					
7					
8					
9					

1 データを削除する範囲を選択します。選択範囲の右下にポインターを合わせると＋になります。

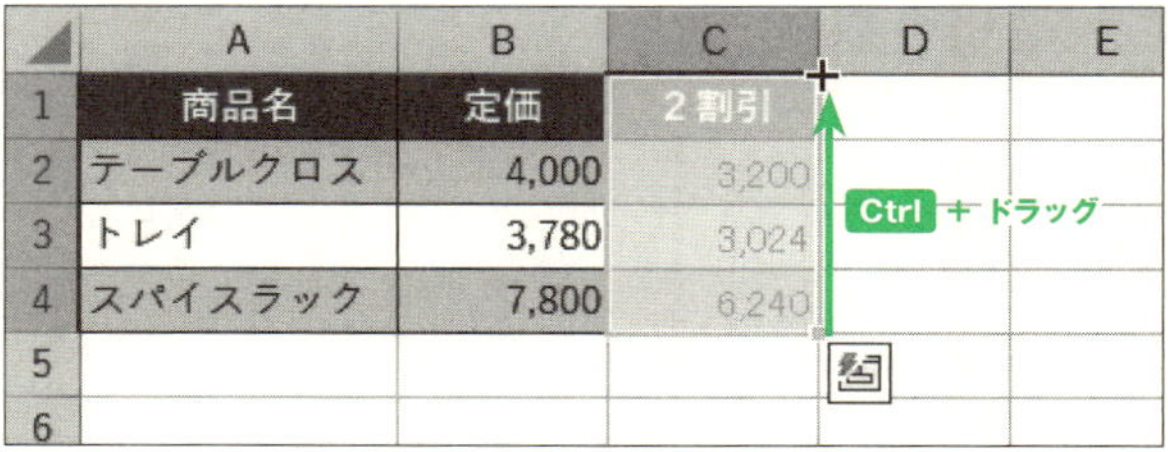

	A	B	C	D	E
1	商品名	定価	2割引		
2	テーブルクロス	4,000	3,200		
3	トレイ	3,780	3,024	Ctrl ＋ ドラッグ	
4	スパイスラック	7,800	6,240		
5					
6					

2 [Ctrl] キーを押したまま、上端へ向かってドラッグします。行を対象とする場合は、選択範囲の左端に向かってドラッグします。マウスのボタンを離すと、データと書式が削除されます。選択範囲を超えてドラッグすると、データと書式がコピーされてしまうので注意してください。

裏ワザ 029

データは残して表の書式だけを削除する

これは便利！

セルの色やデータの配置、罫線、太字などの書式は［Delete］キーでは削除できません。書式は［クリア］ボタンを使って削除します。書式が不要になったり再設定したいときに役に立つ操作です。

［クリア］ボタンでは、書式のほかにコメントやハイパーリンクの削除なども選べます。そして［すべてクリア］を選択すれば、データと書式をまとめて削除できます。

［クリア］ボタンなら対象を選んで削除できる

	A	B	C	D
1	商品名	定価	2割引	1割引
2	テーブルクロス	4,000	3,200	3,600
3	トレイ	3,780	3,024	3,402
4	スパイスラック	7,800	6,240	7,020
5				

↓

	A	B	C	D
1	商品名	定価	2割引	1割引
2	テーブルクロス	4000	3200	3600
3	トレイ	3780	3024	3402
4	スパイスラック	7800	6240	7020
5				

セルの色や配置などの書式が設定された表から書式だけ削除しました。データは残っています。

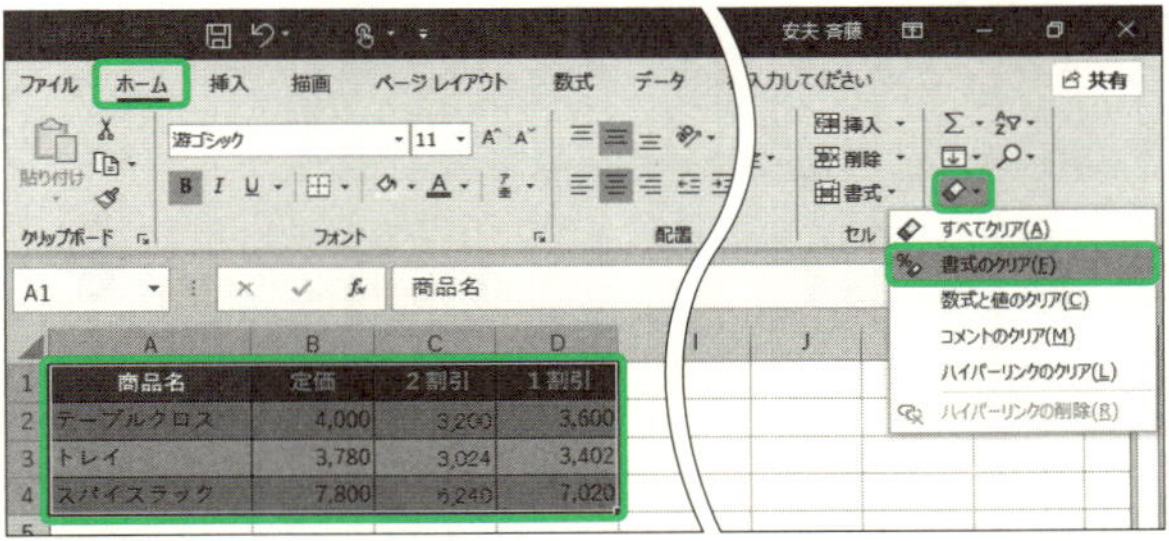

1 書式を削除する表を選択します。［ホーム］タブを開き、［編集］グループ→［クリア］をクリックして［書式のクリア］を選択します。

2 表のデータは残り、書式だけが削除されます。罫線、セルや文字の色、配置、桁区切りなどの書式はすべて削除されています。

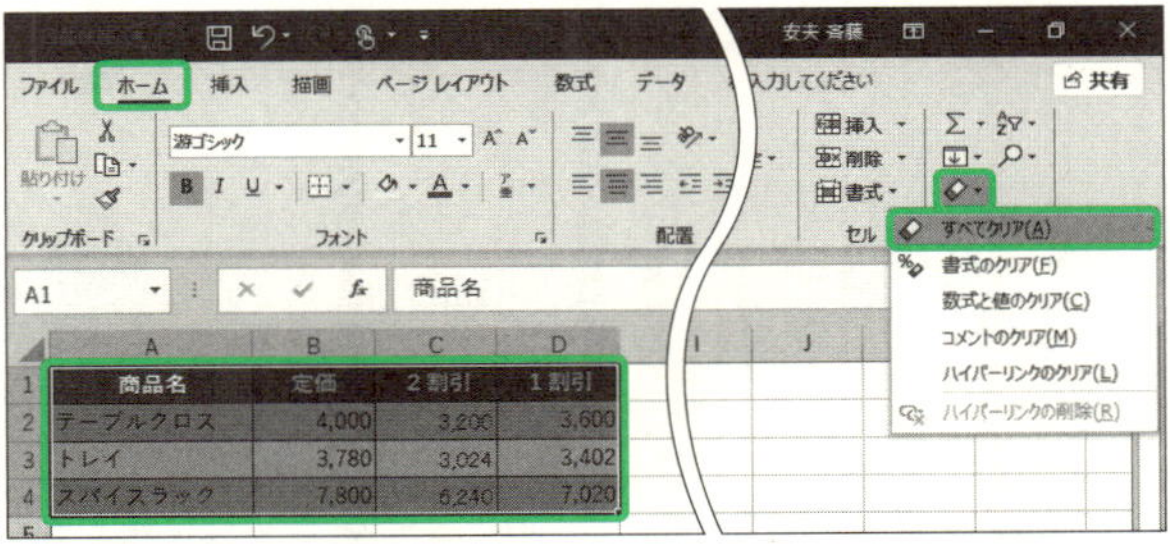

! 表を選択して［クリア］→［すべてクリア］を選ぶと、データと書式の両方が削除されます。

裏ワザ 030

セルの値を見えないようにする

これは便利！

表示形式の[ユーザー定義]で非表示にする形式を作る

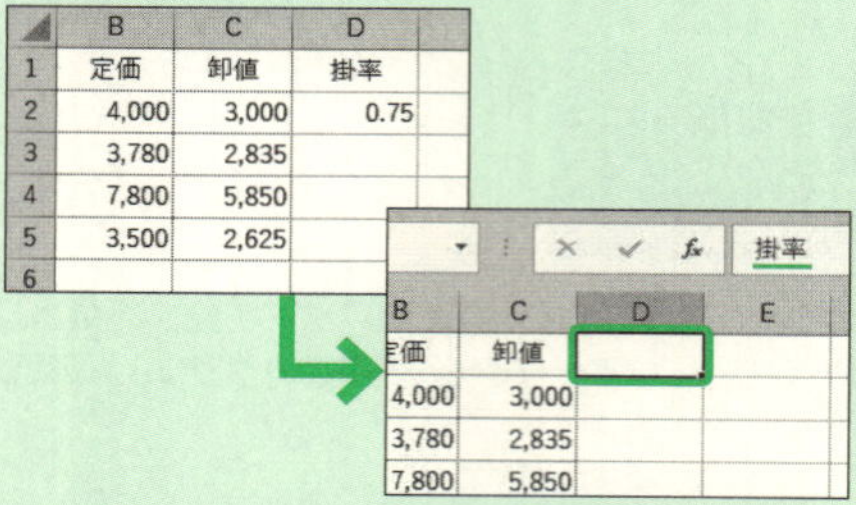

卸値を求めるために使った数値「0.75」と「掛率」を非表示にしました。数式バーを見るとデータが残っているのがわかります。

入力されたデータを残したまま見えないようにしたいことがあります。たとえば部分的な計算結果や計算に使う一部の値などです。これは表示形式を作れば非表示にできます。もっと手軽に非表示にしたければ、文字色を「白」にする方法もありますが、セルに色を付けると見えてしまうので注意してください。いずれの場合もセルを選択すれば数式バーにデータが表示されます。

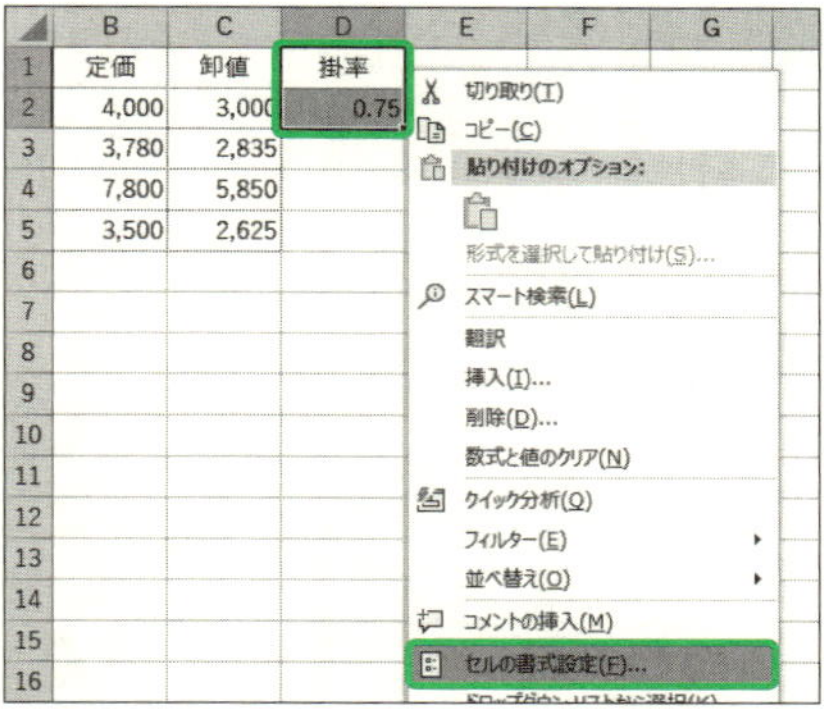

1 データを非表示にするセル範囲を選択して右クリックし、[セルの書式設定]を選びます。

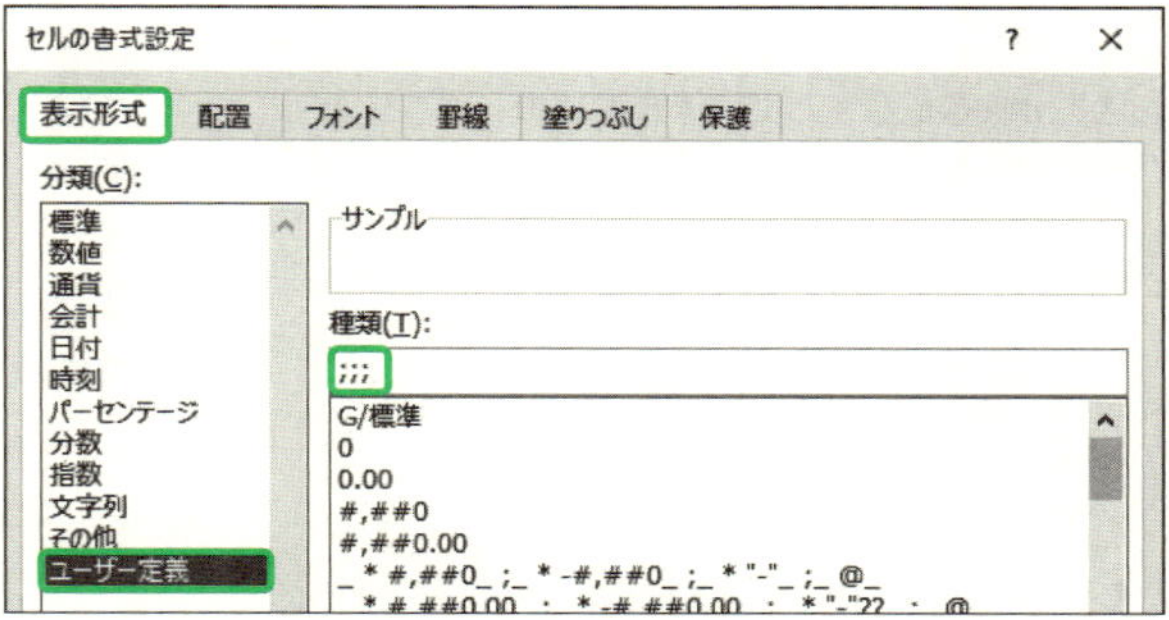

2 [表示形式]タブを開き、[分類]欄で[ユーザー定義]を選びます。[種類]欄に[;;;]と入力して[OK]をクリックします。これは「『正の数、0、負の数、文字列』を表示しない」という意味です。

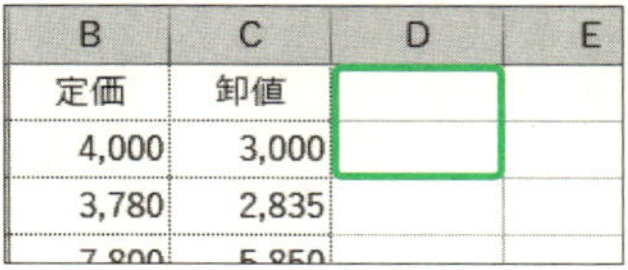

3 データが非表示になります。罫線が引いてあると残ります。罫線も見せたくなければ削除してください。

裏ワザ 031

見られたくない数式を隠す

これは便利！

数式が設定されたセルをクリックすると、数式バーにその式が表示されます。どのような計算をしているか一目でわかるので便利ですが、計算方法を見られたくないこともあります。このような場合に備えて、数式やデータを非表示にする機能があります。これはシートが保護されているときのみ有効なので、まず数式を非表示にし、次にシートを保護するという順に設定します。

[表示しない]をオンにしてシートを保護する

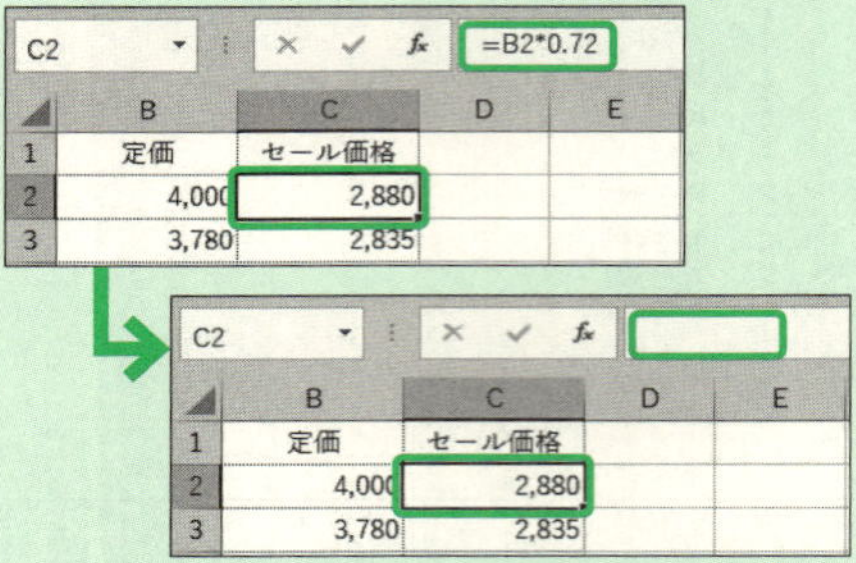

数式を非表示にしました。セルを選択しても数式バーに何も表示されません。

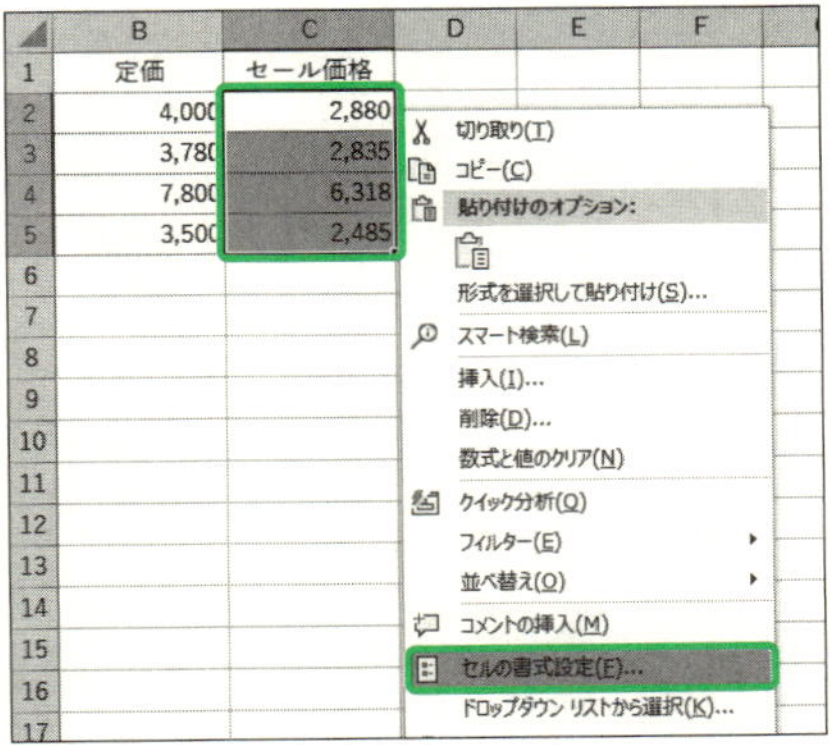

1 隠したい数式が設定されている範囲を選択して右クリックし、[セルの書式設定]を選びます。

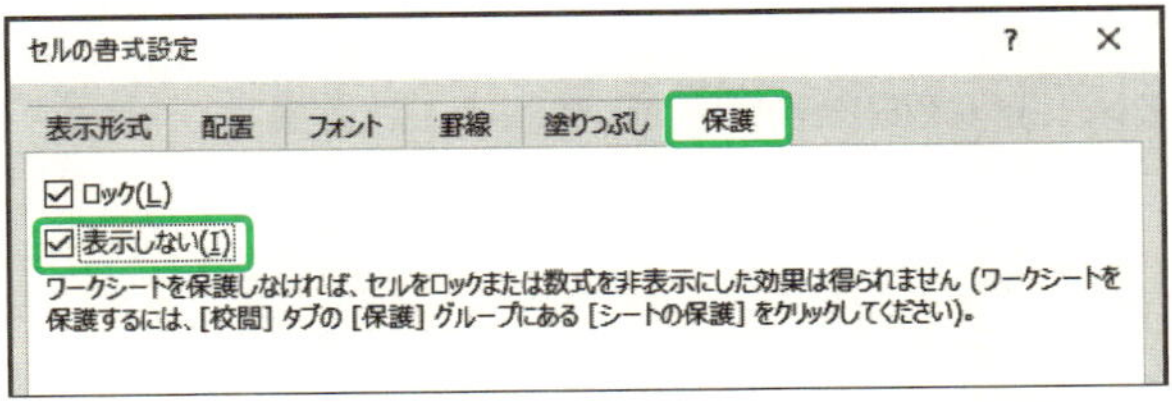

2 [保護] タブを開き、[表示しない] をクリックして☑にして[OK]をクリックします。ここまでの設定だけでは、セルを選択すると数式バーに式が表示されます。続いてシートを保護します。

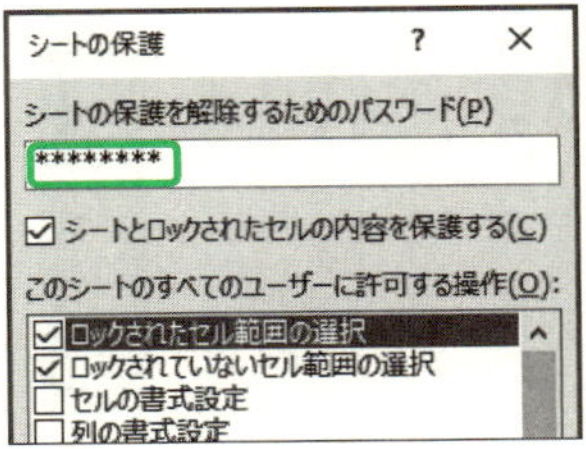

3 [校閲]タブを開き、[変更]グループ→[シートの保護]をクリックすると、図の画面になります。パスワードを入力して[OK]をクリックします。次の画面でパスワードをもう一度入力して[OK]をクリックすれば設定が完了です。

裏ワザ 032

1つのセルのデータを複数のセルに分ける

これは便利！

1つのセルに入力した住所を都道府県名と市区町村名に分けようというときに、どのような方法を思いつきますか？　元のデータの一部を切り取って貼り付けるというのが一般的かもしれませんが、もっと簡単な分け方があります。[区切り位置]機能を使う方法です。この機能では、分割したデータは元のデータの右隣に入ります。右に列を挿入してスペースを作っておいてください。

カンマで分けて[区切り位置]を指定する

	B	C
1	住所	
2	千葉県市川市真間	
3	東京都杉区天沼	
4	東京都世田谷区上馬	
5	埼玉県朝霞市根岸台	
6		

	B	C	D
1	住所		
2	千葉県	市川市真間	
3	東京都	杉区天沼	
4	東京都	世田谷区上馬	
5	埼玉県	朝霞市根岸台	
6			

住所を都道府県名と区市町村名に分けました。図では分割後に列幅を調整しています。

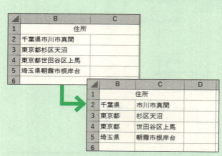

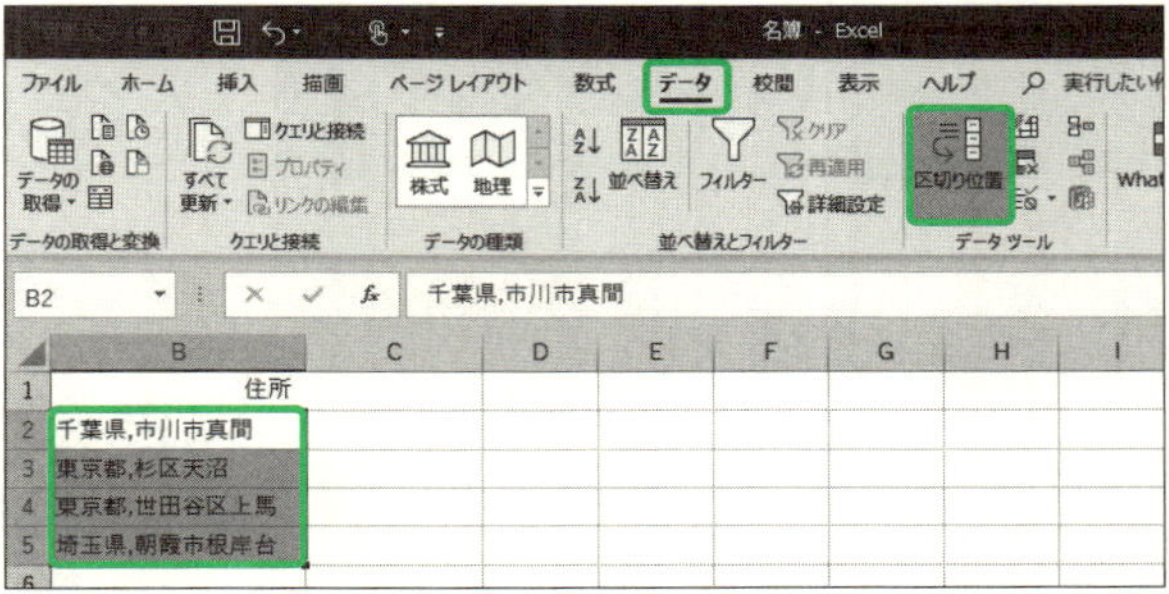

1 データを分割する位置に半角の「,」(カンマ)を入れます。分割するセルを選択して、[データ]タブを開きます。[データツール]グループ→[区切り位置]をクリックします。

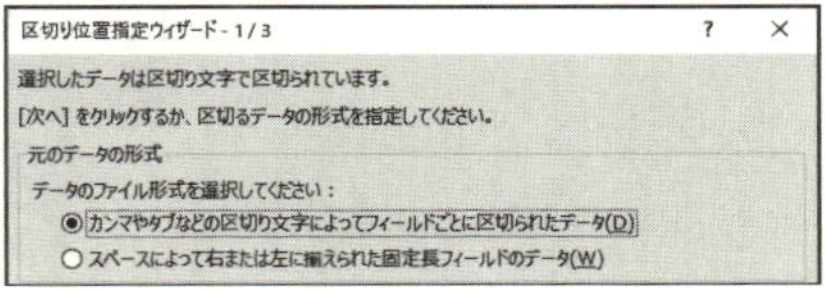

2 [カンマやタブなどの区切り文字によってフィールドごとに区切られたデータ]が選択されていることを確認して、[次へ]をクリックします。

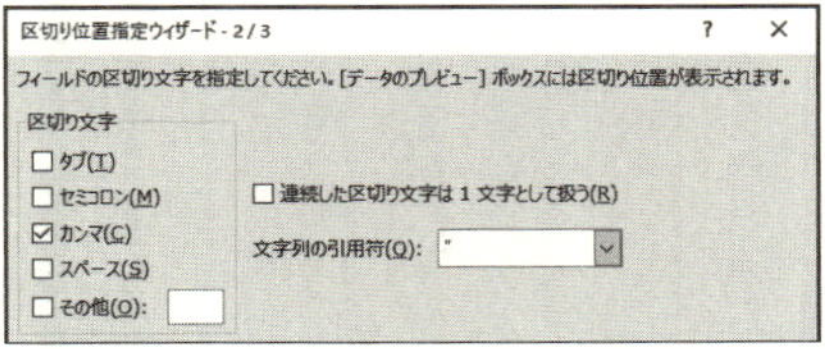

3 [カンマ]をクリックして☑にします。[タブ]が選択されていたら□にしてください。[次へ]をクリックします。次にデータ形式を選ぶ画面になるので、そのまま[完了]をクリックすると、データが分割されます。

裏ワザ 033

サンプルデータの数値をアッという間に作る

時間短縮効率UP!

RAND関数でランダムに数値を発生させる

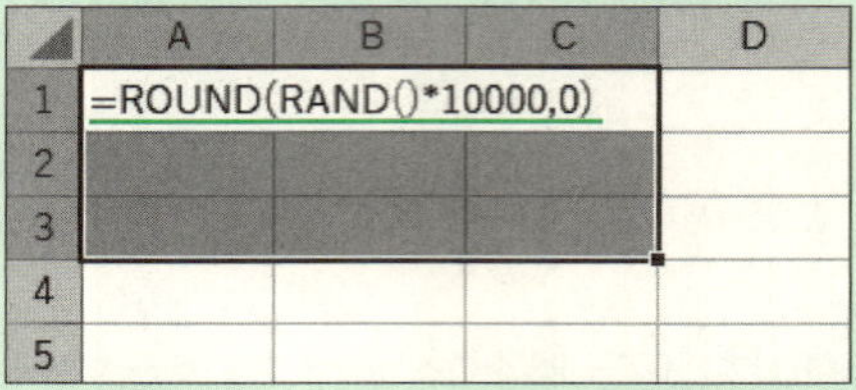

計算の練習をするために、選択した範囲にサンプルの数値を作ろうとしているところです。

数式やグラフ、データ分析などエクセルの機能を試してみるには、元となる数値が必要です。こんなときに役立つ架空のデータを作るワザを紹介しましょう。これには0以上1未満の乱数を作るRAND関数と四捨五入するROUND関数を使います。ただし、RAND関数で作った数値は、そのままでは再計算のたびに変わります。固定するためには、コピーして値だけ貼り付けます。

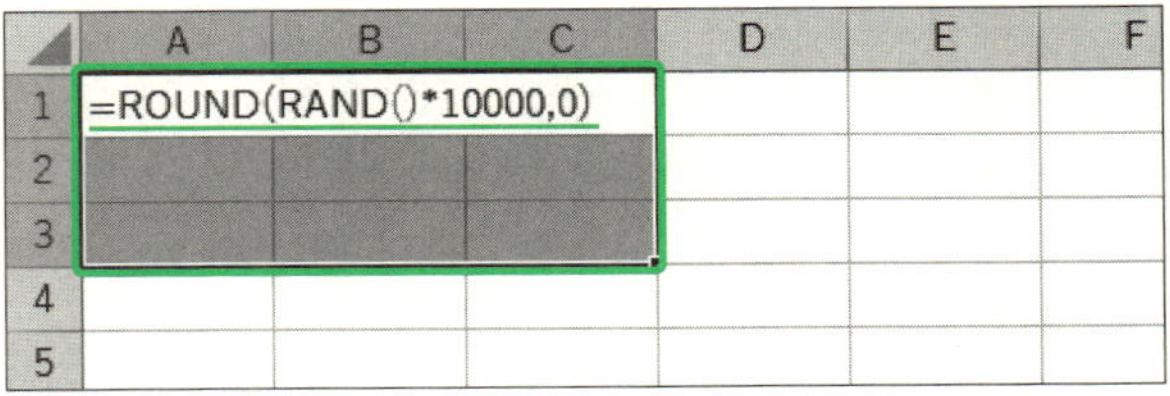

1 0から10000までのデータを作ります。サンプルデータを入れる範囲を選択して「=ROUND(RAND()*10000,0)」と入力します。「RAND関数で発生させた数値に10000を掛けて整数にする」という意味です。「10000」の部分を変えれば、別の桁数にできます。

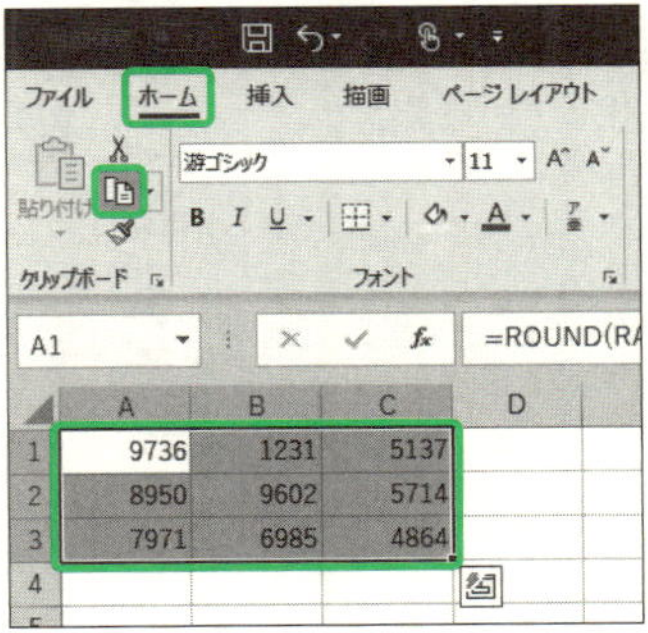

2 [Ctrl]＋[Enter]キーを押すと、指定した範囲に数値が表示されます。この数値をサンプルとして利用するには数値を固定する必要があります。範囲が選択された状態のまま[ホーム]タブを開き、[クリップボード]グループ→[コピー]をクリックします。

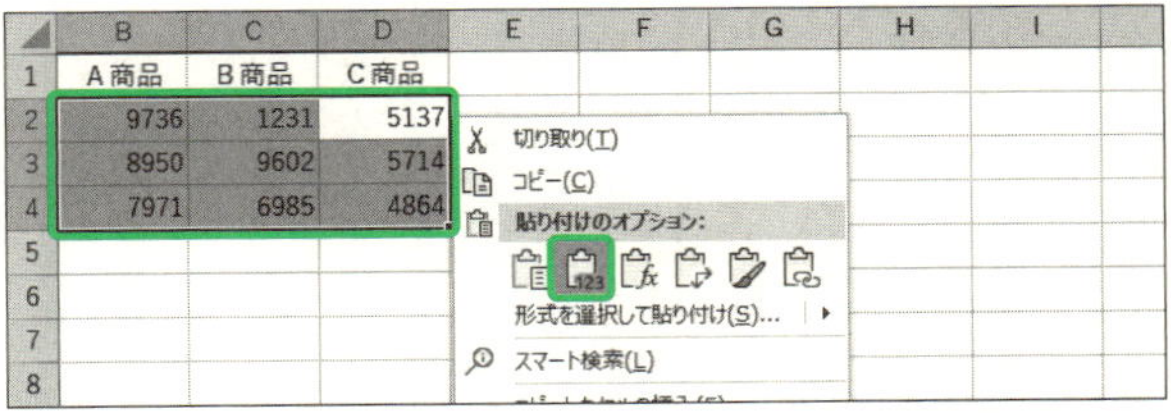

3 貼り付け先の範囲を選択して右クリックし、[貼り付けのオプション]の[値]をクリックして貼り付けてください。

裏ワザ 034

重複するデータを一目でわかるようにする

これは便利！

［条件付き書式］を使えば重複データは自動でわかる

	A	B	C
1	氏名	住所	
2	青木　翔太	千葉県市川市真間０－０－０	
3	伊藤　美咲	東京都杉並区天沼０－０－０	
4	大野　大輝	神奈川県横浜市中区柏葉０－０－０	
5	加藤　拓海	東京都世田谷区上馬０－０－０	
6	伊藤　美咲	東京都杉並区天沼０－０－０	
7	木村　優香	埼玉県朝霞市根岸台０－０－０	
8	小林　智也	東京都目黒区鷹番０－０－０	
9			

「伊藤 美咲」さんのデータが重複しているようです。「氏名」と「住所」が重複しているので同一人物だとわかります。

同じデータを繰り返して入力してしまうのは、誰にでもあることです。こんなミスを発見するのに役立つのが［条件付き書式］の［重複する値］です。重複するデータに色を付けてくれるので、一目で見分けられます。内容を確認したら、必要に応じて削除しましょう。

また、入力前にこの設定をしておくと、重複したデータの入力と同時に色が付き、注意を促せます。

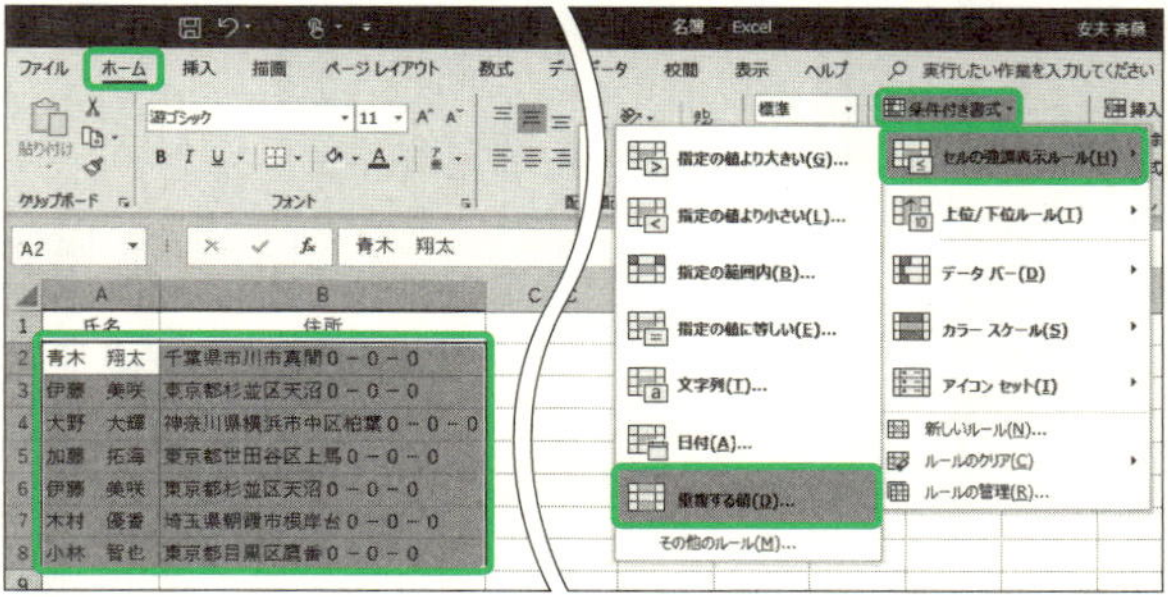

❶ 重複するデータの有無を調べる範囲を選択し、[ホーム] タブを開きます。[スタイル] グループ→[条件付き書式]→[セルの強調表示ルール]→[重複する値] を選択します。

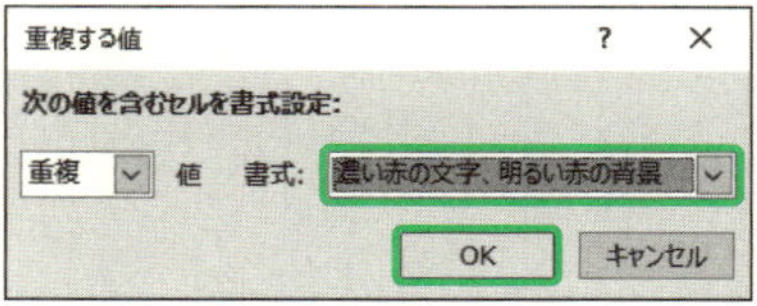

❷ [書式] 欄をクリックして重複データのセルに付ける書式を選択し、[OK] をクリックします。

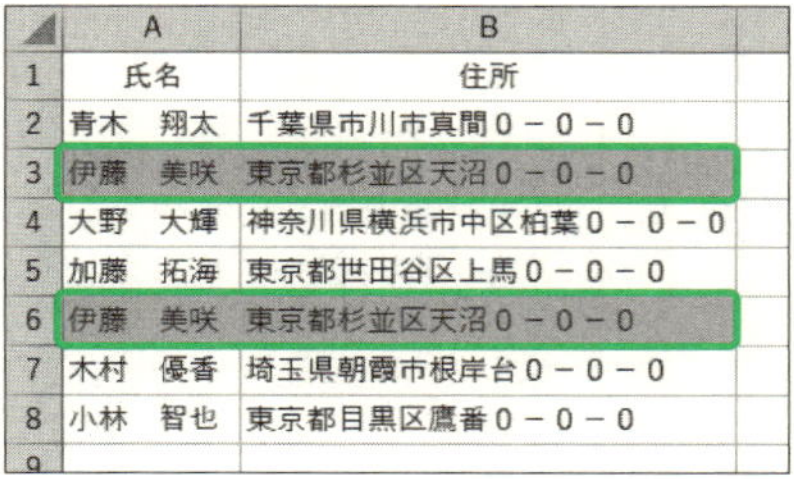

	A	B
1	氏名	住所
2	青木　翔太	千葉県市川市真間０－０－０
3	伊藤　美咲	東京都杉並区天沼０－０－０
4	大野　大輝	神奈川県横浜市中区柏葉０－０－０
5	加藤　拓海	東京都世田谷区上馬０－０－０
6	伊藤　美咲	東京都杉並区天沼０－０－０
7	木村　優香	埼玉県朝霞市根岸台０－０－０
8	小林　智也	東京都目黒区鷹番０－０－０
9		

❸ 重複データがあると、❷で指定した書式が適用されます。

裏ワザ
035

重複するデータを入力できないようにする

これは便利！

重複したデータは入力後に調べることもできますが（項目０３４参照）、場合によっては入力する時点で、重複を防いだほうが都合のよいこともあります。このような場合は、「データの入力規則」で重複するデータを入力すると警告が出るように設定します。ただし、注意点が１つあります。この設定をしても「Ｃｔｒｌ」＋「Ｄ」キーなら上と同じデータを入力できることです。

「同じデータが１以下」という式を作る

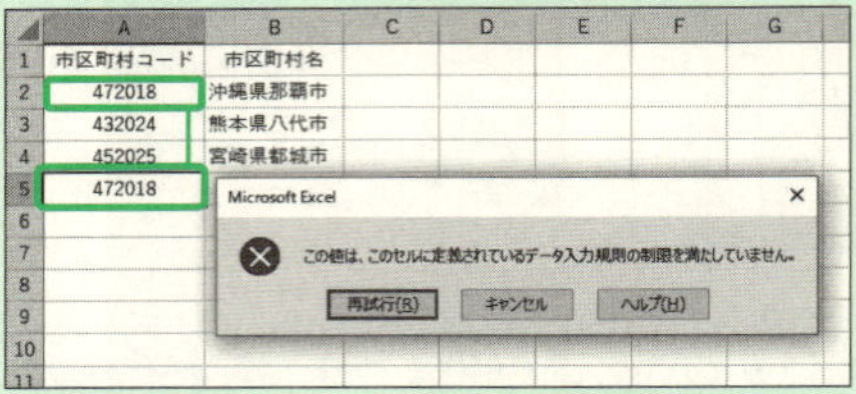

重複するデータを入力するとエラーになるようにします。［再試行］をクリックすれば入力しなおせます。

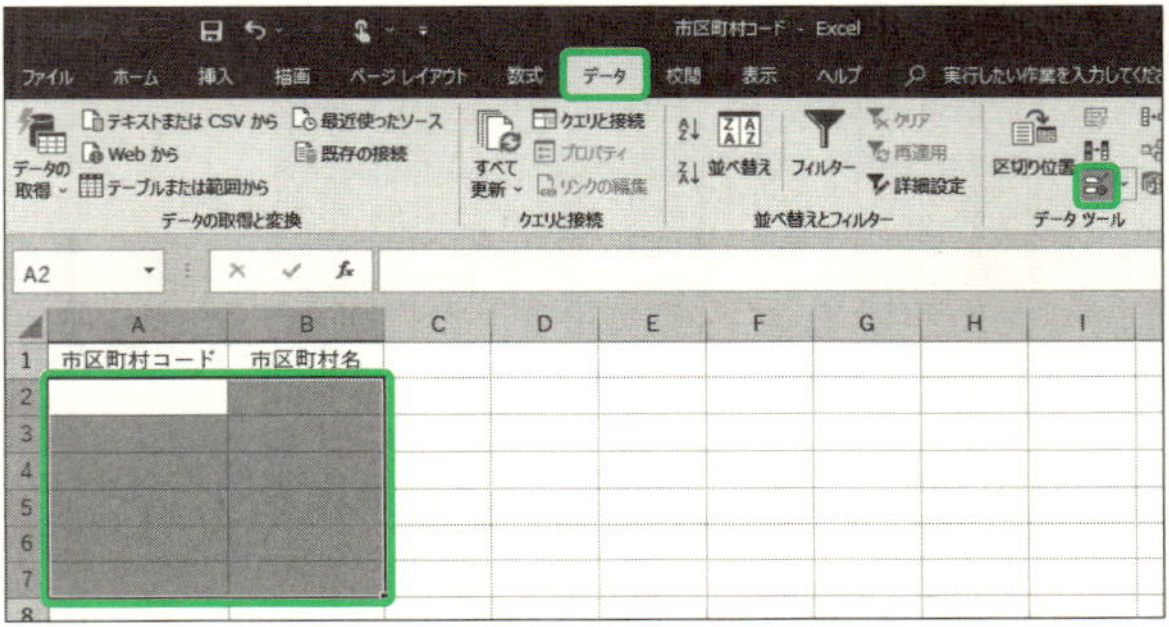

1 重複するデータを入力できないようにする範囲を選択します。[データ]タブを開き、[データツール]グループ→[データの入力規則]をクリックします。

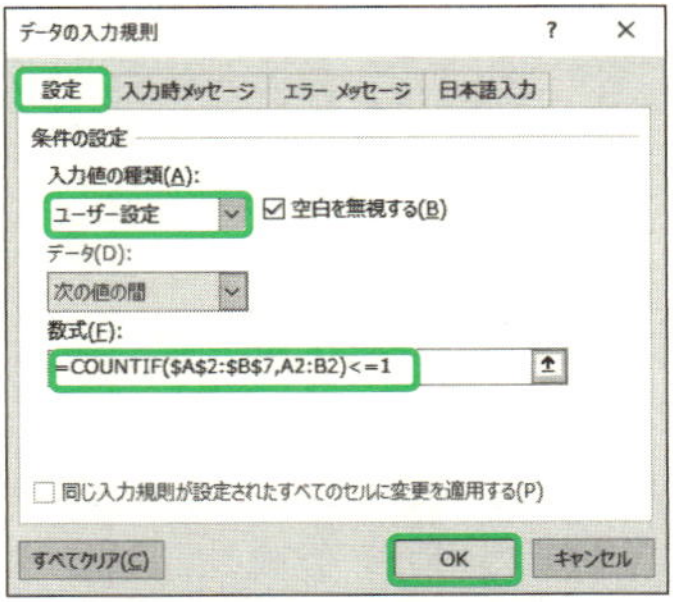

2 [設定]タブを開き、[入力値の種類]欄をクリックして[ユーザー設定]を選びます。[数式]欄に「=COUNTIF($A$2:$B$7,A2:B2)<=1」と入力します。これは指定した範囲で各セルと同じデータの数が1以下」という条件です。この条件に一致すれば入力できることになります。「市町村コード」の列だけを対象にする場合は「=COUNTIF($A$2:$A$7,A2)<=1」となります。[OK]をクリックします。重複したデータを入力するとメッセージが表示されるようになります(メッセージはバージョンによって異なります)。

裏ワザ
036

目標に達した数値のセルに自動で色付けする

データを活かす

[セルの強調ルール]で色を付ける条件を設定する

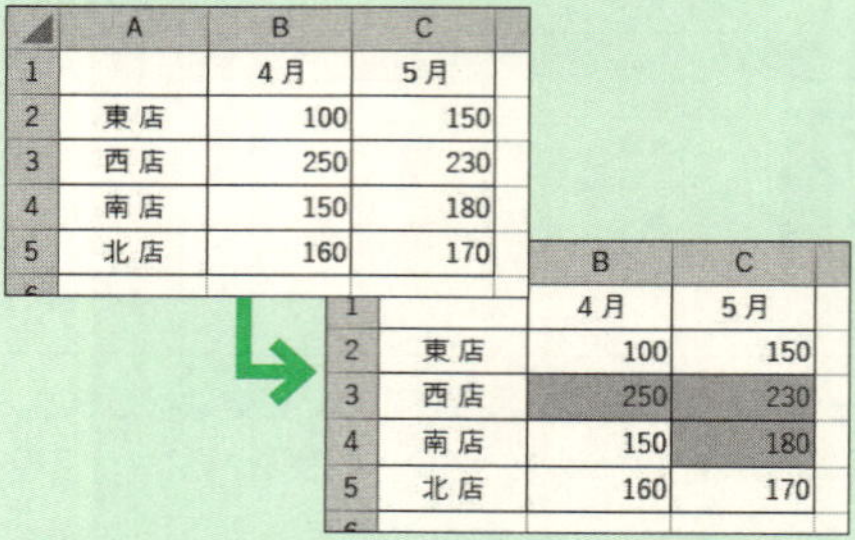

	B	C
1	4月	5月
2 東店	100	150
3 西店	250	230
4 南店	150	180
5 北店	160	170

「170」より大きい数値に色が付くように設定しました。

[条件付き書式]は、条件に一致したセルに指定した書式を設定する機能です。セルの内容によって書式に変化を付け、データを見やすくしたいときに便利です。たとえば売上が「170」より多いのはどの店のどの月かを知りたいといったシチュエーションで使います。

条件をさらに追加すれば、データをより細かく分析するのにも役立ちます。

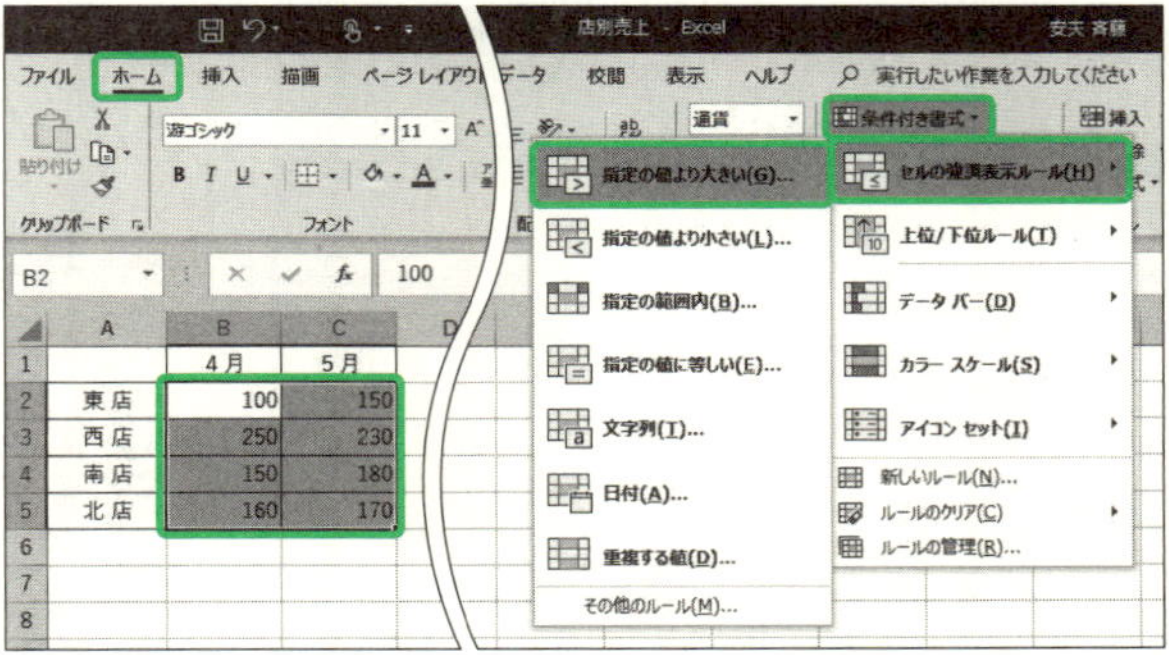

1 条件に応じてセルに色を付ける範囲を選択し、[ホーム] タブを開きます。[スタイル] グループ→[条件付き書式]→[セルの強調表示ルール]→[指定の値より大きい] を選びます。ルールは条件に応じて選択してください。

2 左の欄に条件とする数値を入力します。最初から数値が入っていたら削除してください。[書式] 欄をクリックして、条件に一致したセルに適用する書式を選び、[OK]をクリックします。

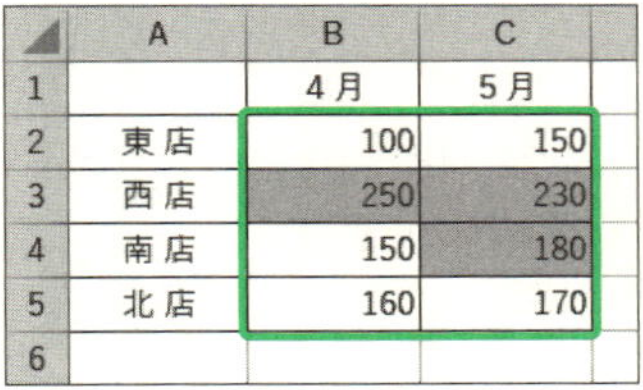

	A	B	C
1		4月	5月
2	東店	100	150
3	西店	250	230
4	南店	150	180
5	北店	160	170
6			

3 条件に合ったデータの書式が変わります。❶❷を繰り返せば条件を追加できます。

裏ワザ 037

平均より上の数値を一発で目立たせる

データを活かす

[上位／下位ルール]で[平均より上]を選ぶ

	A	B
1	担当者	売上金額（千円）
2	石井　英人	4,600
3	川口　翔	2,500
4	木村　美鈴	3,010
5	本間　亮太	2,800
6	見村　愛実	4,300

	A	B
1	担当者	売上金額（千円）
2	石井　英人	4,600
3	川口　翔	2,500
4	木村　美鈴	3,010
5	本間　亮太	2,800
6	見村　愛実	4,300

平均より大きい金額のセルに背景の色と文字色が付くように設定すると、一目で見分けられます。

売上を集計した表から「平均より上」の金額を抜き出すには、まず平均額を計算して、その結果と個々の数値を比べるという作業が必要になります。

　この手間を大幅に省いてくれるのが、[条件付き書式]です。[上位／下位ルール]で[平均より上]を選ぶだけで、平均より上の数値のセルに書式が設定されます。平均を計算する必要はありません。

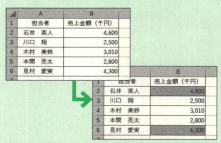

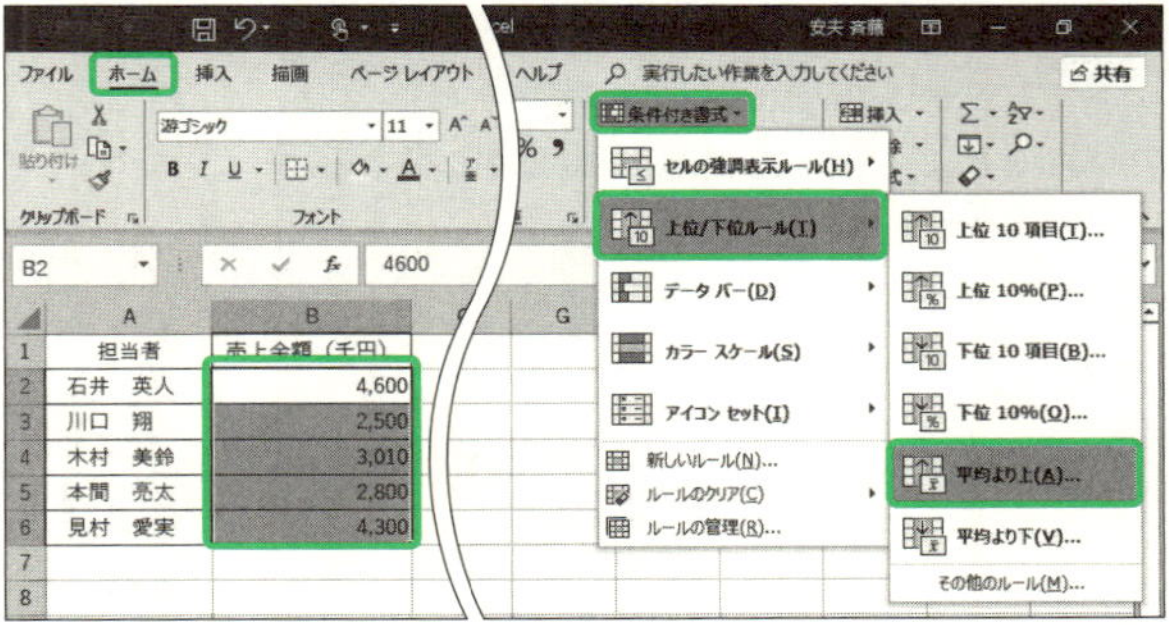

1 条件に応じて色を付ける範囲を選択し、[ホーム] タブを開きます。[スタイル] グループ→[条件付き書式]→[上位／下位ルール]→[平均より上]を選びます。

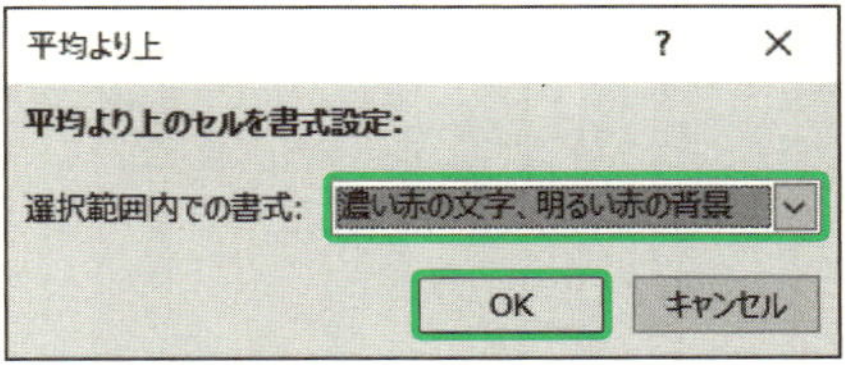

2 [選択範囲内での書式] 欄をクリックして、条件に一致したセルに適用する書式を選び、[OK]をクリックします。

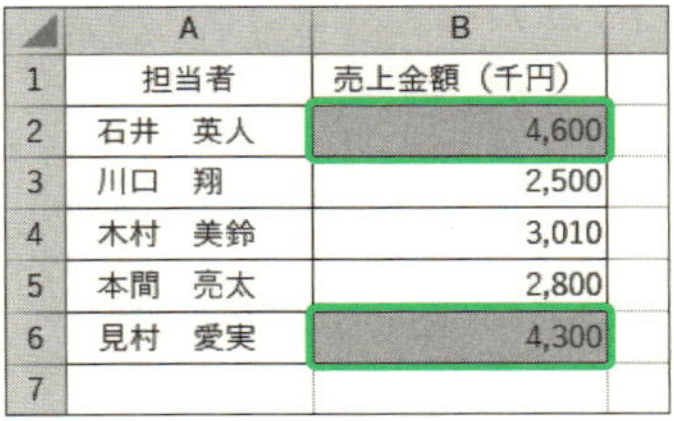

3 平均より上のデータが入ったセルの書式が変わります。

裏ワザ 038

データバーを表示して大小をわかりやすくする

データを活かす

[棒のみ表示]で数値の隣にデータバーだけを表示する

	A	B	C
1	担当者	売上（千円）	
2	石井　英人	4,600	
3	川口　翔	2,500	
4	木村　美鈴	3,010	
5	本間　亮太	2,800	
6	見村　愛実	4,300	
7			

数値の隣にデータバーを表示すると、データの大小を一目でつかめます。

データバーは、数値の大きさを棒の長さで相対的に見せる機能です。数値が入ったセルに表示しますが、棒だけを表示するように設定を変えれば、棒グラフのような効果があります。グラフとの違いは、棒がセルに表示されることです。このため、グラフのように表との位置合わせをする必要がありません。数値の大小を示す棒を表の一部として扱えるのがこの機能の特長です。

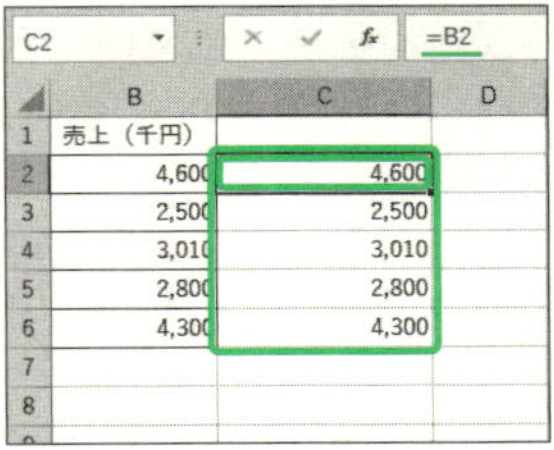

❶データバーを表示するセルをクリックし、データバーにする数値を参照します。参照は「=」を入力して対象のセルをクリックし、[Enter] キーを押せば設定できます。図では「C2」に「B2」への参照を設定してあります。「C3」~「C6」も同様に左隣のセルを参照します。

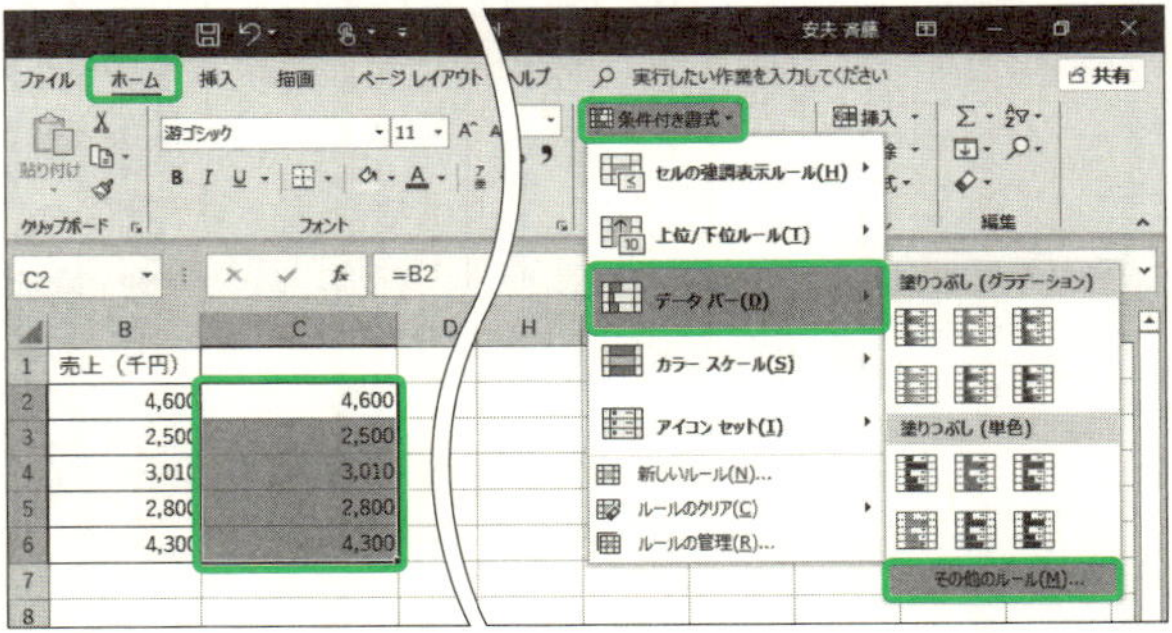

❷データバーで表示する範囲を選択します。[ホーム] タブを開き、[スタイル] グループ→[条件付き書式]→[データバー]→[その他のルール] を選択します。

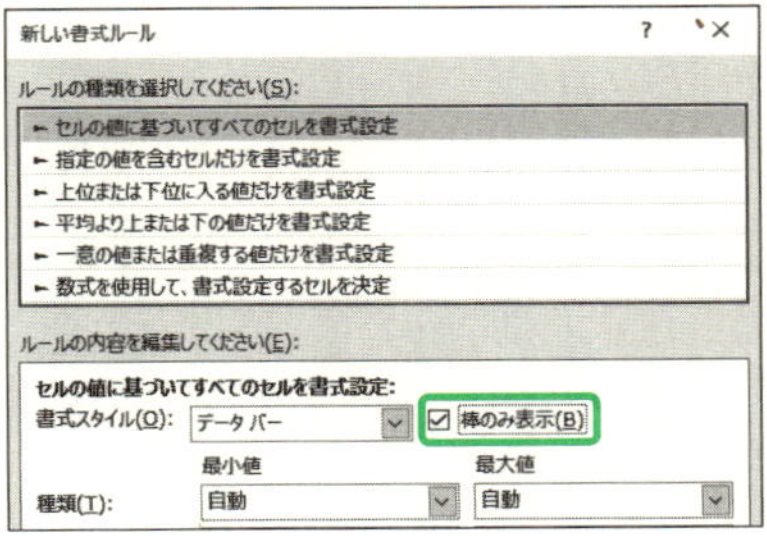

❸[棒のみ表示] をクリックして☑にします。[OK] をクリックすると❷の範囲にデータバーのみが表示されます。

裏ワザ 039

複数条件の並べ替えでデータを整理する

［並べ替え］画面なら複数の条件で並べ替えられる

	A	B	C	D
1	グループ	担当者	金額	
2	A	石井	4,600	
3	B	川口	2,500	
4	A	木村	3,010	
5	A	本間	2,800	
6	B	見村	4,300	
7				

	A	B	C
1	グループ	担当者	金額
2	A	石井	4,600
3	A	木村	3,010
4	A	本間	2,800
5	B	見村	4,300
6	B	川口	2,500
7			

グループごとに金額の大きい順に並べ替えました。

データを大きい順や小さい順、五十音順に並べ替えるには［並べ替え］を使います。並べ替える条件が1つなら、基準の列のセルを選択して［データ］タブにある AZ↓ または ZA↓ をクリックするだけです。「グループ名順でさらに金額の多い順」という具合に複数の条件なら、［並べ替え］画面を呼び出して設定します。

並べ替えの「昇順」は小さい順、「降順」は大きい順のことです。

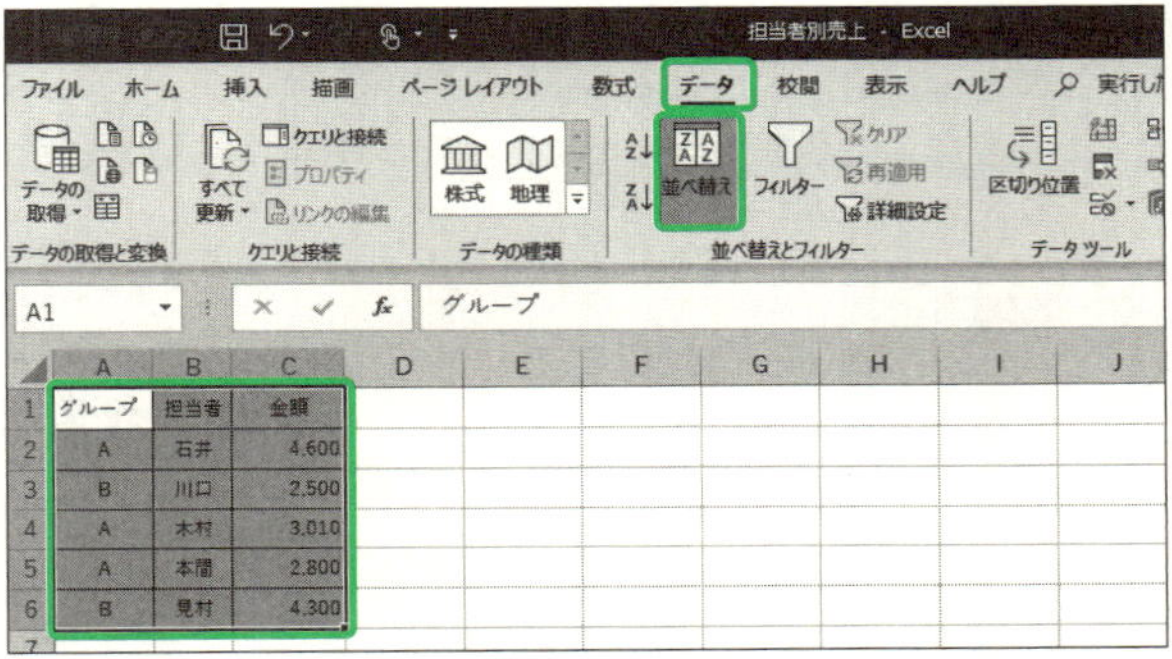

❶ データを並べ替える範囲を選択し、[データ]タブを開きます。[並べ替えとフィルター]グループ→[並べ替え]をクリックします。

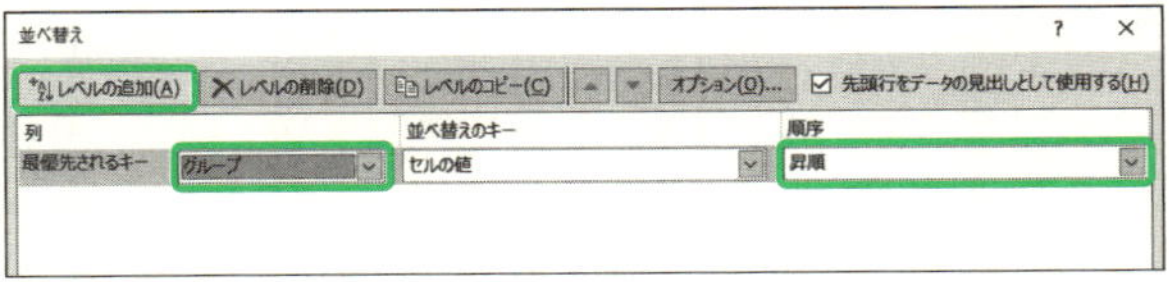

❷ [最優先されるキー]欄をクリックして、並べ替えの1つ目の基準を選びます。[順序]欄をクリックして並べ替えの順序を選びます。並べ替えの基準を追加するために[レベルの追加]をクリックします。

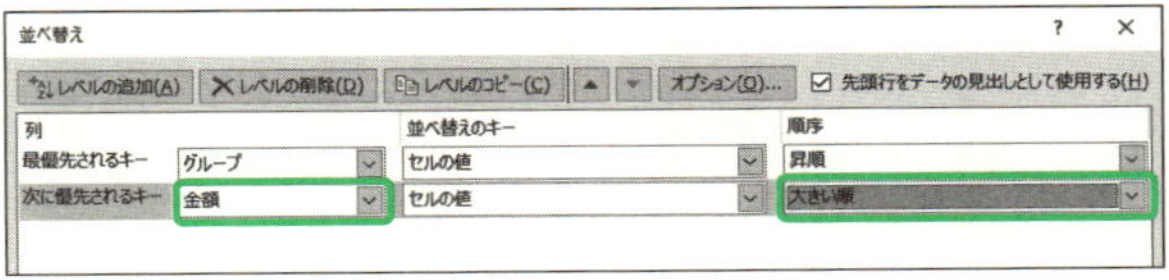

❸ ❷と同様にして、[次に優先されるキー]欄で並べ替えの次の基準を選びます。[OK]をクリックすると、データが並び替わります。

裏ワザ 040

並べ替えがうまくいかない！ふりがなを変更する

トラブル退治

「ふりがな」を修正して並べ替えなおす

	A	B	C
1	氏名	住所1	
2	青木《アオキ》　翔太《ショウタ》	千葉県市川市真間	
3	大野《オオノ》　大輝《ダイキ》	神奈川県横浜市中区柏葉	
4	加藤《カトウ》　拓海《タクミ》	東京都世田谷区上馬	
5	木村《キムラ》　優香《ユウカ》	埼玉県朝霞市根岸台	
6	飯川《メシカワ》　健一《ケンイチ》	東京都東五反田	
7			

五十音順に並べ替えたら、「飯川（イイカワ）」さんが思わぬところに並んでしまいました。

文字の並べ替えは、初期設定ではふりがなによって行われます。ふりがなには、その文字を入力（変換）したときの「読み」が使われます。しかし、いつも正しい読みで入力するとは限りません。名簿を五十音順に並べ替えたのに正しい順にならないというトラブルは、入力時の読みが適切でなかったために起こります。これは、ふりがなを修正してから並べ替えれば解決できます。

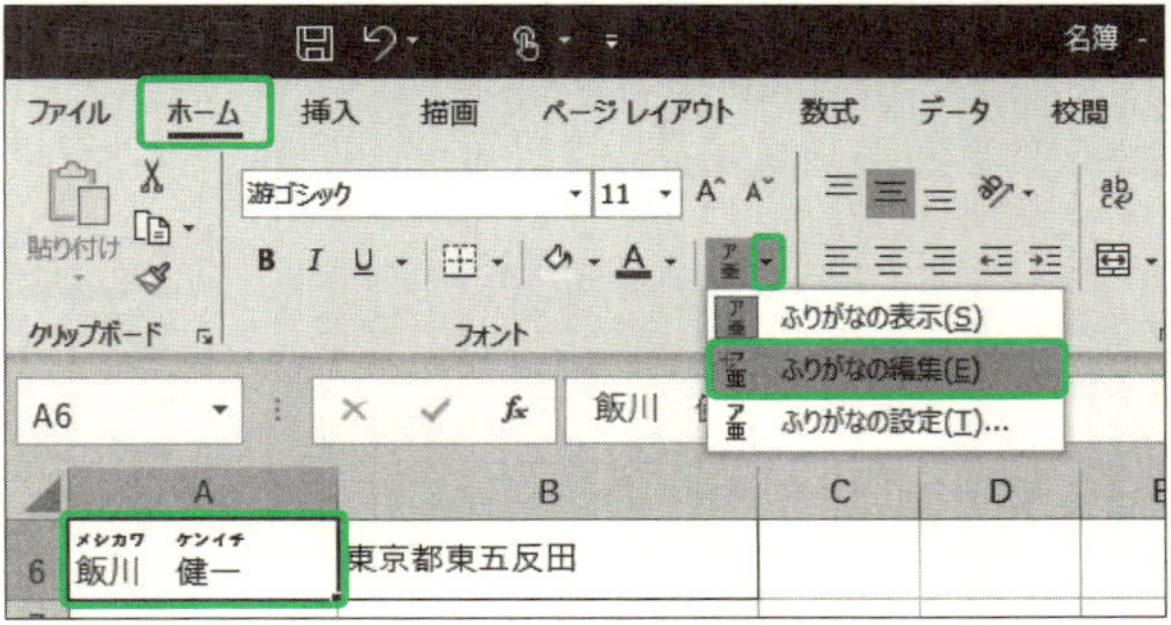

1 ふりがなを修正するセルを選択し、[ホーム]タブを開きます。[フォント]グループのの をクリックし、[ふりがなの編集]を選択します。図ではわかりやすいよう、ふりがなを表示しています。

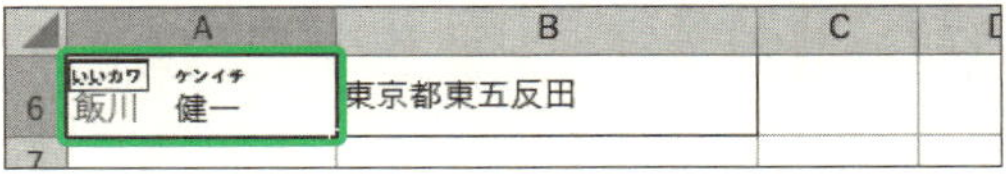

2 ふりがなの部分が編集できるようになるので、なおします。[Enter]キーを押してふりがなを確定します。

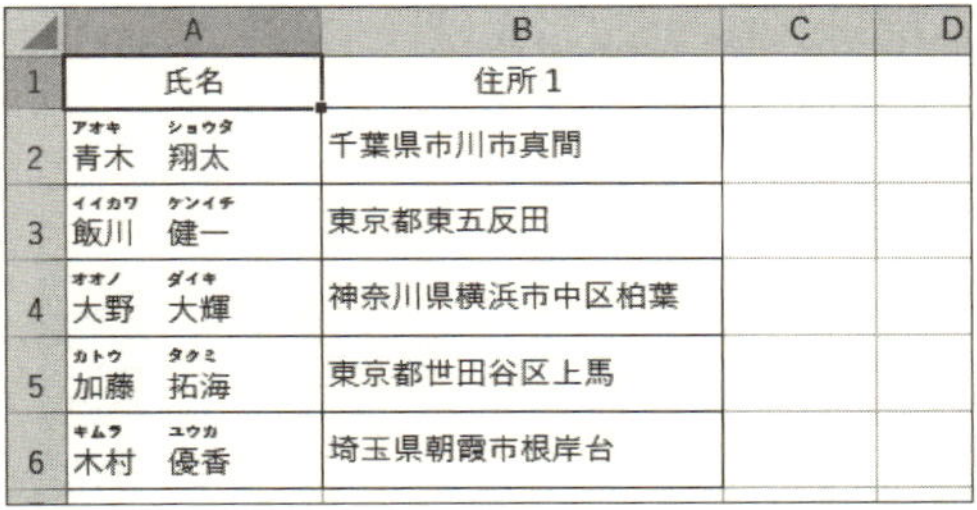

3 もう一度並べ替えます。範囲を選択し、[データ]タブを開き、[並べ替えとフィルター]グループのをクリックします。ふりがなの五十音順に並び替わります。

裏ワザ
041

並べ替えがうまくいかない！文字コード順にする

トラブル退治

「ふりがな」を使わずに並べ替える

	A	B	C
1	営業所	担当者	売上（千円）
2	西部	石井 英人	4,600
3	西部	木村 美鈴	3,010
4	東部	川口 翔	2,500
5	西部	本間 亮太	2,800
6	東部	見村 愛実	4,300
7			

営業所名を基準として昇順に並べ替えようとしましたが、うまくいきません。

「東部」を「とうぶ」や「ひがしぶ」、「西部」を「せいぶ」や「にしぶ」から変換したというように、同じ漢字を異なる読みで入力していると、並べ替えたときに「東部」「西部」が1カ所に集まりません。

　たくさんのデータを並べ替える際に、同じ文字を確実に並べたいときは、「ふりがなを使わない」設定にするとうまくいきます。こうすると「文字コード」順に並びます。

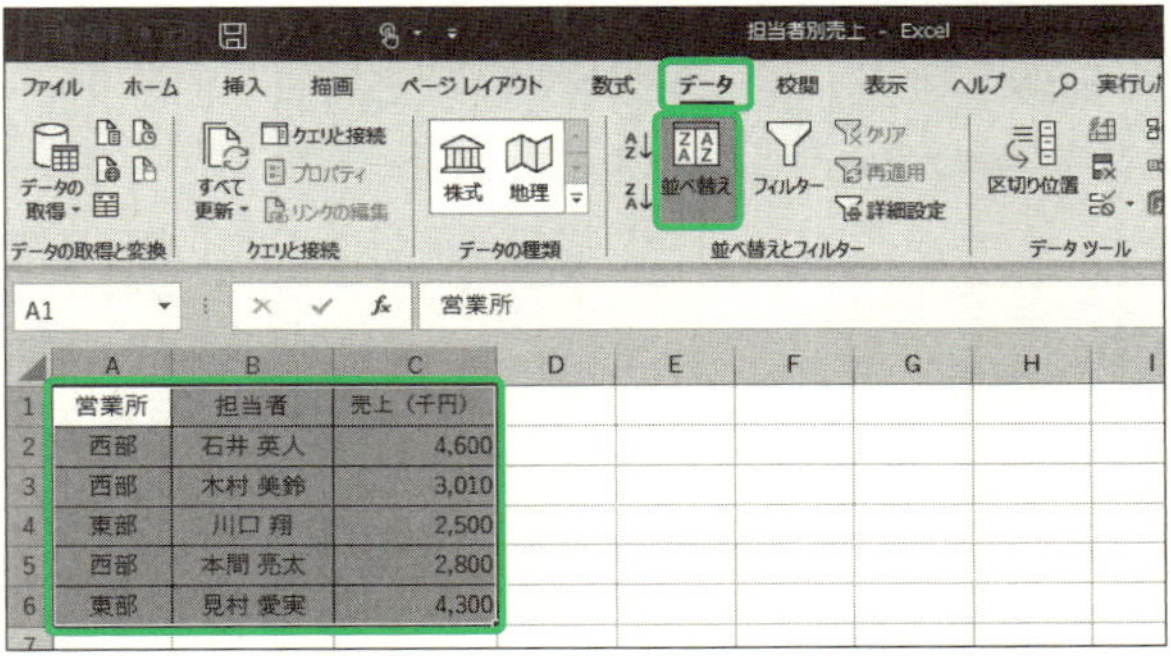

1 並べ替える範囲を選択し、[データ] タブを開きます。[並べ替えとフィルター] グループ→[並べ替え] をクリックします。

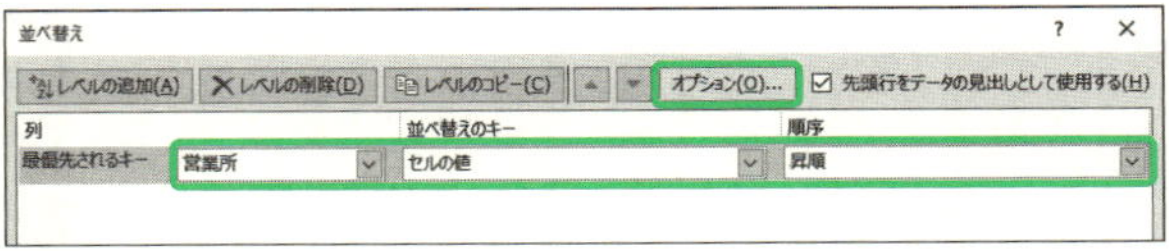

2 並べ替えの設定をしたら[オプション]をクリックします。

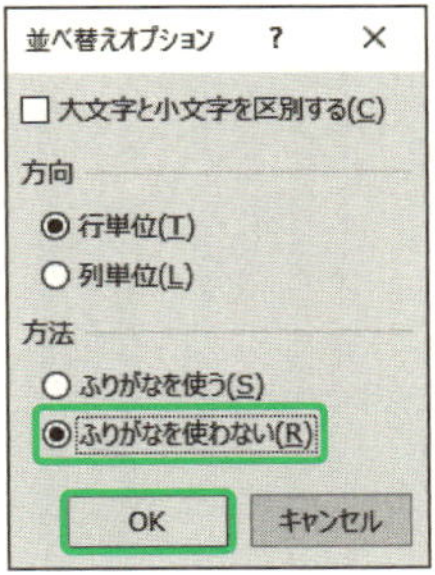

3 [ふりがなを使わない] をクリックして ◉ にし、[OK] をクリックして開いている画面を閉じます。

4 文字コードを使って並べ替えられます。

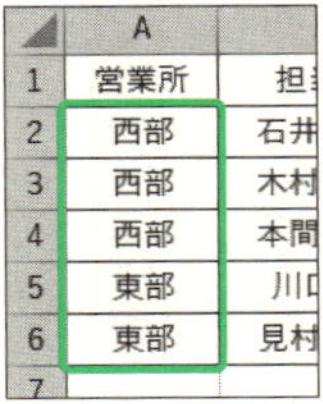

裏ワザ
042

好きなように指定した順で並べ替える

これは便利!

並べ替えは小→大の昇順、大→小の降順に行います。五十音順にしたり(項目０４０参照)文字コード順にすることも(項目０４１参照)できます。しかし、初期値では店名順のような独自の並べ替えはできません。このようなときは「ユーザー設定リスト」に並べたい順にデータを登録します。登録したデータは、連続入力にも使えます。入力方法は曜日と同じです(項目０１０参照)。

[ユーザー設定リスト]にリストを登録して、並べ替えに使う

	A	B	C	D
1	店	4月	5月	6月
2	南店	150	180	220
3	東店	100	150	120
4	西店	250	230	190
5	北店	160	170	190
6				

	A	B	C
1	店	4月	5月
2	東店	100	150
3	西店	250	230
4	南店	150	180
5	北店	160	170
6			

店名を指定した順に並べ替えました。

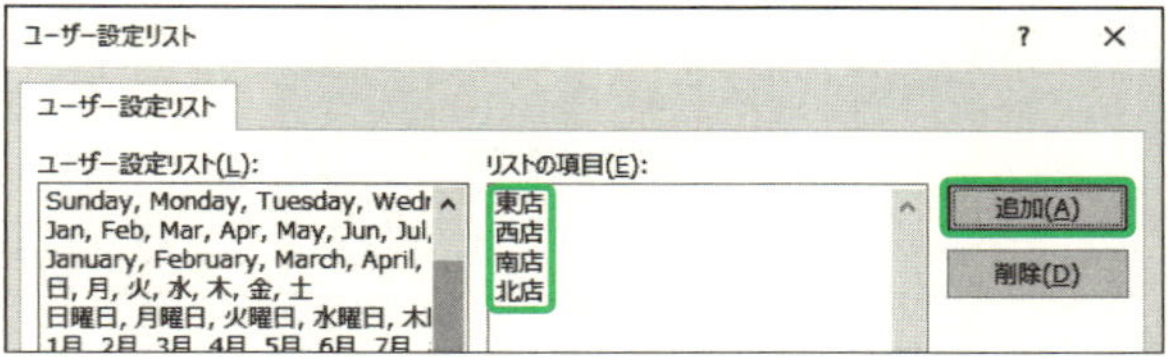

❶ [ファイル] タブを開き [オプション] を選択します。次の画面の左側で [詳細設定] を選び、右側で [ユーザー設定リストの編集] をクリックします。[リストの項目] 欄に並べ替えたい順にデータを入力して [追加] をクリックし、[OK] をクリックします。

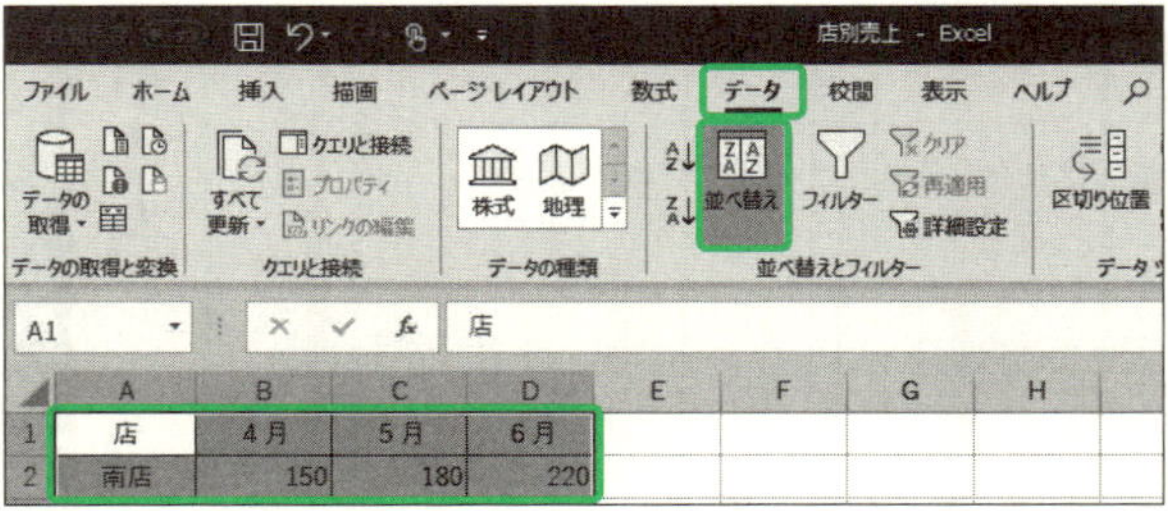

❷ 並べ替える範囲を選択し、[データ] タブを開きます。[並べ替えとフィルター] グループ→[並べ替え] をクリックします。

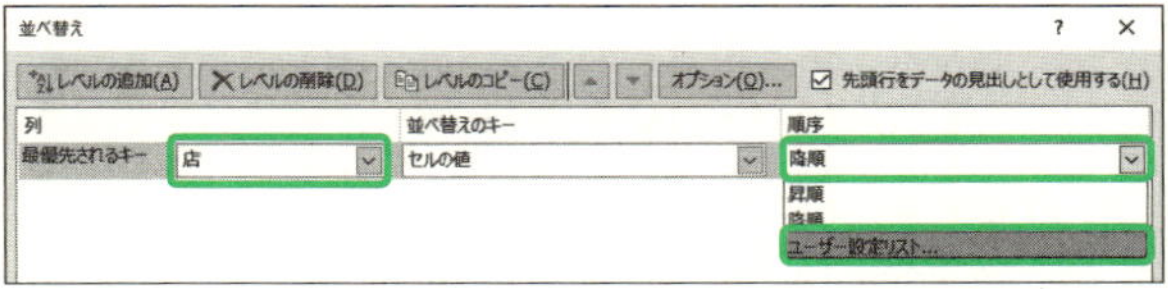

❸ 並べ替えの設定をしてから、[順序] 欄をクリックして [ユーザー設定リスト] を選択します。❶の画面になるので、[ユーザー設定リスト] 欄で登録したデータを選択して [OK] をクリックして、開いている画面をすべて閉じると、並び替わります。

裏ワザ
043

データの並べ替えをせずに売上順位を表示する

売上金額の多い順を知る方法としては、並べ替えをするほかに順位を表示する方法もあります。

並べ替えをするとデータの位置そのものが入れ替わります。並び順を変えずに順位だけを知りたいときは、順位の表示が適しています。

順位の表示には、ある数値が全体の何番目かを調べるRANK.EQ関数を使います。範囲内に同じ数値があったら順位も同じになります。

RANK.EQ関数で順位を表示する

	A	B	C	
3	担当者	売上（千円）	順位	
4	新井　大樹	3,750	3	
5	石井　英人	4,600	1	
6	川口　翔	2,500	5	
7	木村　美鈴	3,010	4	
8	見村　愛実	4,300	2	
9				

並べ替えをしなくても順位がわかります。

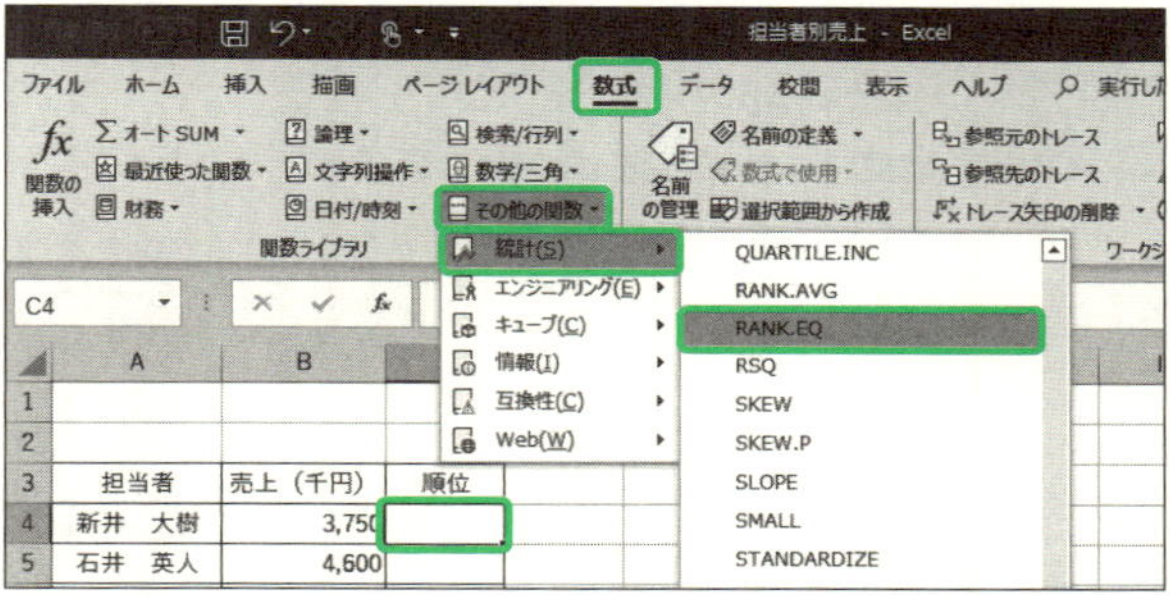

1 順位を表示するセルを選択し、[数式] タブを開きます。[関数ライブラリ] グループ→ [その他の関数] → [統計] → [RANK.EQ] を選択します。

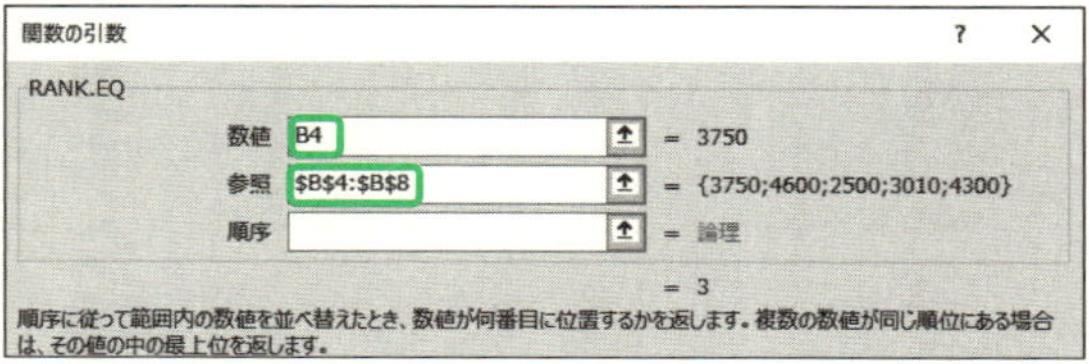

2 [数値] 欄にカーソルがあることを確認し、順位を調べるセルをクリックします。図では「B4」です。[参照] 欄をクリックして、順位を調べる範囲をドラッグします。図では順位を調べる範囲は「B4」から「B8」です。続いて [F4] キーを押します。式をコピーしても範囲が変化しないように「絶対参照」にするためです。[OK] をクリックします。

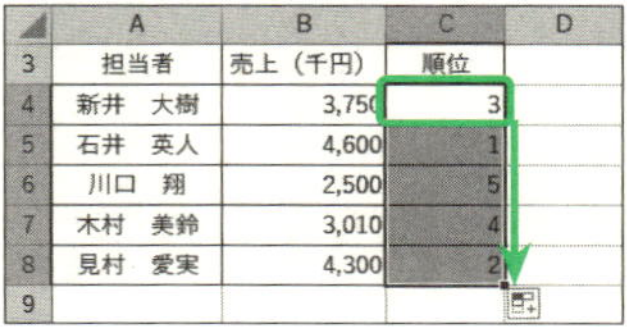

3 順位が表示されます。式を設定したセルを選択して右下にポインターを合わせ、＋になったらドラッグすれば、ほかの順位も表示されます。

裏ワザ
044

フィルター機能で営業成績上位をラクラク抽出

上位、下位のデータは[トップテン]で選び出す

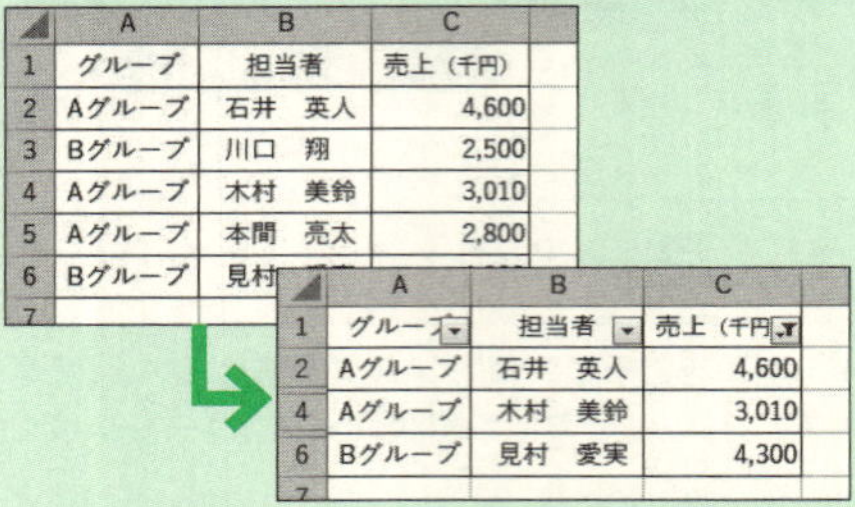

	A	B	C
1	グループ	担当者	売上（千円）
2	Aグループ	石井　英人	4,600
3	Bグループ	川口　翔	2,500
4	Aグループ	木村　美鈴	3,010
5	Aグループ	本間　亮太	2,800
6	Bグループ	見村	
7			

	A	B	C
1	グルー	担当者	売上（千円
2	Aグループ	石井　英人	4,600
4	Aグループ	木村　美鈴	3,010
6	Bグループ	見村　愛実	4,300
7			

通常の表示では、売上の上位3人を調べるのは手間がかかりますが、フィルター機能を使えば簡単に抽出できます。

数値の上位3位までを抽出するには、「数値フィルター」の「トップテン」を使います。これは最上位あるいは最下位から指定した順位までのデータを抽出する機能です。「上位3位」の指定では、たとえば2位となるデータが3つあったら3つとも表示され、3位は抽出されません。また、「上位10パーセント」のように条件を割合で指定することもできます。

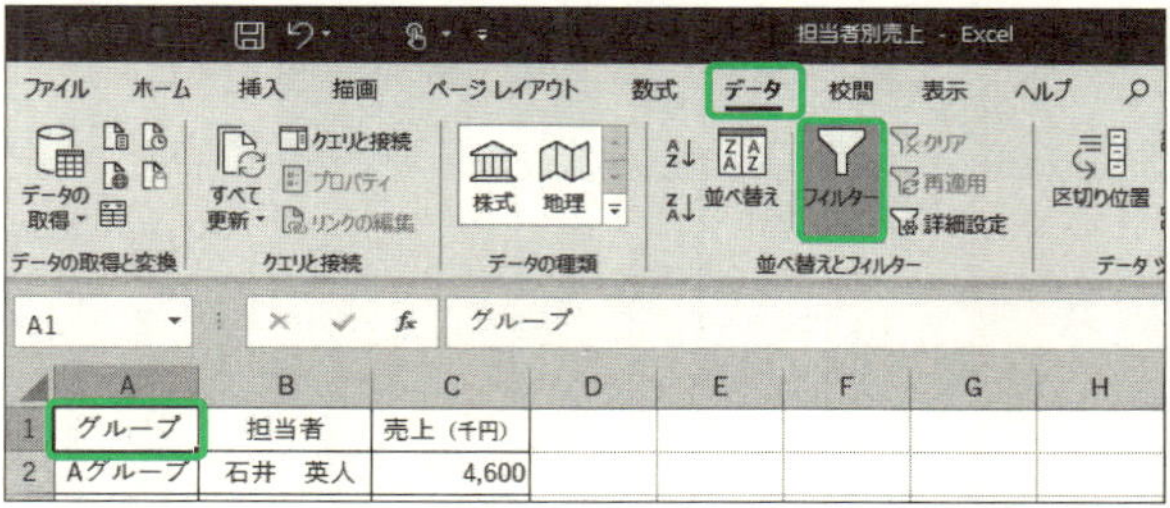

1 表内の任意のセルをクリックし、[データ]タブを開きます。表に空白の行・列がある場合は表を選択してください。[並べ替えとフィルター]グループ→[フィルター]をクリックします。この操作を繰り返すとフィルターが解除できます。

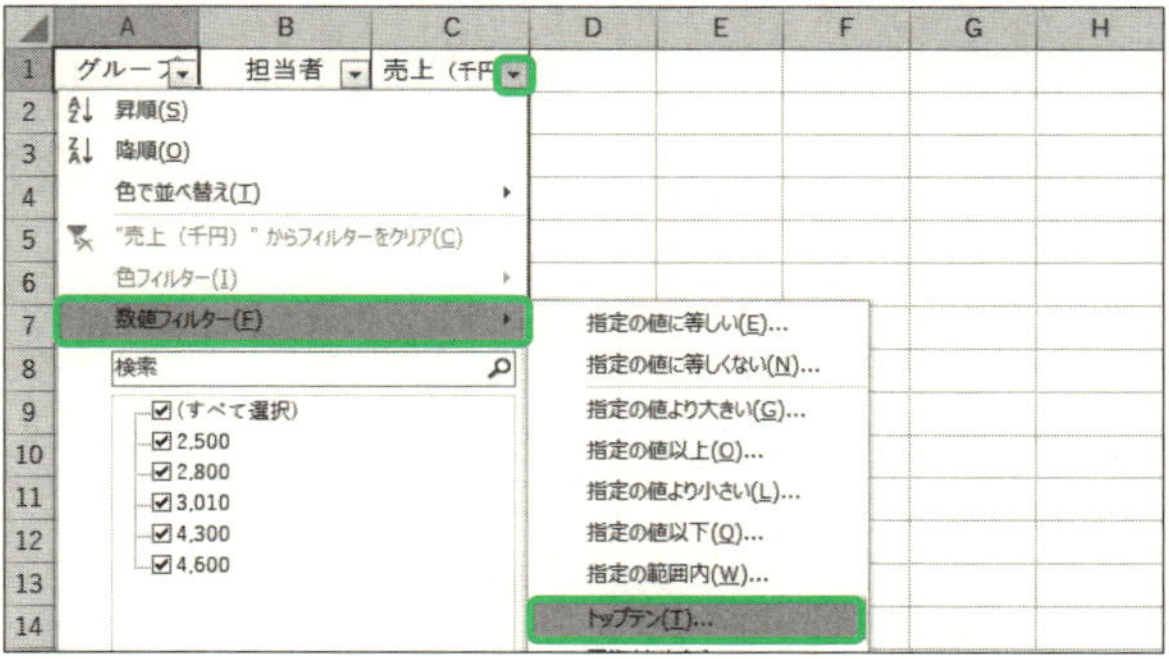

2 「売上」欄の▼をクリックし、[数値フィルター]→[トップテン]を選択します。

3 中央の欄を「3」にして[OK]をクリックすると、売上が上位3位までのデータを抽出できます。

裏ワザ 045

「○円以上△円未満」のデータを抽出する

2つの条件を「AND」で組み合わせる

	A	B	C
1	グループ	担当者	売上（千円）
2	Aグループ	石井　英人	4,600
3	Bグループ	川口　翔	2,500
4	Aグループ	木村　美鈴	3,010
5	Aグループ	本間　亮太	2,800
6	Bグループ	見村　愛実	4,300
7	Bグループ	村井　浩	3,350
8	Aグループ	持田　比奈	2,850
9	Bグループ	矢野　隆樹	3,550
10			

	A	B	C
1	グループ	担当者	売上（千円）
6	Bグループ	見村　愛実	4,300
9	Bグループ	矢野　隆樹	3,550
10			

売上が「3,000」以上、「4,500」未満の条件に一致したデータを表示しました。

フィルターでは2つの条件でデータを抽出することもできます。これには[オートフィルターオプション]の画面を使います。

2つの条件は、「AとBに当てはまる(AND)」「AかBのいずれかに当てはまる(OR)」というように組み合わせます。抽出条件では、任意の長さの文字の代わりになる半角の「*」、任意の一文字の代わりになる半角の「?」も使えます。

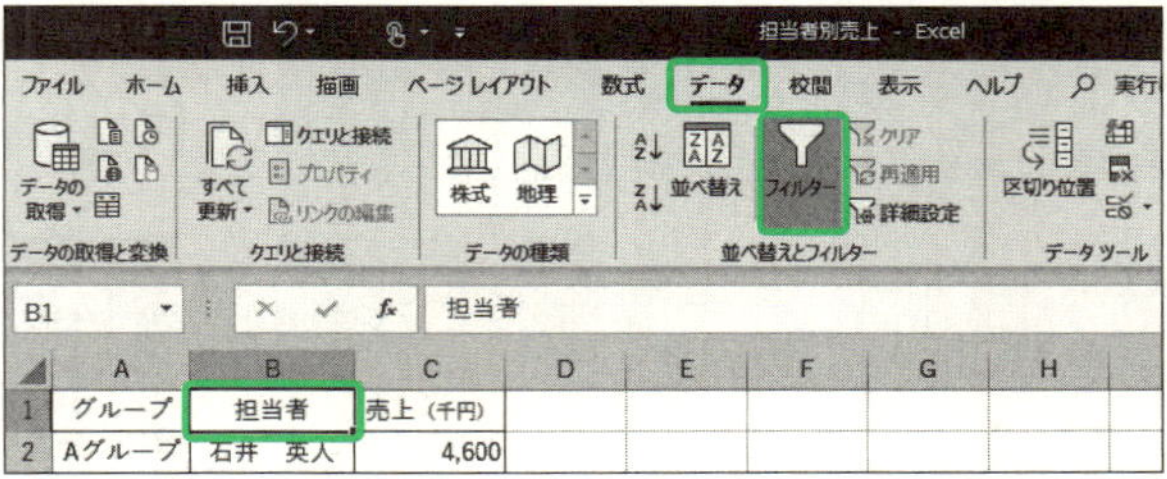

1 表内の任意のセルをクリックし、[データ] タブを開きます。表に空白の行・列がある場合は表を選択してください。[並べ替えとフィルター]グループ→[フィルター]をクリックします。

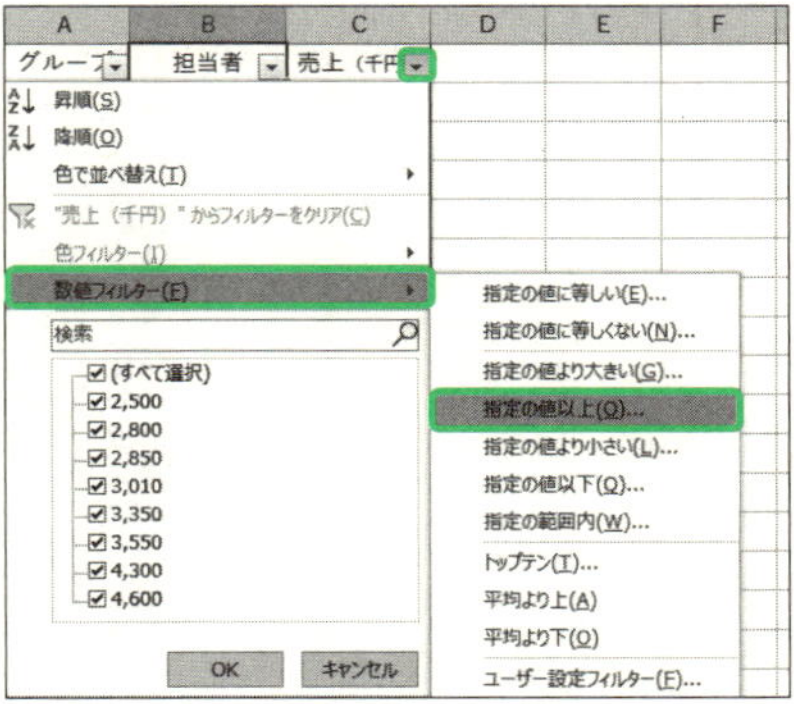

2 「売上(千円)」欄の▼をクリックし、[数値フィルター]→[指定の値以上]を選択します。

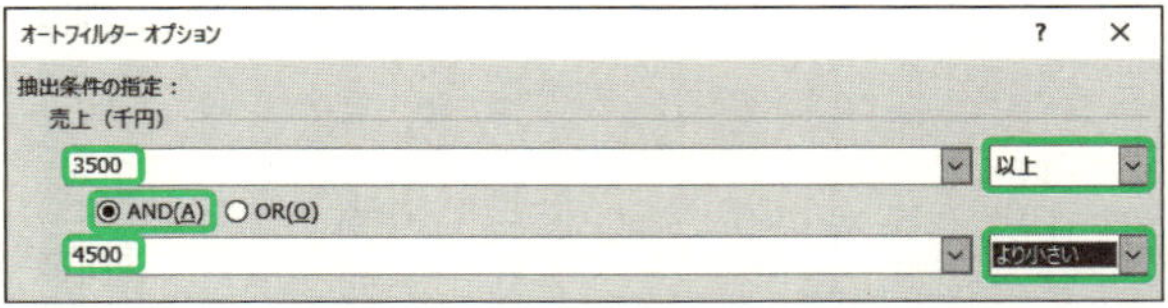

3 左上の欄に基準の数値を入力し、右が「以上」なのを確認します。[AND]を選択し、2つ目の条件を指定して[OK]をクリックします。

裏ワザ 046

名簿から「東京都」在住者だけを抽出する

データを活かす

[テキストフィルター]で「東京都」を指定する

	A	B	C
1	氏名	郵便番号	住所
2	青木　翔太	272-0826	千葉県市川市真間０－０－０
3	伊藤　美咲	167-0032	東京都杉並区天沼０－０－０
4	大野　大輝	231-0866	神奈川県横浜市中区柏葉０－０－０
5	加藤　拓海	154-0011	東京都世田谷区上馬０－０－０
6	木村　優香	351-0005	埼玉県朝霞市根岸台０－０－０
7	小林　智也	152-0004	東京都目黒区鷹番０－０－０
8			

	A	B	C
1	氏名	郵便番	住所
3	伊藤　美咲	167-0032	東京都杉並区天沼０－０－０
5	加藤　拓海	154-0011	東京都世田谷区上馬０－０－０
7	小林　智也	152-0004	東京都目黒区鷹番０－０－０
8			

住所が「東京都」で始まる人のデータだけを表示しています。

名簿のなかから東京都在住者のデータを抜き出すというように、文字を指定してデータの抽出を行いたいときは、フィルターの［テキストフィルター］を使います。［テキストフィルター］では、「指定の値に等しい」「指定の値で始まる」「指定の値を含む」など6種類の条件を利用できます。これらをＡＮＤまたはＯＲで組み合わせれば（項目０４５参照）、条件を絞り込んだ抽出も可能です。

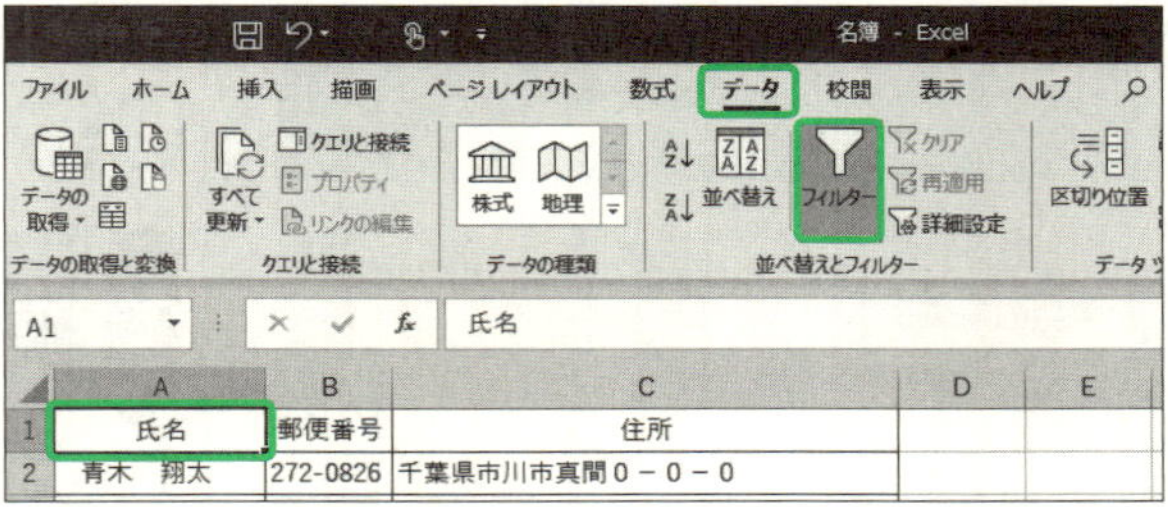

1 表内の任意のセルをクリックし、[データ]タブを開きます。表に空白の行・列がある場合は表を選択してください。[並べ替えとフィルター]グループ→[フィルター]をクリックします。

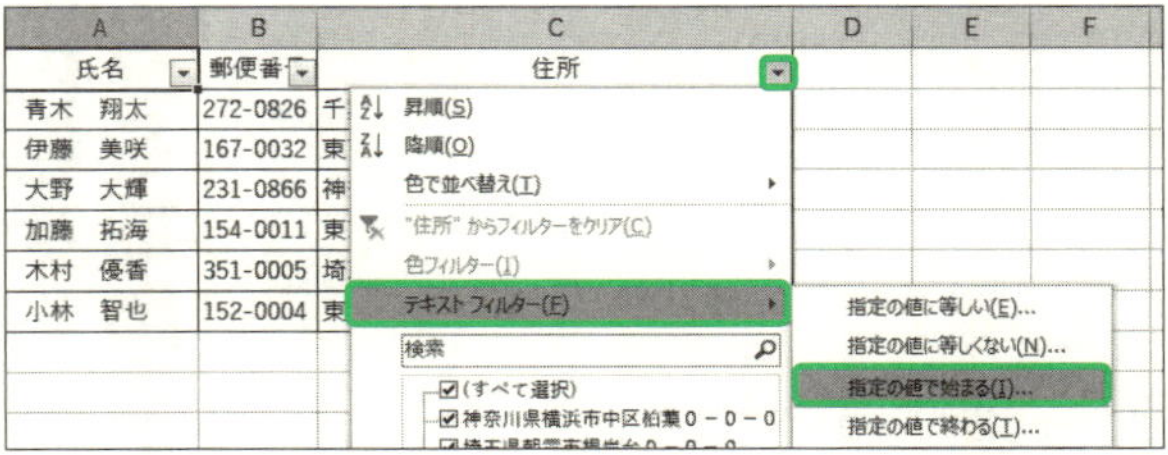

2 「住所」欄の▼をクリックし、[テキストフィルター]→[指定の値で始まる]を選択します。

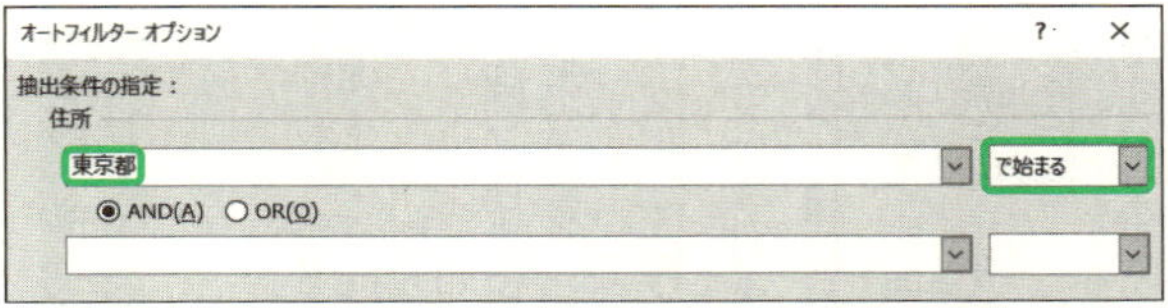

3 [住所]欄に「東京都」と入力します。右の欄が「で始まる」になっていることを確認し、[OK]をクリックします。東京都在住者のデータが抽出できます。

裏ワザ
047

選択したセルの内容を条件としてデータを抽出する

「このセルと同じ値のセルは、ほかにあるだろうか」「条件付き書式で、このセルと同じ色を付けたセル（項目036参照）だけ表示したい」というときは、セルを右クリックして「フィルター」から条件を選んでください。フィルター機能を使って、同じ列にあるセルのうち条件に一致するものだけを表示できます。気になったときに手軽にフィルター機能を使えるワザです。

右クリック→[フィルター]で条件を指定する

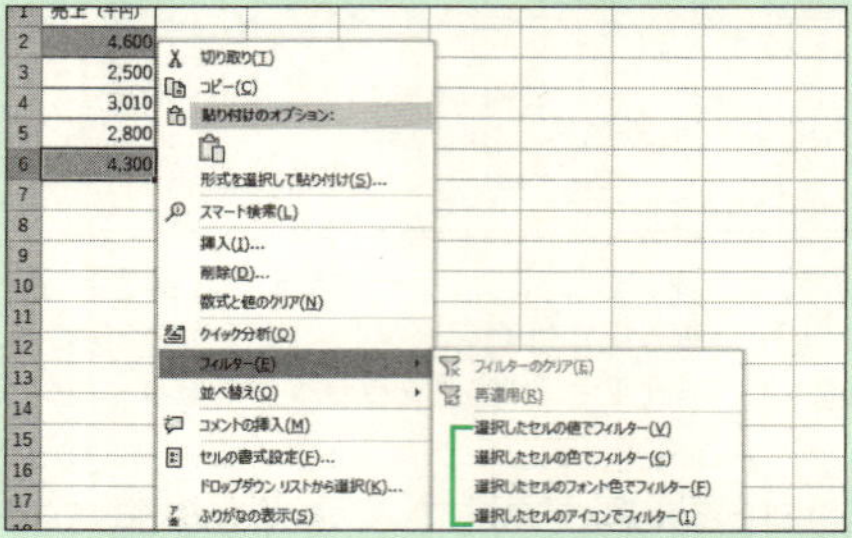

セルを右クリックして[フィルター]にポインターを合わせると、抽出する条件を選べます。

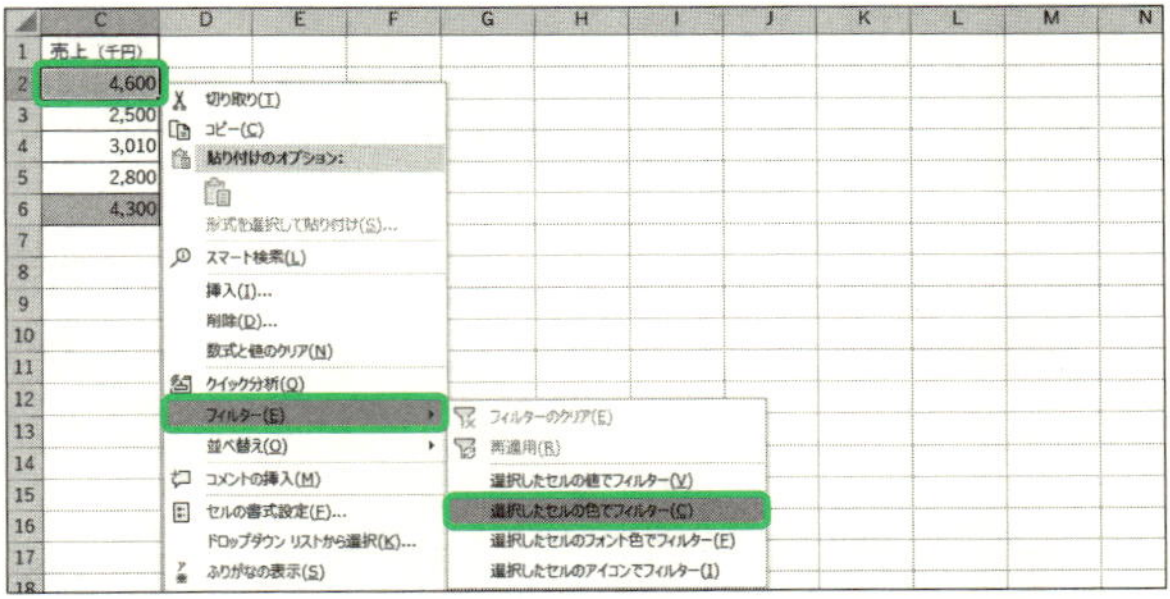

1 ［条件付き書式］で色を付けたセル（項目036参照）で色を付けたセルだけを表示します。条件とするセルを右クリックし、［フィルター］にポインターを合わせて［選択したセルの色でフィルター］を選びます。

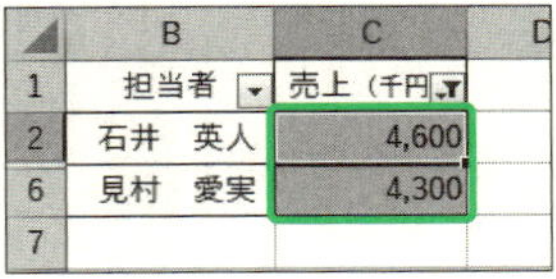

2 右クリックしたセルと同じ色のセルだけが表示されます。この機能は空白行がない表でのみ有効です。フィルターを解除する方法はP97にあります。

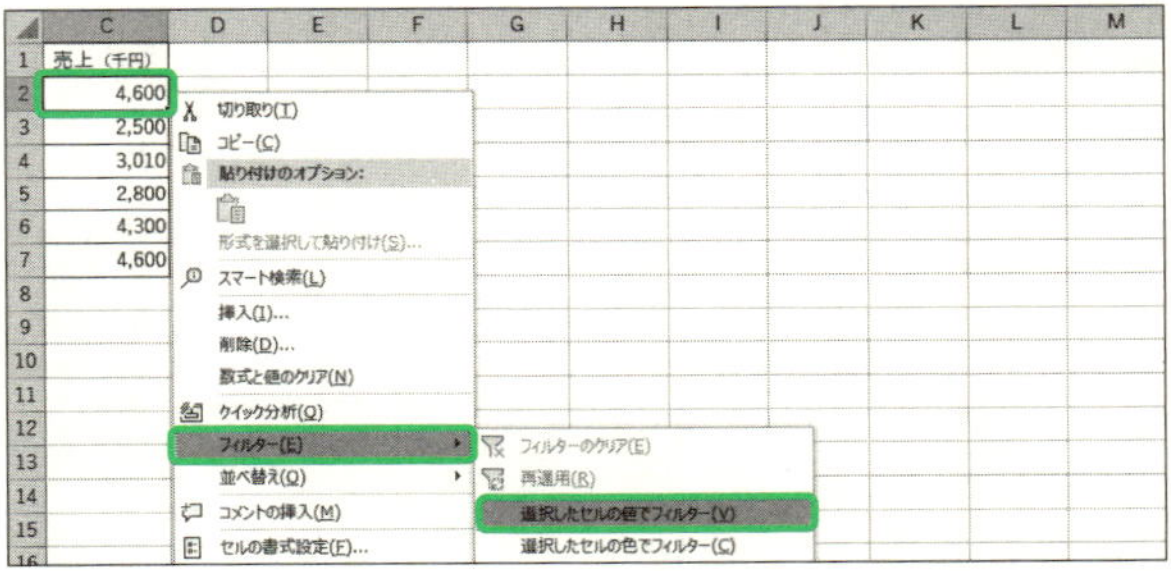

! セルを右クリック→［フィルター］→［選択したセルの値でフィルター］を選ぶと、選択したセルと同じ値のセルを抽出できます。

裏ワザ 048

表をテーブルにすればデータの集計や抽出が簡単に

仕上がりキレイ

表を「テーブル」に変換すると、セルの色や罫線などをまとめて設定できます。手早くきれいな表を作りたいときに利用しましょう。１行おきに行に色を付けたいときにも役立つ方法です。

テーブルにすると、見栄えがよくなるだけでなく、データの集計や絞り込みなどの機能も追加されます。集計方法は項目０４９、データの絞り込みは項目０４５にあります。

表をテーブルにするだけで書式が設定できる

	A	B	C	D	E
1	商品名	4月	5月	6月	
2	テーブルクロス	400	320	280	
3	トレイ	567	378	756	
4	スパイスラック	390	468	624	
5	耐熱ガラスポット	350	280	210	
6					

↓

	A	B	C	D	E
1	商品名 ▼	4月 ▼	5月 ▼	6月 ▼	
2	テーブルクロス	400	320	280	
3	トレイ	567	378	756	
4	スパイスラック	390	468	624	
5	耐熱ガラスポット	350	280	210	
6					

表をテーブルにすると、セルや文字の色が設定されて一発で体裁が整います。

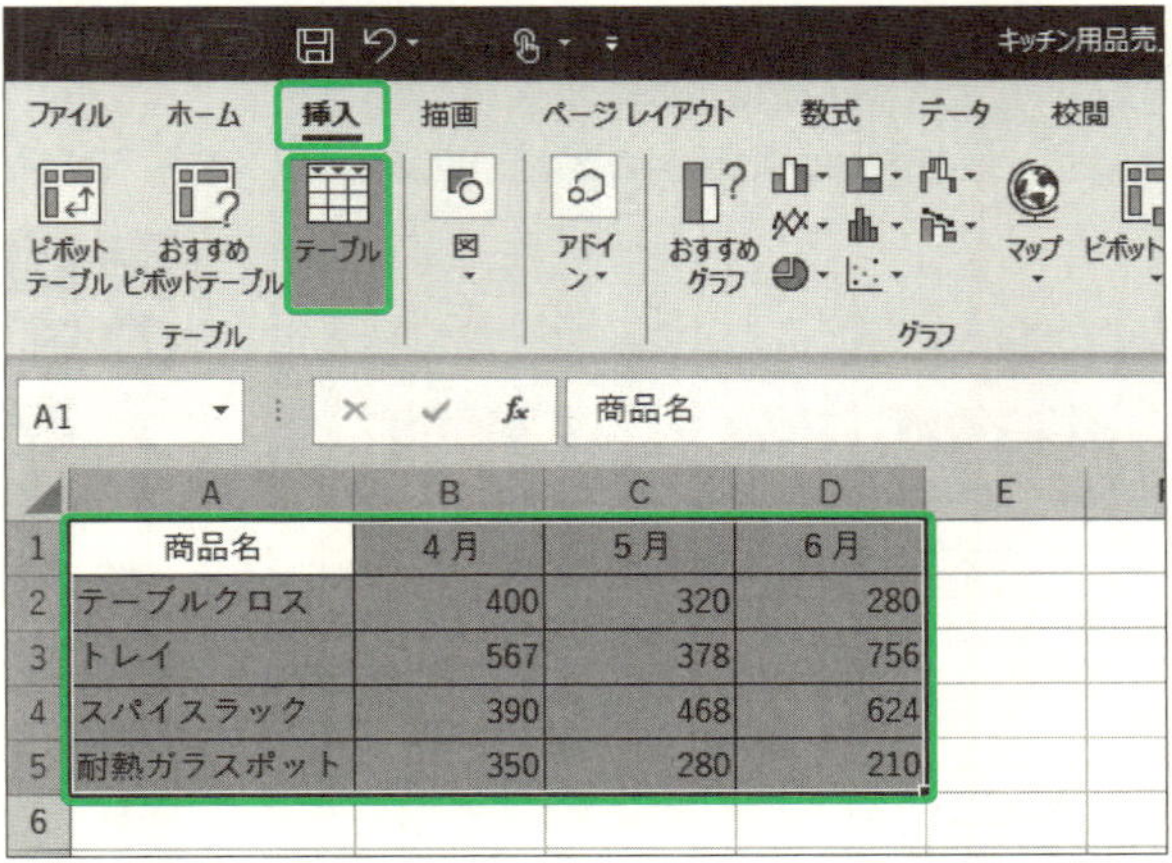

1 対象とする表を選択し、[挿入] タブを開きます。[テーブル] グループ→[テーブル] をクリックします。

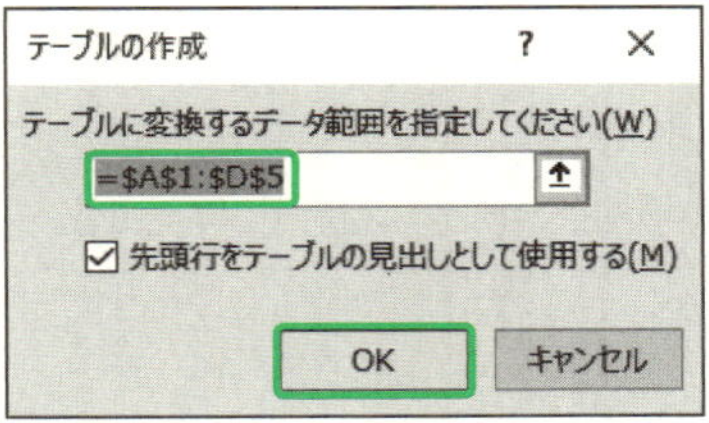

2 表の範囲が選択されていることを確認します。範囲が違っていたらドラッグで修正できます。[OK] をクリックすると表がテーブルに変換され、スタイルも適用されます。テーブルにすると、データを集計したり分析したりする機能も備わります。この点が普通の表とテーブルの違いです。

裏ワザ 049

数式を作らずに表のデータを集計する

テーブル（項目048参照）は単に表の体裁を整えるだけの機能ではありません。テーブルに変換すると、データを活用するためのしかけも組み込まれます。

　たとえば集計行を追加するだけで、自動的に計算結果が表示されます。集計行の表示／非表示は自由に変えられます。また、合計以外にも、平均や最大値、最小値なども求められます。

[集計行]をオンにして自動で計算

	A	B	C	D
1	商品名	4月	5月	合計
2	テーブルクロス	400	320	720
3	トレイ	567	378	945
4	スパイスラック	390	468	858
5	耐熱ガラスポット	350	280	630
6	集計			3,153
7				

テーブルにはいつでも集計行を追加できます。

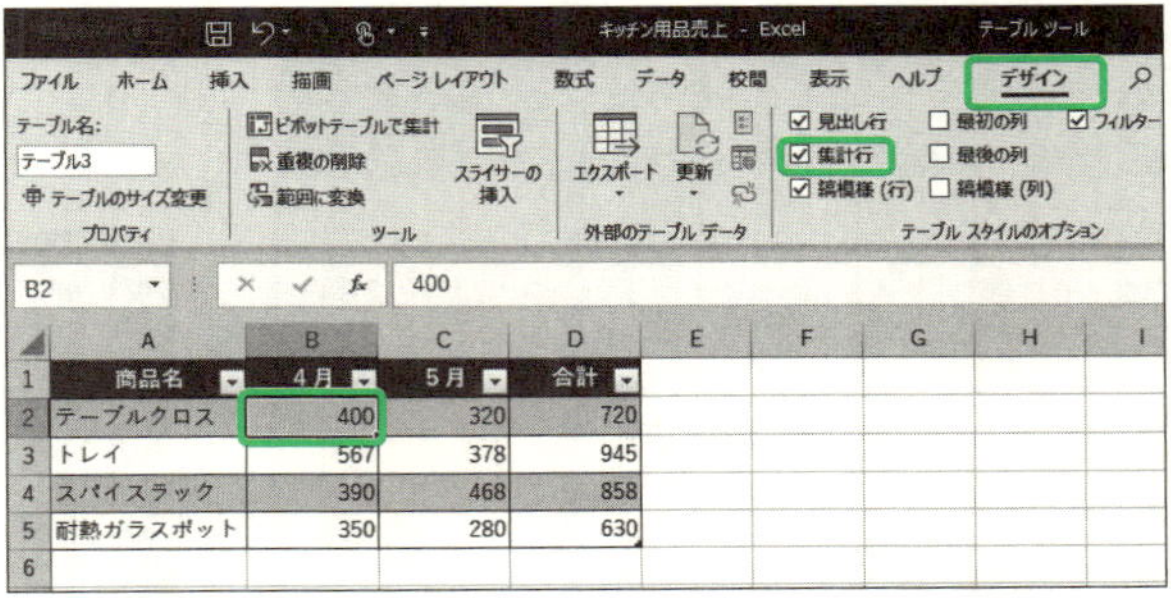

1 テーブル内の任意のセルをクリックします。[テーブルツール]の[デザイン]タブを開き、[テーブルスタイルのオプション]グループ→[集計行]をクリックして☑にします。集計行が不要になったら、[集計行]を□にしてください。

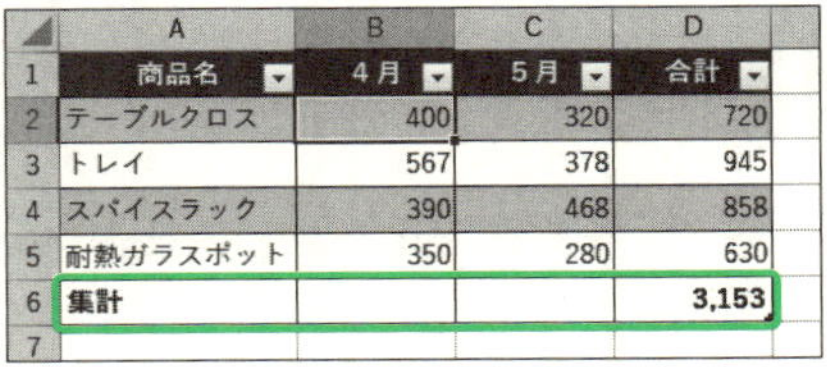

2 集計行が追加され合計が表示されます。

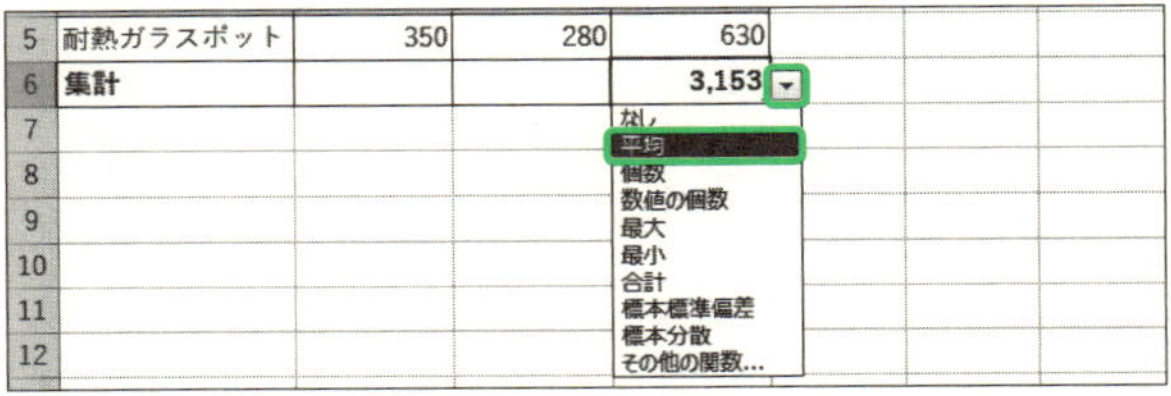

! 集計行の計算結果のセルをクリックすると現れる▼をクリックすると、平均や最大値などに変えられます。

裏ワザ 050

テーブルにした表で条件を指定してデータを抽出する

データを活かす

表をテーブルにしてスライサーを挿入する

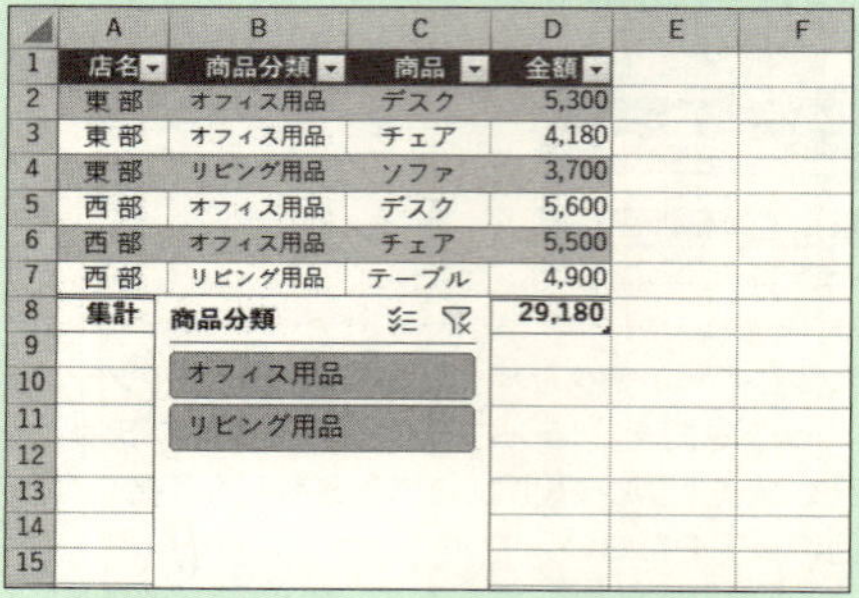

	A	B	C	D	E	F
1	店名	商品分類	商品	金額		
2	東部	オフィス用品	デスク	5,300		
3	東部	オフィス用品	チェア	4,180		
4	東部	リビング用品	ソファ	3,700		
5	西部	オフィス用品	デスク	5,600		
6	西部	オフィス用品	チェア	5,500		
7	西部	リビング用品	テーブル	4,900		
8	集計			29,180		

「商品分類」のスライサーを表示しました。分類名をクリックするだけでデータの表示を変えられます。

表をテーブルにすると、フィルター機能を使ってデータの抽出ができます。この抽出作業をもっと簡単にしてくれるのが「スライサー」です。スライサーを表示しておけば、ボタンをクリックするだけで、表示するデータを変えられます。複数のスライサーを使って条件を組み合わせることもできます。会議や打ち合わせで、その場で見せたいデータを切り替えるのに最適なワザです。

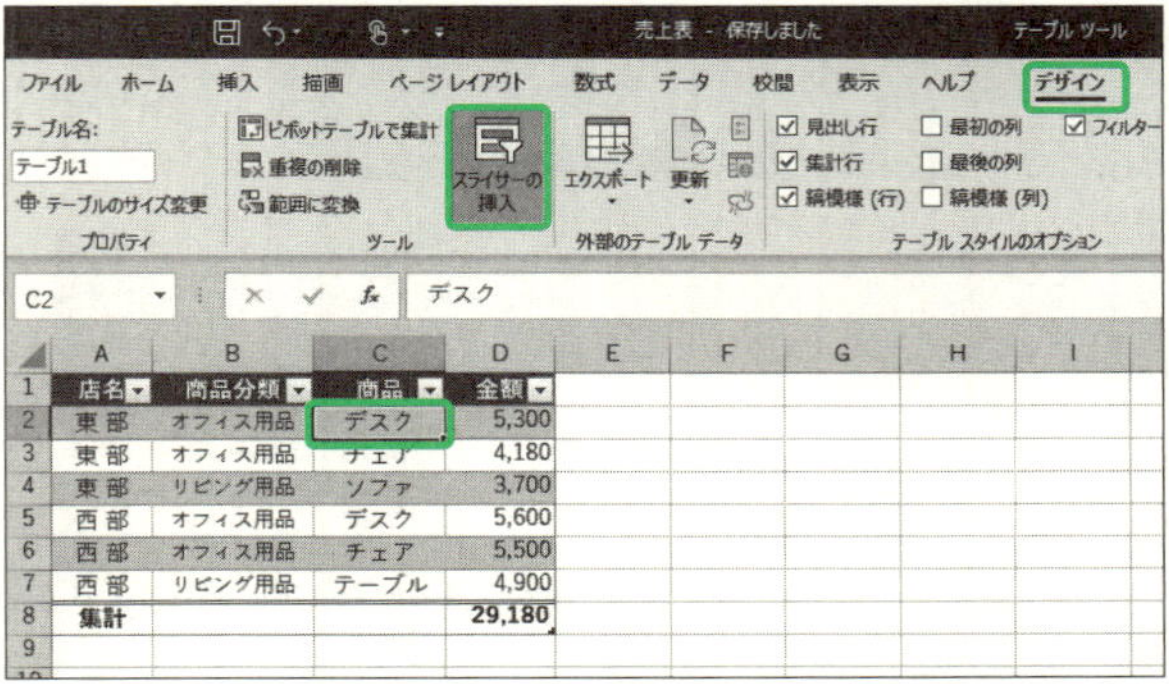

1 表をテーブルに変換しておきます（項目048参照）。表のなかの任意のセルをクリックします。［テーブルツール］の［デザイン］タブを開き、［ツール］グループ→［スライサーの挿入］をクリックします。テーブルでスライサーを利用できるのは、エクセル2013以降です。

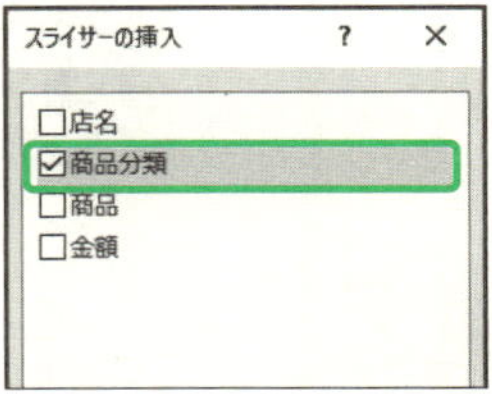

2 表示の切り替えに使いたい見出しを選び、［OK］をクリックします。

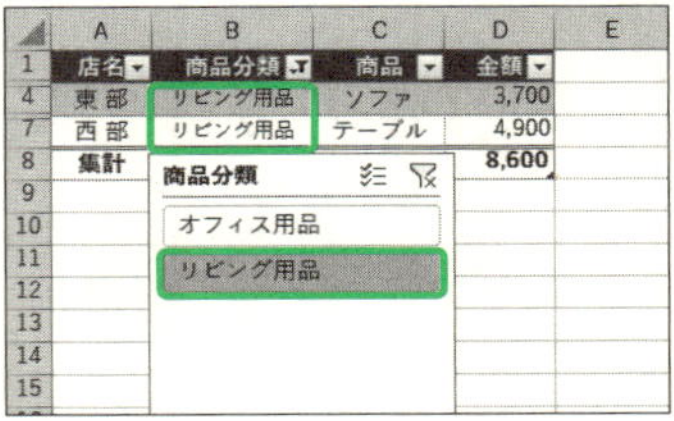

3 スライサーが挿入されます。スライサーのボタンをクリックするとテーブルの表示が変わります。❶❷を繰り返して別の見出しのスライサーを追加することもできます。スライサーは、クリックしてから［Delete］キーを押すと非表示になります。

裏ワザ
051

損益分岐点を簡単に求める

データを活かす

[ゴールシーク]で目標値を「0」として計算する

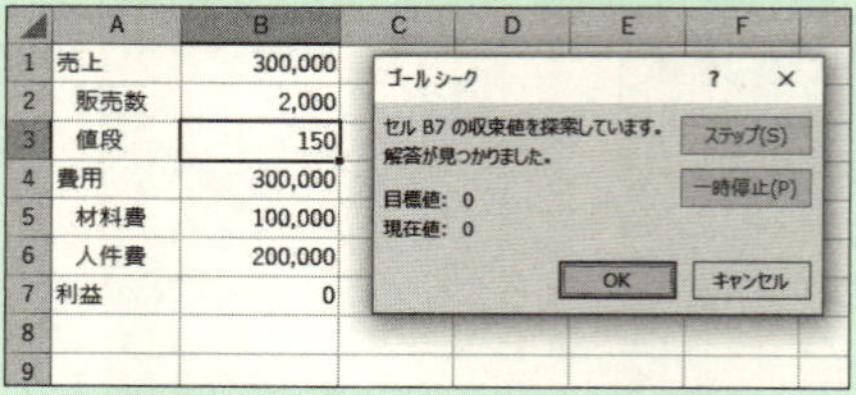

商品の値段を決める参考として、いくらなら利益が「０」になるかを求めています。

エクセルでは、計算結果の値を指定して、それに必要な数値を逆算することもできます。それが「ゴールシーク」です。簡単な例としては、売上目標額を達成するには、あといくら売れればよいかを求める、というような計算に使えます。

　ここでは、商品の値段を決める参考として、売上数を固定した場合、値段をいくらにすれば利益が「０」になるかを計算してみます。

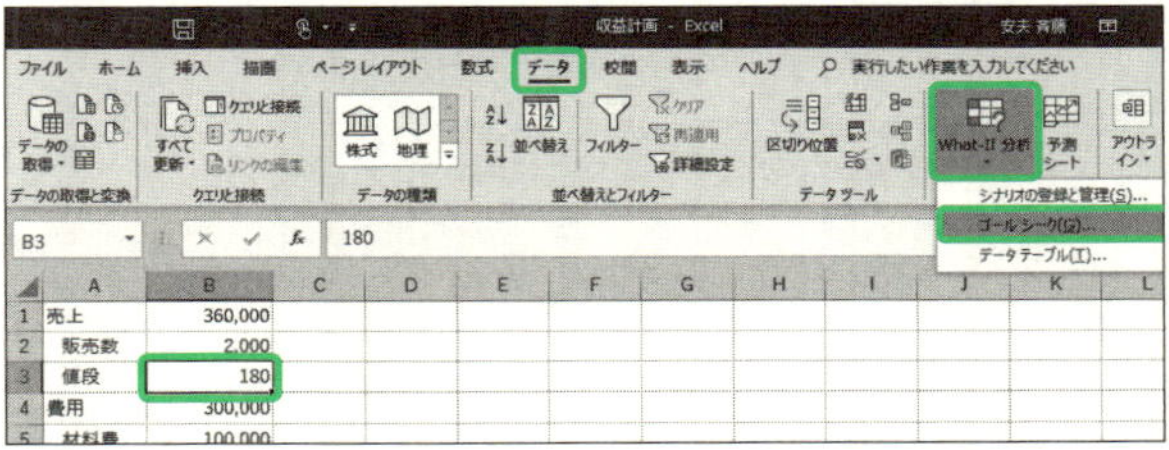

1 図の表には、「売上＝販売数×値段」、「費用＝材料費＋人件費」、「利益＝売上－費用」という式を設定してあります。値段をいくらにしたら、利益が0になるかを計算します。任意のセルを選択して、［データ］タブを開きます。［予測］グループ(2013以前は［データツール］グループ)→［What-If分析］→［ゴールシーク］を選びます。

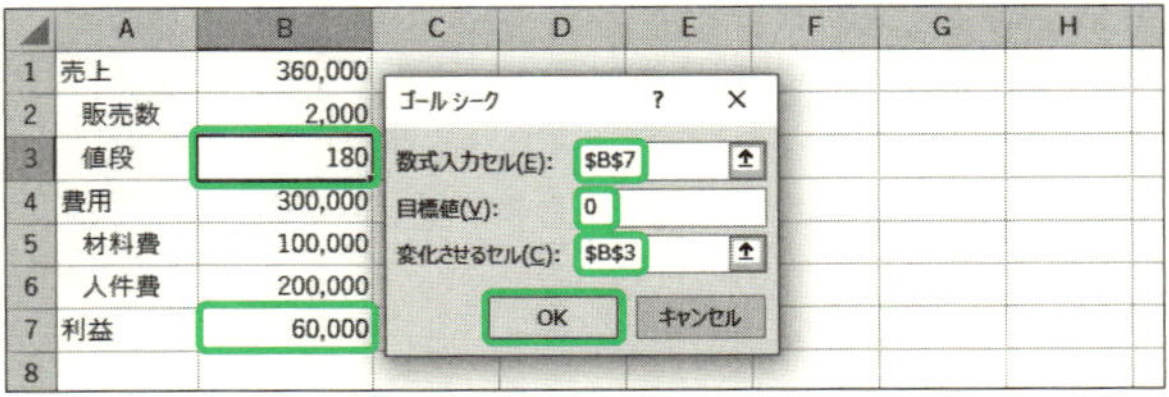

2 ［数式入力セル］の欄が選択された状態で、利益を求める式が入ったセル(図では「B7」)をクリックします。［目標値］の欄に「0」と入力します。［変化させるセル］の欄をクリックして、値段のセル(図では「B3」)をクリックし、［OK］をクリックします。

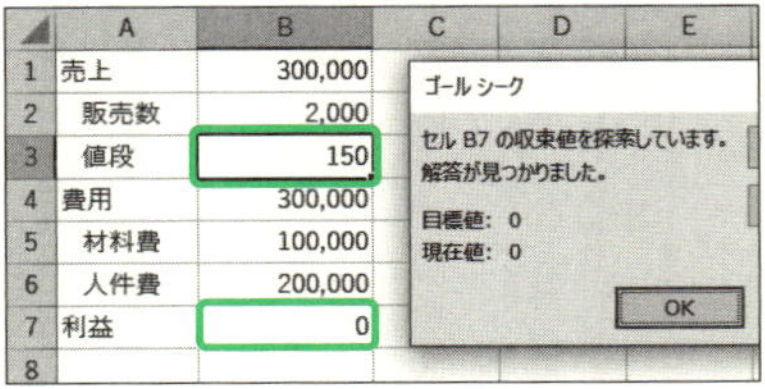

3 利益が「0」になる値段が求められます。図では「150」です。同じ個数を売る場合、これを超える値段にすれば利益が出ることがわかります。

裏ワザ
052

アンケートのもっとも多い回答を調べる

データを活かす

データをまとめる作業では、ある範囲のなかでもっとも多く現れる値(最頻値)を求めることがあります。たとえば、アンケート結果の集計で、どの評価が多かったかを調べるような場合です。

これはMODE関数を使えば簡単にわかります。フィルター(項目047参照)で回答ごとに表示を変えて数える方法もありますが、MODE関数のほうがずっとラクです。

範囲内の最頻値を求める

	A	B	C	D	E
1	番号	年齢	評価	最多評価	
2	1	30	4	4	
3	2	34	3		
4	3	28	5		
5	4	41	4		
6					

「評価」の数字のうち、もっとも多いのはどれかを求めました。

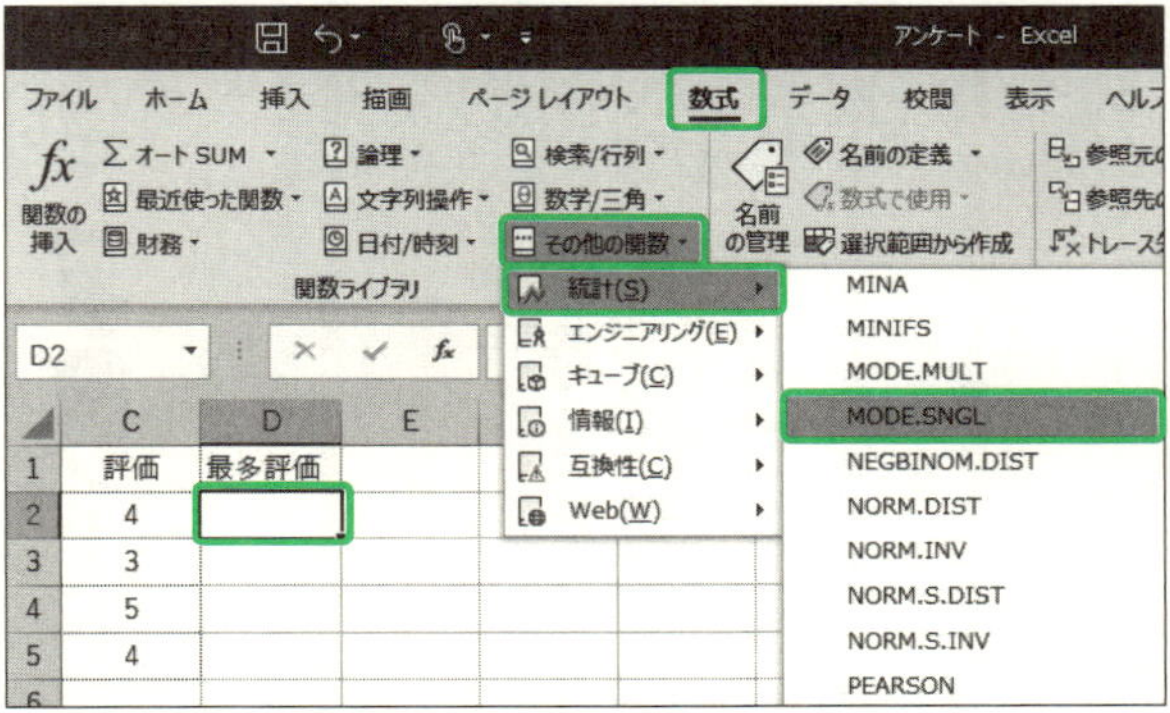

1 結果を表示するセルを選択し、[数式] タブを開きます。[関数ライブラリ] グループ→[その他の関数] →[統計] →[MODE.SNGL]を選びます。

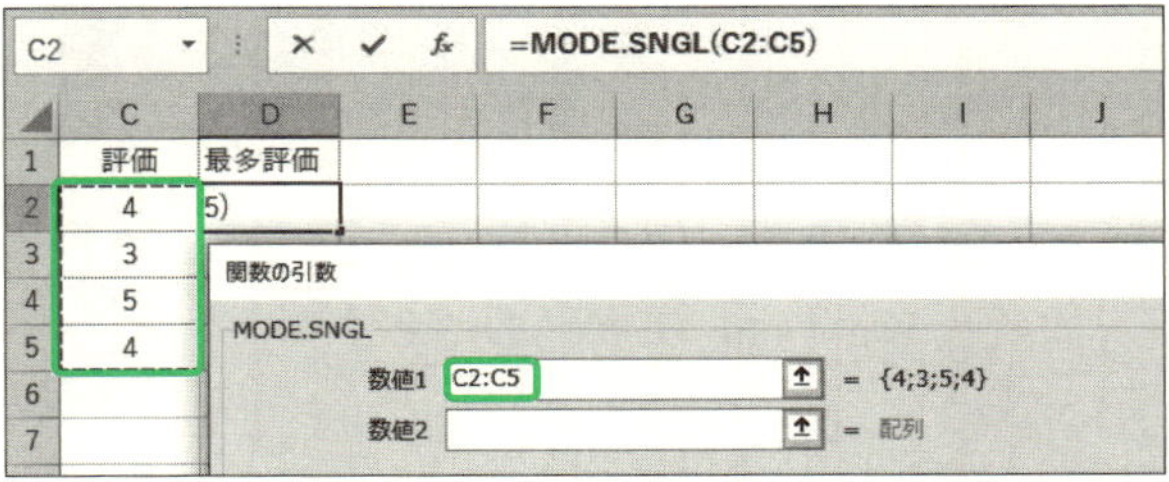

2 [数値1] 欄にカーソルがあることを確認し、対象の範囲を選択します。[OK]をクリックします。

3 指定した範囲でもっとも頻繁に現れる値がわかります。

裏ワザ 053

「予測シート」で将来を予測する

データを活かす

時系列のデータを用意し [予測シート]をクリック

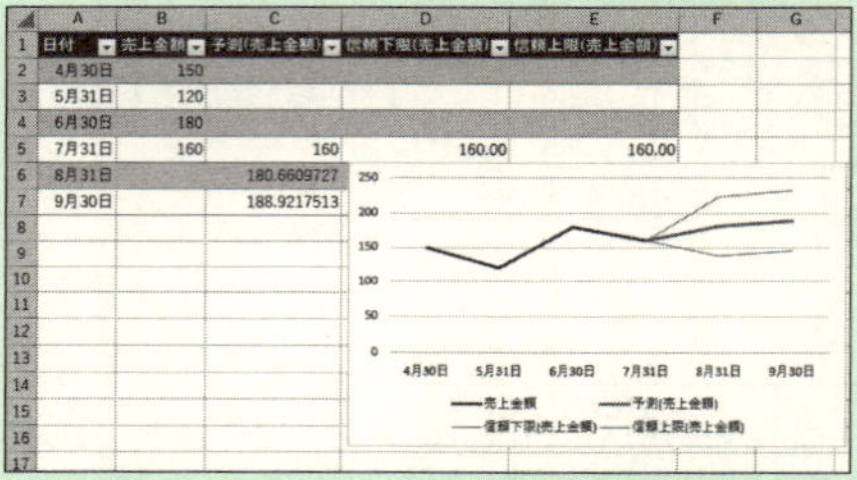

	A	B	C	D	E	F	G
1	日付	売上金額	予測(売上金額)	信頼下限(売上金額)	信頼上限(売上金額)		
2	4月30日	150					
3	5月31日	120					
4	6月30日	180					
5	7月31日	160	160	160.00	160.00		
6	8月31日		180.6609727				
7	9月30日		188.9217513				

過去の数値から将来を予測し、表とグラフで表します。

エクセルでは、過去の数値を基にして将来の数値の予測ができます。予測の元とするのは、時系列で変化するデータです。たとえば、日ごとの受注件数、月末ごとに集計した売上金額のような数値を使います。データは多いほうが予測の精度が上がります。結果は新しいシートに表とグラフで示されます。

なお、この機能は２０１３、２０１０にはありません。

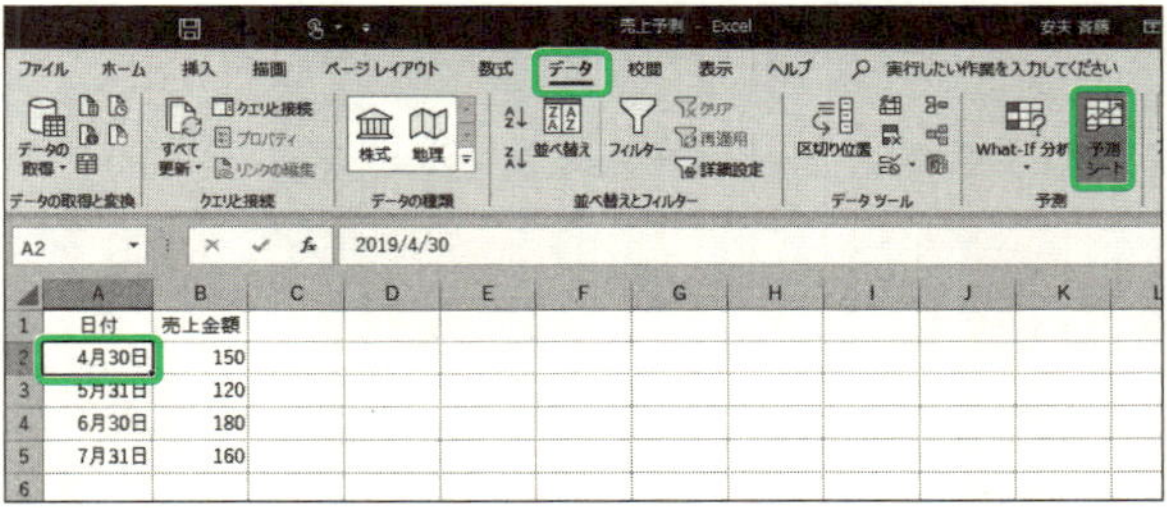

1 毎月末の売上金額から、向こう2カ月の予売上測をします。元データには日付が必要です。日付と数値を入力しておいてください。また、表に空白があると予測ができません。表の任意のセルをクリックし、[データ]タブを開いて[予測]グループ→[予測シート]をクリックします。

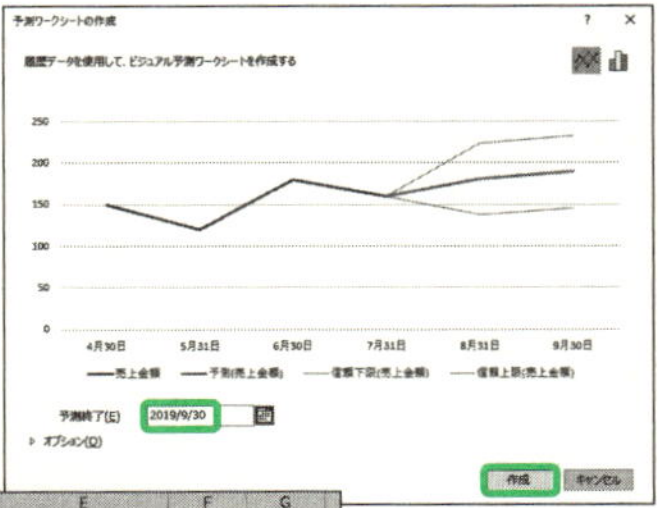

2 翌月までの予測グラフが表示されるので、2カ月先まで予測できるように[予測終了]の欄に日付を入力します。[作成]をクリックします。

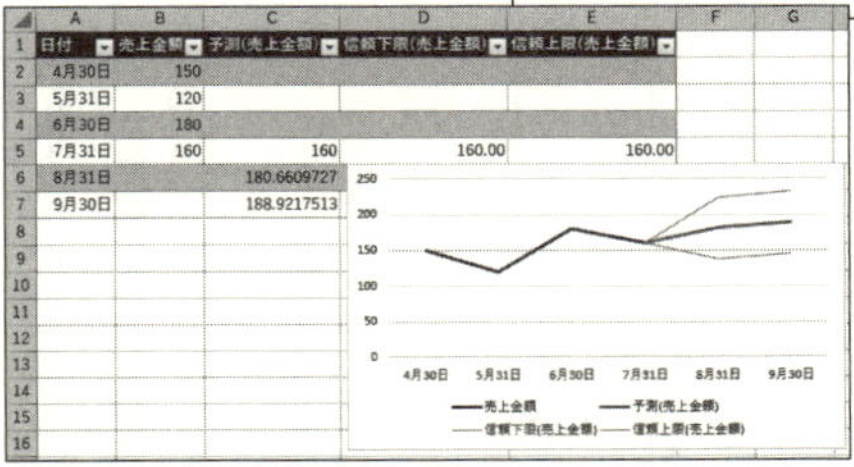

3 新しいシートが挿入され、過去の数値に加え予測の数値が表示されてグラフも作成されます。「信頼上限」「信頼下限」は、予測に基づいて将来の数値が含まれると想定される範囲を示しています。

裏ワザ 054

合計や平均、数値の個数などを超簡単に算出する

時間短縮効率UP!

「オートSUM」は、数式を一気に作ってくれる便利なボタンです。「オートSUM」ボタンをクリックすれば合計が求められ、ボタンの右（下）をクリックすると「平均」「数値の個数」「最大値」「最小値」が選べるようになります。

ここでは「数式」タブでの使い方を紹介しますが、同じボタンが「ホーム」タブの「編集」グループにもあります。使い方は同じです。

[オートSUM]ボタンをクリックするだけで合計できる

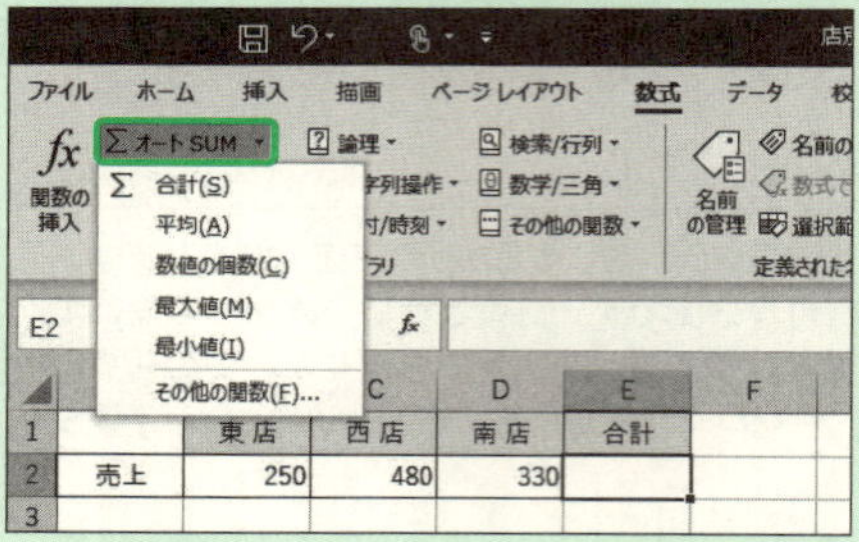

[オートSUM]なら、合計のほかに平均などの計算が瞬時に行えます。

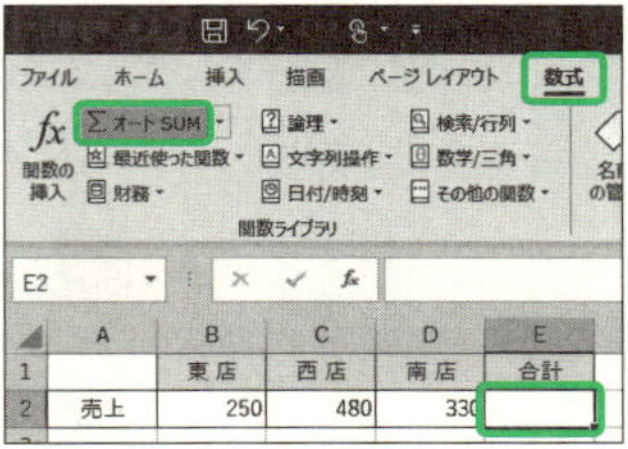

1 合計を求めます。結果を表示するセルを選択して、[数式] タブ→[関数ライブラリ] グループ→[オートSUM] をクリックします。SUM関数が自動的に入力されます。「SUM」の後ろの計算範囲が反転した状態でセルをドラッグすると、計算範囲を変えられます。ほかの計算でも同じです。

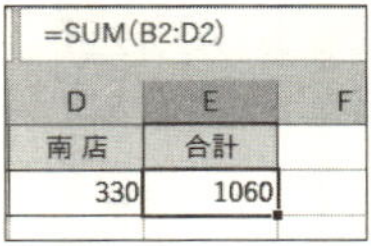

2 [Enter] キーを押すと合計が出ます。

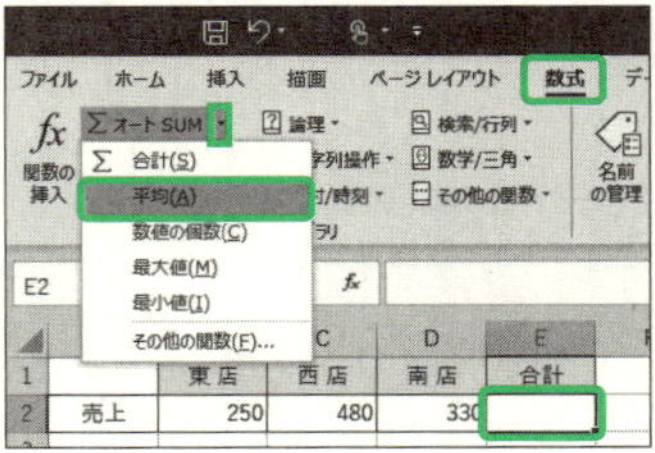

3 [オートSUM] の右 (下) の▾をクリックし、[平均] を選択します。

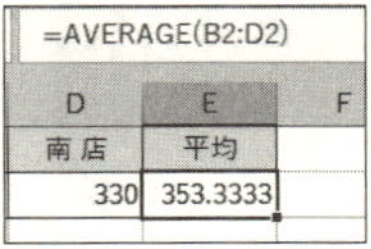

4 [Enter] キーを押すと平均が出ます。AVERAGE関数で計算されています。

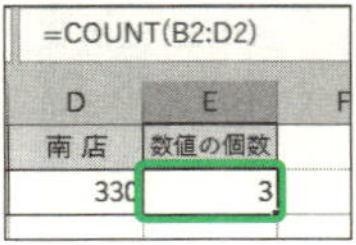

5 数値の個数を求めました。COUNT関数で計算されています。

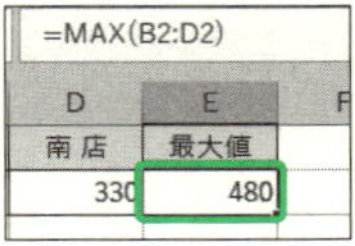

6 最大値を求めました。MAX関数で計算されています。

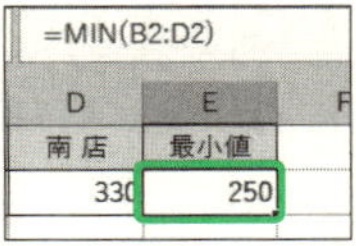

7 最小値を求めました。MIN関数で計算されています。

裏ワザ 055

縦・横の合計を同時に出す

時間短縮効率UP!

[オートSUM]はクリックだけで合計や平均などの計算をしてくれる便利なボタンですが、範囲を選択してから使うと、表の縦・横の計算が瞬時に行えるのでさらに時間短縮が図れます。

ポイントは、計算結果を表示する右隣や直下の空白セルも含めて選択することです。この方法は、[オートSUM]で行う平均や数値の個数など、どの計算でも使えます。

計算範囲と答えの範囲を選択して[オートSUM]をクリックする

	A	B	C	D
1	商品名	4月	5月	合計
2	テーブルクロス	400	320	720
3	トレイ	567	378	945
4	スパイスラック	390	468	858
5	合計	1357	1166	2523
6				
7				
8				

[オートSUM]を使うと、一瞬のうちに縦・横の合計が求められます。

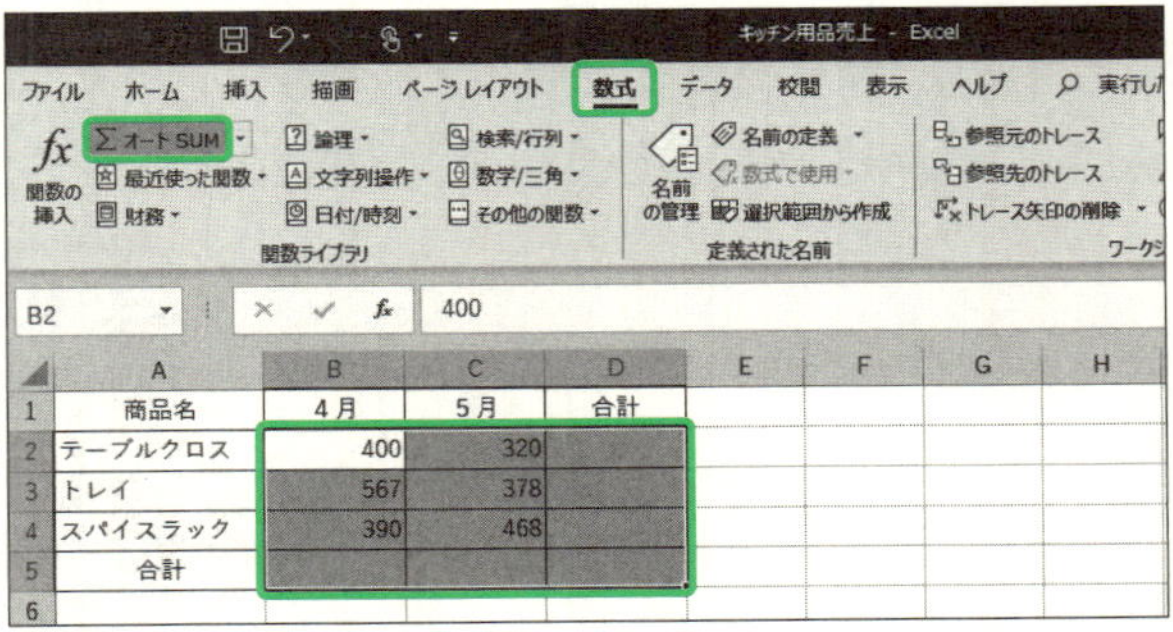

1 計算対象のセルと計算結果を表示するセルの両方を選択します。[数式]タブを開きます。[関数ライブラリ]グループ→[オートSUM]をクリックします。平均などを計算したい場合は、[オートSUM]の右(下)の▾をクリックして[平均]などを選びます。

	A	B	C	D
1	商品名	4月	5月	合計
2	テーブルクロス	400	320	720
3	トレイ	567	378	945
4	スパイスラック	390	468	858
5	合計	1357	1166	2523

2 縦・横の合計が表示されます。

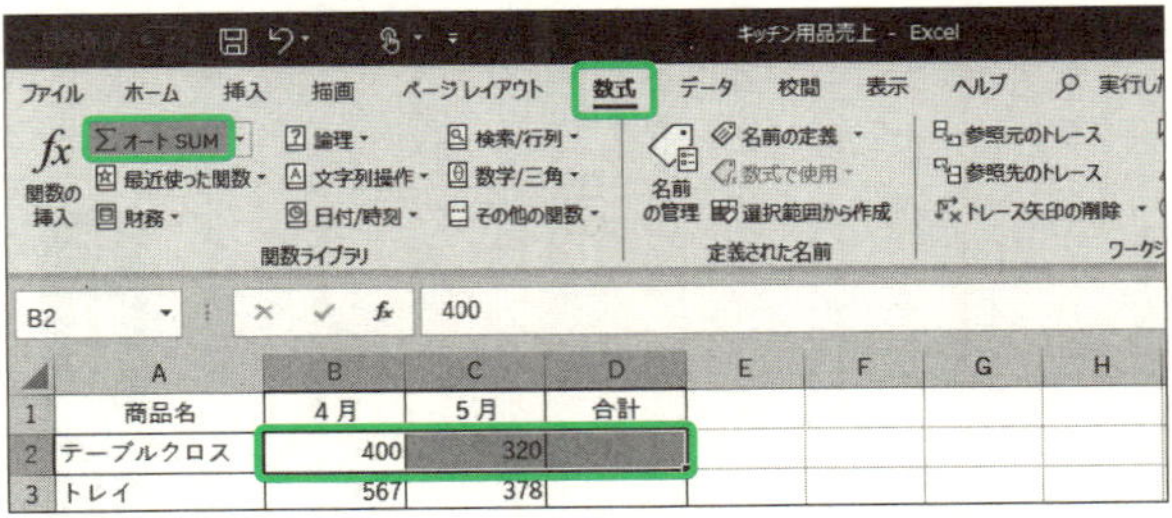

! 表の一部を選択し、[オートSUM]をクリックして計算することもできます。図では計算結果が右端のセルに入ります。

裏ワザ 056

「＝単価×数量」のように言葉で式を作る

これは便利！

計算で「B2」のようなセル番号を使うのには抵抗があるという人向けに、言葉で式を作る方法を紹介します。計算する範囲に「単価」や「数量」のような名前を付けておけば、これを式に使えるのです。

また、「数式」と聞くと難しそうだと思うかもしれませんが、計算の規則や順序は数学と同じです。演算子は「＋」「－」のほか、掛け算が「＊」、割り算が「／」になるだけです。

計算範囲に「単価」「数量」のような名前を付ける

	A	B	C	D	E
1	商品名	単価	数量	金額	
2	テーブルクロス	4,000	10	=単価*数量	
3	トレイ	3,780	5		
4	スパイスラック	7,800	15		
5	耐熱ガラスポット	3,500	20		
6					

セル番号の代わりに「単価」と「数量」で式を作っています。

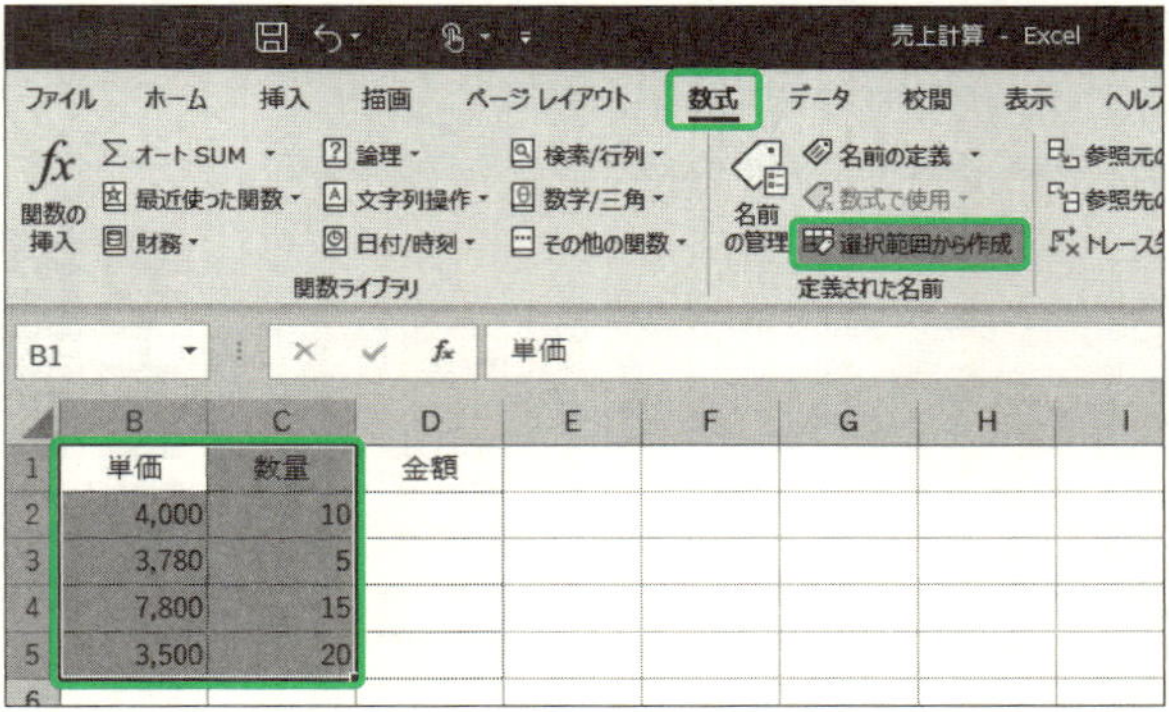

1 計算に使う範囲を選択します。上端行に見出しを付けておいてください。見出しが名前になります。[数式]タブを開き、[定義された名前]グループ→[選択範囲から作成]をクリックします。

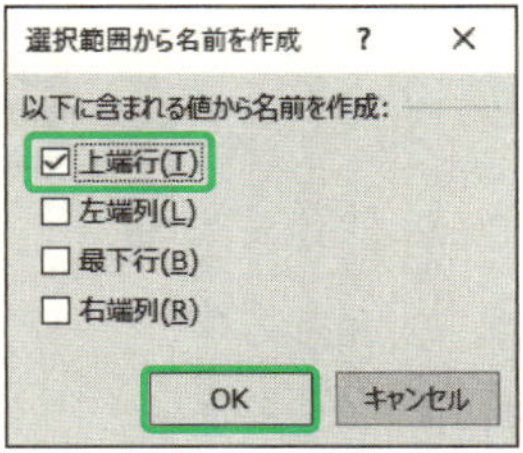

2 [上端行]が☑になっていることを確認して、[OK]をクリックします。これで範囲に名前が付きました。

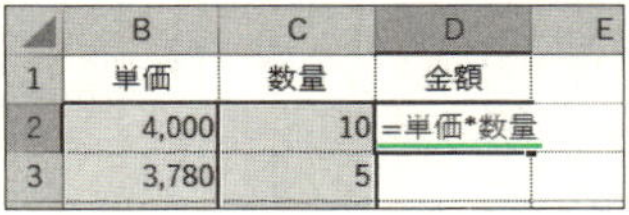

3 結果を表示するセルを選択して、名前を使って式を入力します。図では「単価×数量」の式を作っています。掛け算の演算子は「*」です。

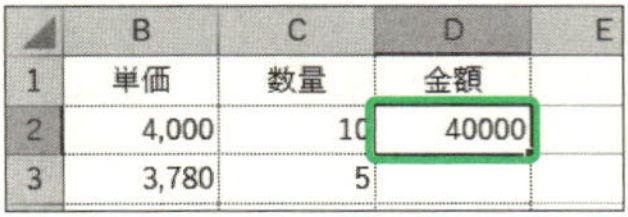

4 [Enter]キーを押すと計算結果が表示されます。

裏ワザ
057

担当者と商品を指定して売上金額を瞬時に取り出す

これは便利！

行方向と列方向で名前を定義し交点の値を取り出す

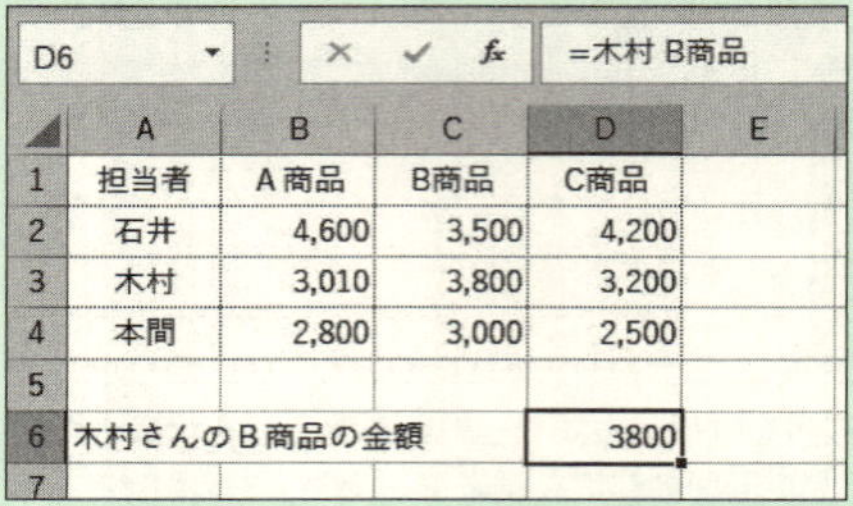

D6　=木村 B商品

	A	B	C	D	E
1	担当者	A商品	B商品	C商品	
2	石井	4,600	3,500	4,200	
3	木村	3,010	3,800	3,200	
4	本間	2,800	3,000	2,500	
5					
6	木村さんのB商品の金額			3800	
7					

行見出しと列見出しを名前として範囲を定義すると、見出しを使って交点の値を取り出せます。

範囲に名前を付けると、言葉で式を作る（項目０５６参照）だけでなく、行と列の交点から値を取り出すこともできます。

交点の値は、ＩＮＤＥＸとＭＡＴＣＨ関数を使って求めることが多いのですが、これは少し難しい。名前を利用したほうがずっと簡単でわかりやすく、関数も不要です。担当者名や商品名で式を作れるので数式や関数が苦手な人でも大丈夫です。

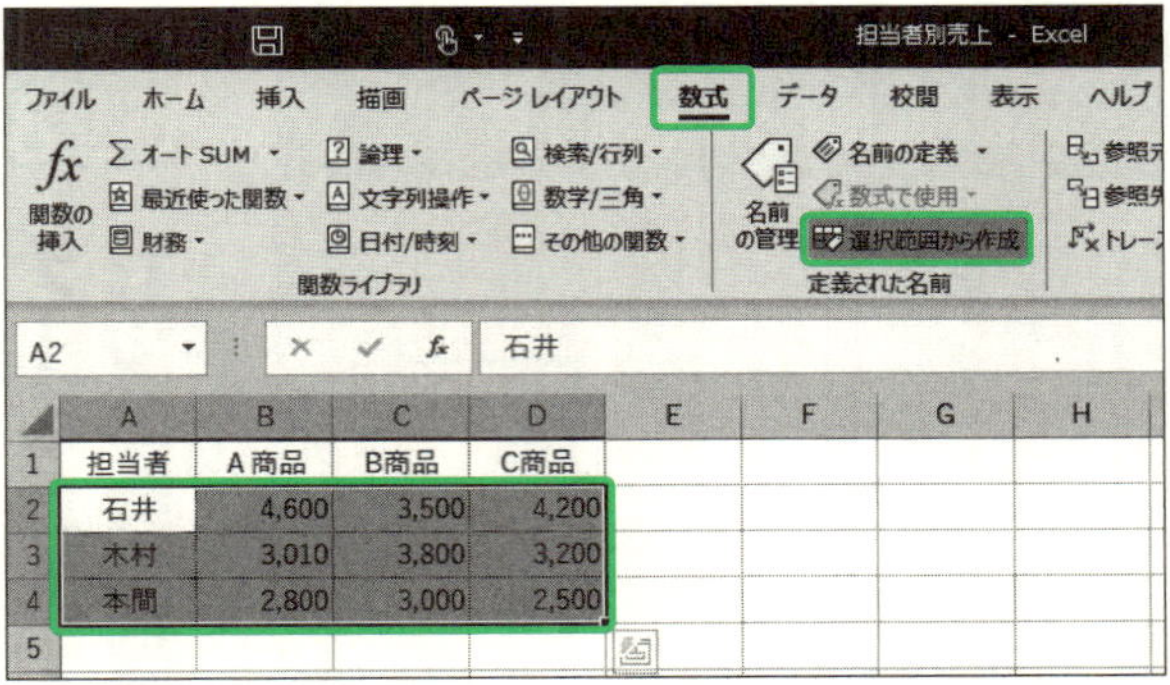

1 表の上端行を名前として範囲を定義します。手順は項目056を参考にしてください。次に表の左端列を名前として範囲を定義します。上端行を除いた範囲を選択します。[数式]タブを開き、[定義された名前]グループ→[選択範囲から作成]をクリックします。

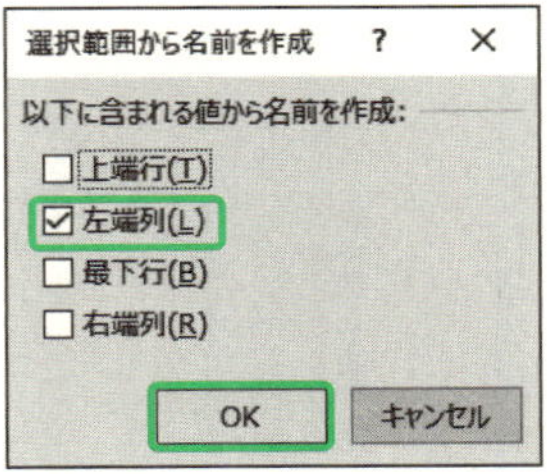

2 [左端列]が☑になっていることを確認して、[OK]をクリックします。

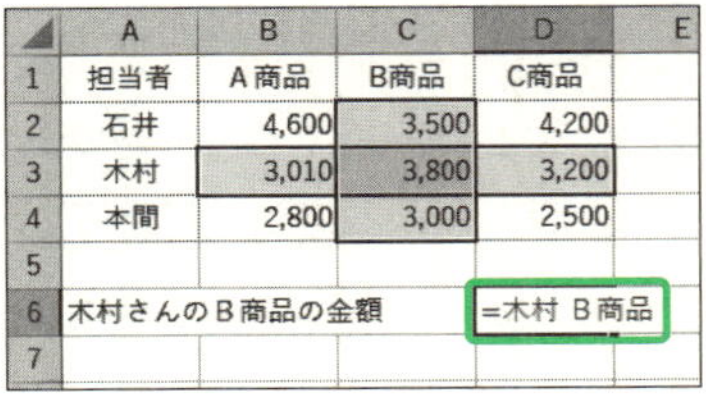

3 木村さんのB商品の売上を取り出します。答えを表示するセルをクリックして、「=木村 B商品」と入力します。「木村」と「B商品」の間には半角空白を入れてください。[Enter]キーを押すと結果が表示されます。

裏ワザ
058

データが入力されたセルの数を数える

データを活かす

数値も文字のセルも数えたいなら COUNTA関数を使う

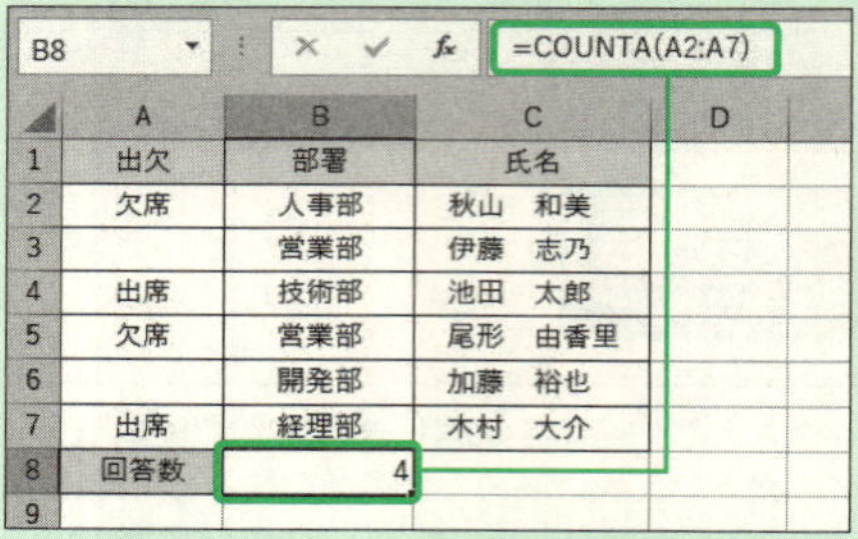

	A	B	C	D
1	出欠	部署	氏名	
2	欠席	人事部	秋山　和美	
3		営業部	伊藤　志乃	
4	出席	技術部	池田　太郎	
5	欠席	営業部	尾形　由香里	
6		開発部	加藤　裕也	
7	出席	経理部	木村　大介	
8	回答数	4		
9				

出欠が入ったセルの数をCOUNTA関数で数えています。

文字や数値など、何らかのデータが入ったセルの数を数えるにはCOUNTA関数を使います。「出席」または「欠席」と入力された表で、回答数を調べたいときなどに使います。

セルの数は「オートSUM」ボタンの「数値の個数」でも数えられますが（項目054参照）、数値の入ったセルのみが対象になります。文字も対象にしたい場合はCOUNTA関数を使ってください。

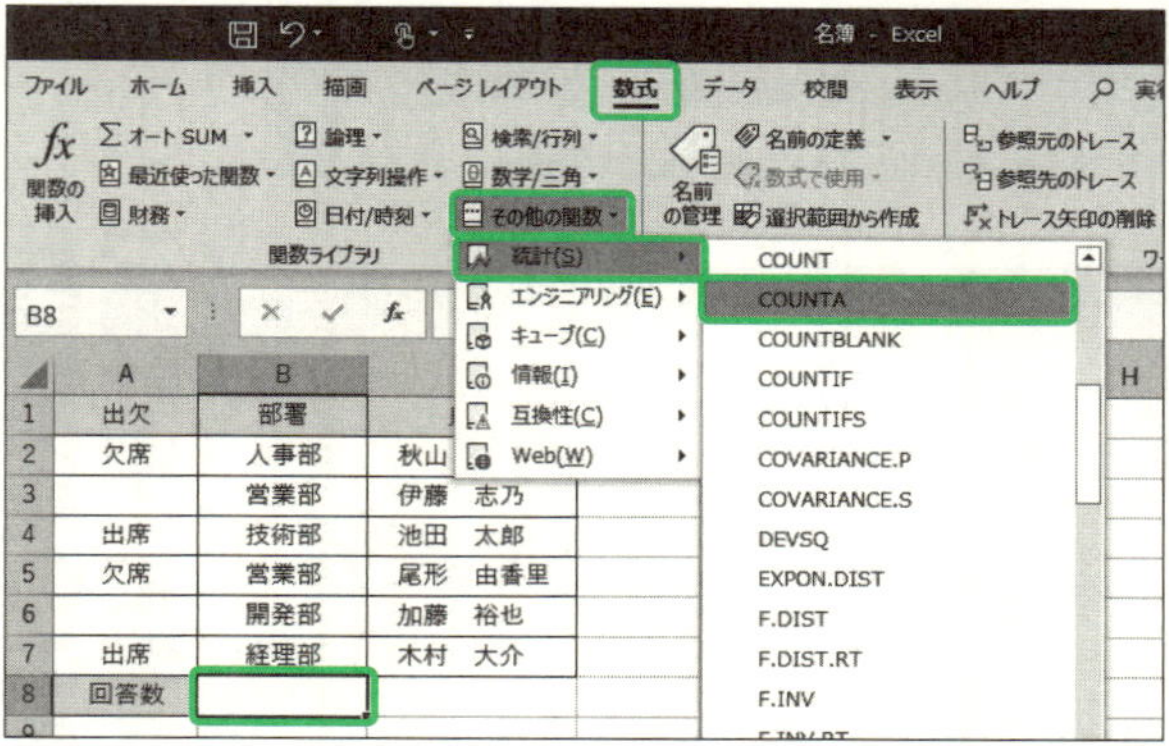

1 計算結果を表示するセルを選択し、[数式] タブを開きます。[関数ライブラリ] グループ→[その他の関数] →[統計] →[COUNTA] を選択します。

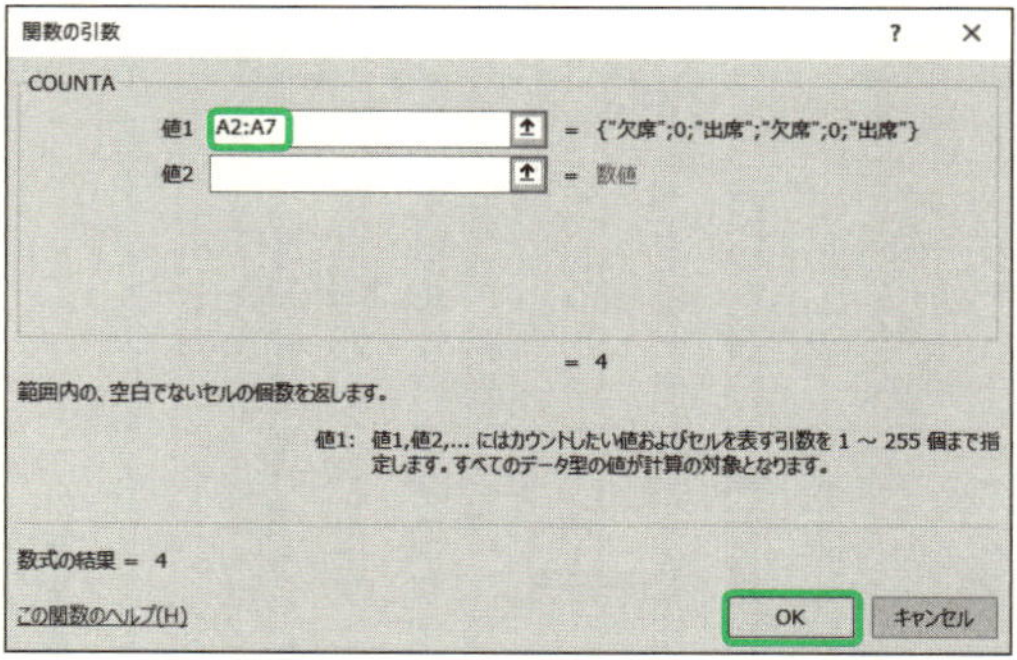

2 [値1] 欄にカーソルがあることを確認し、データの入ったセルの数を数える範囲をドラッグします。図では「A2」から「A7」です。[OK] をクリックすると結果が表示されます。COUNTA関数はスペースが入っただけのセルも数えます。データがないはずなのにカウントされたら、スペースを確認してください。

裏ワザ 059

計算結果のエラー表示を「集計中」に変える

これは便利！

IFERROR関数で エラーの場合の表示方法を指定する

	A	B	C	D
1	店	前年	本年	前年比
2	東 店	220	250	114%
3	西 店	450	480	107%
4	北 店	320	集計中	#VALUE!
5				

↓

	A	B	C	D
1	店	前年	本年	前年比
2	東 店	220	250	114%
3	西 店	450	480	107%
4	北 店	320	集計中	集計中
5				

エラーの代わりに「集計中」と表示するように設定しました。

計算範囲に「集計中」「未定」のような文字があるとエラーになることがあります。文字のセルに数値を入れれば、解消できるエラーですが、エラーのままにしておくと、表に不備があると思われかねません。そんな誤解を避け、表を見やすくするためにもエラーは適切な文字に置き換えたほうが無難です。

　エラーがあった場合の処理の指定はIFERROR関数で行います。

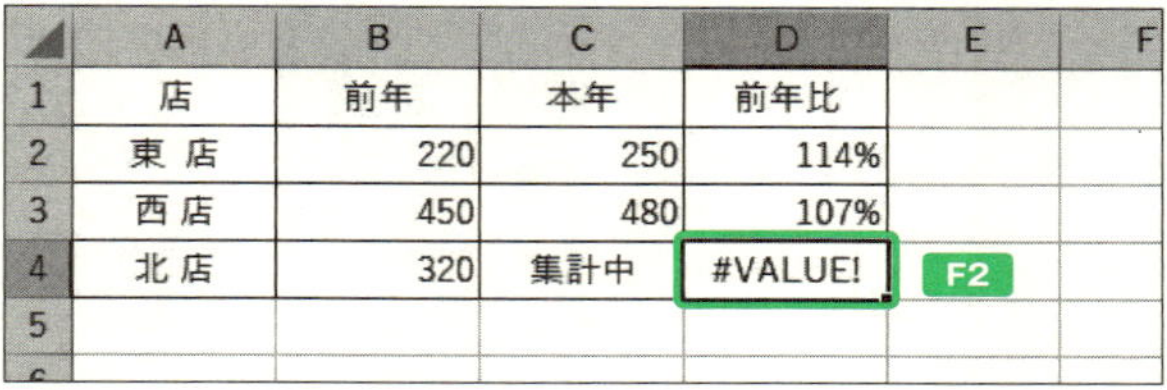

1 エラーが表示されたセルを選択して[F2]キーを押します。

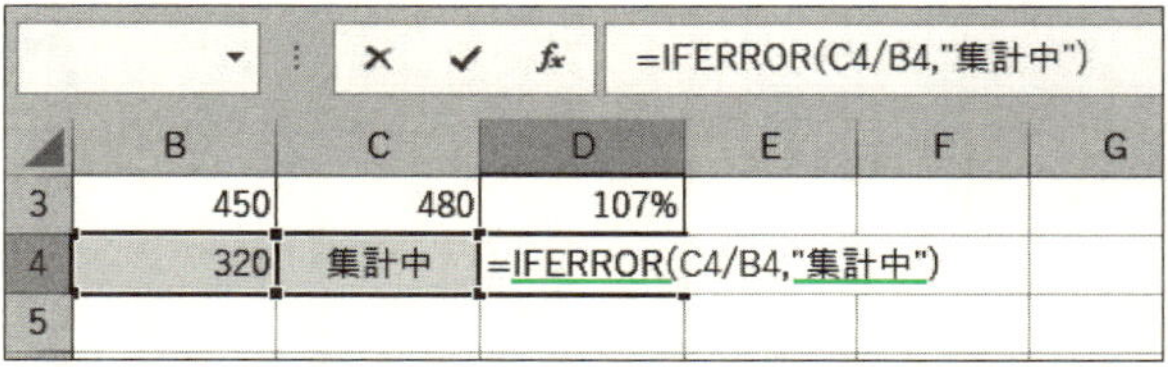

2 設定されている数式が表示されます。「=」の直後をクリックして「IFERROR(」と入力します。既存の式の最後に「,」を入力し、続けてエラーの場合に表示する文字を「"」で囲って入力します。最後に「)」を入力して[Enter]キーを押すと数式が確定して、エラーの代わりに指定した文字が表示されます。

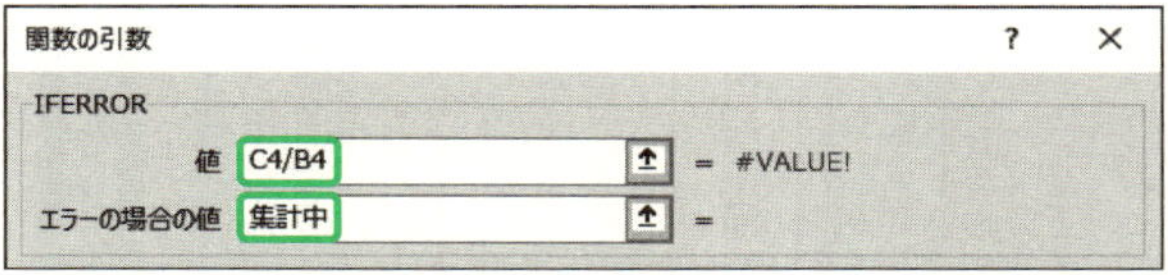

! IFERROR関数は、[数式]タブを開き、[関数ライブラリ]グループ→[論理]→[IFERROR]を選択して設定することもできます。[値]欄に数式(図の例では前年比を求める式)を入力し、[エラーの場合の値]欄にエラーのときに表示したい文字などを入力します。

裏ワザ
060

店ごとの小計を付けた表を手早く作る

時間短縮効率UP!

[小計]で集計方法と集計する項目を選ぶ

	A	B	C
1	店名	売上	
2	東部	5,300	
3	東部	3,700	
4	**東部 集計**	9,000	
5	西部	5,600	
6	西部	5,500	
7	**西部 集計**	11,100	
8	**総計**	20,100	
9			

[小計]機能を使って、店ごとの売上を求めました。

支店ごと、商品ごとの小計を出したいときには、[小計]機能を使えばクリックだけで計算ができます。式を作る必要はありません。

[小計]では、合計、平均、個数、最大、最小、積などの方法で集計できます。また、小計は表の列見出しごとに求められます。「上期」「下期」「合計」のような見出しがあれば、それぞれの小計を表示できます。

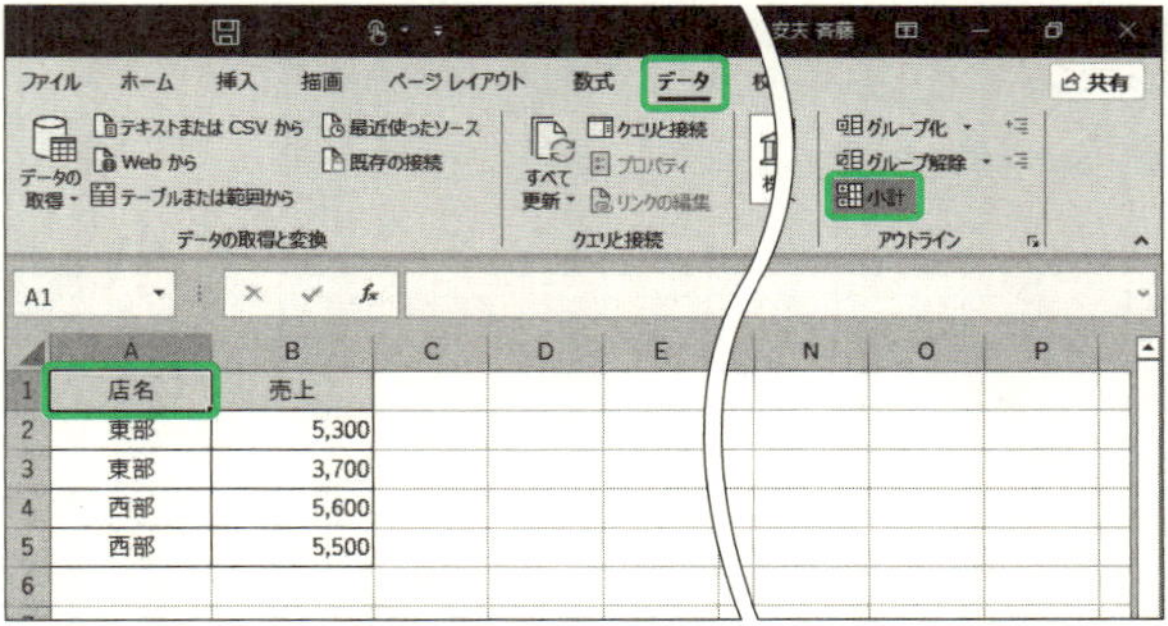

1 店ごとの売上の小計を求めます。店名で並べ替えを行い、店ごとにまとまるようにしておきます。表内の任意のセルをクリックします。表に空白の行･列がある場合は表を選択してください。[データ] タブを開き、[アウトライン] グループ→[小計] をクリックします。

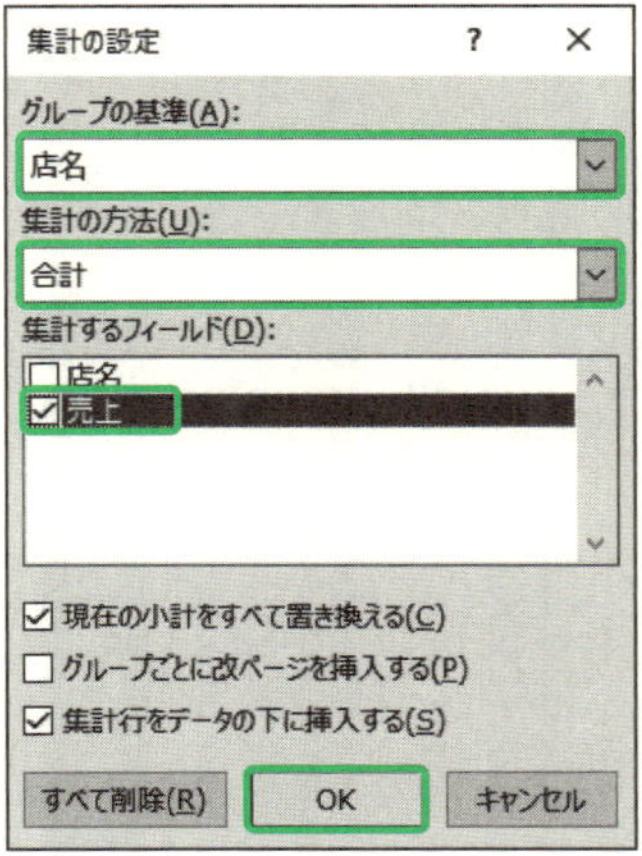

2 店ごとに集計するために [グループの基準] 欄で「店名」を選択します。[集計の方法] 欄で [合計] を選択します。[集計するフィールド] でどの列を集計するか指定します。[OK] をクリックすると、小計が付いた表になります。表の左に表示される－をクリックすると行を折りたためます。折りたたんだ箇所に表示される＋をクリックすると元に戻せます。

裏ワザ 061

店ごとや商品区分ごとに小計を出す

時間短縮効率UP!

[小計]機能で小計を追加した表（項目060参照）では、さらに条件を絞り込んで小計を求めることもできます。これを使うと、店ごとの売上の小計を出した表を店ごと、商品区分ごとに小計する表に早替わりさせられるわけです。

　この操作の要は、2つ目以降の小計を出すときに、現在の表と置き換える設定をオフにすることです。これで小計の基準を追加できます。

[現在の小計をすべて置き換える]をオフにして小計を追加する

	A	B	C	D
1	店名	商品区分	商品	売上
2	東部	オフィス用品	デスク	5,300
3	東部	オフィス用品	チェア	4,180
4		**オフィス用品 集計**		9,480
5	東部	リビング用品	ソファ	3,700
6		**リビング用品 集計**		3,700
7	**東部 集計**			13,180
8	西部	オフィス用品	デスク	5,600
9		**オフィス用品 集計**		5,600
10	西部	リビング用品	テーブル	4,900
11		**リビング用品 集計**		4,900
12	**西部 集計**			10,500
13	**総計**			23,680

店ごとの小計に商品区分ごとの小計を追加しました。

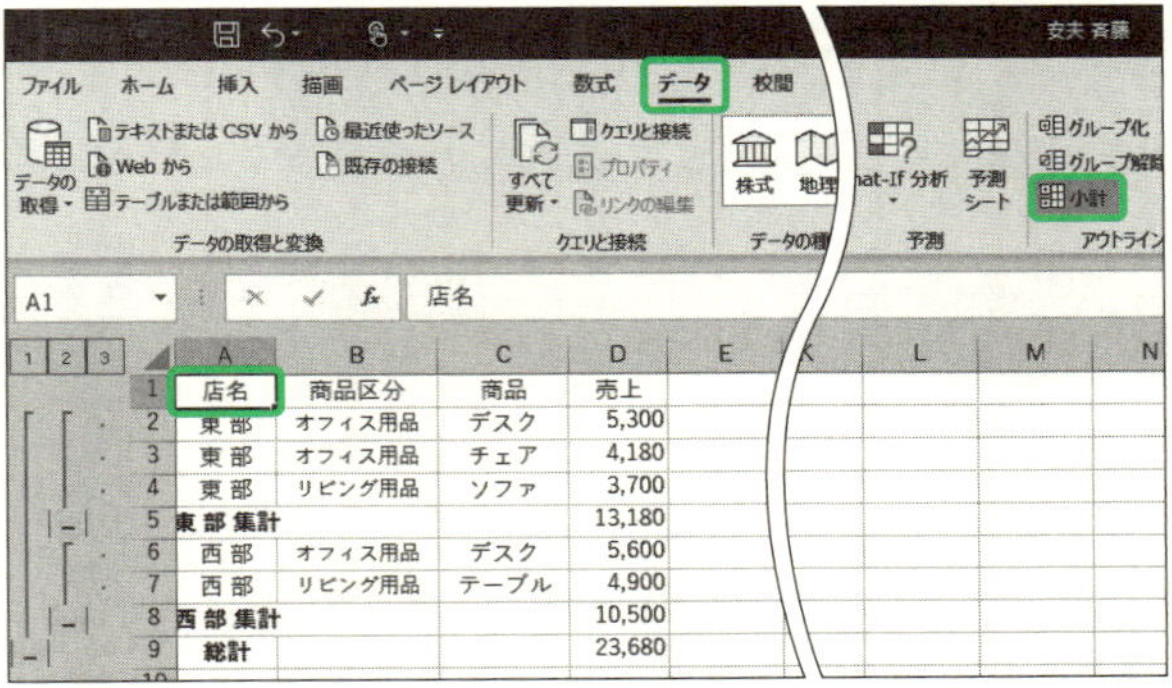

1 表を店ごと、商品区分ごとに並べ替えてから店ごとの小計を求めました（項目060参照）。これに商品区分ごとの小計を追加します。表の任意のセルをクリックします。［データ］タブを開き、［アウトライングループ］→［小計］をクリックします。

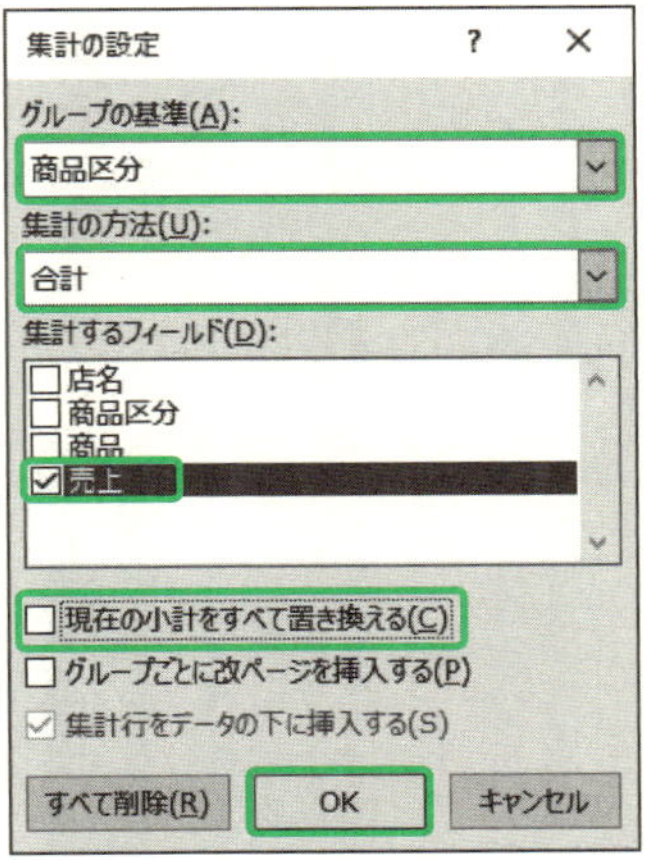

2 ［グループの基準］欄で［商品区分］を選びます。［集計の方法］欄で［合計］を選びます。［集計するフィールド］で「売上」をクリックして☑にします。［現在の小計をすべて置き換える］をクリックして□にします。［OK］をクリックすると、店ごと商品区分ごとに小計が付いた表になります。

裏ワザ 062

計算結果を文章中に表示する

これは便利！

数値を文字に変換して「&」でつなぐ

	A	B	C	D
1	4月の売り上げは1,067千円でした。			
2	商品名	4月	5月	
3	テーブルクロス	500	320	
4	トレイ	567	378	
5	合計	1067	698	
6				

4月の合計の数値にカンマを付けて文字と連結しました。

売上金額の計算結果の数値を参照して、「売上金額は○○円でした。」のように表示したいことがあります。計算結果は数値ですから、そのままでは文字とつなげられません。

数値と文字を組み合わせて表示するには、数値のほうを文字に変換します。このときに桁区切りのような表示形式も指定できます。そして、それぞれの文字を「"」で囲って「&」で連結します。

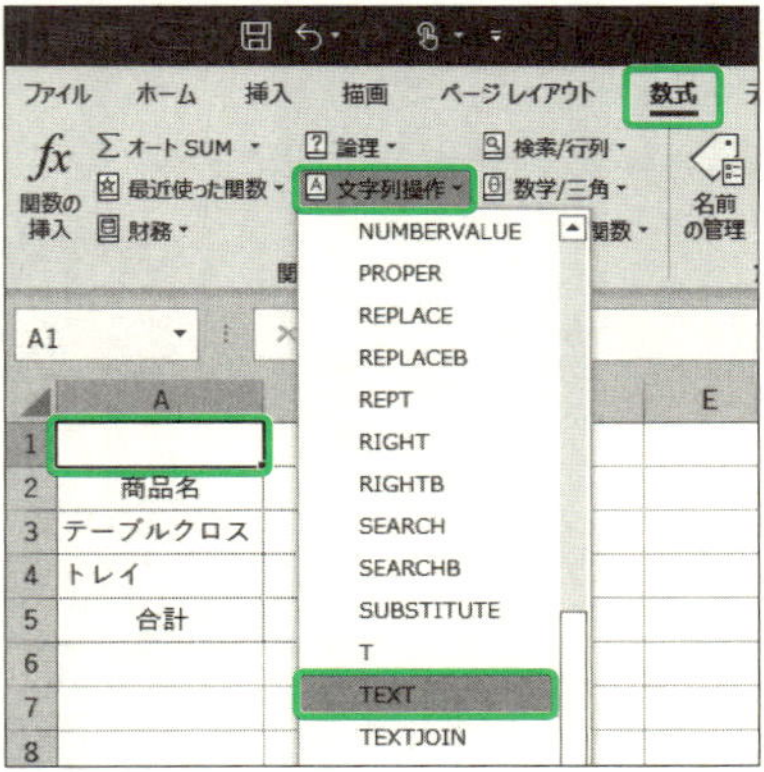

1 文章を表示するセルをクリックして、[数式]タブを開きます。[関数ライブラリ]グループ→[文字列操作]→[TEXT]をクリックします。

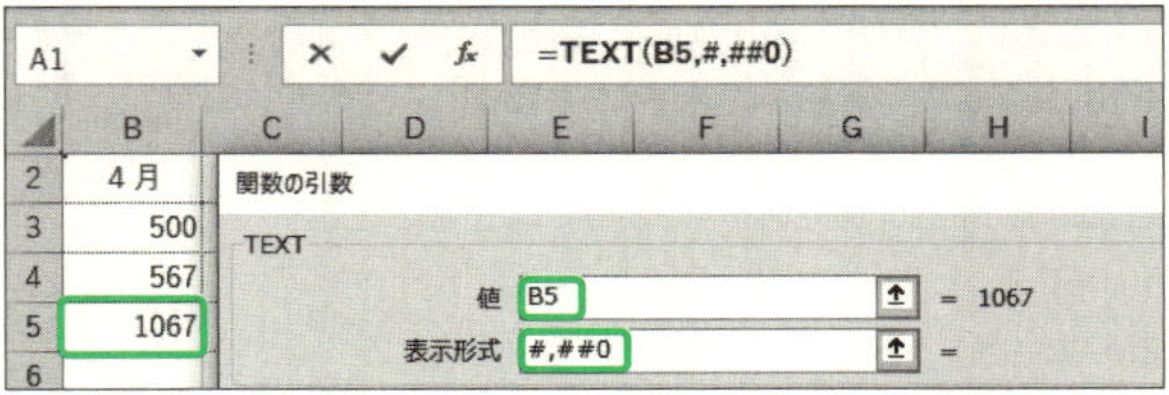

2 [値]欄が選択されていることを確認して、文字に変換する数値が入ったセルをクリックします。[表示形式]欄に「#,##0」と入力し、[OK]をクリックします。

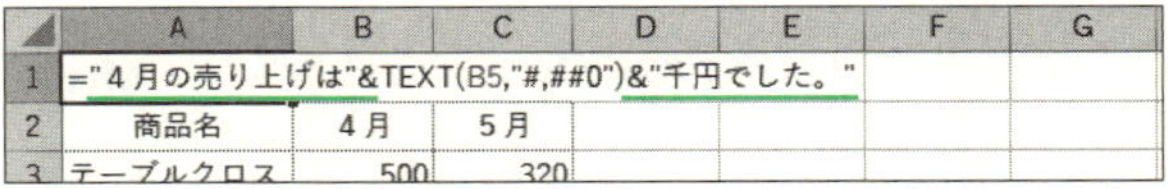

3 数値が文字に変換され、指定した形式で表示されるので、そのセルを選択した状態で[F2]キーを押します。「=」の直後をクリックして「"4月の売り上げは"&」と入力します。数式の直後をクリックして「&"千円でした。"」と入力します。[Enter]キーを押すと、数値と文字を組み合わせて表示できます。

裏ワザ 063

数式をすべて表示して式を確認する

基本のキホン

[数式の表示]でシート内の数式を表示する

	A	B	C	D	E
1	商品名	4月	5月	合計	平均
2	A商品	400	320	=SUM(B2:C2)	=D2/2
3	B商品	567	378	=SUM(B3:C3)	=D3/2
4	C商品	390	468	=SUM(B4:C4)	=D4/2
5	合計	=SUM(B2:B4)	=SUM(C2:C4)	=SUM(B5:C5)	=D5/2
6					
7					

セルに計算結果ではなく数式を表示します。

数式を設定したセルには計算結果が表示されます。通常はこれでかまわないのですが、数式がどこにあるか、どのような数式が入っているかを知りたい場合は、計算結果ではなく数式そのものを表示するように変えられます。ほかの人が組んだ式を調べたいときに役に立つ操作です。

　数式を確認する方法としては、ほかにトレース矢印を表示するものもあります（項目０６４参照）。

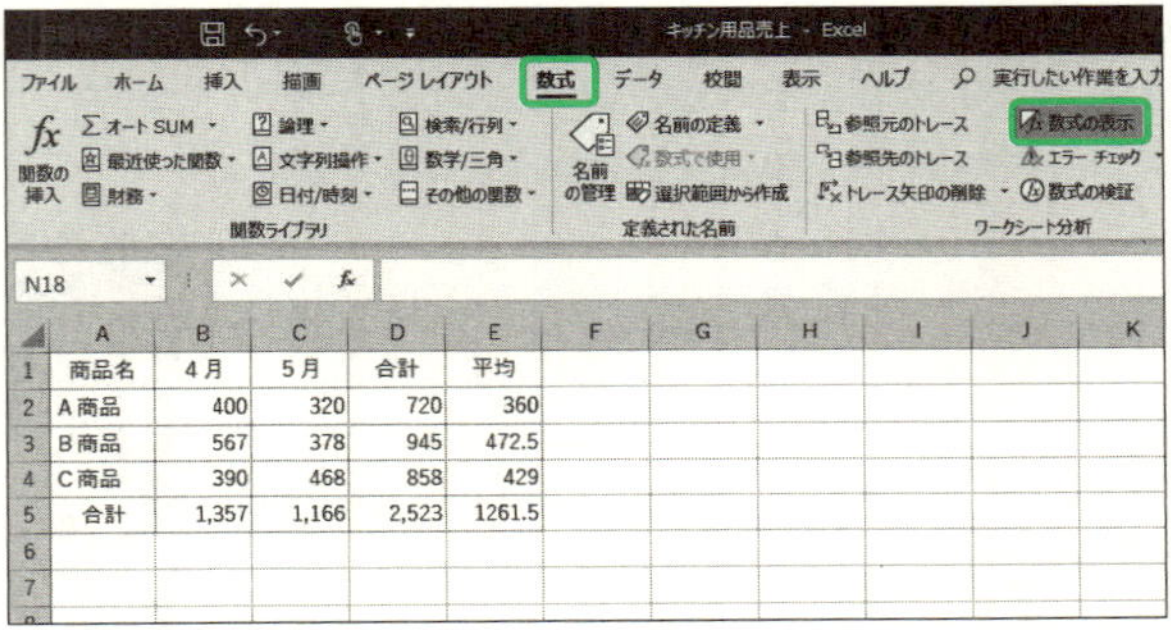

1 [数式] タブを開き、[ワークシート分析] グループ→[数式の表示] をクリックします。この操作を繰り返すと元の表示に戻ります。

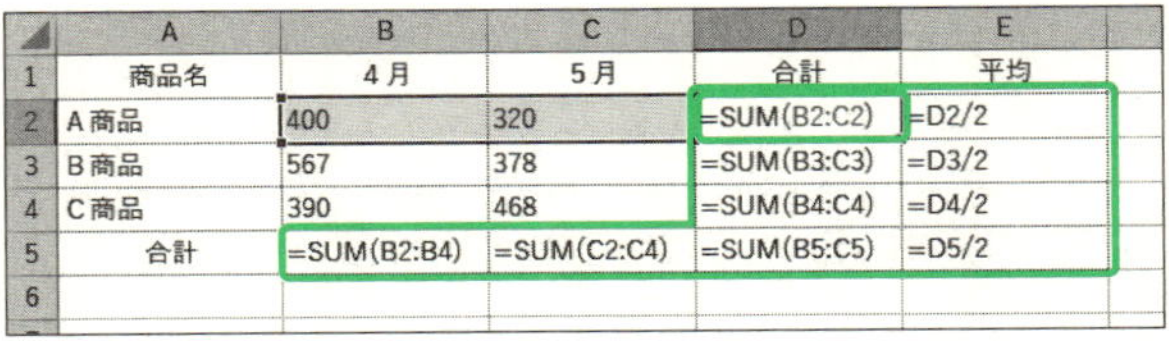

2 数式が表示されます。じかに入力した数字はそのままです。数式のセルをクリックすると、参照しているセルが強調表示されます。数式を表示すると列幅が広がって見えますが、ここで列幅を狭くすると、表示を戻したときに数値が表示しきれなくなることがあります。

裏ワザ 064

数式がどのセルを参照しているか調べる

これは便利！

［参照元のトレース］でトレース矢印を表示する

	A	B	C	D
1		チェア	OAデスク	
2	合計	1,276	1,872	
3	4月	383	702	
4	5月	255	1,170	
5	6月	638	390	
6				

数式がどのセルを参照しているかを示すトレース矢印を表示しました。複数の矢印を表示すると数式のミスを見つけやすくなります。

数式を表示すれば（項目０６３参照）、どこにどんな数式が入っているかはわかりますが、個別の式が正しいかを確認しやすいわけではありません。複数のセルに同じ式が正しく入っているかを調べたいときは、［参照元のトレース］を使うと効率的です。また、エラーが表示されたセルを選択して［参照元のトレース］を行うと、エラーの原因がわかることもあります。

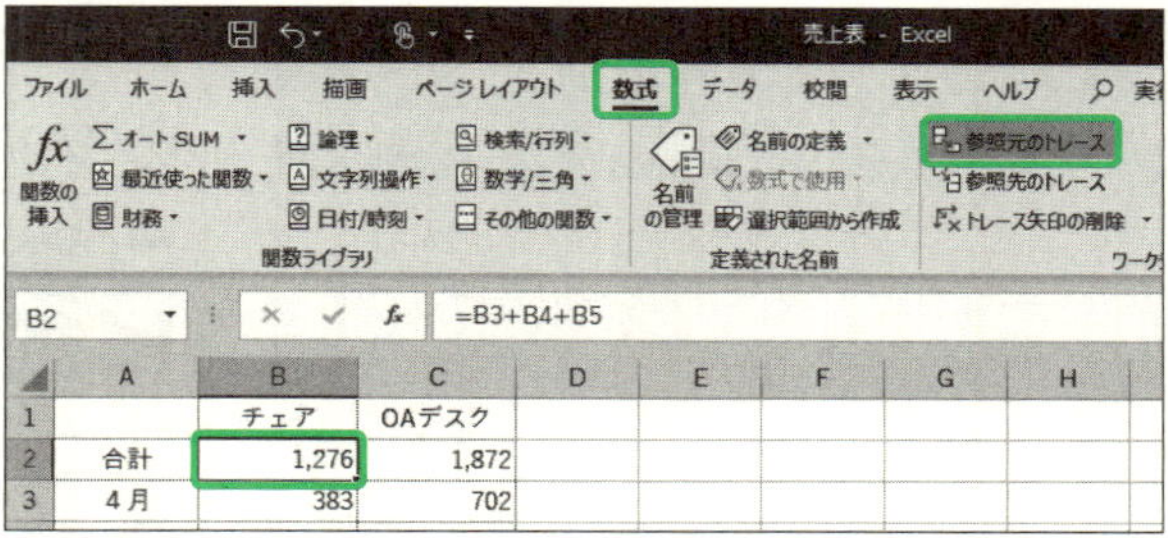

1 数式を入力したセルを選択します。[数式]タブを開き、[ワークシート分析]グループ→[参照元のトレース]をクリックします。ここで[トレース矢印の削除]をクリックすると、矢印を解除できます。

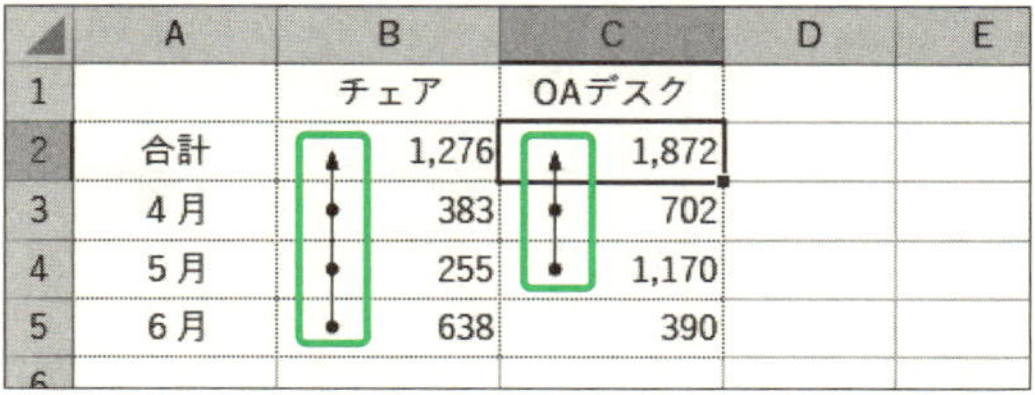

2 ❶の数式で使われているセルがわかります。ほかの数式のセルを選択して❶を行うと、その式で使われているセルにも矢印が付きます。図では「OAデスク」の集計に「6月」が抜けており、数式にミスがあることがわかります。

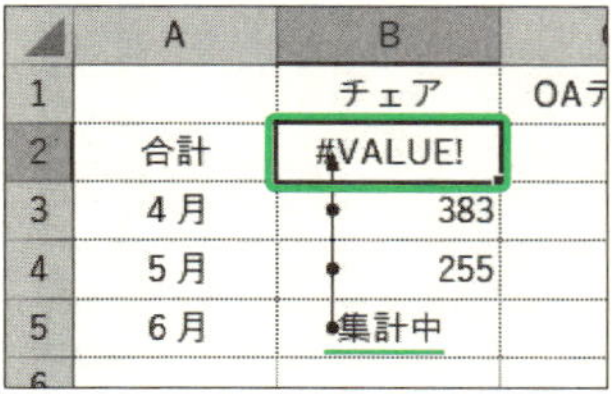

! エラーが表示されているセルを選択して❶を行うと、エラーの原因がわかることがあります。図では参照しているセルに文字が入力されていることが原因です。

裏ワザ
065

数式を作らずにコピペだけで計算する

これは便利!

計算というと数式を作るものと思いがちですが、コピペだけで計算する方法もあります。計算に使う一方の値をコピーして、加算や乗算などをしながら、もう一方の値に貼り付けるのです。一度に2つの数値の計算しかできませんが、この答えに別の数値を計算しながら貼り付ければ、複雑な計算も不可能ではありません。ただし、数式を作っていないので計算課程は残りません。

[形式を選択して貼り付け]で[乗算]を選ぶ

	A	B	C	D
1	商品名	定価	2割引	掛率
2	テーブルクロス	4,000	3,200	0.8
3	トレイ	3,780	3,024	
4	スパイスラック	7,800	6,240	
5				

掛率をコピーし、[乗算]で貼り付けて2割引の価格を求めました。

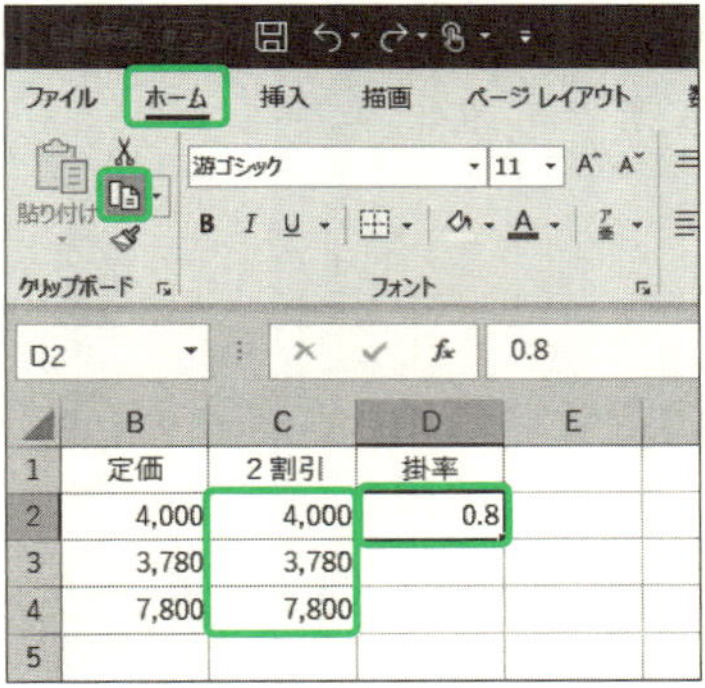

1 定価の2割引の価格を求めます。結果を表示するセルに元の値（定価）をコピーしておきます。掛率を入力して、そのセルを選択します。[ホーム]タブを開き、[クリップボード]グループ→[コピー]をクリックします。

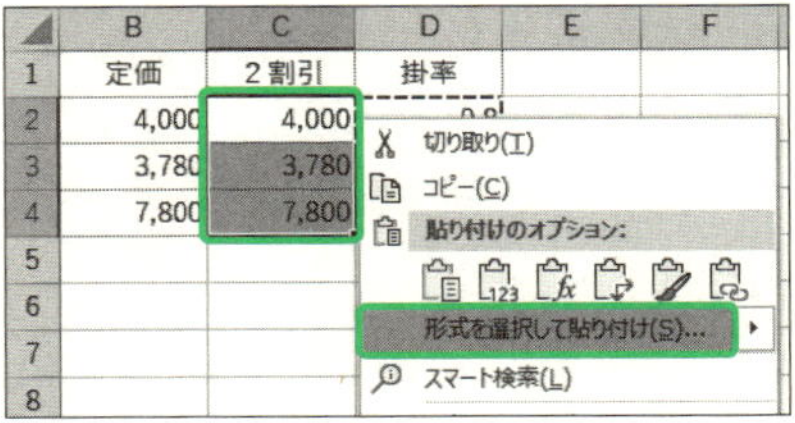

2 2割引の価格を表示する範囲を選択して、選択範囲で右クリックし[形式を選択して貼り付け]を選びます。

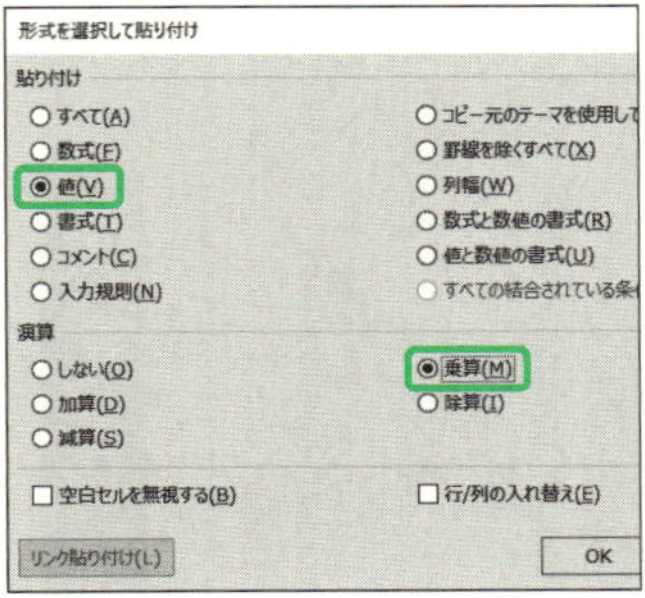

3 [値]と[乗算]をクリックして◉にします。[値]を選ぶのは元の数値に設定されている桁区切りを残すためです。[OK]をクリックすると、元の数値に「0.8」を掛けながら貼り付けて2割引の価格が求められます。貼り付けが終わったら、掛率は削除してもかまいません。ほかの表の計算にも使いたければ、非表示にしてもよいでしょう（項目030）。

裏ワザ 066

絵グラフを作る

仕上がりキレイ

縦棒グラフを作って棒をイラストに置き換える

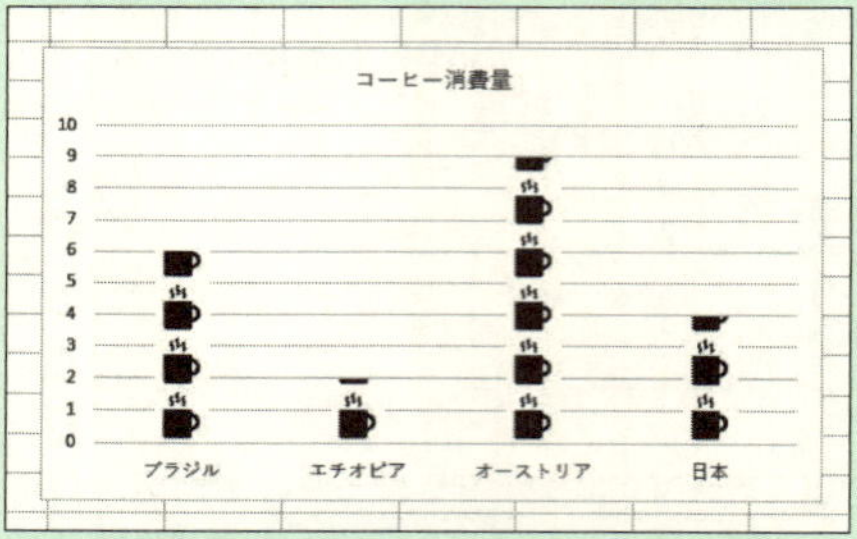

コーヒーの消費量をコーヒーカップのイラストで表しました。

定番の棒や折れ線グラフは、データ量や傾向をつかむのには向いていますが、インパクトに欠けることもあります。印象付けたいデータはイラストを重ねたグラフにすると効果的です。

グラフに使うイラストは事前に用意しておいてください。イラストは、グラフに合わせてサイズが小さくなるので、小さくても見やすい単純な構図のものが向いています。

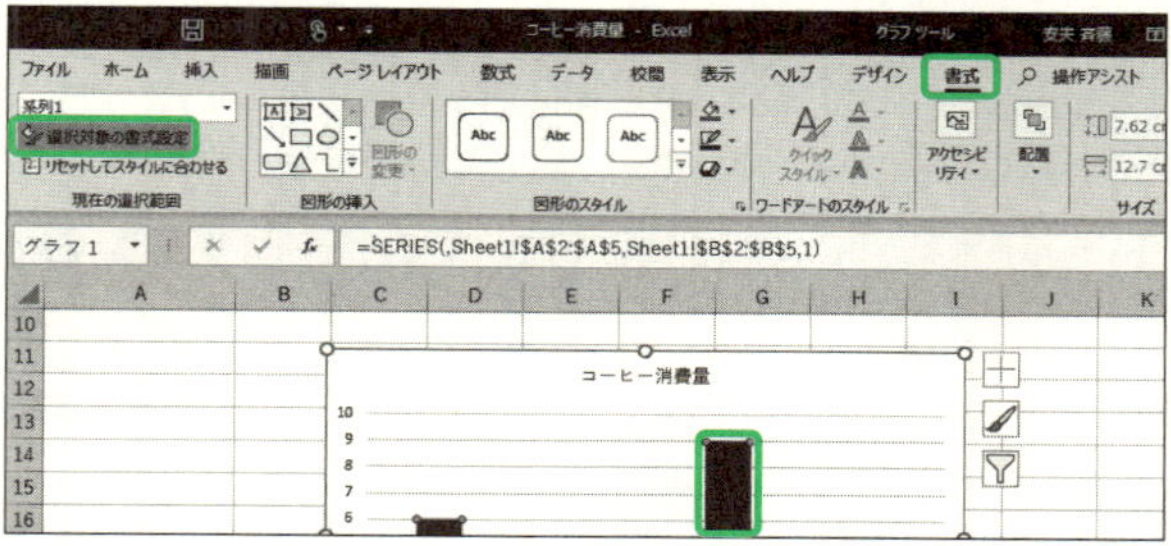

1 グラフで使うイラストを保存しておきます。絵グラフの元となる棒グラフを作っておきます。棒の1つをクリックして[グラフツール]の[書式]タブを開きます。[現在の選択範囲]グループの[選択対象の書式設定]をクリックします。

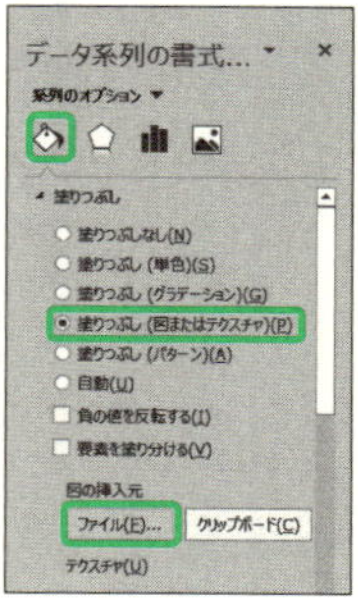

2 (2010では画面の左側の[塗りつぶし])をクリックします。[塗りつぶし(図またはテクスチャ)]をクリックして◉にします。[ファイル]をクリックします。

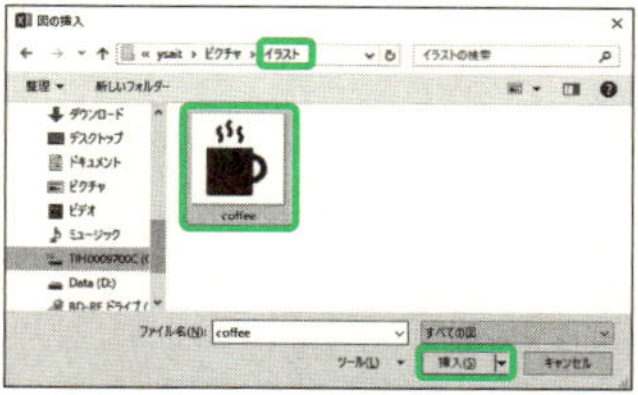

3 イラストを保存したフォルダーを開きます。イラストを選択して[挿入]をクリックします。棒がイラストに置き換わります。

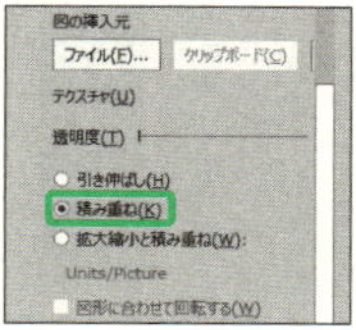

4 [積み重ね]をクリックして◉にします。データ量に応じてイラストが積み重なります。

裏ワザ 067

円グラフに「%」を付けて見やすくする

仕上がりキレイ

円グラフは構成比を表現するグラフですが、単にグラフを作っただけでは、それぞれの領域が何%になるかという数値は表示されません。構成比の概要だけでなく正確な数値も見せたい場合は、[パーセンテージ]を表示するように設定します。

　ここでは、円グラフでパーセンテージを表示しますが、同様の操作で、棒グラフや折れ線グラフの各要素にも値を表示できます。

[パーセンテージ]をオンにして「%」を表示する

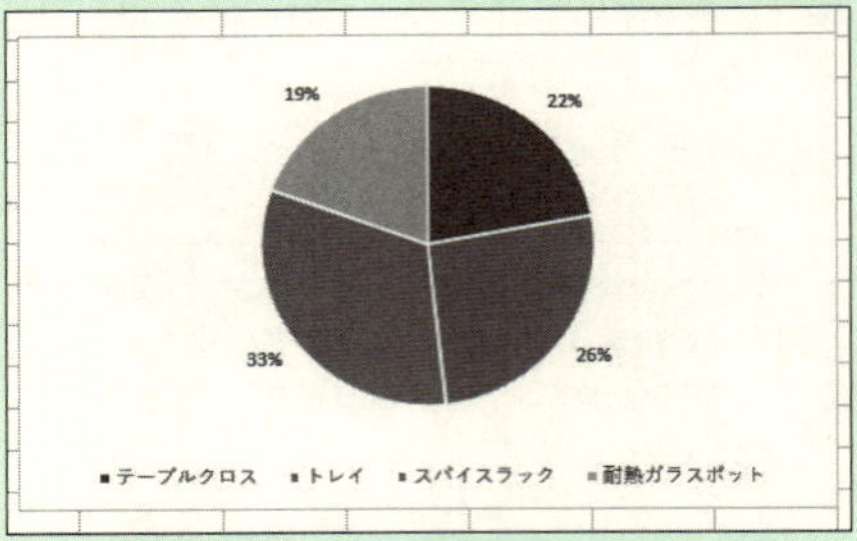

「%」を円の外部に表示しています。

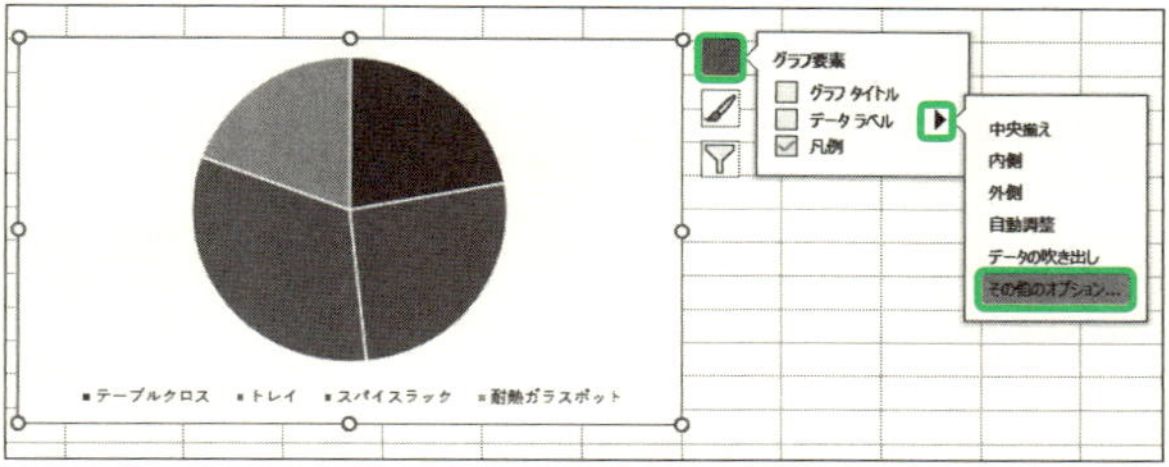

1 グラフをクリックし、＋→[データラベル]の▶→[その他のオプション]をクリックします。2010では[グラフツール]の[レイアウト]タブを開き、[ラベル]グループ→[データラベル]→[その他のデータラベルオプション]を選択します。
棒や折れ線グラフでは、対象とする棒や折れ線をクリックしてから、[データラベル]で値を付ける位置を指定できます。

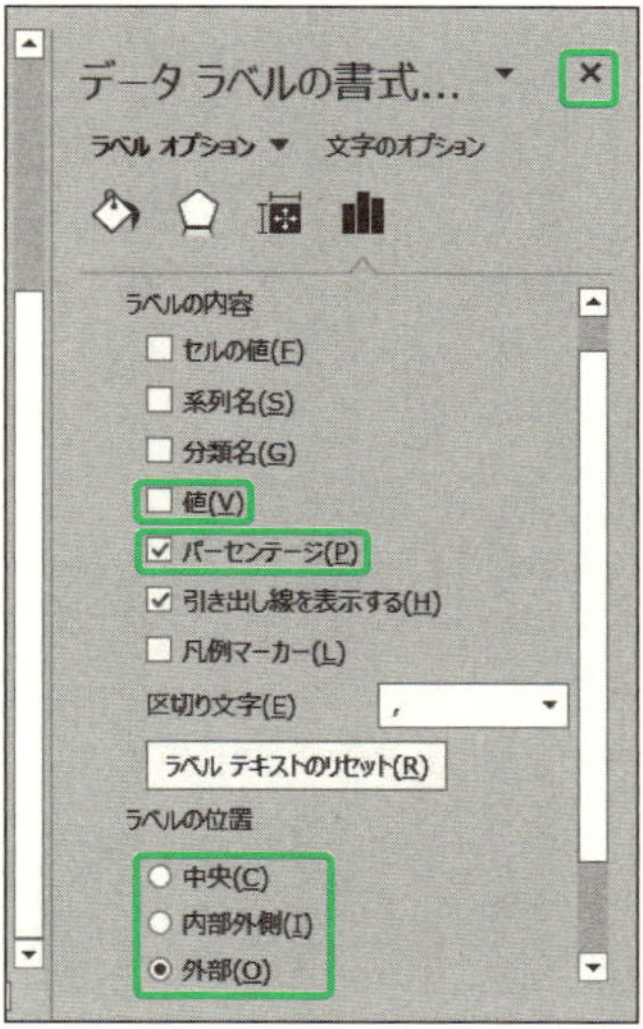

2 [ラベルの内容]の[値]をクリックして□にします。[パーセンテージ]をクリックして☑にします。必要に応じて[ラベルの位置]も指定します。×をクリックして閉じます。2010では[ラベルオプション]をクリックして同じように設定します。
円グラフにパーセンテージが表示されます。

裏ワザ
068

円グラフの要素を数値の大きい順に並べ替える

仕上がりキレイ

グラフの要素は元データと同じ順に並びます。しかし、表の並びは変えずに、グラフだけ要素の大きい順にしたいことがあります。これを円グラフで行うには、元の表をコピーして降順に並べ替えてからグラフにすると簡単です。

グラフは、元の表とは別のシート上で並べ替えた表から作り、その後、元の表があるシートに、グラフを移動するという操作になります。

表をコピーして並べ替える

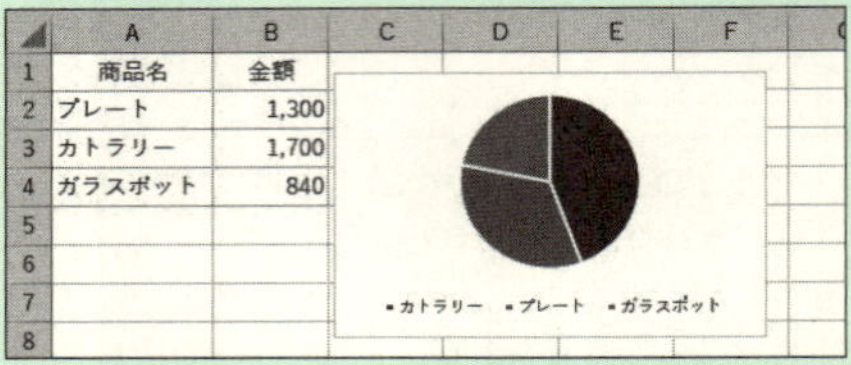

	A	B
1	商品名	金額
2	プレート	1,300
3	カトラリー	1,700
4	ガラスポット	840
5		
6		
7		
8		

・カトラリー ・プレート ・ガラスポット

表の並び順を変えずに、円グラフは要素の大きい順に変えました。表では2番目の「カトラリー」が円グラフでは1番目の要素になっています。

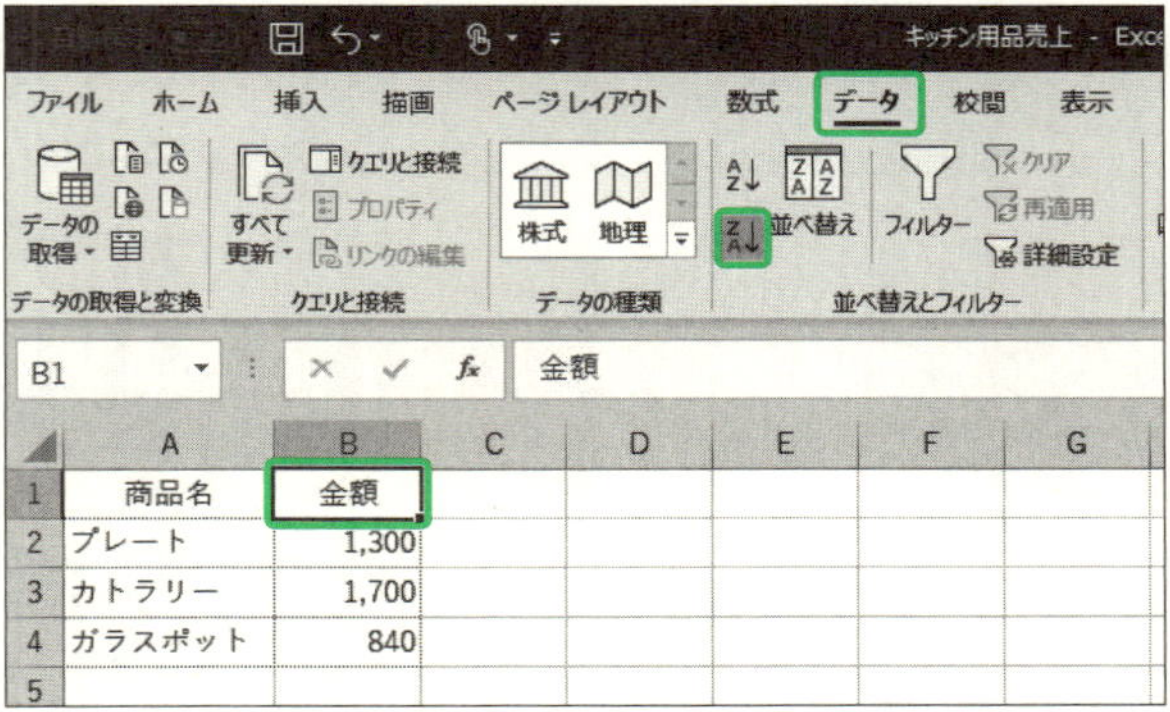

1 元の表を別のシートにコピーしました。グラフにする数値の列の任意のセルをクリックし、[データ] タブを開きます。[並べ替えとフィルター] グループ→ZA↓をクリックします。データが大きい順に並び替わります。

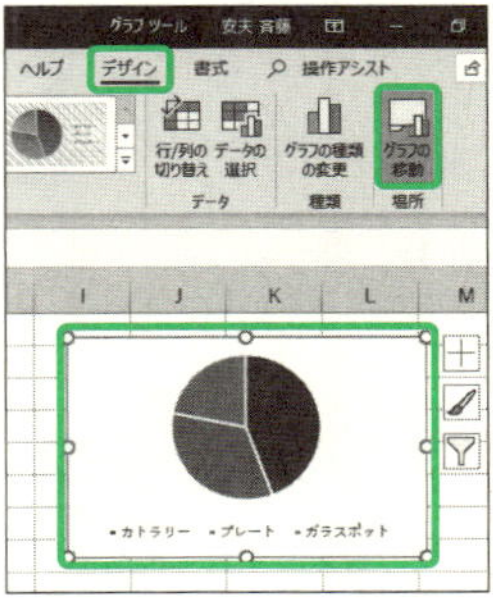

2 ❶の表を元に円グラフを作りました。これを元の表にシートに移動します。グラフをクリックして、[グラフツール] の [デザイン] タブを開きます。[場所] グループ→ [グラフの移動] をクリックします。

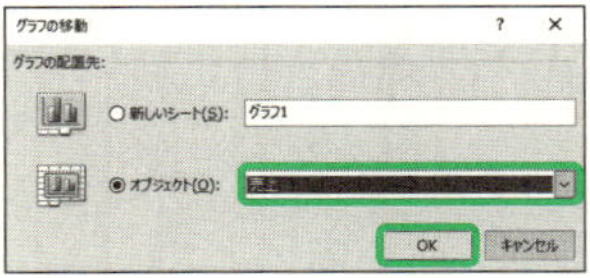

3 [オブジェクト] の欄をクリックして、元のデータがあるシートを選びます。[OK] をクリックすると、グラフが元の表のシートに移動して表とグラフを同時に見られます。

裏ワザ
069

データが揃っていなくても折れ線グラフを作る

仕上がりキレイ

[データ要素を線でつなぐ]をオンにする

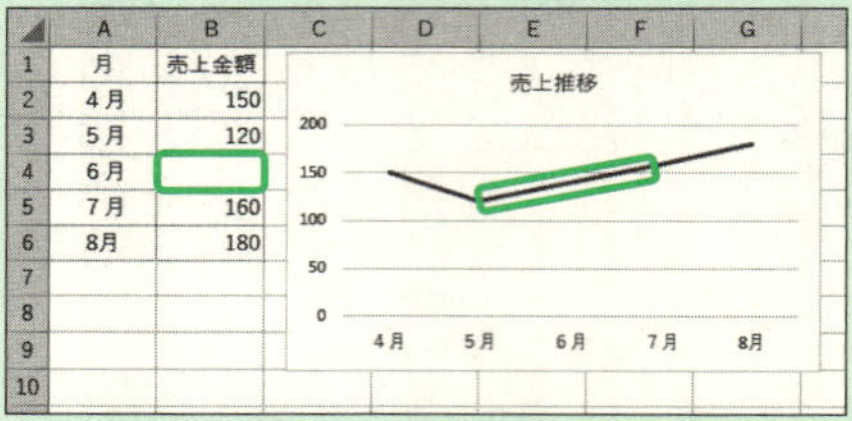

データが欠けていても、折れ線グラフをつなぐことができます。

データが揃っていない状態で折れ線グラフを作ると、データのない部分の線が途切れてしまいます。グラフとして見づらいですし、データが足りないことが明らかで見栄えもよくありません。こんな場合は、既存のデータを結ぶ設定にしましょう。これで線がつながります。また、データが欠落している行を非表示にすると(項目０７０参照)、既存のデータだけでグラフを作れます。

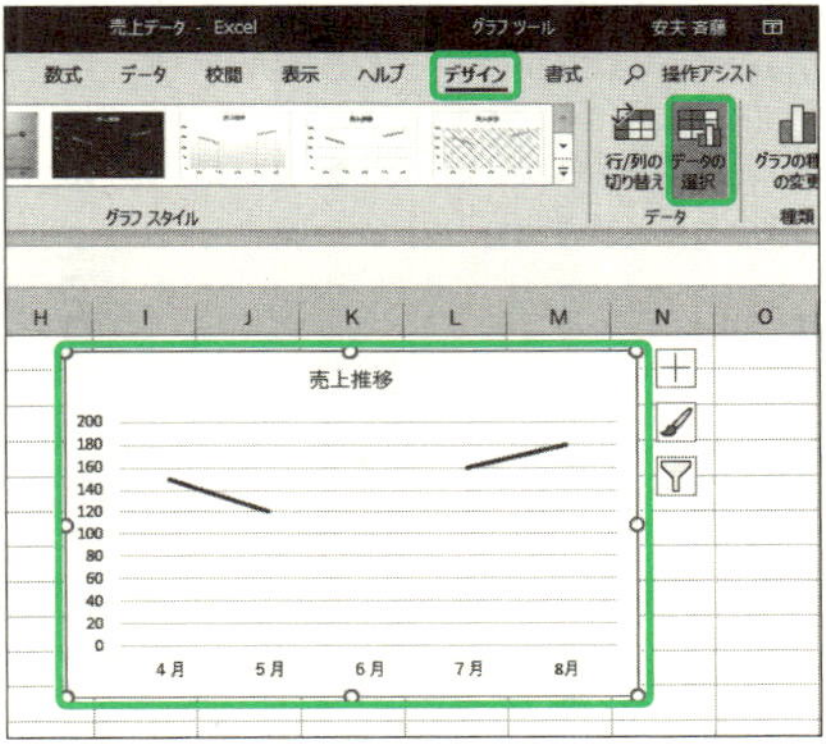

❶ グラフをクリックして、[グラフツール]の[デザイン]タブを開きます。[データ]グループ→[データの選択]をクリックします。

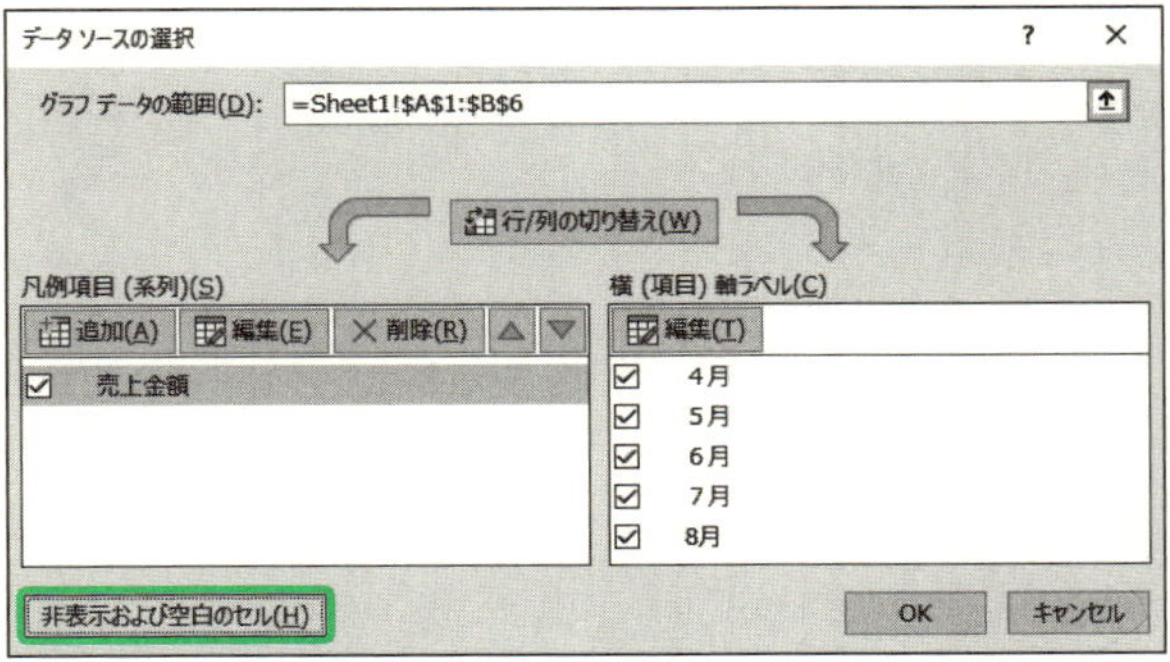

❷ [非表示および空白のセル]をクリックします。

❸ [データ要素を線で結ぶ]をクリックして◉にします。[OK]をクリックすると折れ線グラフの線がつながります。

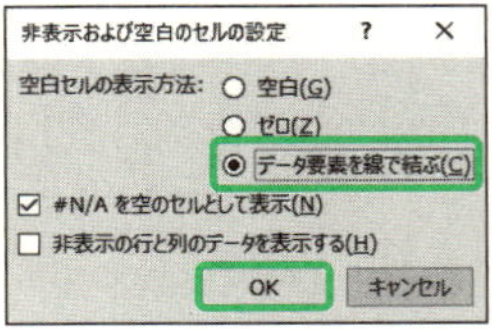

裏ワザ 070

特定のデータをグラフから隠す

基本のキホン

隠したいデータの列(行)を非表示にする

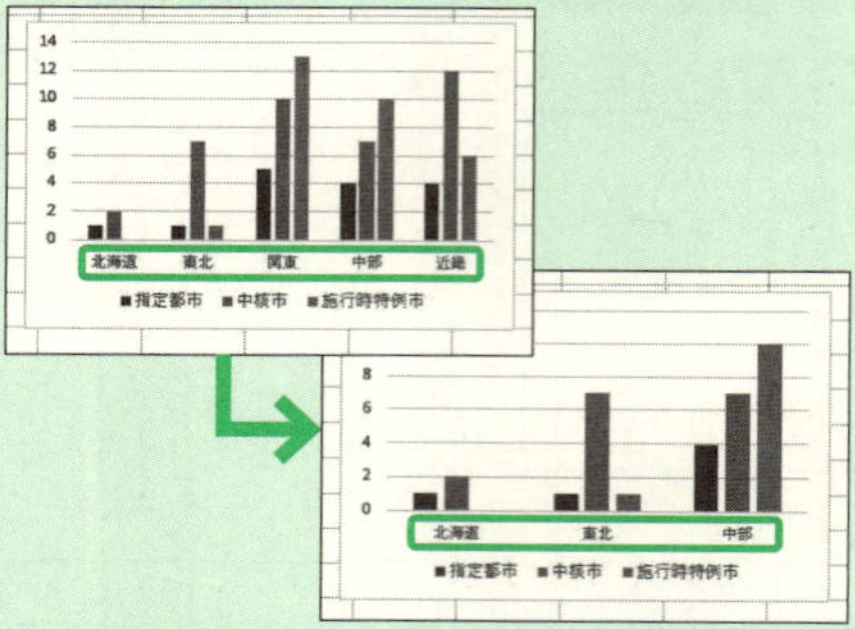

全部のデータによるグラフから「関東」と「近畿」を除いたグラフに変えました。

グラフの元データの列または行を非表示にすると、非表示の列(行)のデータはグラフからも隠れます。これを知っていれば、既存のグラフの見せ方を即座に変えられます。

　円グラフや１００％積み上げグラフのように比率を表すグラフでは、非表示のデータを除いた比率のグラフに変わる点に注意してください。

　列(行)を再表示すればグラフも元に戻ります。

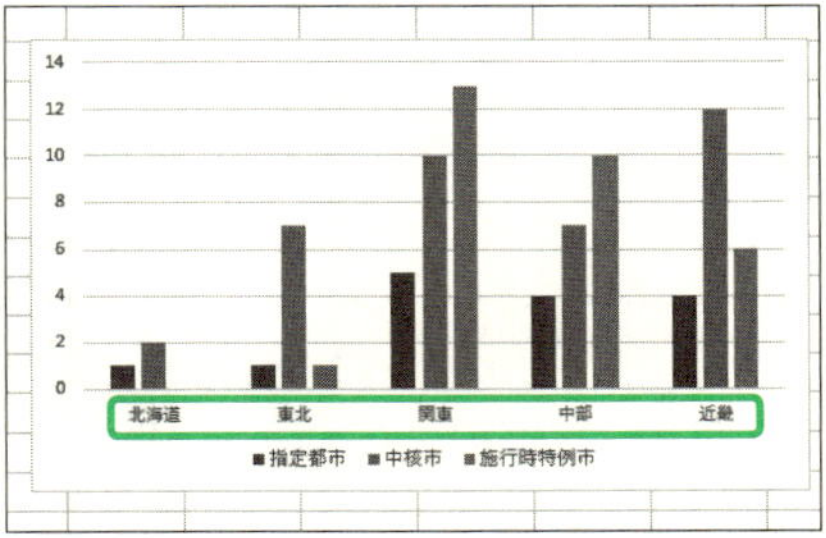

❶ 最初のグラフです。ここから「関東」と「近畿」の棒を非表示にします。

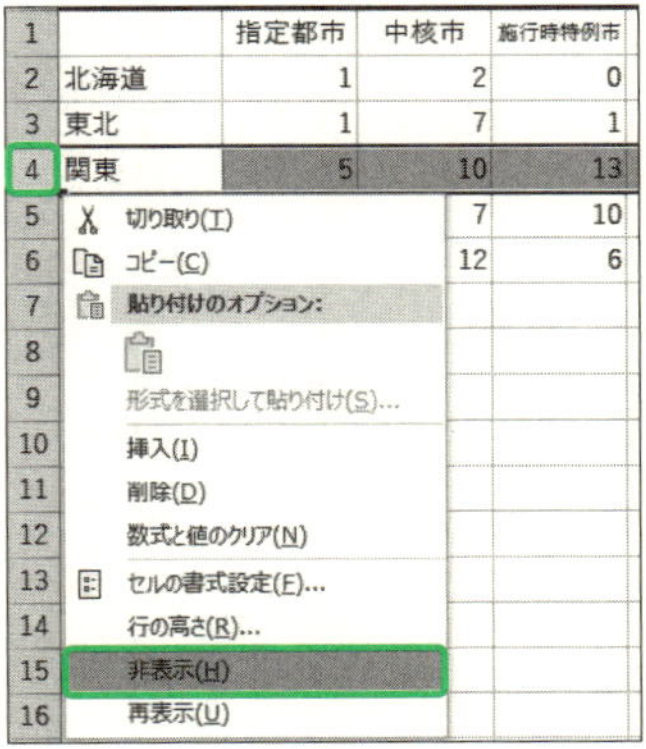

	指定都市	中核市	施行時特例市
1			
2 北海道	1	2	0
3 東北	1	7	1
4 関東	5	10	13
5		7	10
6		12	6

❷ グラフの元となっている表で、隠したいデータの行の行番号を右クリックし、[非表示] を選びます。ほかにも隠したいデータがあれば、この操作を繰り返します。列番号を右クリックして[非表示] を選んでもかまいません。非表示にした列(行)の左右(上下)の列(行)の列(行)番号をドラッグしてから右クリックし、[再表示] を選ぶと非表示にした列(行)を戻せます。

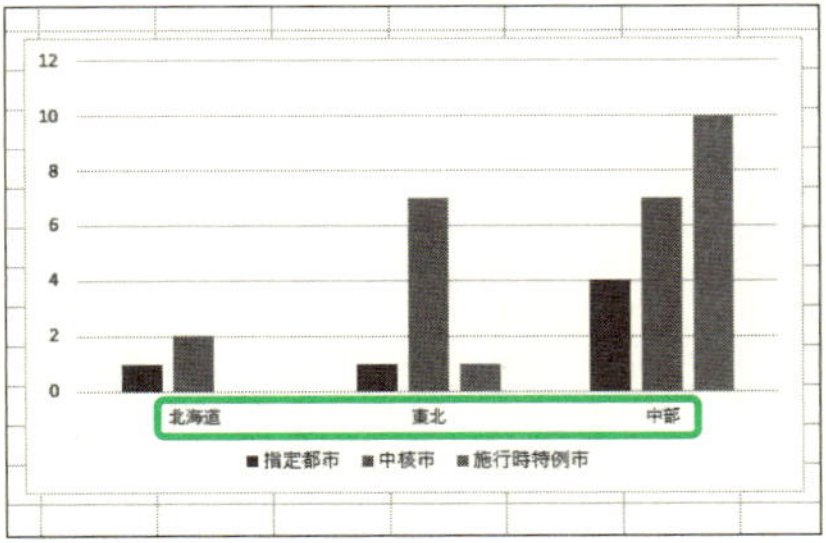

❸ データを非表示にした項目はグラフにも表示されなくなります。図では「関東」と「近畿」の棒が非表示になっています。

裏ワザ 071

横棒グラフの項目を表と同じ並び順にする

トラブル退治

縦軸を反転してから横軸を下に配置しなおす

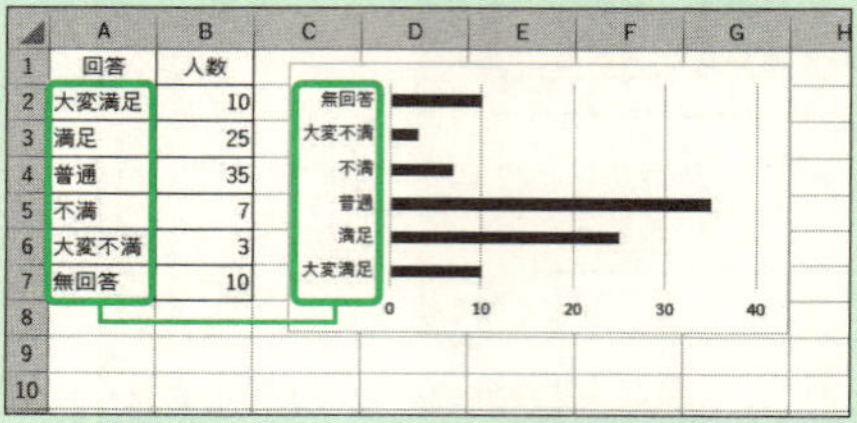

横棒グラフを作ったら、項目名が表と逆で見づらくなってしまいました。表と同じ順になるように修正します。

横棒グラフを作ると、グラフの項目の並び順が元データと逆になります。エクセルの仕様で「先頭のデータをもっとも数値軸の近くに配置する」と決まっているからです。

項目の並び順を表と同じにするには、まず、縦軸を反転させます。この結果、並び順は同じになりますが、横軸が上になってしまうので、縦軸と横軸との交点を「最大項目」に変更します。これで横軸が下になります。

項目の順序を反転

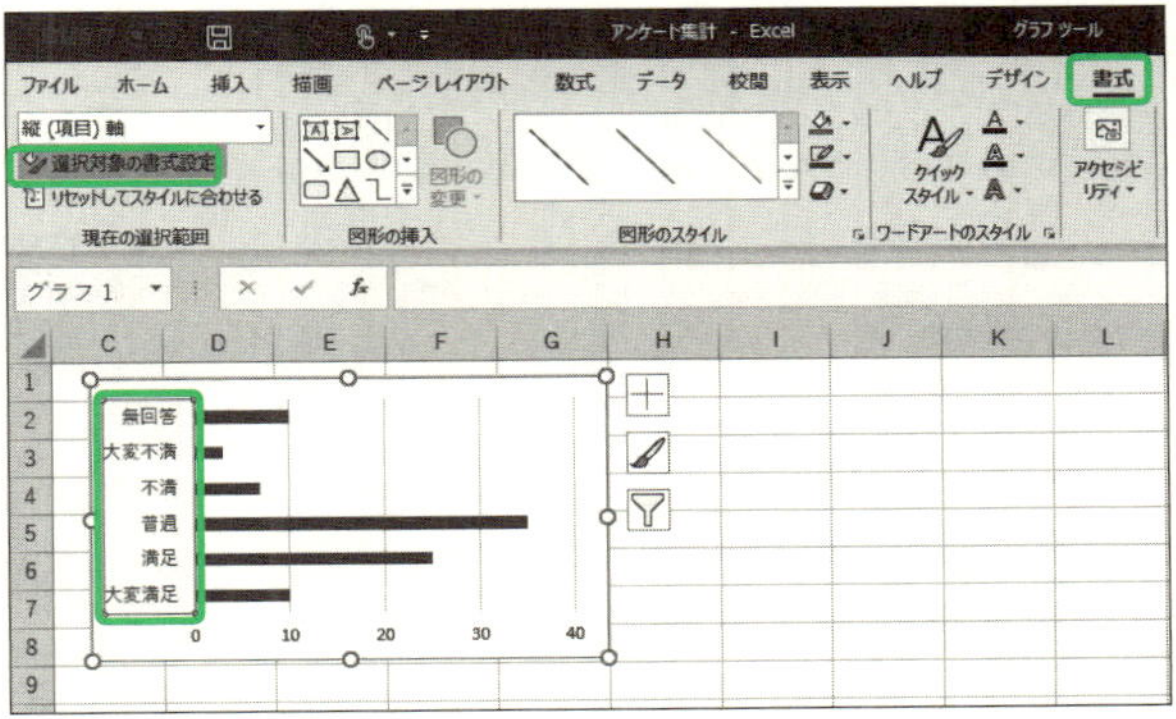

1 横棒グラフの縦軸をクリックします。[グラフツール]の[書式]タブを開き、[現在の選択範囲]グループ→[選択対象の書式設定]をクリックします。

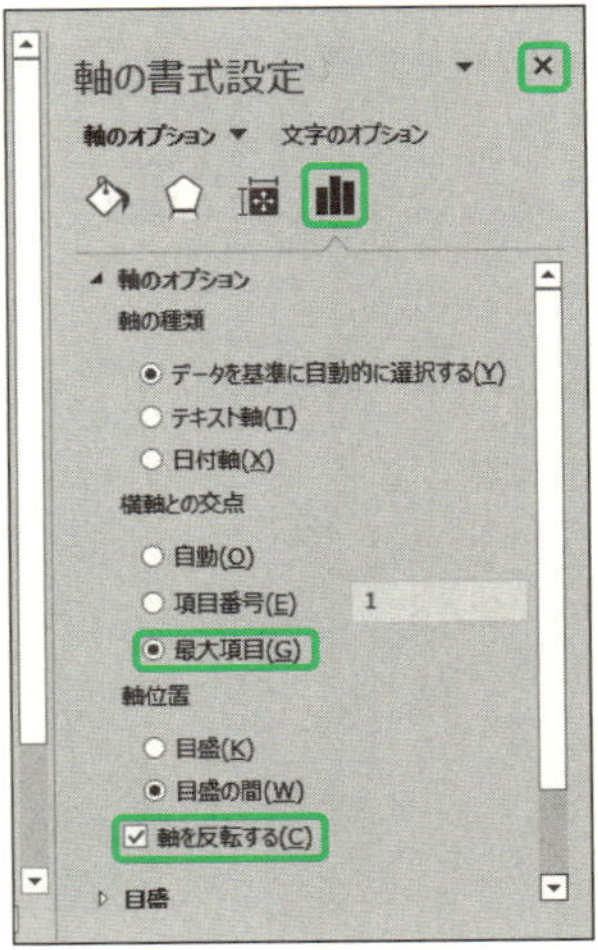

2 [軸のオプション]が選択されていることを確認します。[軸を反転する]をクリックして☑にします。[横軸との交点]で[最大項目]をクリックして◉にします。×をクリックして閉じます。グラフの項目の並び順が表と同じになります。2010では❶を行うと[軸の書式設定]画面になるので、[軸のオプション]をクリックして設定します。

裏ワザ
072

罫線を引かなくても印刷時に枠線を付けられる

時間短縮効率UP!

[ページレイアウト]タブで枠線の印刷をオンにする

グループ	担当者	売上（千円）
Aグループ	石井　英人	4,600
Bグループ	川口　翔	2,500
Aグループ	木村　美鈴	3,010
Aグループ	本間　亮太	2,800
Bグループ	見村　愛実	4,300

↓

グループ	担当者	売上（千円）
Aグループ	石井　英人	4,600
Bグループ	川口　翔	2,500
Aグループ	木村　美鈴	3,010
Aグループ	本間　亮太	2,800
Bグループ	見村　愛実	4,300

枠線を印刷すれば、罫線を引いたのと同じ効果があります。

表に罫線を引くのは案外面倒です。罫線を引いた表を編集すると、線種が入れ替わったり線が欠けたりするのもやっかいです。

罫線は引きたいものの手間はかけたくないという人におすすめなのが、セルの枠線印刷です。外枠は太め、内枠は細めの線で、なかなか見栄えよく印刷できます。これなら、罫線を気にする必要がないので、編集も一段とラクになります。

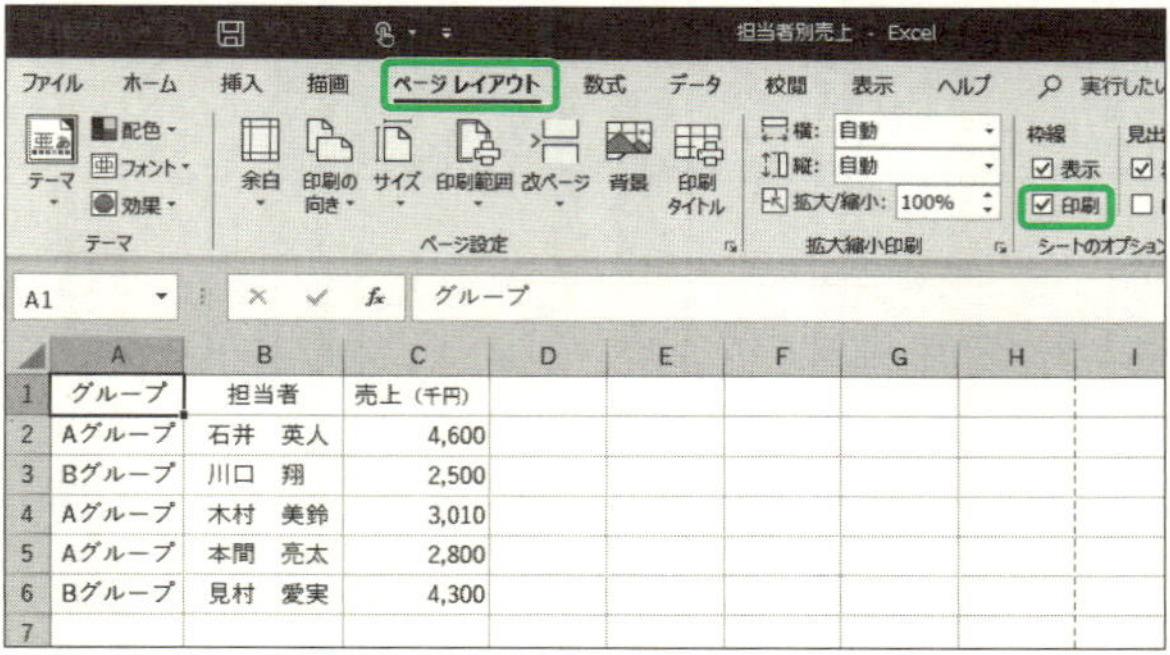

1 ［ページレイアウト］タブを開き、［シートのオプション］グループ→［枠線］の［印刷］をクリックして☑にします。

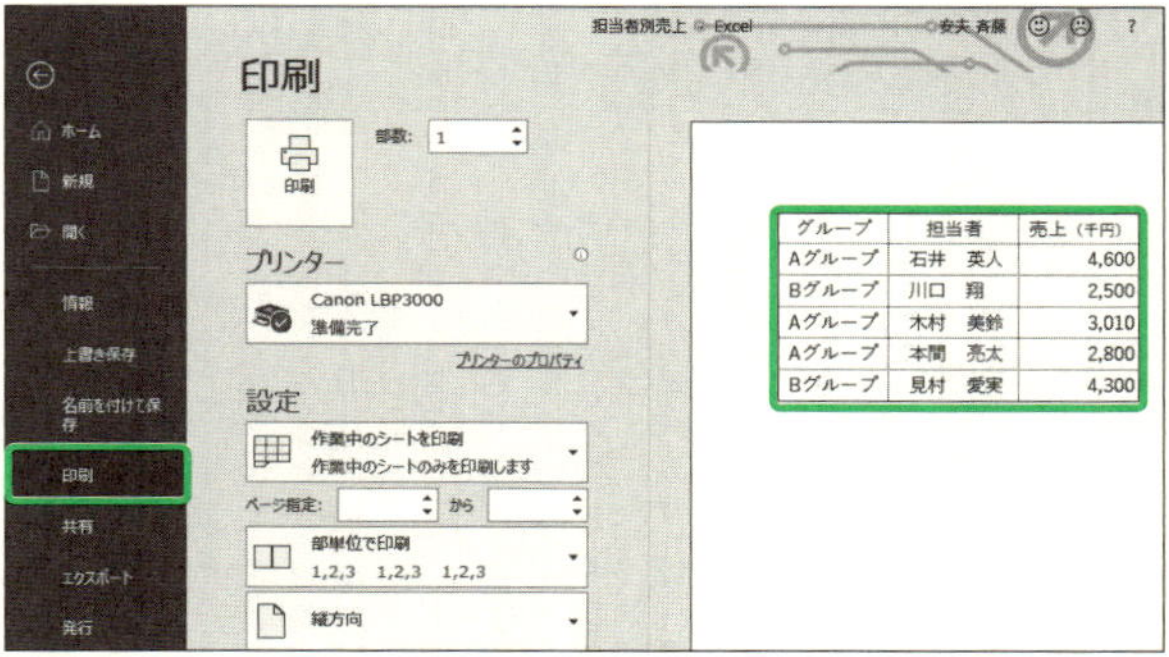

2 ［ファイル］タブを開き、左の一覧で［印刷］をクリックすると、プレビューで枠線が確認できます。この方法ではセル「A1」からデータやグラフが入っているすべての範囲の枠線が印刷されます。不都合な場合は罫線を引いてください。

裏ワザ 073

用紙の中央に印刷する

仕上がりキレイ

エクセルの表は用紙の左上から印刷されます。このため表の大きさによって、印刷結果が用紙の左上にかたよることがあります。

このような表は、用紙の中央になるように設定してから印刷すれば、中央に配置できます。表を動かしたり余白の大きさを変える必要はありません。この設定をしてあれば、表のサイズが変わっても、必ず用紙の中央に印刷されます。

[ページ設定]画面で「水平」と「垂直」を中央にする

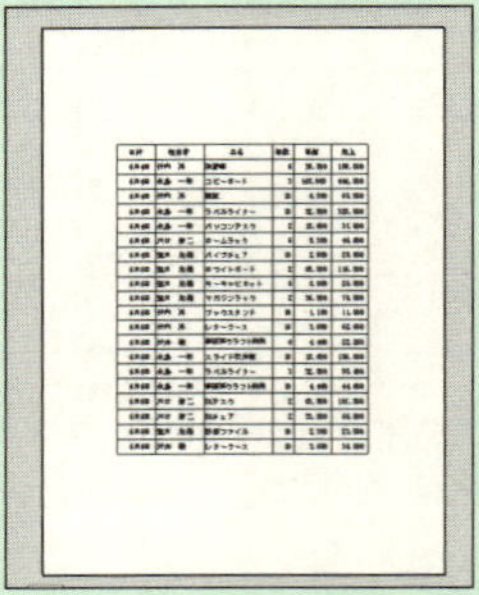

表が用紙の中央に印刷されるように設定してあります。余白は変えていません。

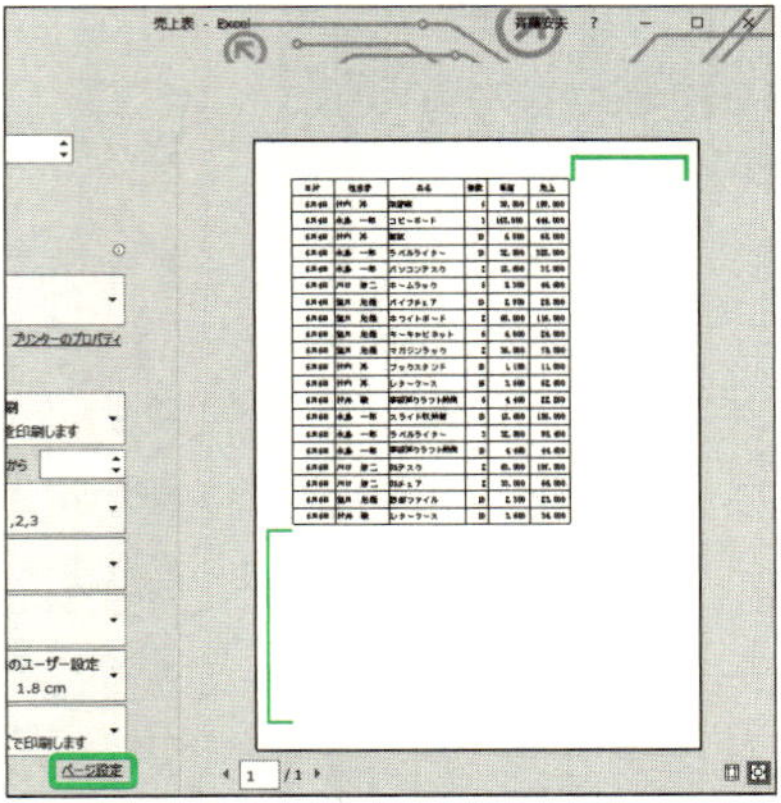

1 [ファイル]タブを開き、左の一覧で[印刷]をクリックします。表が用紙の左上にかたよっているので、中央になるように設定します。[ページ設定]をクリックします。

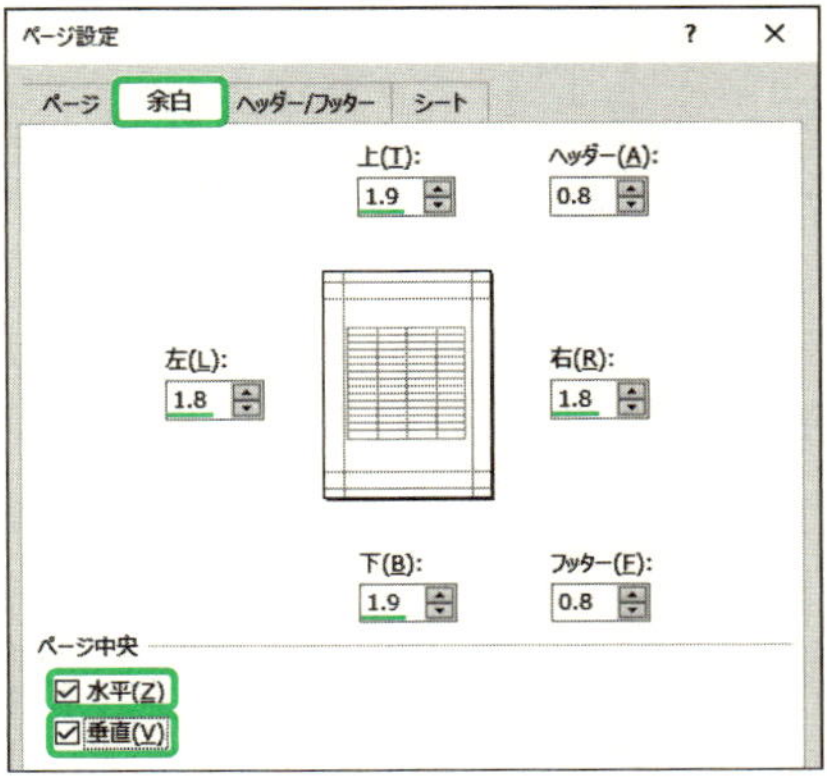

2 [余白]タブを開きます。上下と左右の余白がそれぞれ等しいことを確認します。[ページ中央]の[水平]と[垂直]をクリックして☑にします。表のサイズやレイアウトによって、どちらか一方をオンにしてもかまいません。[OK]をクリックします。水平方向にも垂直方向にも用紙の中央に印刷されます。

裏ワザ
074

全ページにファイル名やページ番号を入れて印刷する

これは便利！

ページの上部欄外をヘッダー、下部欄外をフッターと呼びます。ヘッダーやフッターは一度設定すれば、すべてのページに印刷されます。ファイル名や日付、ページ番号のように全ページに入れたい内容を扱うのに適しています。

　ヘッダーとフッターは通常は表示されません。内容を確認したいときには、［表示］タブ→［ページレイアウト］を選んでください。

ファイル名やページ番号は［ヘッダーとフッター］で欄外に入れる

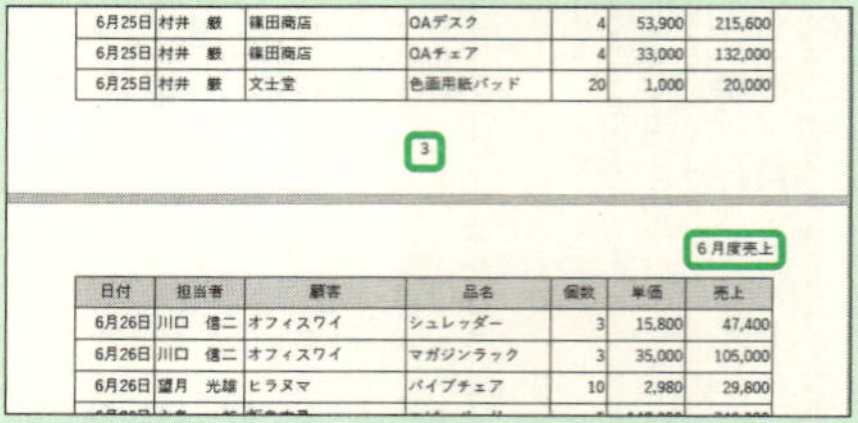

6月25日	村井　毅	篠田商店	OAデスク	4	53,900	215,600
6月25日	村井　毅	篠田商店	OAチェア	4	33,000	132,000
6月25日	村井　毅	文士堂	色画用紙パッド	20	1,000	20,000

3

6月度売上

日付	担当者	顧客	品名	個数	単価	売上
6月26日	川口　信二	オフィスワイ	シュレッダー	3	15,800	47,400
6月26日	川口　信二	オフィスワイ	マガジンラック	3	35,000	105,000
6月26日	望月　光雄	ヒラヌマ	パイプチェア	10	2,980	29,800

用紙の右上にファイル名、下部の中央にページ番号を入れました。

1 ［挿入］タブを開き、［テキスト］グループ→［ヘッダーとフッター］をクリックします。

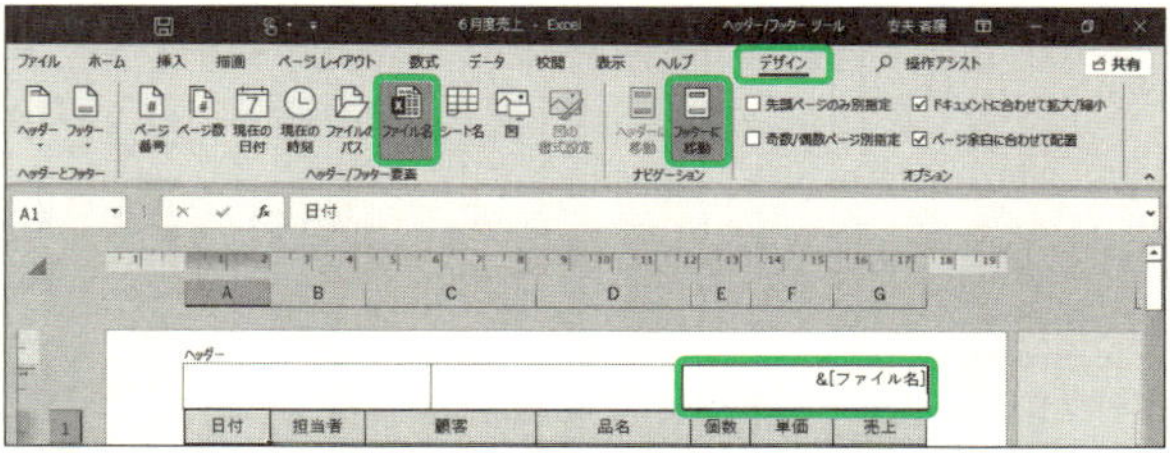

2 ヘッダーが表示されます。ファイル名を入れる領域をクリックして、［ヘッダー／フッターツール］の［デザイン］タブを開きます。［ヘッダー／フッター要素］グループ→［ファイル名］をクリックします。文字を入力してもかまいません。［ナビゲーション］グループ→［フッターに移動］をクリックします。

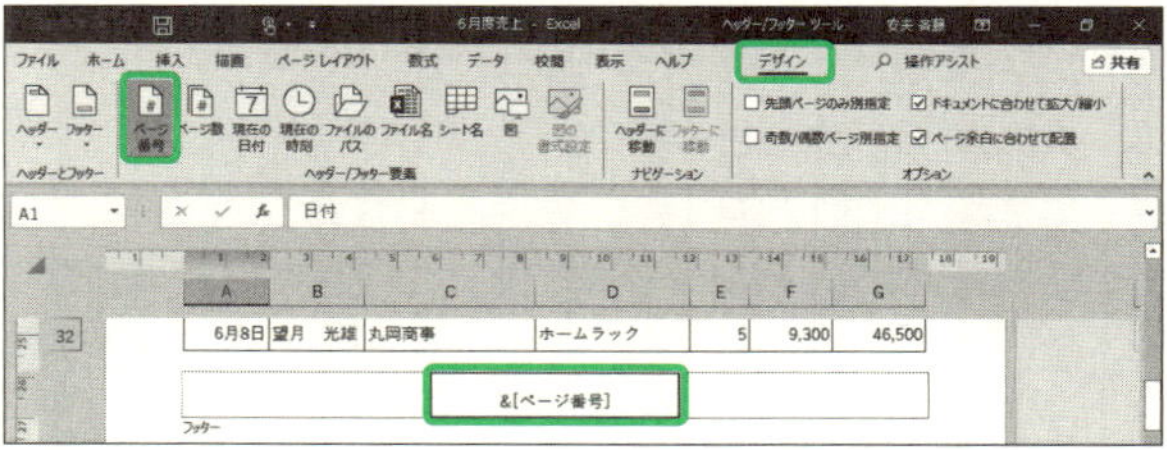

3 ページ番号を挿入する領域をクリックし、［ヘッダー／フッターツール］の［デザイン］タブを開き、［ヘッダー／フッター要素］グループ→［ページ番号］をクリックすると、ページ番号が入ります。任意のセルをクリックしてから［表示］タブを開き、［ブックの表示］グループ→［標準］をクリックして終了します。

裏ワザ
075

ワークシートの背景に透かしの文字を入れる

仕上がりキレイ

ヘッダーの中央に文字を入力する

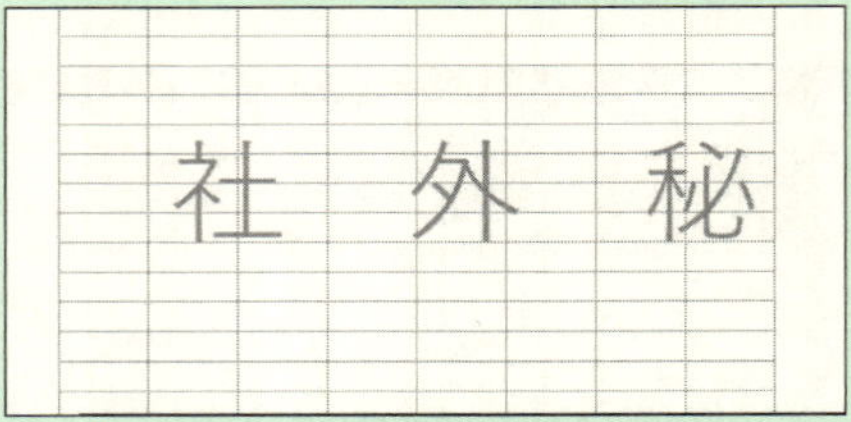

ワークシートの背景に「社外秘」と入れました。この文字は印刷されます。

ワードでは文書（ブック）の背景に「極秘」のような文字を入れられます。これを「透かし」といいます。エクセルでも、同じようにシートの背景に文字を入れることができます。

　エクセルでは、背景に入れる文字をヘッダーに入力します。この操作でのポイントは、文字位置やサイズはヘッダーで調節することです。用紙の中央に適切なサイズで入るよう確認しながら決めてください。

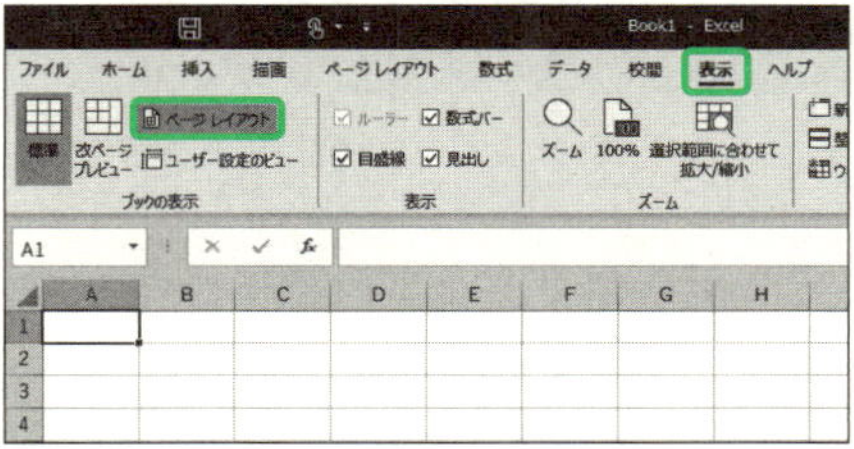

❶ ［表示］タブを開き、［ブックの表示］グループ→［ページレイアウト］をクリックします。

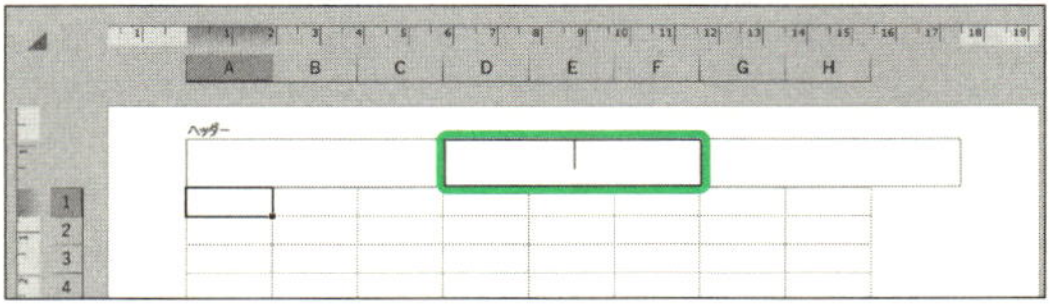

❷ ヘッダーの中央の欄をクリックしてから、［Enter］キーを15〜20回程度押して改行します。

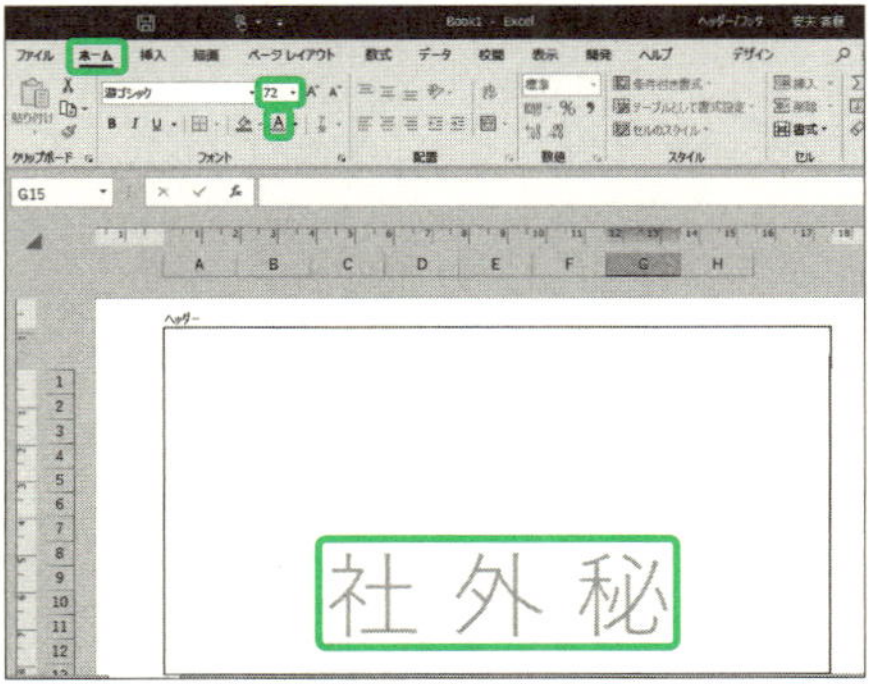

❸ ［ホーム］タブを開いて、［フォント］グループの［フォントサイズ］の欄でサイズを選びます。背景に入れる文字を入力し、文字の間で［スペース］キーを押して文字間を広げます。［ホーム］タブの［フォント］グループで太字にしたり文字色を選んだりします。設定後、ヘッダーの外をクリックすると、シートの背景に文字が入ります。

COLUMN

[無変換]キーの使い方

文字を入力して、変換のために[無変換]キーを押すと全角カタカナになります。もう一度押すと半角カタカナになります。

文字を入力後、確定していない状態で[無変換]を押すと「カタカナ」モードになります。もう一度押すと「ｶﾀｶﾅ」モードに変わります。

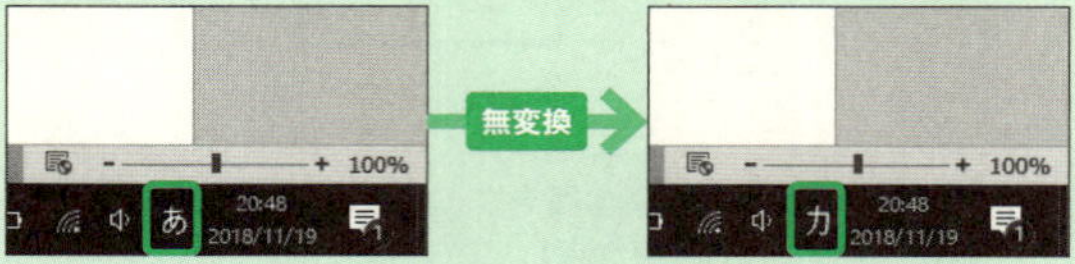

皆さんは［無変換］キーを使ったことがあるでしょうか。キーの存在は知っているものの、まったく使ったことがないという人も多いかもしれません。［無変換］キーはカタカナへの変換や入力モードを全角カタカナ、半角カタカナに変える働きがあります。専門用語のような特殊なカタカナを入力したいときの強力な助っ人だと言えるでしょう。

［無変換］キーの使い方ですが、ひらがなを入力して［無変換］キーを１回押すと全角カタカナ、続いてもう一度押すと半角カタカナに変換できます。文字入力せずに「ひらがな」モードで［無変換］キーを押すと、「全角カタカナ」→「半角カタカナ」→「ひらがな」の順に入力モードが変わります。

ワード編

- 入力と編集のワザ
- 画像と表のワザ
- 保存と印刷のワザ

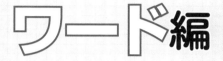

裏ワザ
076

書式を設定した会社名を一気に入力する

時間短縮効率UP!

[オートコレクト]で読みを会社名に「修正」する

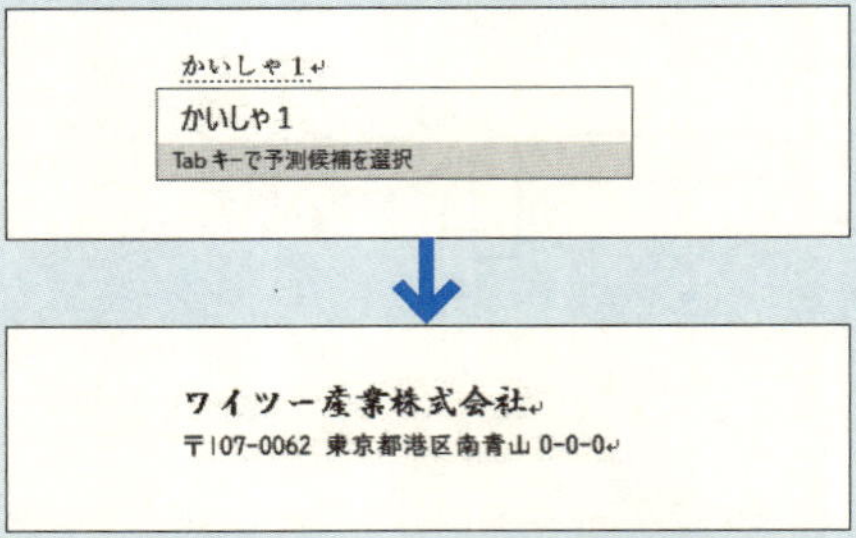

登録した「読み」を入力して[Enter]キーを押すと、一気に会社名と住所が入ります。

文字を自動修正する「オートコレクト」を利用すると、会社名と住所を「読み」から一気に入力できます。「読み」を会社名に修正する、というわけです。

「オートコレクト」を利用することのメリットは、［Ｅｎｔｅｒ］キーだけで入力できることと書式も含めて登録できることです。この方法なら会社名に使う書体も入力と同時に設定できます。

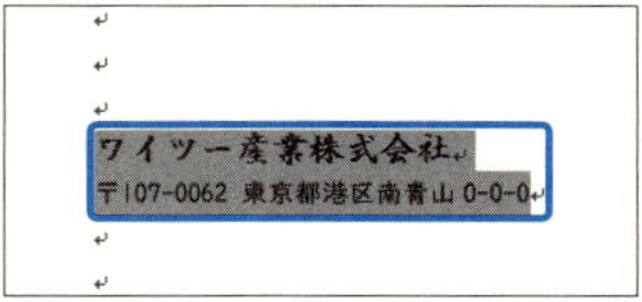

1 登録する会社名や住所を入力し、書式を設定します。会社名を選択して、[ファイル]タブを開きます。[オプション]をクリックします。

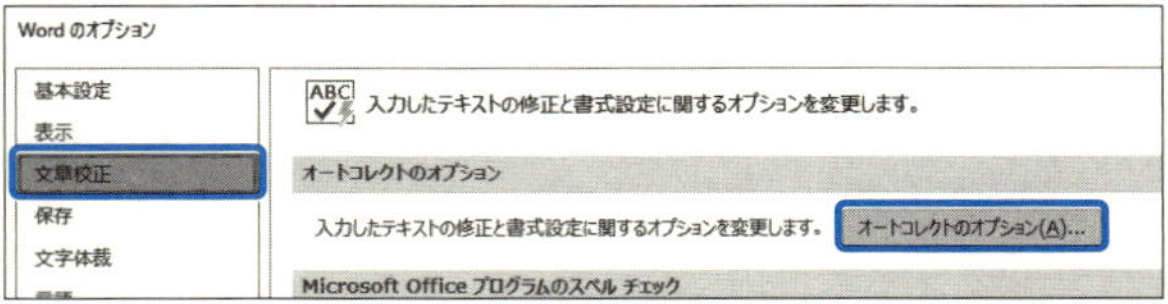

2 [文章校正]をクリックし、[オートコレクトのオプション]をクリックします。

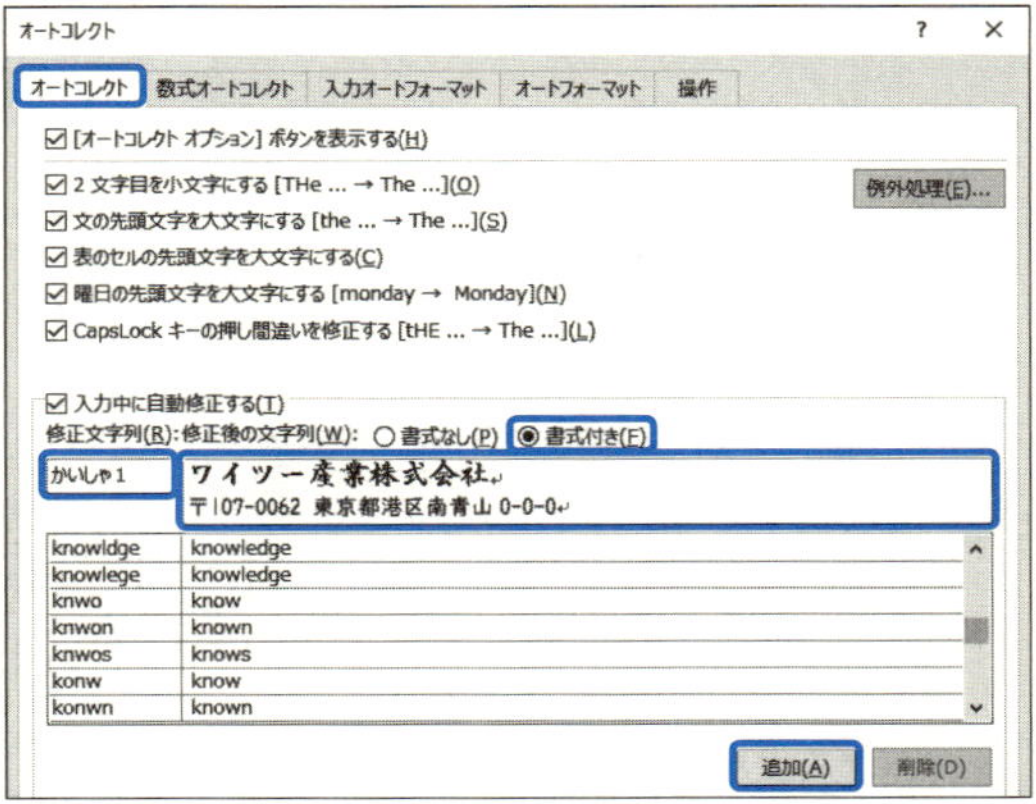

3 [オートコレクト]タブを開きます。[修正後の文字列]欄に選択した文字が表示されています。[修正文字列]欄に読みを入力します。[書式付き]が◉になっていることも確認してください。[追加]をクリックして[閉じる]をクリックします。[OK]をクリックして開いている画面を閉じれば登録完了です。

裏ワザ 077

記号や文字を簡単に連続入力する

時間短縮効率UP!

文章を区切ったり、特定の部分を目立たせたりするために「※」や「＊」のような記号を並べることがあります。こんなときに役に立つのが、操作を繰り返すショートカットキーの[Ctrl]+[Y]です。1つ目の記号を入力して確定した直後にこのキーを押すと、右隣に同じ記号が入ります。キーを繰り返し押せば記号が連続入力できます。同じようにして文字も入力できます。

[Ctrl]+[Y]キーで次々に入力できる

※↵

↓

※※※※※※※※※↵

同じ記号は、繰り返しのショートカットキーで連続入力できます。

❶ 1つ目の記号を入力して変換を確定します。確定直後に[Ctrl]キーを押したまま[Y]キーを押します。

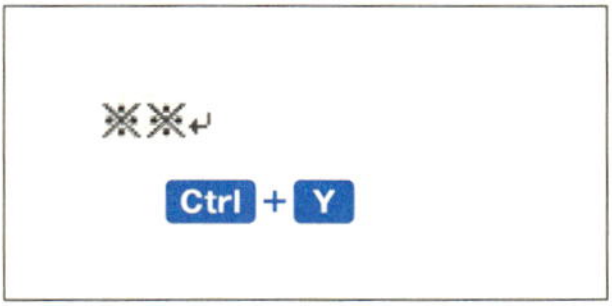

❷ 元の記号の右隣に同じ記号が入ります。続けて[Ctrl]+[Y]キーを何度か押します。

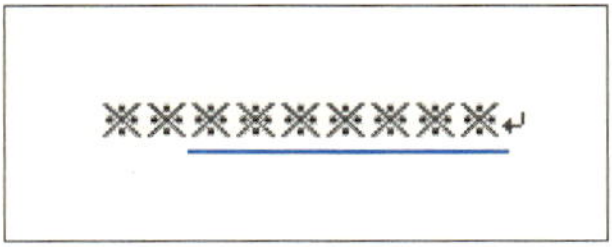

❸ 記号が連続して入ります。

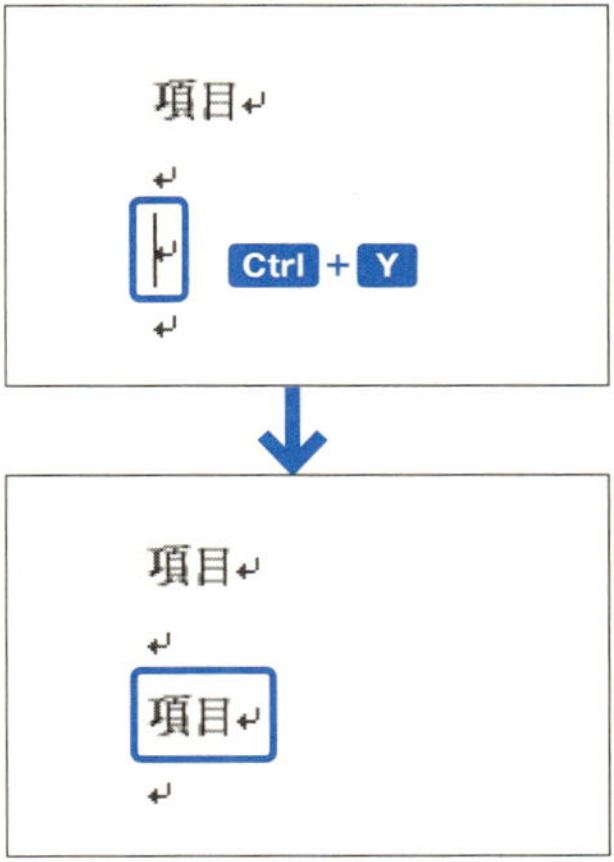

❗ 文字を確定後に、次に入力したい位置をクリックして[Ctrl]+[Y]キーを押すと同じ文字を入力できます。最初の文字を確定後に[Enter]キーを押して改行するなど、別の操作を行うと、この機能は働かないので注意してください。

裏ワザ 078

アンケートに使えるチェックボックスを挿入する

これは便利！

書類のなかには、ほかの人の意見などを知るために、チェックを付けてもらう項目を作ることがあります。代表的な例はアンケートです。このような文書では、チェックボックスコントロールを挿入すると、簡単に「□」が入力できるうえに、相手はこの四角をクリックすれば「×」を入れられます。印刷して配布する場合も「□」と印刷されるので相手がチェックを付けられます。

[開発]タブを表示するとチェックボックスを選べる

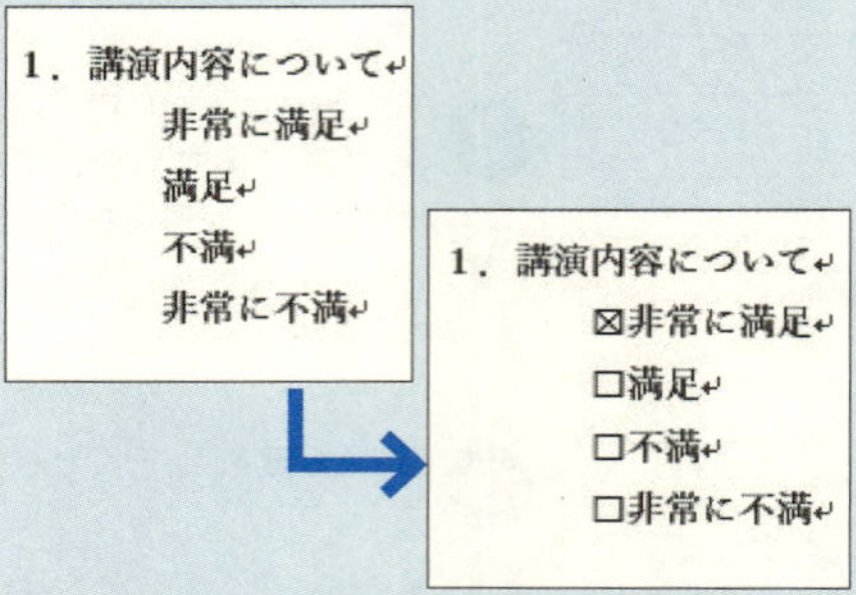

文書にチェックボックスを入れました。クリックすると「×」が付きます。

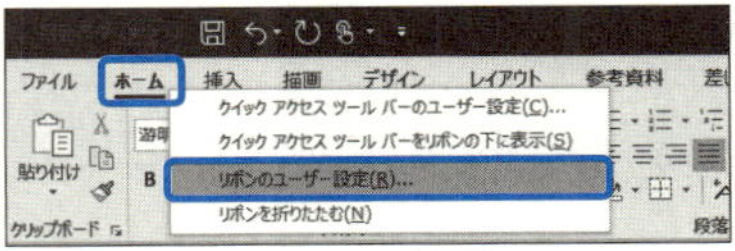

❶ 任意のタブを右クリックして[リボンのユーザー設定]を選びます。

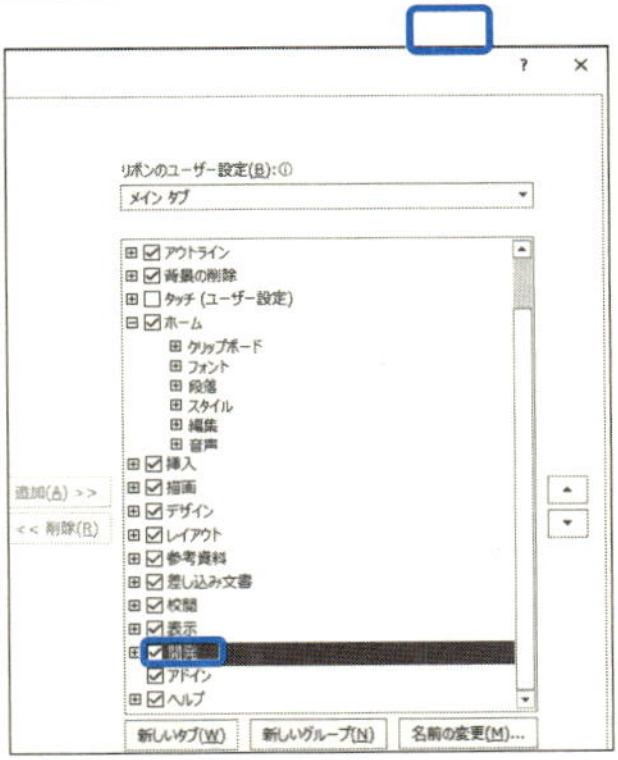

❷ [リボンのユーザー設定]の欄で[開発]をクリックして☑にします。[OK]をクリックします。

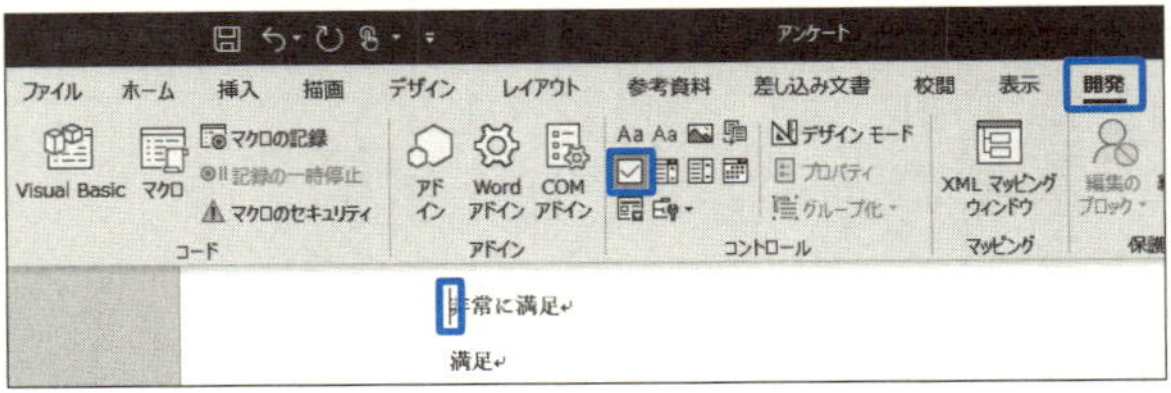

❸ チェックボックスを入れる位置をクリックして[開発]タブを開き、[コントロール]グループ→☑[チェックボックスコンテンツコントロール]をクリックします。

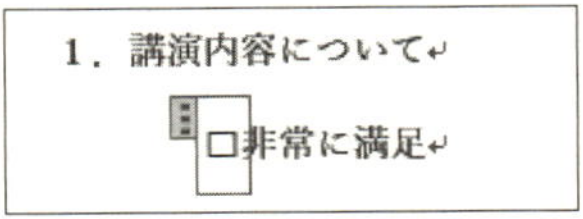

❹ チェックボックスが入ります。ボックスの外をクリックして確定します。

裏ワザ 079

文字を使った数式を作る

仕上がりキレイ

フィールドコードで式を作る

$$\text{平均値}=\frac{\text{データの合計}}{\text{データ数}}$$

フィールドコードの機能を使えば、文字で式を作れます。

文書を作っていると、上の図のように文字を分数のようにして式を作りたい場面も少なくありません。しかし、行間や文字サイズを調節してもきれいな分数になりません。

文字で式を作るにはフィールドコードを使います。フィールドコードはページ番号やルビなどに使われているもので、命令によって表示を指定する機能です。ここでは分数を作るフィールドコードを使います。

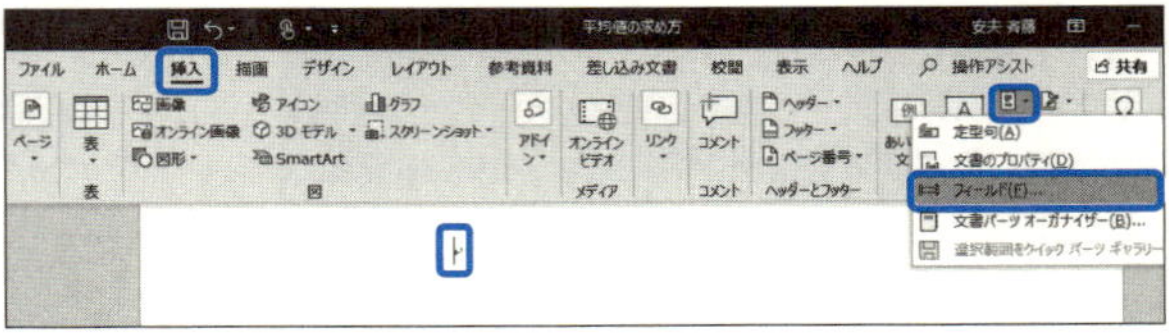

1 式を入力する位置をクリックして、[挿入]タブを開きます。[テキスト]グループ→[クイックパーツ]→[フィールド]を選びます。

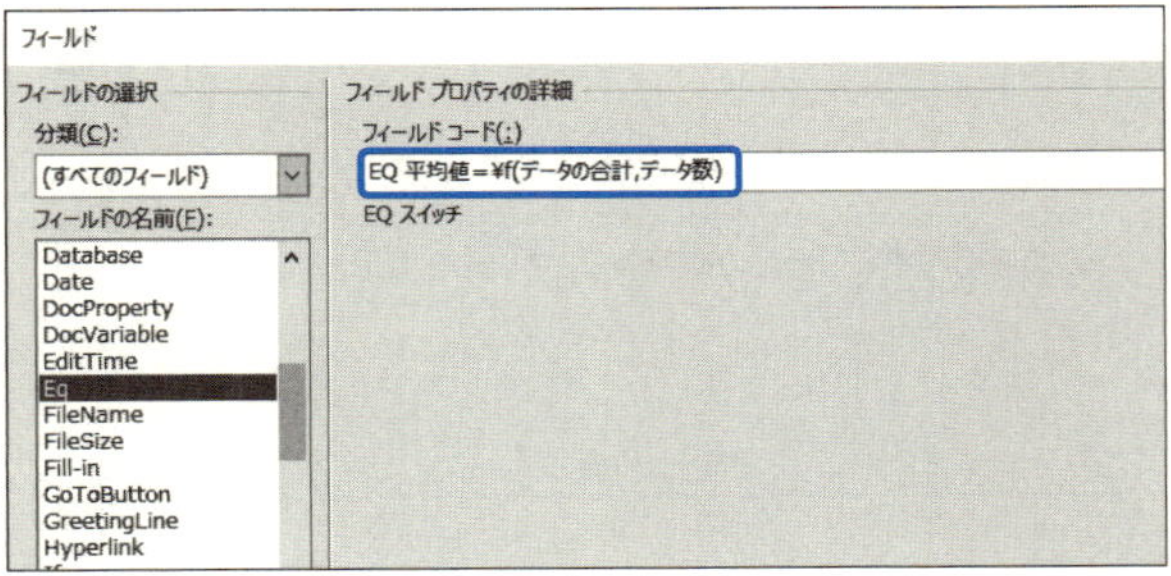

2 [フィールドの名前]欄で[Eq]を選びます。2013と2010では次に[フィールドコード]をクリックします。[フィールドコード]欄に「平均値＝¥f(データの合計,データ数)」と入力します。「Eq」は「数式を作成する」、「¥f(,)」は「分数にする」という意味です。記号と英字は半角で入力します。「EQ」の次に半角空白が入っていることを確認し、それ以外に余分な空白が入らないよう注意してください。[OK]をクリックします。

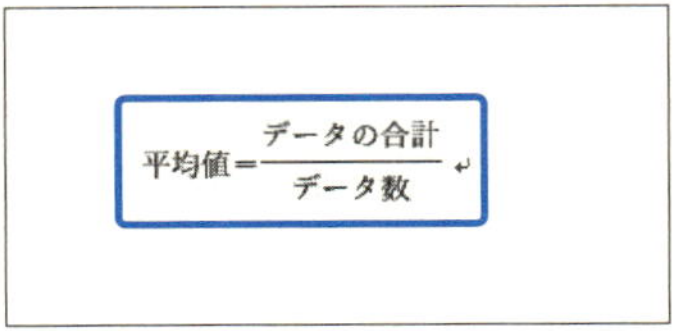

3 分数の式が入力できます。

裏ワザ080

行と行の間に文字を入力する

これは便利！

上下の行の文字を フィールドコードで入力する

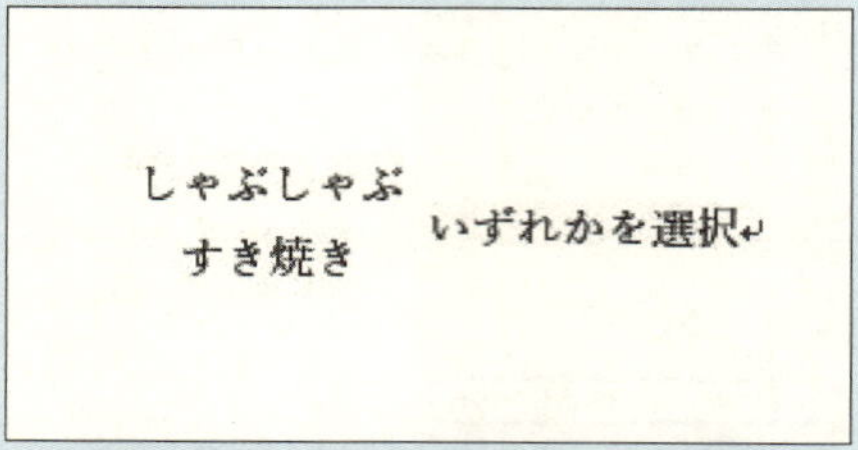

２行の文字の中間に続きの文字を入力しました。

上の行に「しゃぶしゃぶ」、下の行に「すき焼き」、上下の行の中間に「いずれかを選択」のように入力したいときもフィールドコードを使います。フィールドコードについては項目０７９でも説明していますので参考にしてください。

ここで使うのは数式を作る「Ｅｑ」と配列を作る「¥ａ」です。列数を指定せずに、指定した文字が下方向に順に入るようにします。

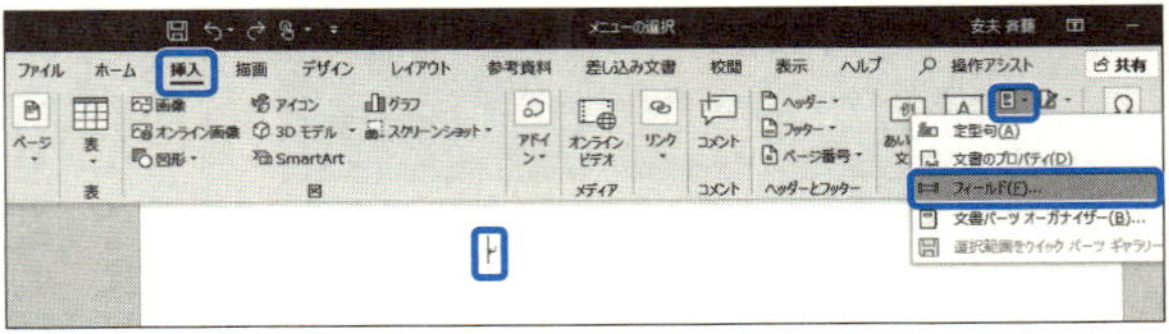

1 上の行を入力する位置をクリックして、[挿入]タブを開きます。[テキスト]グループ→[クイックパーツ]→[フィールド]を選びます。

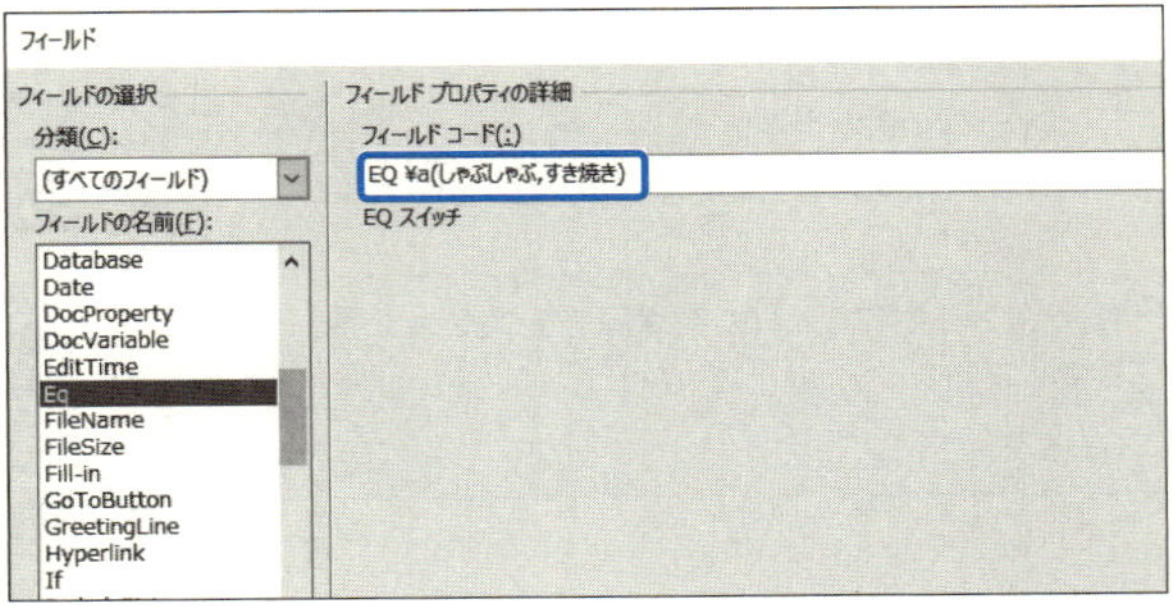

2 [フィールドの名前]欄で[Eq]を選びます。2013と2010では次に[フィールドコード]をクリックします。[フィールドコード]欄に「¥a(しゃぶしゃぶ,すき焼き)」と入力します。記号と英字は半角で入力します。「EQ」の次に半角空白が入っていることを確認し、それ以外に余分な空白が入らないよう注意してください。[OK]をクリックします。

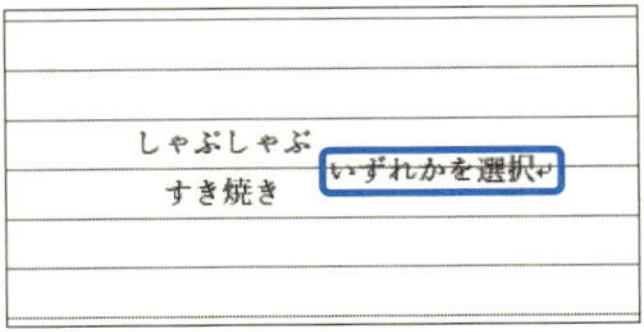

3 上下の行に文字が入ります。続きの文字を入力すると上下の行の中間に入ります。図では行がわかりやすいように線(グリッド線)を表示しています。

裏ワザ
081

文章の途中にある英単語の先頭を瞬時に大文字にする

時間短縮効率UP!

文頭で英単語を入力すると、ワードの修正機能によって先頭が大文字になります。しかし、文章の途中に入力した英単語では、この機能が働きません。

行の途中の英単語は、［文字種の変換］を使うと手早く先頭を大文字に変えられます。これは対象の単語が複数ある場合におすすめです。単語が1つだけなら再変換して先頭を大文字にすることもできます。

［文字種の変換］で先頭文字を大文字にする

文書は word で作ります。↵
スライドは power point で作ります。↵

↓

文書は Word で作ります。↵
スライドは Power Point で作ります。↵

行の途中に小文字で入れた英単語の先頭を大文字に変換しました。

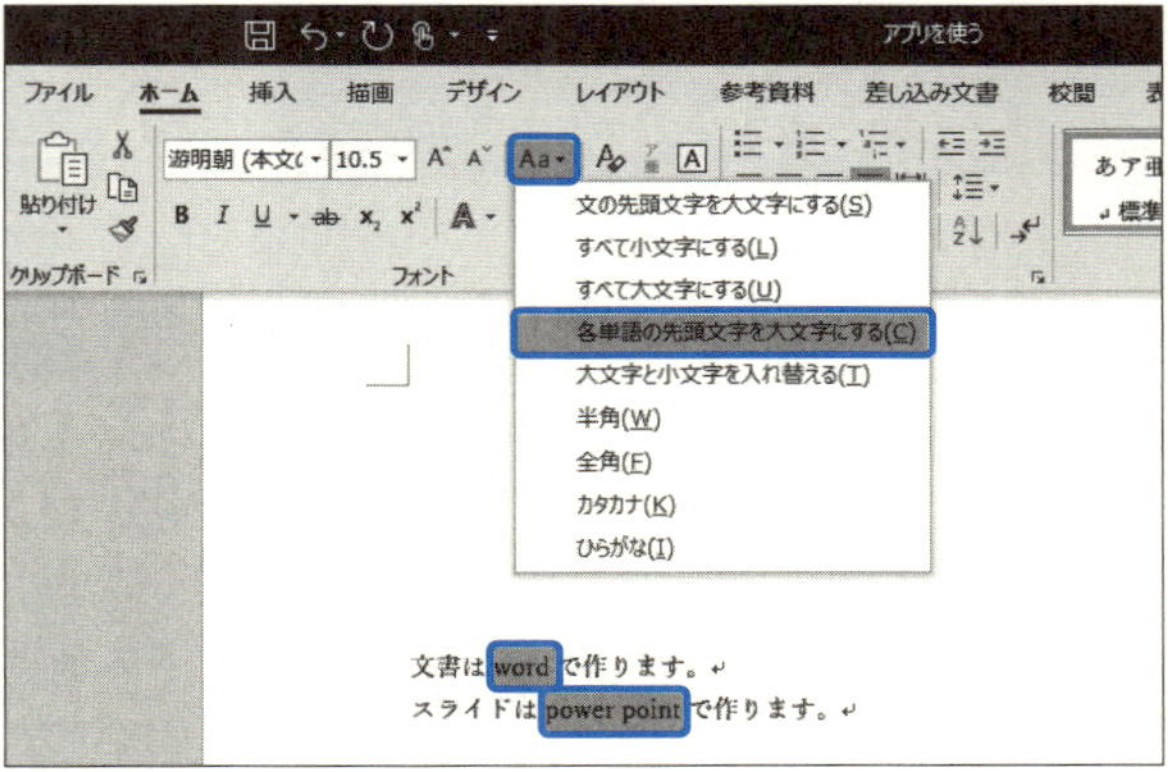

1 先頭を大文字にしたい英単語を選択します。離れた文字は[Ctrl]キーを押しながらドラッグすると選べます。[ホーム]タブを開き、[フォント]グループ→Aa→[各単語の先頭文字を大文字にする]を選びます。

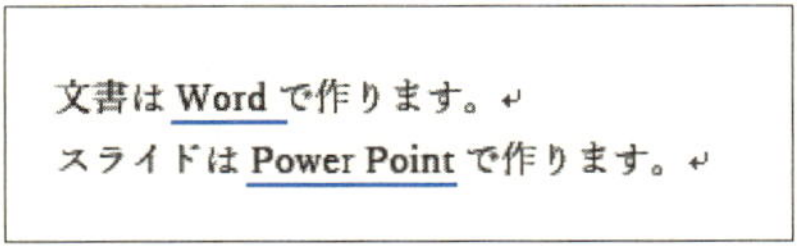

2 英単語の先頭が大文字になります。

! 英単語を選択して[変換]キーを押すと、先頭が大文字になるように変換しなおせます。

裏ワザ
082

横倒しの半角文字を一気に縦書きにする

これは便利！

縦書きでは半角文字は横向きになってしまいます。これを修正する方法として、よく使われるのが「縦中横」で向きを変えるものです。しかし、文字数や桁数が多いと文字が小さくなってしまい、これを避けようとすると行間が広がります。こんなときは、半角文字を全角に変換して、縦に並べるワザを使いましょう。全角なら文字数を気にすることなく縦書きのなかに入れられます。

[文字種の変換]で半角文字を全角にする

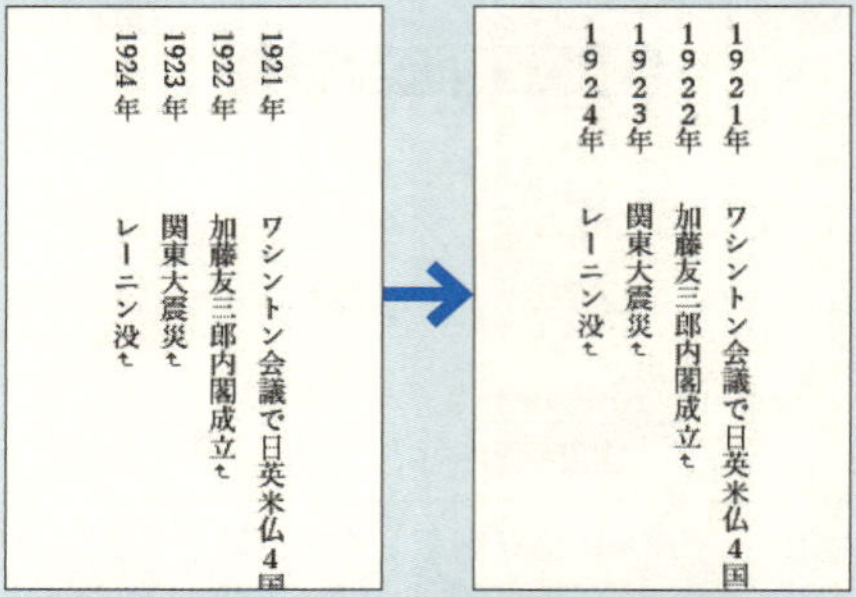

横向きになった半角文字を全角に変えて縦書きにしました。

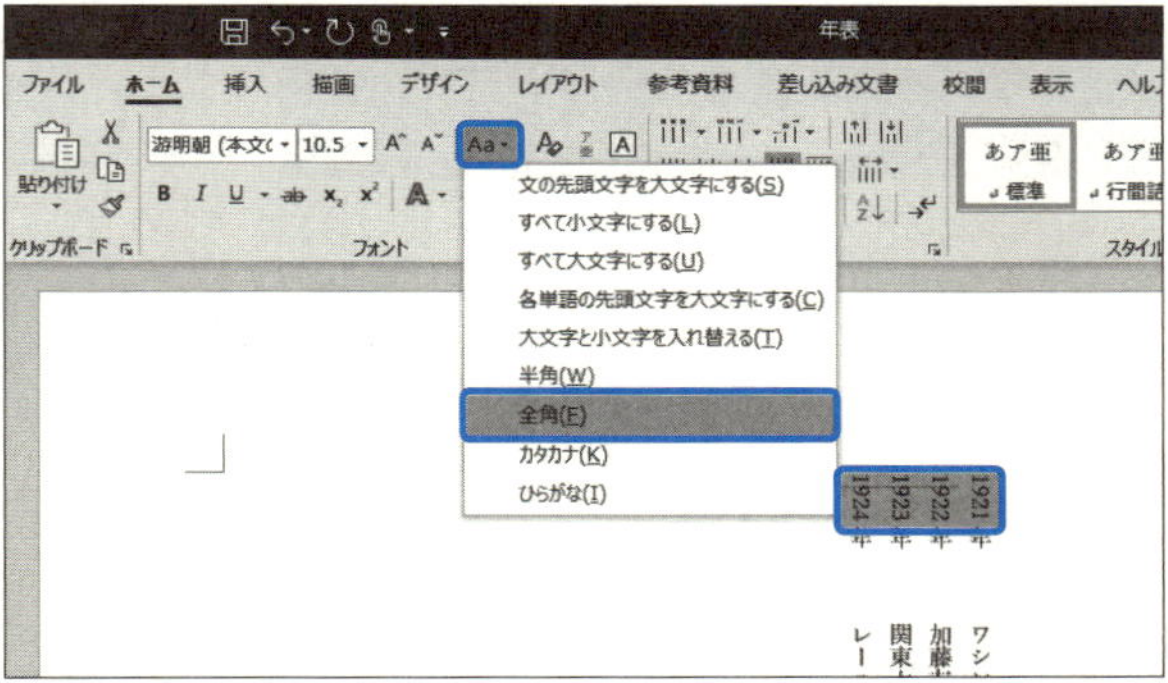

1 向きを変えたい半角文字を選択します。複数の範囲は[Ctrl]キーを押しながらドラッグすると選べます。[ホーム]タブを開き、[フォント]グループ→Aa→[全角]を選びます。

2 半角文字が全角になり縦に並びます。

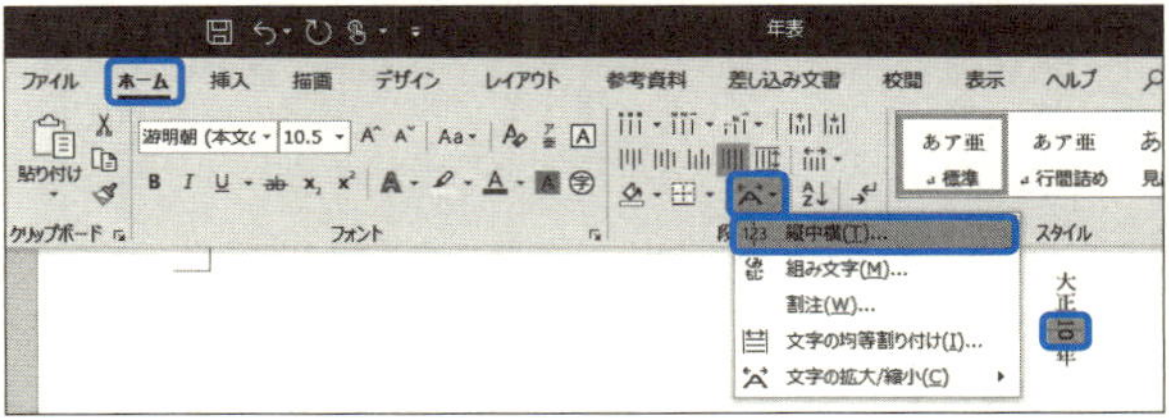

! 縦書きのなかの半角文字を選択して[ホーム]タブを開き、[段落]グループ→[拡張書式]→[縦中横]を選んで、次の画面で[OK]をクリックすると半角文字のまま縦向きにできます。

裏ワザ 083

水平線を超簡単に入力する

時間短縮効率UP!

文書に区切りや切り取り線を入れるのに水平線を使うことがあります。水平線は半角で記号を3つ続けて入力して変換するだけで入ります。最初に入力する記号によって、さまざまな線を入れられます。

　水平線にするつもりはなかったのに、「Enter」キーを押しただけで線になってしまったら、線の近くに表示される「オートコレクトのオプション」で元に戻せます。

記号を3つ入力して変換する

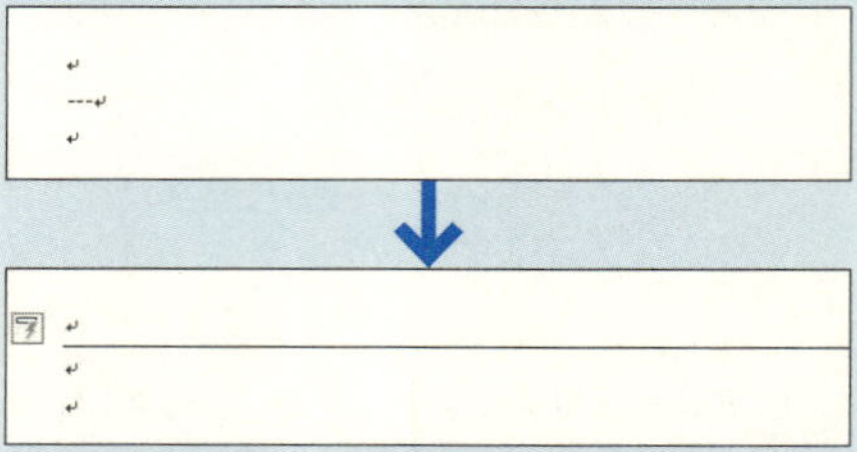

「ー」を3つ入力すれば、細線の水平線に変換できます。

1 半角で「=」を3つ入力して[Enter]キーを押します。

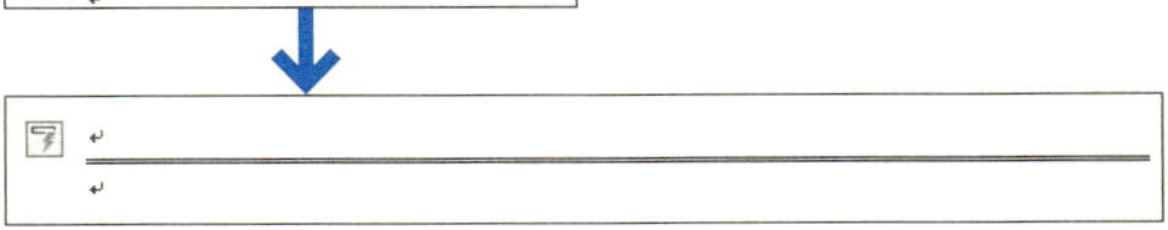

2 二重線の水平線が入ります。元に戻したければ、線の近くに表示される[オートコレクトのオプション]をクリックして[元に戻す－罫線]を選んでください。

! 最初に入力する記号によって、いろいろな種類の水平線が引けます。以下はその一例です。

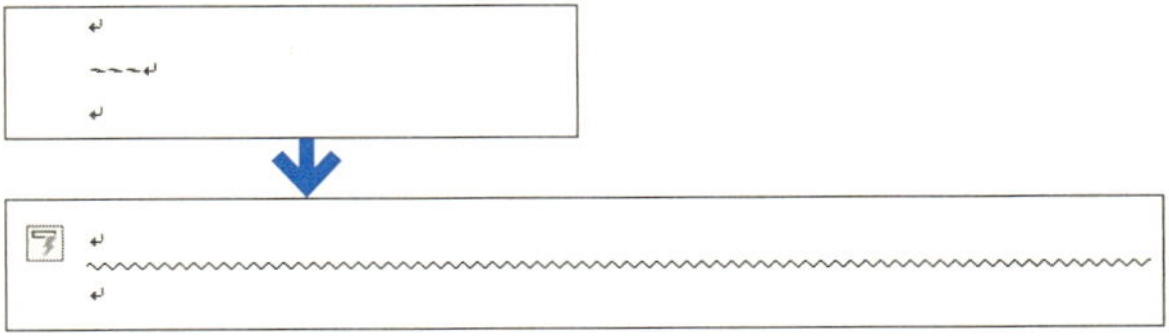

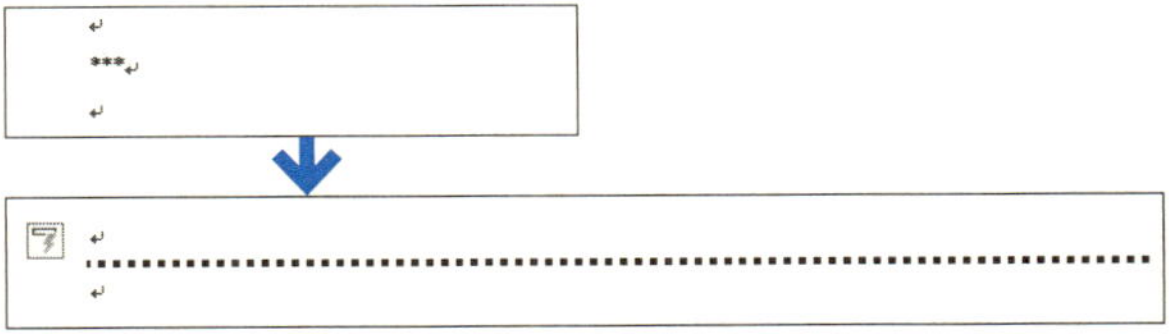

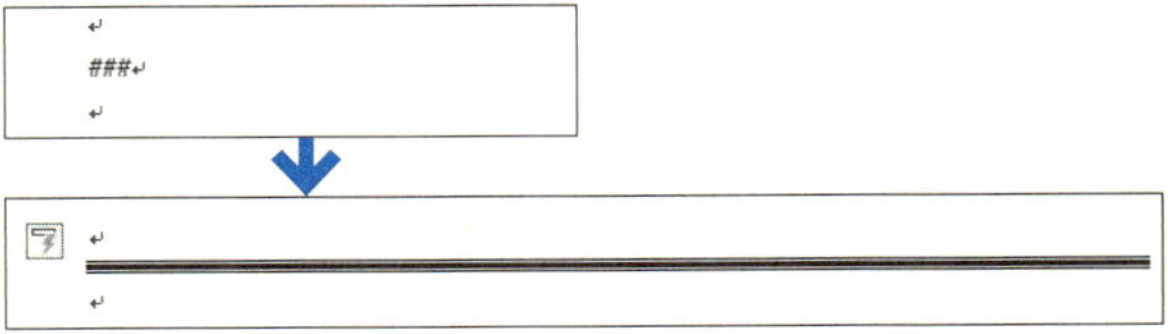

裏ワザ 084

勝手に設定された箇条書きを解除する

イライラ解消

[オートコレクトのオプション]で[元に戻す]を選ぶ

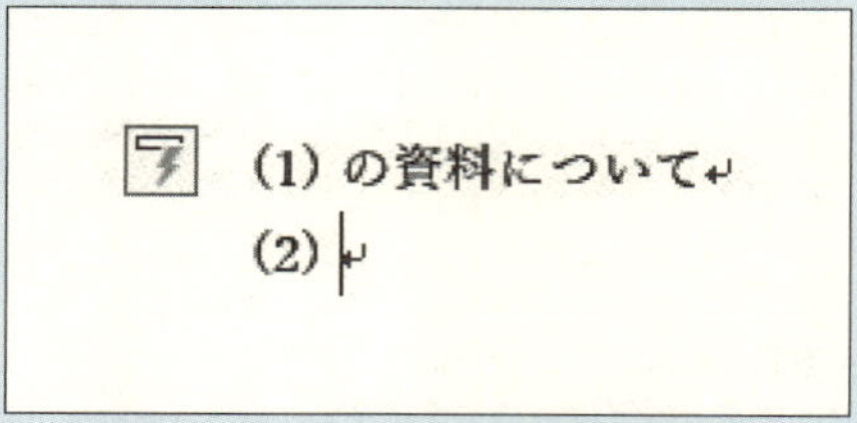

「(1)」から始まる文字を入力して[Enter]キーを押したら、箇条書きになってしまいました。これを元に戻します。

数字や「●」のような記号から行を始めると、自動的に箇条書きの設定になります。便利な機能ですが、箇条書きにしたくないときには困ります。箇条書きになってしまった書式を元に戻すには、行頭に現れる[オートコレクトのオプション]をクリックして、[元に戻す－段落番号の自動設定]を選んでください。[段落番号を自動的に作成しない]を選べば、この機能がオフになります。

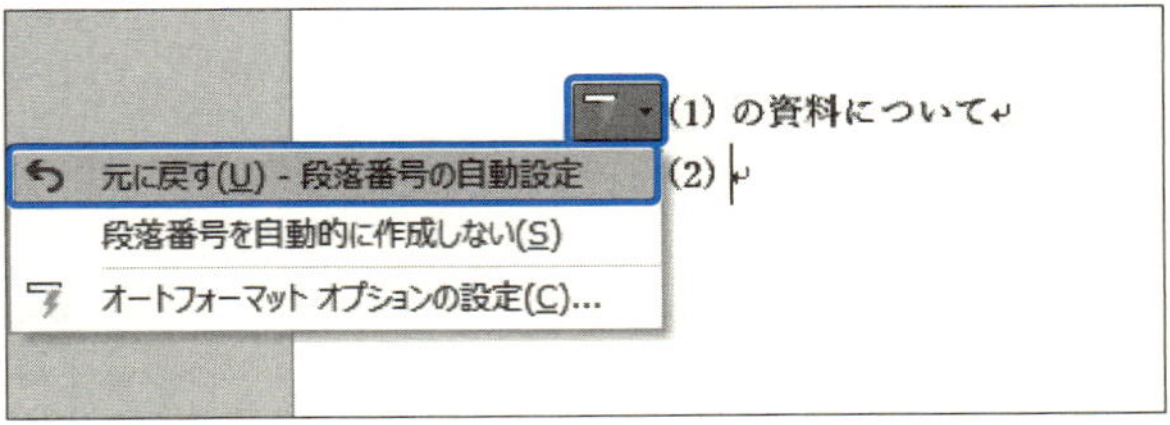

1 普通の文章として入力したいのに、箇条書きの書式が適用されてしまいました。[オートコレクトのオプション]をクリックして[元に戻す−段落番号の自動設定]を選択します。自動的に箇条書きになるのが困るなら、[段落番号を自動的に作成しない]を選びます。

2 箇条書きの書式がなくなります。

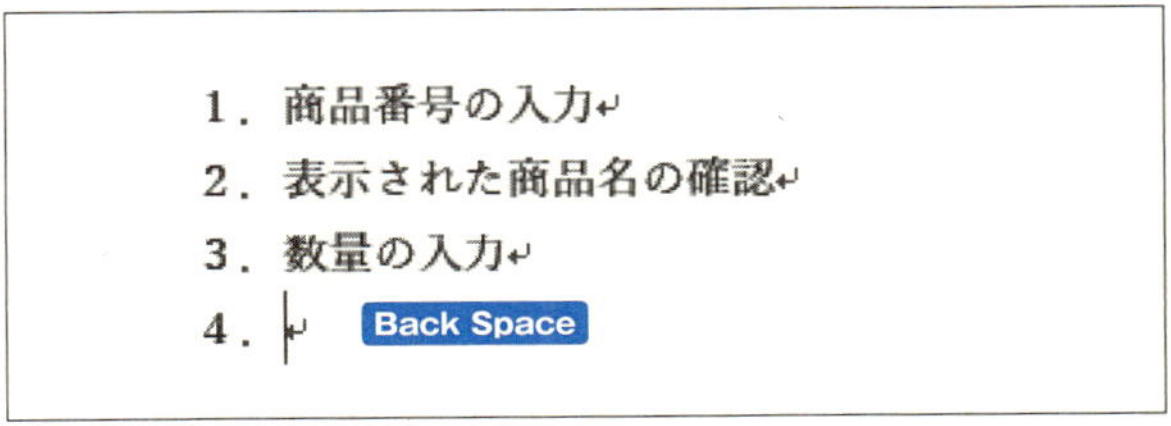

! 箇条書きを終了する場合には、改行後に表示された番号や記号の後ろにカーソルを合わせ、[Back Space]キーを2回押せば、番号や記号が消え、カーソルが行頭に移動します。

裏ワザ
085

文頭に勝手に空白が入らないようにする

イライラ解消

正体は、「自動字下げ機能」。設定をオフにすれば解決！

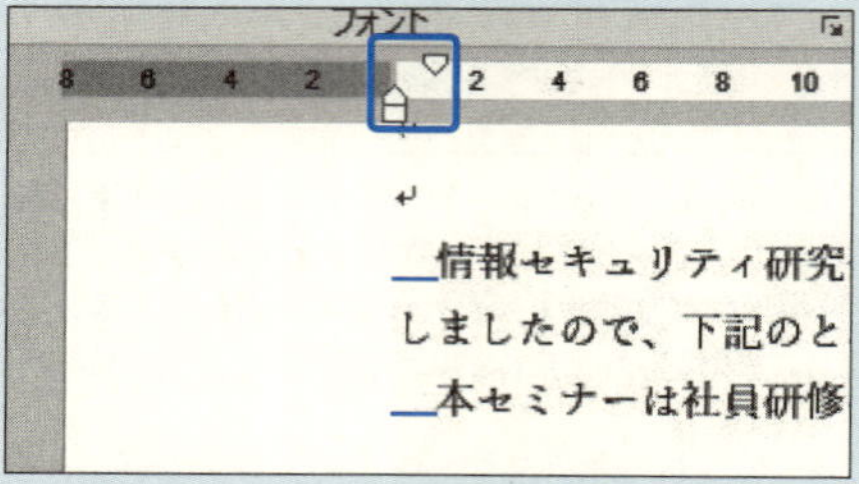

ここではルーラーを表示し（[表示] タブでオンにする）、文頭の空白がインデントに変わったのを確認しています。

既存の文章の行頭に空白を入れると、次の段落の行頭にも空白が入って困る、というトラブルが起こることがあります。次の段落の行頭に空白が入るのは、ワードの自動修正機能が働くためです。この機能をオフにすれば空白は入らなくなります。

なお、この空白の正体はインデントなので選択できません。削除するには「Back Space」キーを使います。

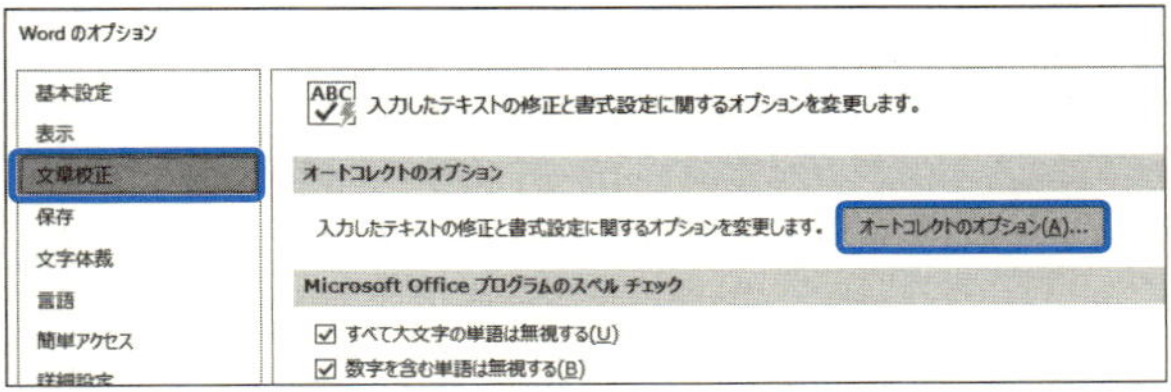

❶ [ファイル] タブを開き、[オプション] をクリックします。[文章校正] をクリックし、[オートコレクトのオプション] をクリックします。

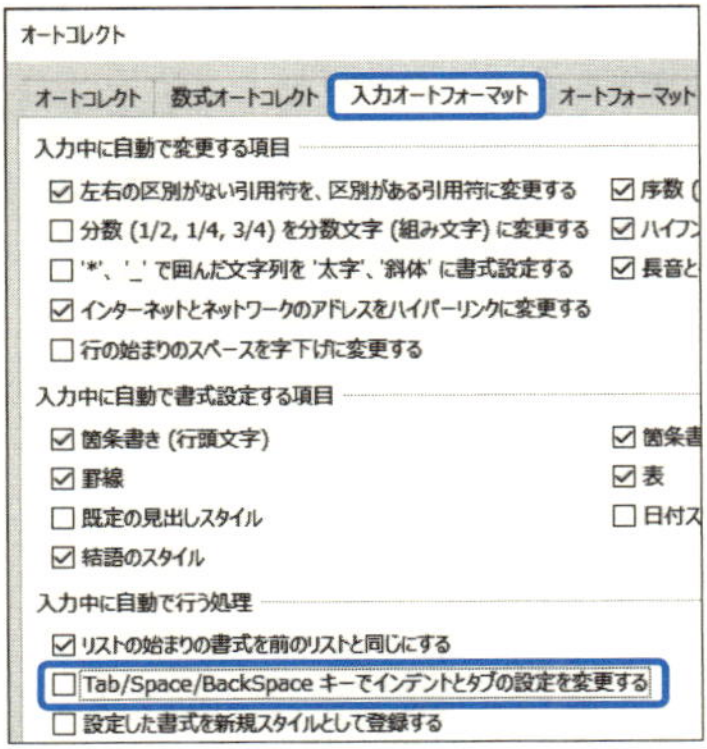

❷ [入力オートフォーマット] タブを開きます。[Tab/Space/Back Spaceキーでインデントとタブの設定を変更する] をクリックして□にします。以降は自動的に字下げされません。すでに入ってしまった字下げは、行の先頭にカーソルを置き、[Back Space] キーを押して削除します。

❗ 文頭に空白を入れてから文章を入力すると、[1行目のインデント] が設定されてしまうこともあります。この場合は上記と同じ [入力オートフォーマット] タブの画面で [行の始まりのスペースを字下げに変更する] をオフにしてください。

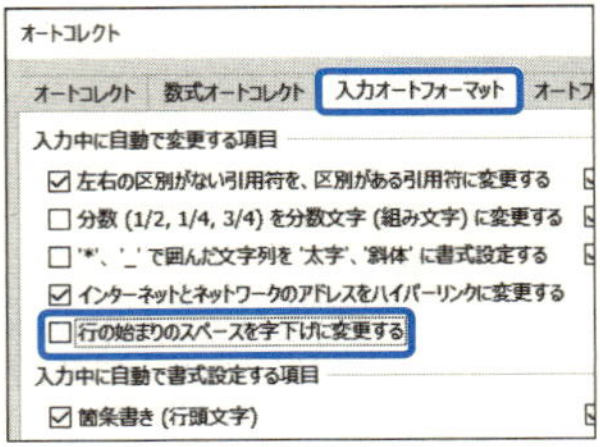

裏ワザ
086

先頭の英小文字を勝手に大文字に変換させない

イライラ解消

先頭に英小文字を入力すると、ワードの自動修正機能が働いて大文字に変わります。英文は必ず大文字から始まるため、「先頭の小文字は入力ミス」と判断されるからです。

先頭の英小文字をそのままにしたければ、文字の近くに表示される「オートコレクトのオプション」をクリックして「元に戻す－大文字の自動設定」を選んでください。入力どおりの英小文字に戻ります。

[オートコレクトのオプション]で自動設定を元に戻す

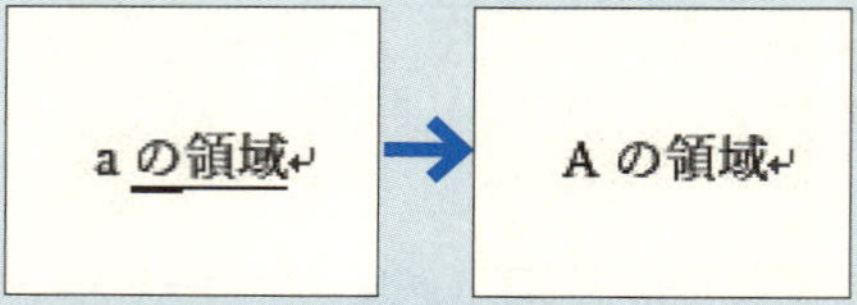

「aの領域」と入力して変換を確定したら、「Aの領域」になってしまいました。これを修正します。

❶ 先頭の英大文字にポインターを合わせます。小さな青色の四角が表示されます。

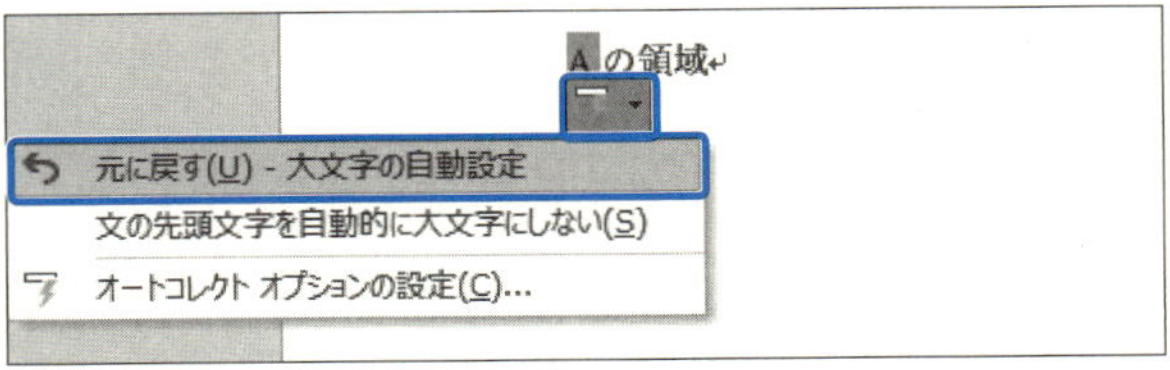

❷ その四角にポインターを合わせると［オートコレクトのオプション］が表示されます。これをクリックします。［元に戻す－大文字の自動設定］を選択します。ここで［文の先頭文字を自動的に大文字にしない］を選ぶと、先頭の英小文字が大文字に変わる設定がオフになります。

❸ 英小文字に戻ります。

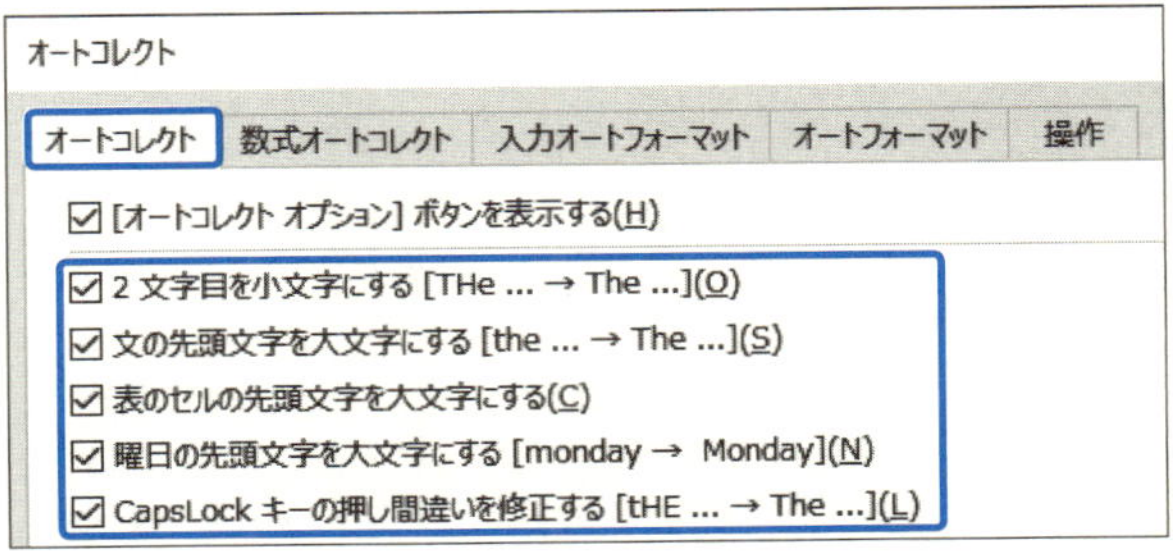

❗ ❷で［オートコレクトオプションの設定］を選択し、［オートコレクト］タブを開くと、先頭の英小文字を英大文字に修正する条件を細かく選べます。入力する文章に合わせてオンとオフを切り替えましょう。

裏ワザ 087

勝手に変換される(c)や(r)を入力したとおりに表示する

トラブル退治

半角で「(c)」「(r)」「(tm)」と入力すると、「©」「®」「™」に変わってしまいます。これはワードの自動修正機能で『「(c)」と入力されたら「©」にする』などと設定されているためです。

入力どおりに表示したければ、[オートコレクトのオプション]をクリックして、「(c)に戻す」を選びます。「(c)」などを入力する機会が多いなら、修正機能をオフにする方法もあります。

[オートコレクトのオプション]で元に戻す

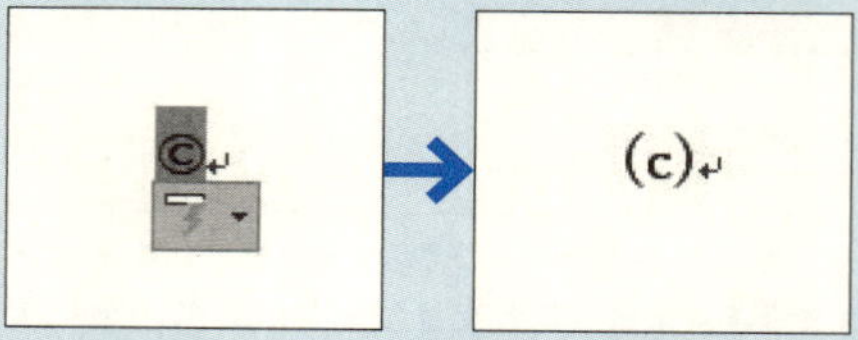

©や®に変換されたら、[オートコレクトのオプション]をクリックして戻します。

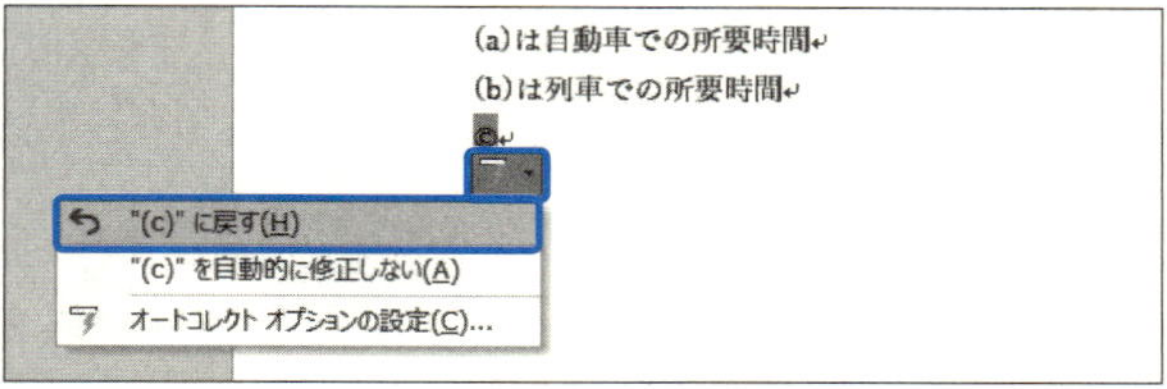

1 修正された文字にポインターを合わせ、青色の四角が現れたらポインターを合わせます。[オートコレクトのオプション]が表示されたらクリックして["(c)"に戻す]を選びます。

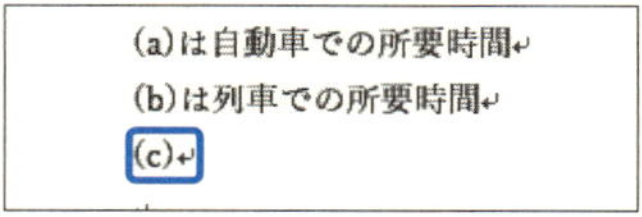

2 入力どおりの表示に戻ります。

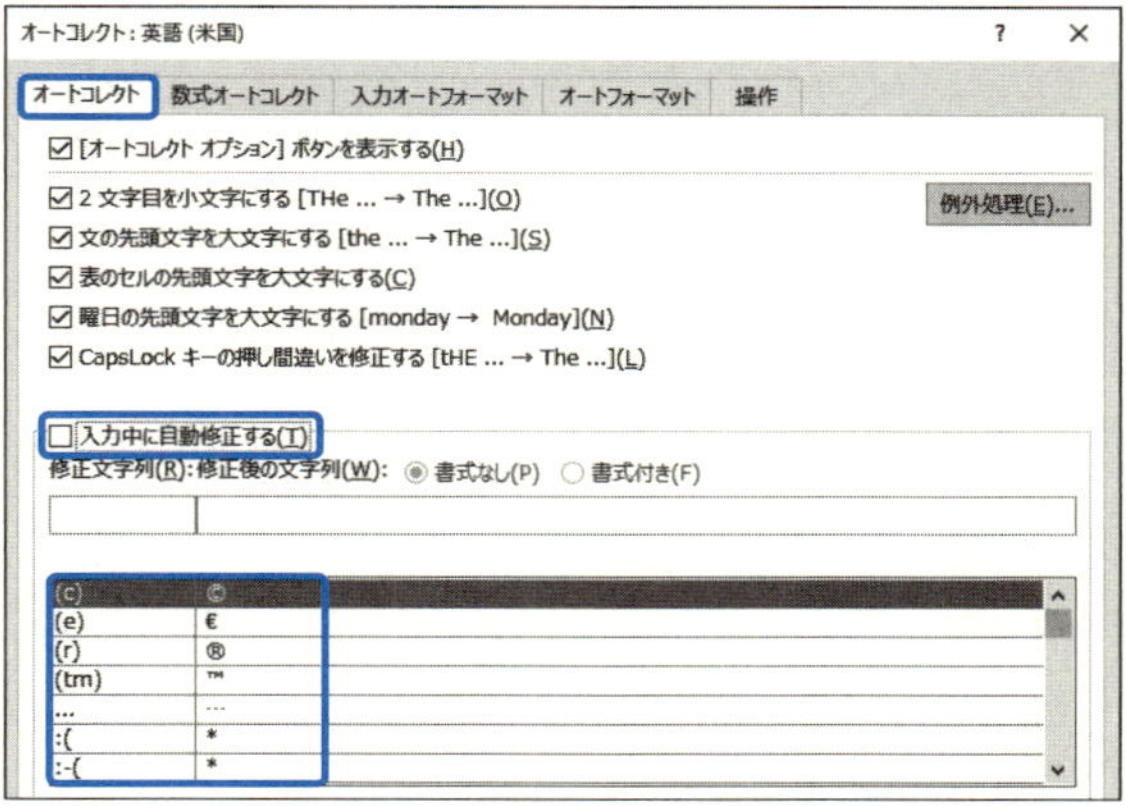

! 1で[オートコレクトオプションの設定]を選択し、[オートコレクト]タブを開くと、自動修正の登録内容が見られます。修正機能をオフにしたければ[入力中に自動修正する]をクリックして☐にしてください。

裏ワザ 088

文字サイズをパッと変える

時間短縮効率UP！

文字を入力しながら、サイズを変えたいときは、キーで操作すると効率よく変更できます。文字を選択して［Ctrl］＋［］］キーを押すと1ポイントずつ大きくできます。［Ctrl］＋［［］キーを押すと1ポイントずつ小さくなります。文字をキーで選択する方法は、項目093にあります。これを組み合わせれば、キーボードから手を離さずに文字サイズを変えられます。

[Ctrl]＋[]]で大きく
[Ctrl]＋[[]で小さく

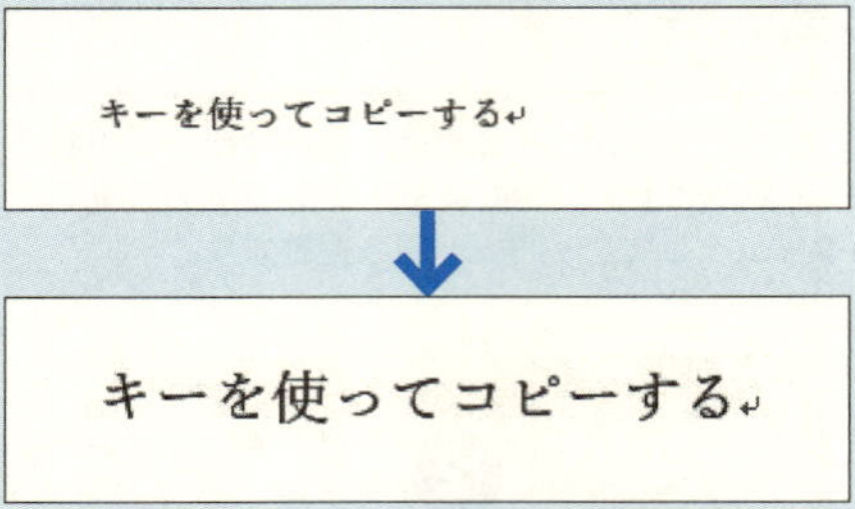

[Ctrl]＋[]]キーを押すと、文字が1ポイント大きくなります。

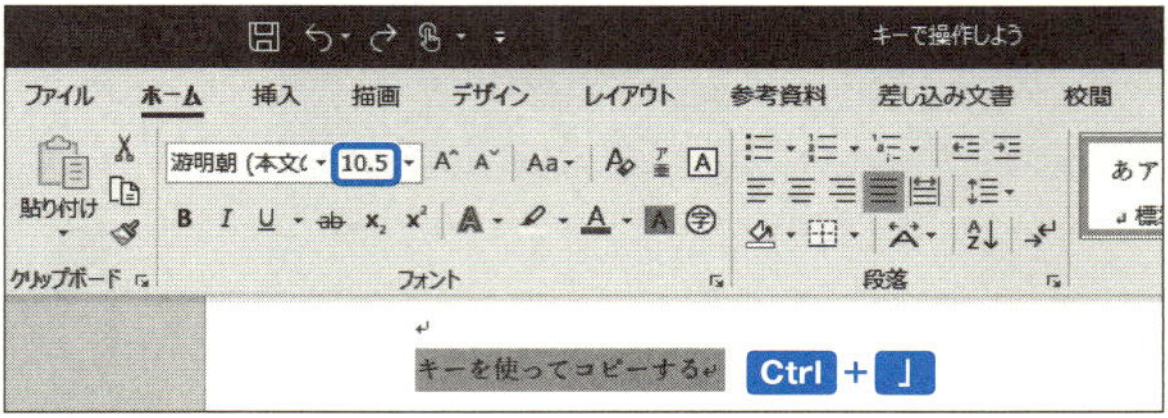

1 サイズを変更する文字を選択します。サイズを大きくするために[Ctrl]キーを押したまま[」]を押します。小さくしたければ[Ctrl]キーを押したまま[「]キーを押してください。

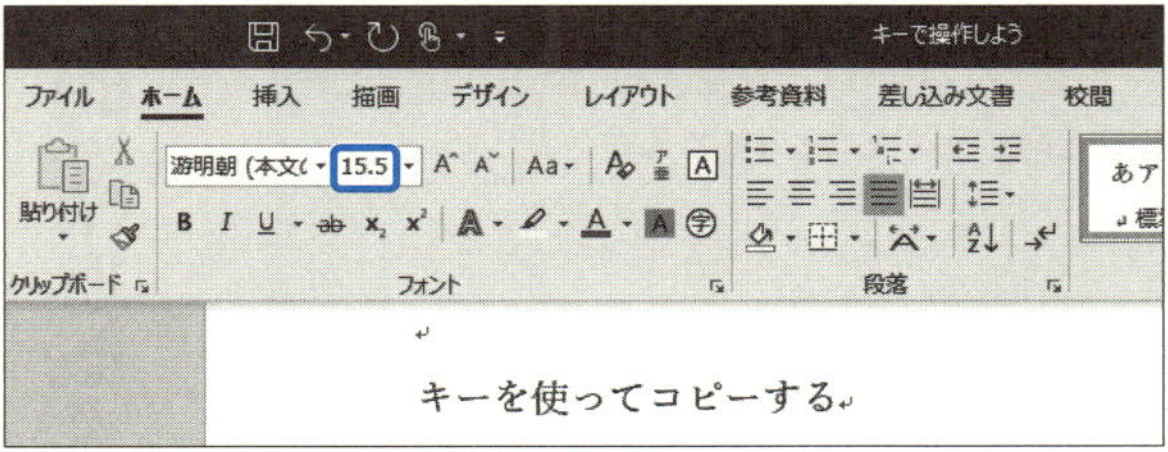

2 文字のサイズが1ポイント大きく(小さく)なります。目的のサイズになるまでキーを押します。

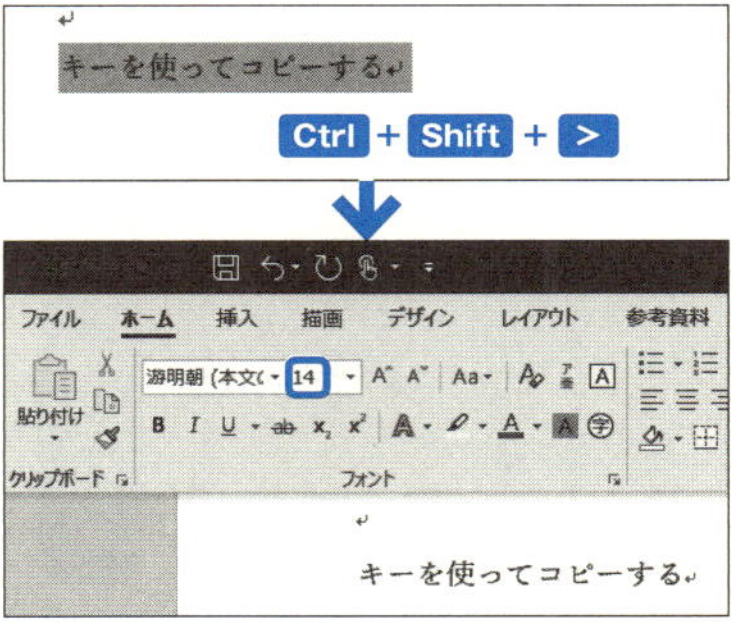

! 文字を選択して[Ctrl]＋[Shift]＋[>]キーを押すと、フォントサイズのリストに合わせて1単位ずつ大きくなります。小さくしたいときは[Ctrl]＋[Shift]＋[<]キーを押してください。

裏ワザ 089

同じ行の左右両端に文字を入れる

これは便利！

入力位置でダブルクリックする

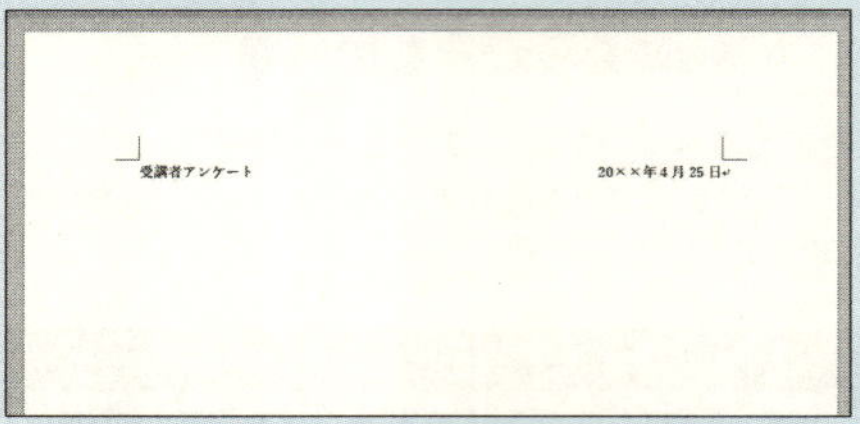

文字を同じ行の左端と右端に入力しました。

ワードでは、用紙の任意の場所でダブルクリックすると、そこから入力を始められます。この機能を利用すると、左揃えや中央揃えで文書名を入力したあと、同じ行の右端から日付を入力することもできます。

ダブルクリックで入力位置を決める際には、ポインターの形に注意してください。≡I なら右揃え、I≡ は中央揃え、I≡ は左揃えで文字が入ります。

1 左端から文字を入力しました。ポインターを同じ行の右端付近に移動し になったらダブルクリックします。

2 右端にカーソルが表示されます。文字を入力すると、同じ行の右端から入ります。

! 入力する行の中央付近にポインターを移動し、 になったらダブルクリックします。文字を入力すると中央揃えになります。

クリックだけで文字がコピーできる

時間短縮効率UP!

[Ctrl]＋[Shift]＋右クリックで貼り付ける

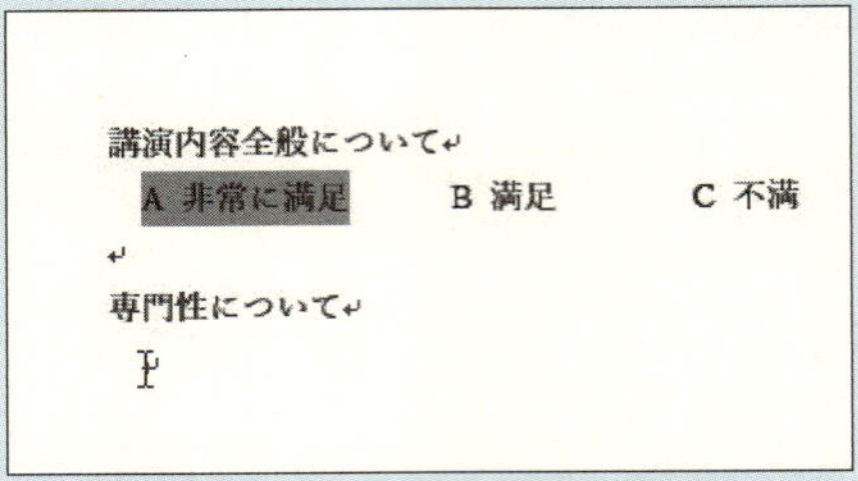

文字を選択し、貼り付け先で[Ctrl]＋[Shift]＋右クリックするとコピーできます。

文字のコピーと貼り付けというと、[ホーム]タブの[コピー]と[貼り付け]のボタンを使うか、[Ctrl]＋[C]キーでコピーし、[Ctrl]＋[V]キーで貼り付けることが多いでしょう。しかし、実はクリックだけでコピーする方法もあります。操作をする上での制限がいくつかありますがとても簡単です。マウスを持っているときに手早くコピーできる裏ワザです。

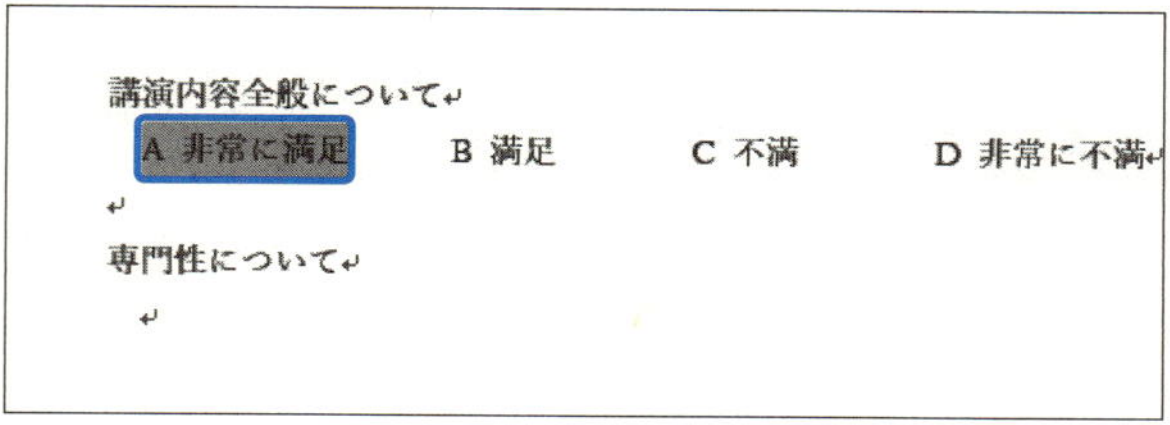

1 必要に応じてコピー先となる位置を先に用意してください。文字を選択してからキーを押すなどの操作を行うとこの機能は働きません。コピーする文字を選択します。

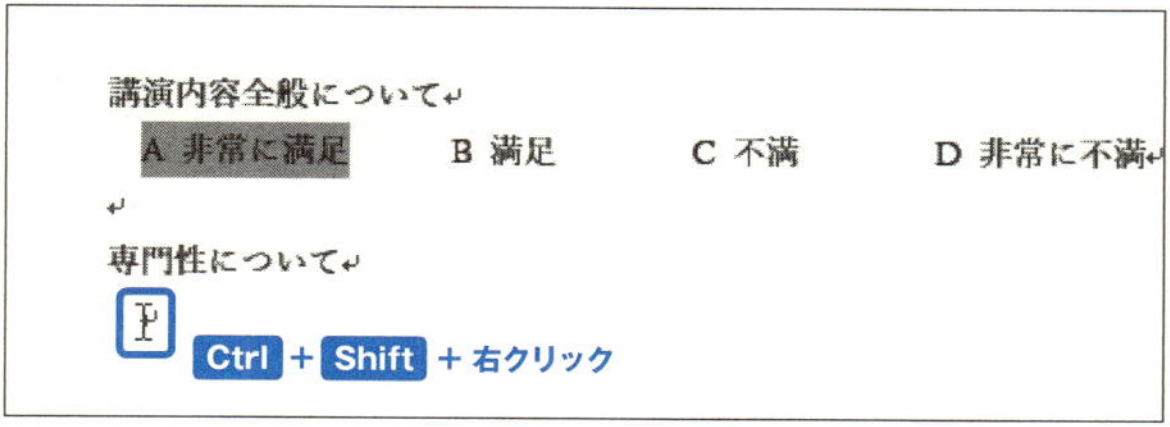

2 貼り付け先にポインターを合わせます。合わせるだけでクリックはしないでください。貼り付け先は文字の間でもかまいません。[Ctrl]＋[Shift]キーを押したまま右クリックします。

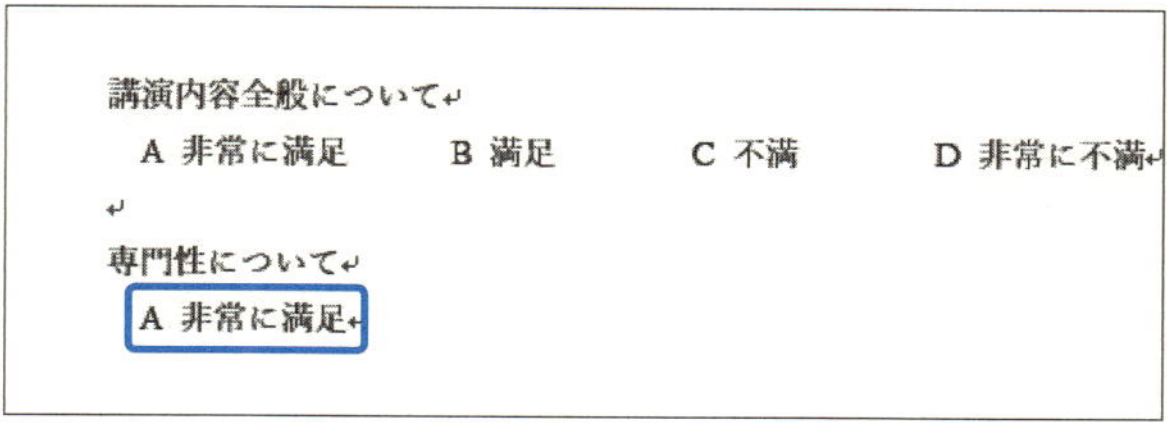

3 ❶で選択した文字がコピーできます。❶で段落記号（改行マーク）も含めて選択すると、中央揃えなどの配置も含めてコピーされます。

裏ワザ 091

ドラッグだけで移動やコピーをする

時間短縮効率UP!

ドラッグで移動 [Ctrl]＋ドラッグでコピー

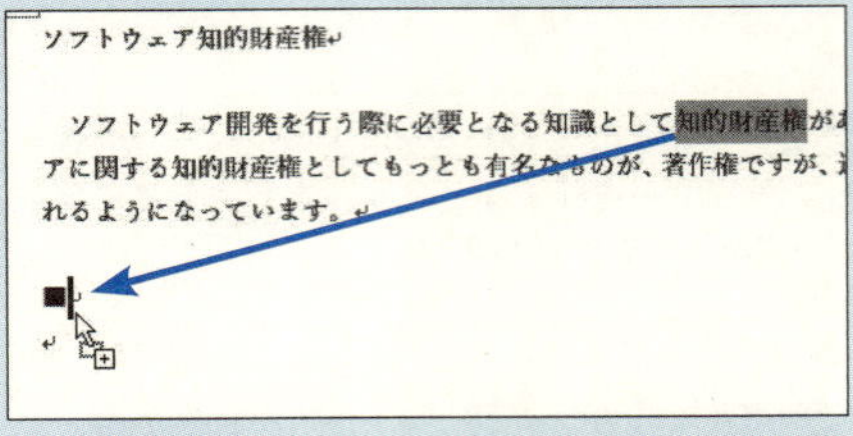
ソフトウェア知的財産権
ソフトウェア開発を行う際に必要となる知識として知的財産権が
アに関する知的財産権としてもっとも有名なものが、著作権ですが、
れるようになっています。

[Ctrl] キーを押したままドラッグすると文字を素早くコピーできます。

選択した文字を移動・コピーするには、「ホーム」タブの「クリップボード」グループにあるボタンを使ったり、右クリックで「切り取り」や「コピー」を選ぶなど、さまざまな方法があります。

しかし、もっとも手早いのはドラッグする方法です。文字を選択してドラッグすれば移動、「Ctrl」キーを押したままドラッグすればコピーになります。

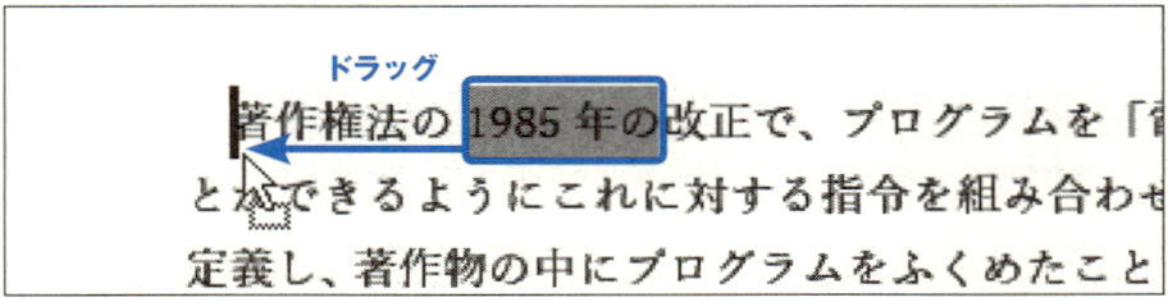
ドラッグ
著作権法の1985 年の改正で、プログラムを「
定義し、著作物の中にプログラムをふくめたこと

1 移動する文字を選択し、移動先までドラッグします。

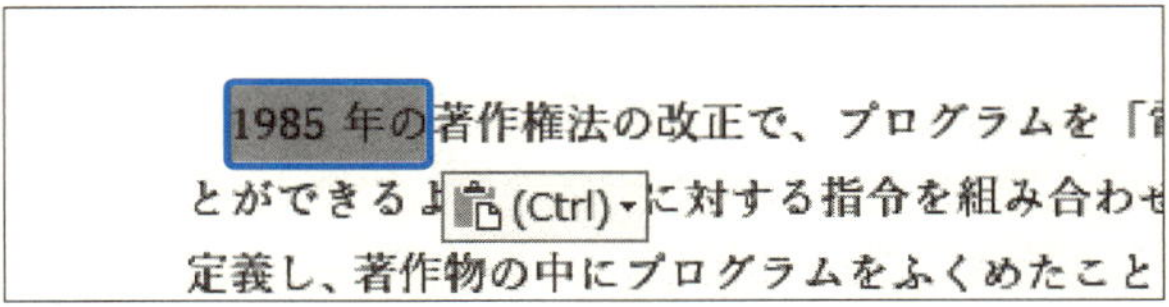
1985 年の著作権法の改正で、プログラムを「
とができるよ (Ctrl) に対する指令を組み合わせ
定義し、著作物の中にプログラムをふくめたこと

2 マウスのボタンを離すと、文字が移動します。

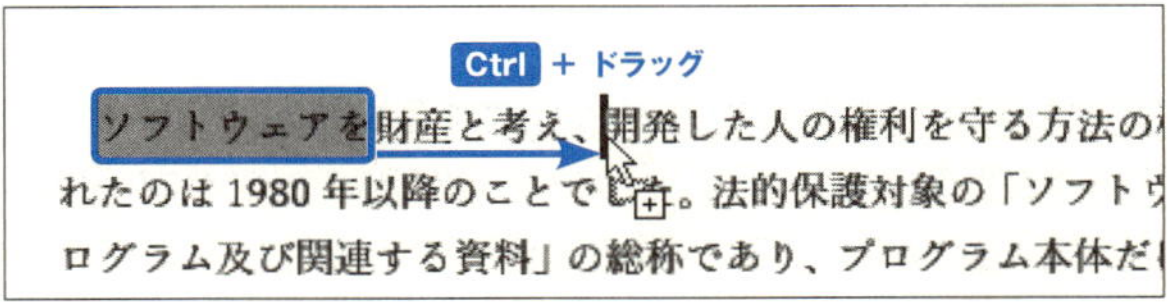
Ctrl + ドラッグ
ソフトウェアを財産と考え、開発した人の権利を守る方法の
れたのは 1980 年以降のことで　。法的保護対象の「ソフトウ
ログラム及び関連する資料」の総称であり、プログラム本体だ

3 コピーする文字を選択し、[Ctrl] キーを押したまま挿入先までドラッグします。

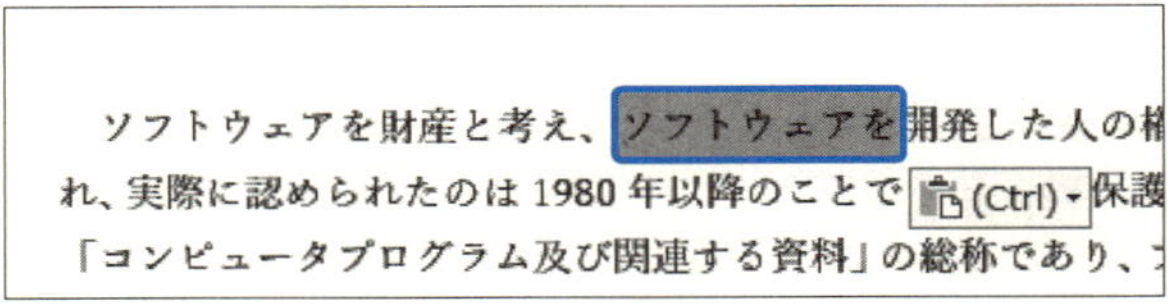
ソフトウェアを財産と考え、ソフトウェアを開発した人の権
れ、実際に認められたのは 1980 年以降のことで (Ctrl) 保護
「コンピュータプログラム及び関連する資料」の総称であり、

4 [Ctrl] キーを押したままマウスのボタンを先に離すと、文字がコピーされます。

裏ワザ 092

書式だけ簡単にコピーする

これは便利！

[書式のコピー／貼り付け]で書式だけをコピーする

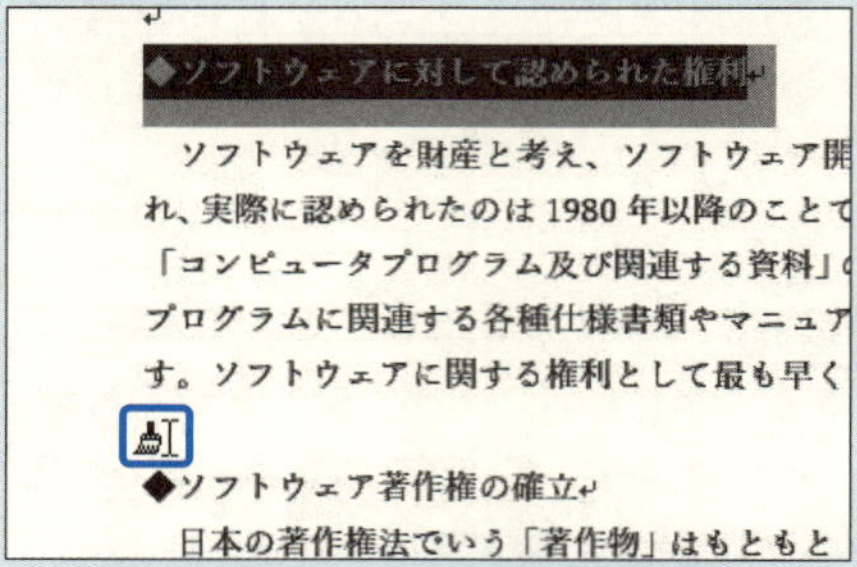
◆ソフトウェアに対して認められた権利
ソフトウェアを財産と考え、ソフトウェア開
れ、実際に認められたのは 1980 年以降のことで
「コンピュータプログラム及び関連する資料」の
プログラムに関連する各種仕様書類やマニュア
す。ソフトウェアに関する権利として最も早く
◆ソフトウェア著作権の確立
日本の著作権法でいう「著作物」はもともと

書式をコピーするとポインターの形が変わります。

段落や文字に設定した書式はコピーできます。同じ書式をいろいろな箇所で設定する場合は、毎回設定するよりコピーしたほうが効率的です。また、書式は別の文書にもコピーできるので、ほかの人が作成した文書の書式だけ再利用するという使い方もできます。

書式のコピーに使うは、ダブルクリックすると連続して書式を貼り付けられます。

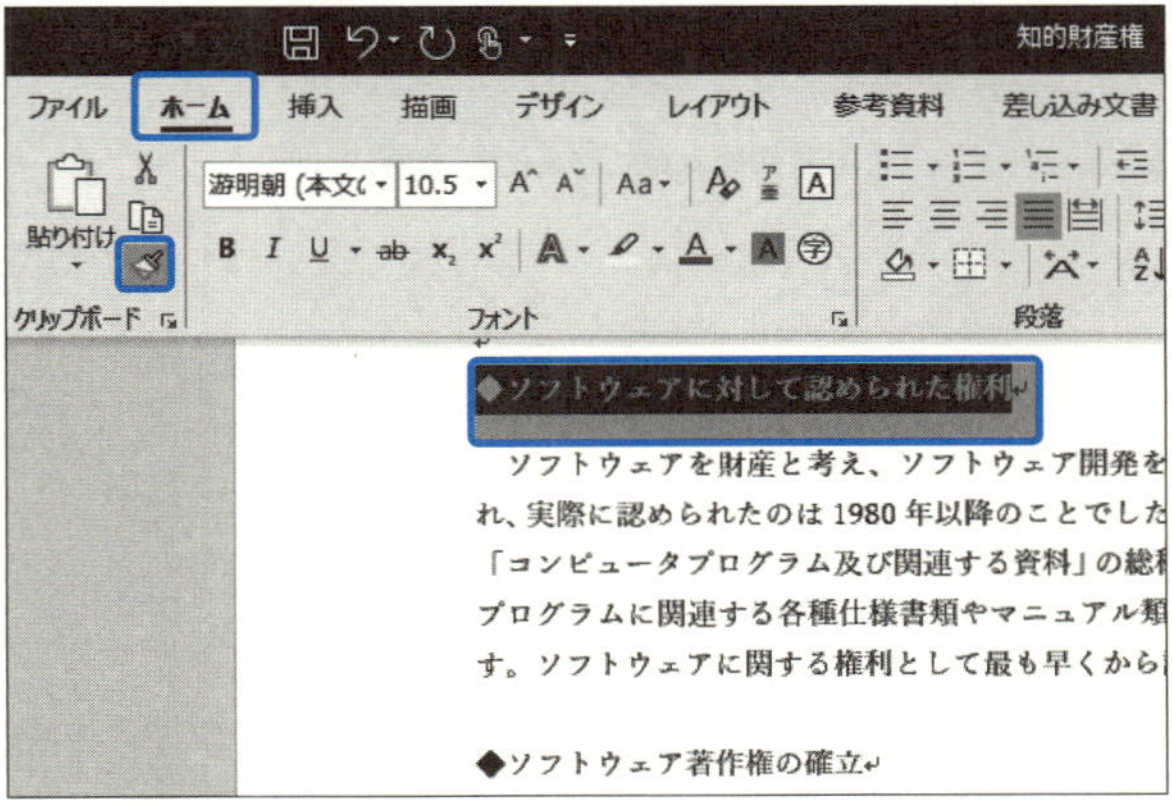
知的財産権
ファイル
ホーム
挿入
描画
デザイン
レイアウト
参考資料
差し込み文書
貼り付け
游明朝 (本文(
10.5
Aa
B I U ab x, x²
クリップボード
フォント
段落
◆ソフトウェアに対して認められた権利
ソフトウェアを財産と考え、ソフトウェア開発を
れ、実際に認められたのは 1980 年以降のことでした
「コンピュータプログラム及び関連する資料」の総
プログラムに関連する各種仕様書類やマニュアル類
す。ソフトウェアに関する権利として最も早くから
◆ソフトウェア著作権の確立

1 コピーする書式が設定されている文字を段落記号も含めて選択し、[ホーム] タブを開きます。[クリップボード] グループ→ [書式のコピー／貼り付け] をクリックします。複数箇所に貼り付けたければダブルクリックします。

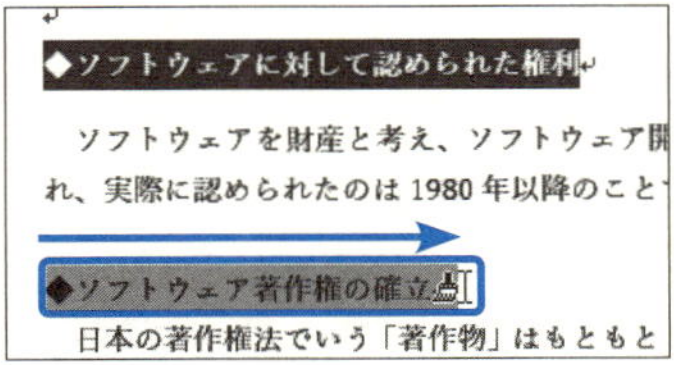
◆ソフトウェアに対して認められた権利
ソフトウェアを財産と考え、ソフトウェア開
れ、実際に認められたのは 1980 年以降のこと
◆ソフトウェア著作権の確立
日本の著作権法でいう「著作物」はもともと

2 ポインターが になったのを確認して、書式を貼り付ける範囲をドラッグします。

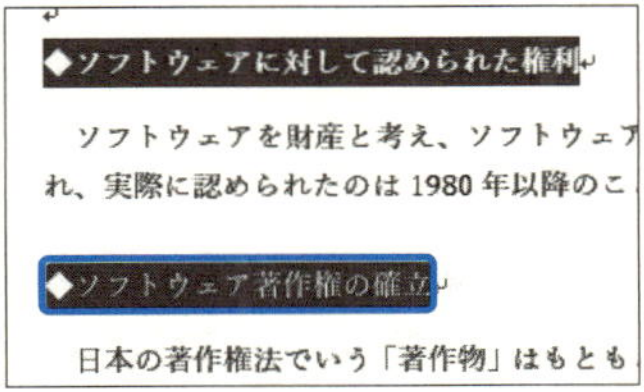
◆ソフトウェアに対して認められた権利
ソフトウェアを財産と考え、ソフトウェア
れ、実際に認められたのは 1980 年以降のこ
◆ソフトウェア著作権の確立
日本の著作権法でいう「著作物」はもとも

3 書式がコピーされます。この方法では、最初に選択した文字の書式および段落書式がコピーできます。ポインターが の間は**2**を繰り返して貼り付けができ、[Esc] キーで終了します。

裏ワザ 093

キーボードだけで素早く確実に範囲を選択する

時間短縮効率UP!

文字の選択にはマウスでドラッグをするのが一般的です。しかし、ドラッグしすぎたりして、狙いどおりに選択できずにイライラすることも多いでしょう。文字はキーボード操作でも選択できます。これなら素早く確実に目的の範囲を選べます。

また、[Alt]とドラッグを組み合わせて、複数行を部分的に選択する方法も便利です。箇条書きの項目だけ選ぶような場合に使います。

[Shift]＋矢印キーで1字ずつ選択する

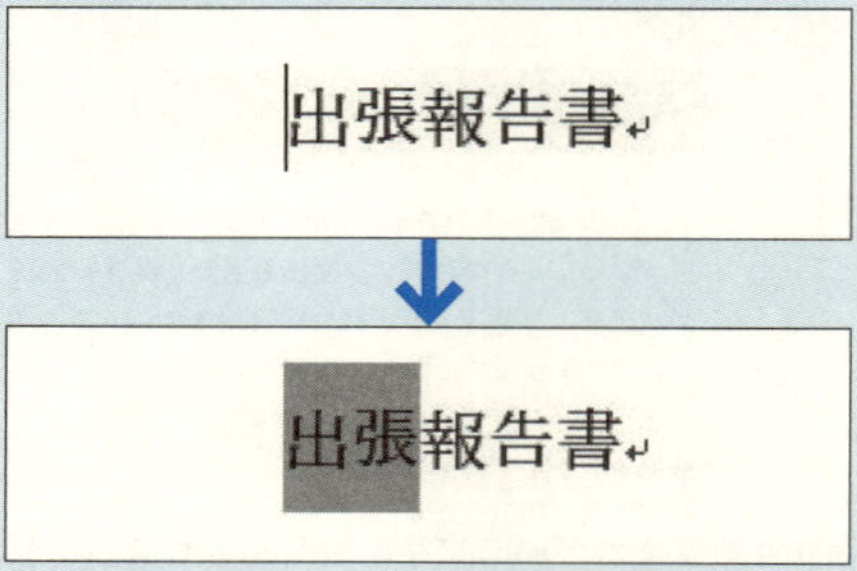

[Shift]＋[→]で右方向へ1文字ずつ選択できます。

❶ 選択する範囲の先頭をクリックします。

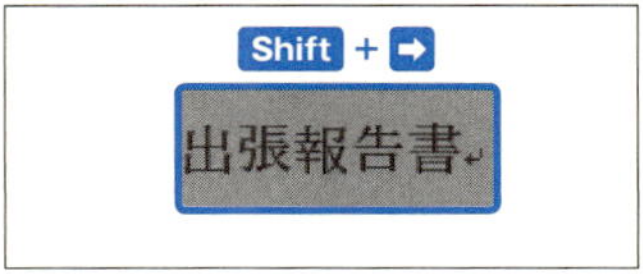

❷ [Shift]キーを押したまま[→]キーを押すと1文字ずつ選択範囲を広げられます。

❸ [Shift]+[←]キーを使うと選択範囲が戻ります。行末の改行マーク↵を選択から除外したいときなどに便利です。

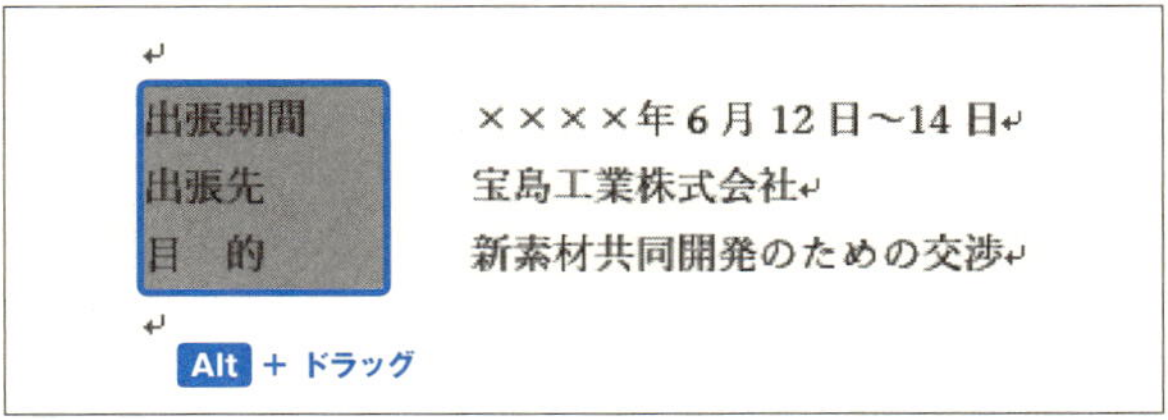

❗ 選択する範囲の先頭をクリックし、[Alt]キーを押したままドラッグするとブロックで選択できます。

裏ワザ 094

文字を切り取って一覧表を作る

これは便利！

[Ctrl]＋[F3]と [Ctrl]＋[Shift]＋[F3]を使う

1987年 Windows 2.0　1990年 Windows 3.0
1992年 Windows 3.1 マルチメディアに対応
した　1995年 Windows 95 使い勝手が向上
してPCユーザーが増えた

↓

1987年 Windows 2.0
1990年 Windows 3.0
1992年 Windows 3.1 マルチメディアに対応した
1995年 Windows 95 使い勝手が向上してPCユーザーが増えた

続けて入力した文字を一気に一覧表にします。

上の図の年表のように一覧にする文字は、先に入力してからレイアウトを整えることもできます。操作のポイントは文字を「Ctrl」＋「F3」キーで切り取ることです。こうすると、あとで一覧の形で貼り付けられるのです。切り取る文字は離れた場所にあってもかまいません。

　これは、切り取ったデータをパーツとして保存し、指定位置に貼り付ける「スパイク」という機能です。

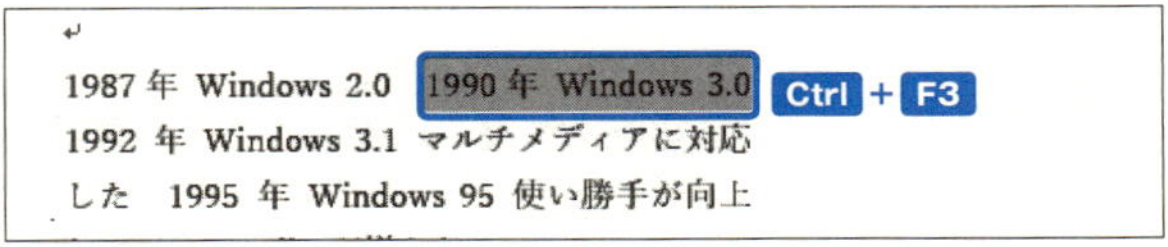
1987 年 Windows 2.0 1990 年 Windows 3.0
Ctrl + F3
1992 年 Windows 3.1 マルチメディアに対応
した 1995 年 Windows 95 使い勝手が向上

❶ 一覧にするデータを続けて入力してあります。行ごとに入れたい文字を選択して[Ctrl]キーを押したまま[F3]キーを押します。切り取った順に貼り付けられるので順番に注意してください。

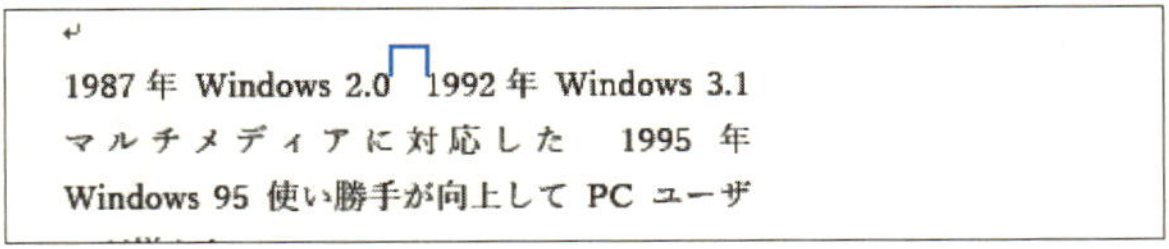
1987 年 Windows 2.0 1992 年 Windows 3.1
マルチメディアに対応した 1995 年
Windows 95 使い勝手が向上して PC ユーザ

❷ データが切り取られます。

1987 年 Windows 2.0
Ctrl + Shift + F3

❸ ❶の切り取りを繰り返して、一覧にするデータをすべて切り取ります。図では最初のデータは1行目として残しています。一覧を作成する位置をクリックして、[Ctrl]＋[Shift]＋[F3]キーを押します。

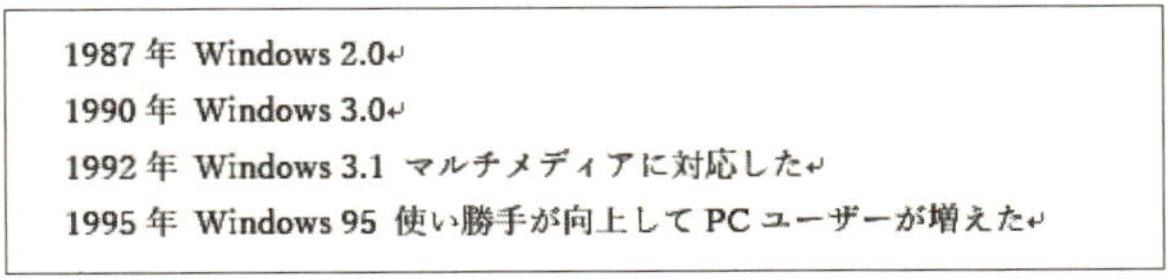
1987 年 Windows 2.0
1990 年 Windows 3.0
1992 年 Windows 3.1 マルチメディアに対応した
1995 年 Windows 95 使い勝手が向上して PC ユーザーが増えた

❹ 切り取ったデータが行ごとに貼り付けられます。書式が設定してあると、それも貼り付けられます。

裏ワザ 095

ルビのせいで広がった行間をきれいに整える

トラブル退治

行間を固定して戻す

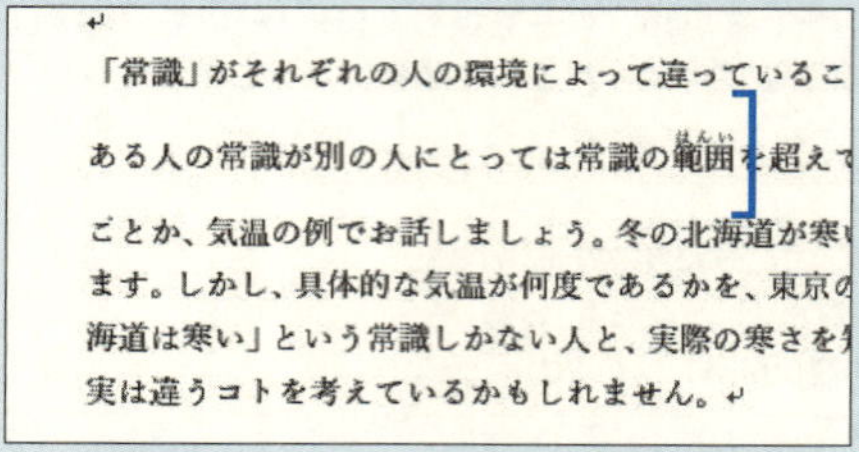

「常識」がそれぞれの人の環境によって違っているこ
ある人の常識が別の人にとっては常識の範囲《はんい》を超え
ごとか、気温の例でお話しましょう。冬の北海道が寒
ます。しかし、具体的な気温が何度であるかを、東京の
海道は寒い」という常識しかない人と、実際の寒さを
実は違うコトを考えているかもしれません。

2行目に振ったルビのせいで、行間が広がってしまいました。

文字にルビを振ると、ルビが入る分だけ行間が広がります。これを修正するには、行間を「固定値」にして、間隔を指定します。

行間は段落ごとに設定する段落の書式です。行間隔の指定では、ほかの段落とのバランスを見て、同じに見えるように設定することが大切です。ページ設定を変えていなければ、既定の行間は約18ポイントなので参考にしてください。

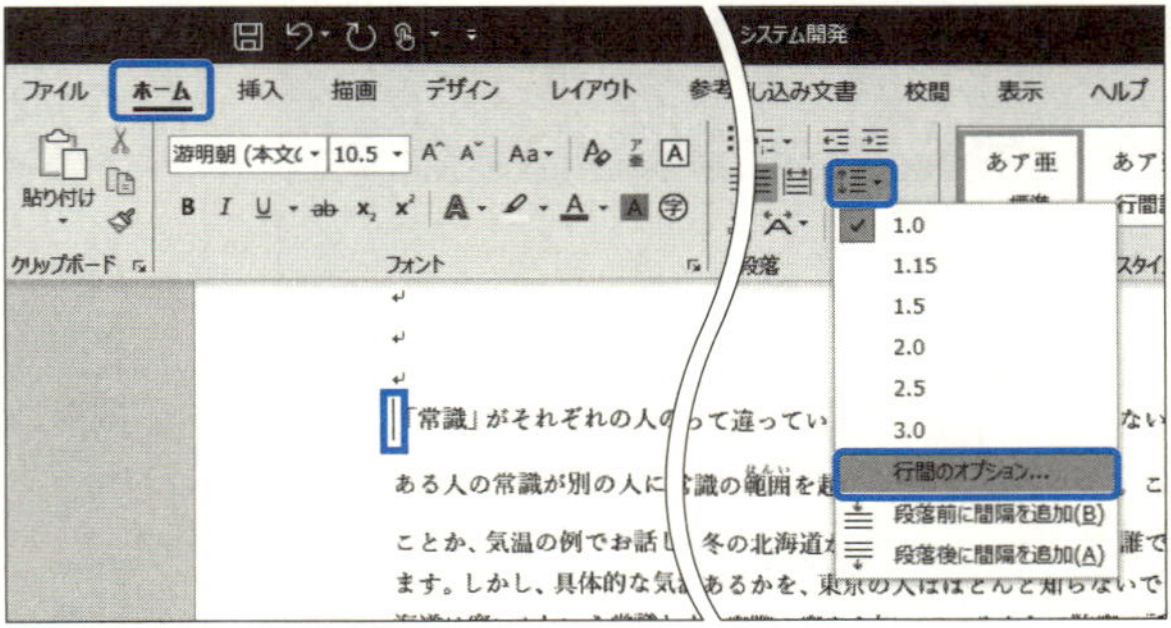

1 行間隔を調整する段落の任意の位置をクリックし、［ホーム］タブを開きます。［段落］グループの →［行間のオプション］を選択します。

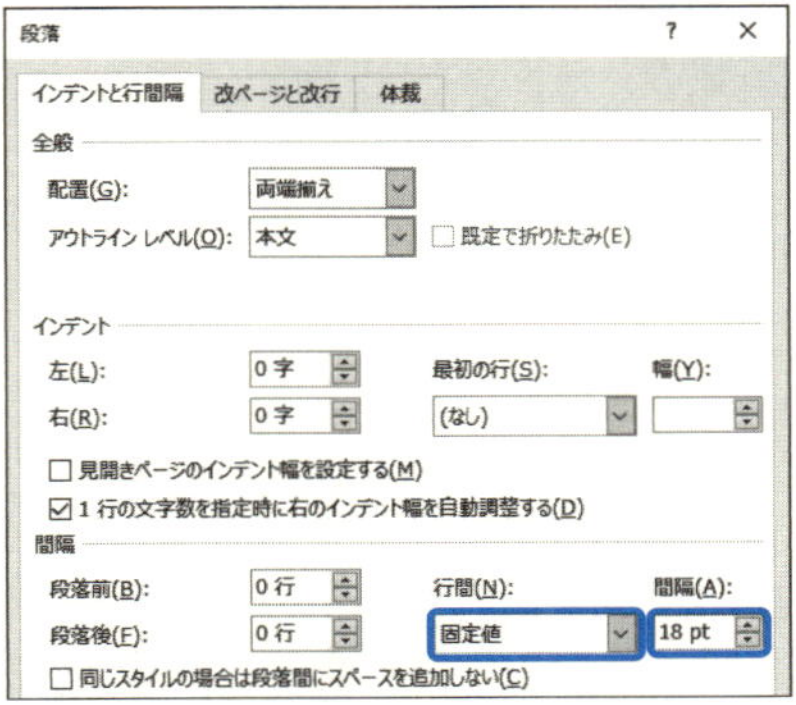

2 ［インデントと行間隔］タブを開きます。［行間］欄をクリックし、［固定値］を選択します。［間隔］欄で行間隔をポイント数で指定して、［OK］をクリックします。

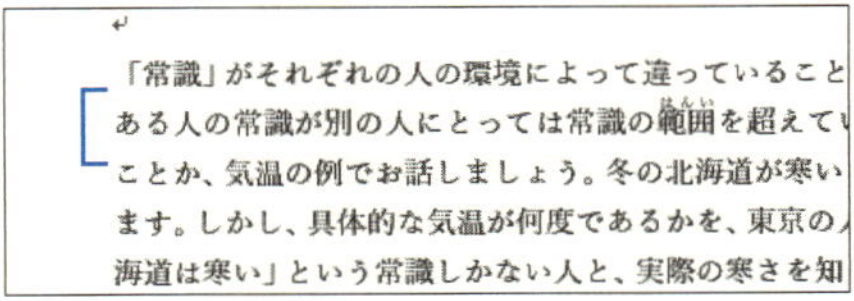

3 広がっていた行間が狭くなります。

裏ワザ 096

ルビを下に付ける

これは便利！

フィールドコードで「up」を「do」にする

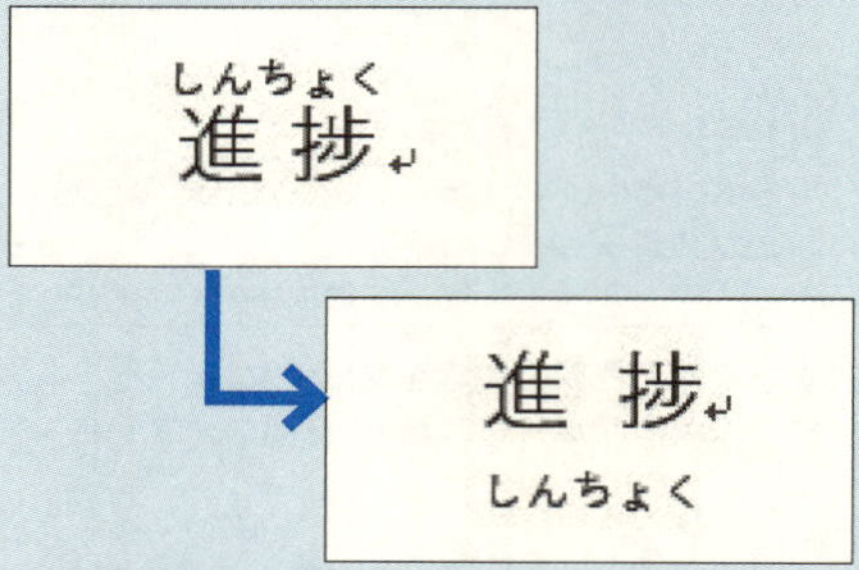

ルビの位置を下に変えました。

通常、ふりがな（ルビ）は横書きでは上、縦書きでは右に入ります。しかし、文書によっては下に入れたいこともあるでしょう。

ルビはフィールドコード（項目079参照）で入っているので、これを表示すれば位置を変えられます。

また、ルビのフォントやサイズを変えたいときはルビを振った文字を選択し、［ルビ］画面を表示して変更してください。

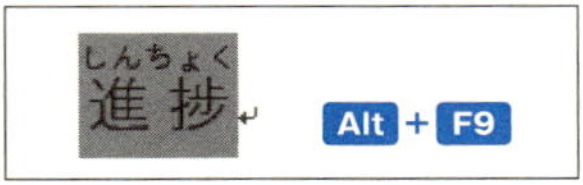

❶ ルビを振った文字を選択して、[Alt] キーを押したまま[F9]キーを押します。

❷ フィールドコードが表示されるので、「up」を選択します。

❸ 「do」と上書き入力します。[Alt] キーを押したまま [F9] キーを押すと、ルビが文字の下に付きます。

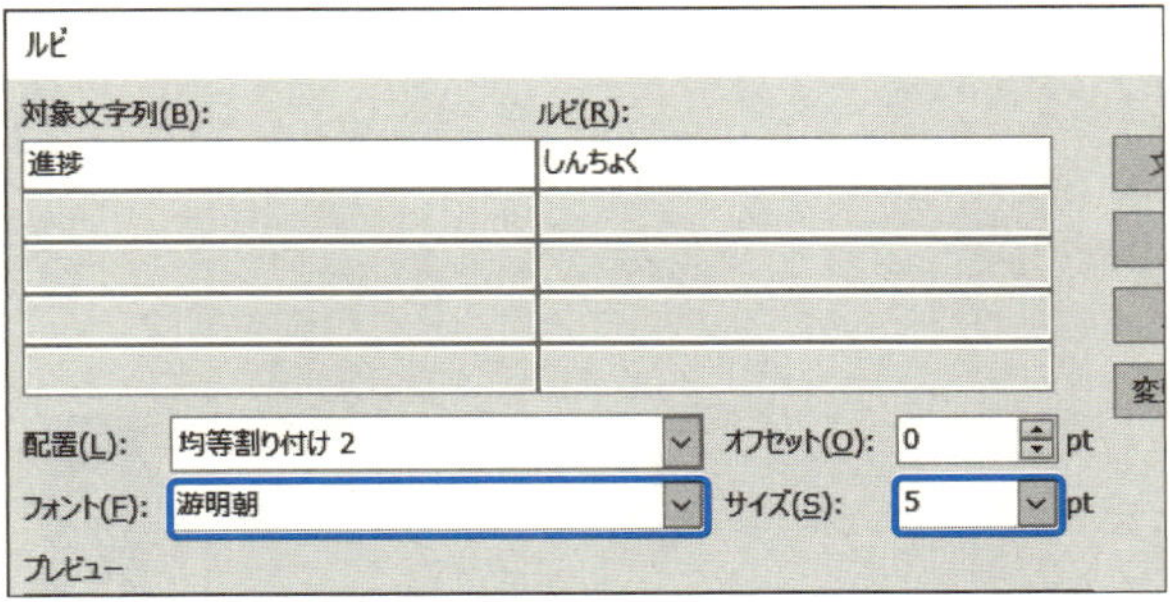

❗ ルビを振った文字を選択して、[ホーム] タブを開き、[フォント] グループ→ をクリックすると図の画面になり、ルビのフォントやサイズも変えられます。この操作はルビを上に表示した状態で行ってください。

裏ワザ 097

「貿易慣行(ぼうえきかんこう)」のようにルビを振る

これは便利！

ルビは便利な機能ですが、ルビの文字が小さくて読みづらかったり、行間が広がってしまうなどの問題が生じることもあります。

これを避ける方法の1つが、図のようにルビをカッコに入れることです。カッコとルビを入力したように見えますが、漢字の上に表示されていたルビを切り取って貼り付けただけです。入力の手間をかけずにルビの位置を変えられる方法です。

文字を切り取って「テキスト」として貼り付ける

不公正な貿易慣行《ぼうえきかんこう》を含む世界経済の問題を解決する。↵

↓

不公正な貿易慣行(ぼうえきかんこう)を含む世界経済の問題を

ルビが文字の次にカッコ付きで入るように変えました。

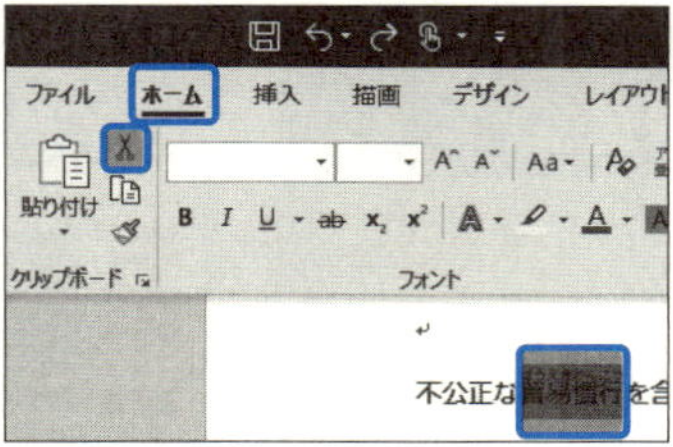

1 ルビを振った文字を選択します。[ホーム]タブを開き、[クリップボード]グループ→ をクリックします。

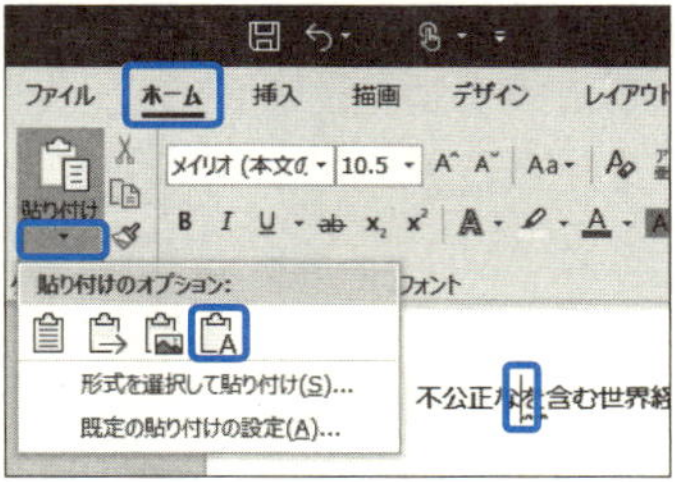

2 その位置で[ホーム]タブを開き、[クリップボード]グループ→[貼り付け]の → [テキストのみ保持]をクリックします。

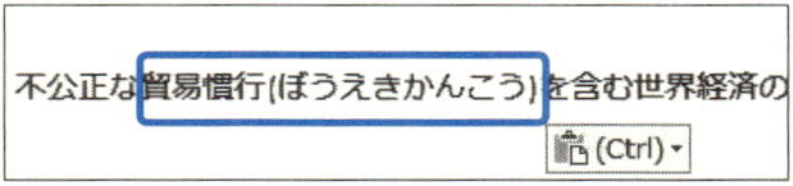

3 文字の次にルビがカッコ付きで表示されます。

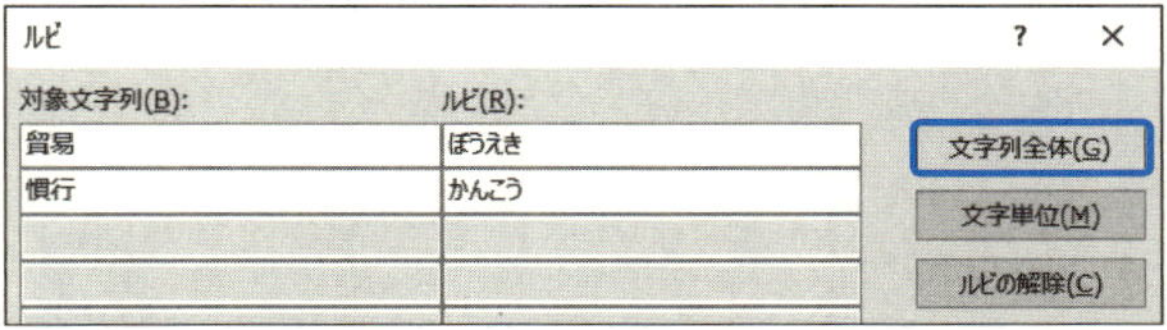

! ルビが「貿易(ぼうえき)慣行(かんこう)」のように分かれたら、ルビの設定を変えてやりなおしてください。文字を選択して[ホーム]タブの[フォント]グループ→ をクリックし、[ルビ]画面で[文字列全体]をクリックすると「貿易慣行」が1つの単語として扱われるようになります。

裏ワザ 098

箇条書きを五十音順に並べ替える

基本のキホン

番号を付けた箇条書きを作ったあとに並べ替えを行うと、番号も入れ替わるのではないかと思うかもしれませんが、心配は無用です。項目だけが並び替わります。ここでは五十音順の並べ替えを行います。五十音順に並べ替えられるのは、ひらがなやカタカナで入力した文字です。漢字はＪＩＳコード順になるので注意してください。ほかにも数値順、日付順などの条件で並べ替えられます。

並べ替えで[五十音順]を選ぶ

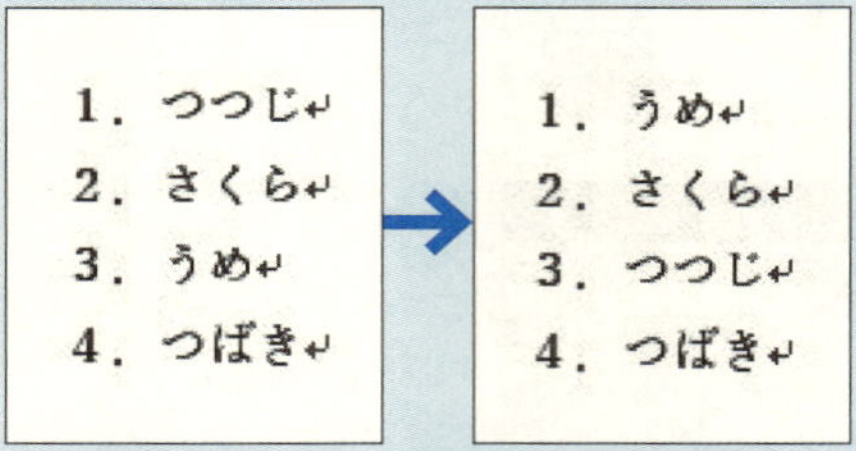

番号を付けた箇条書きを五十音順に並べ替えました。

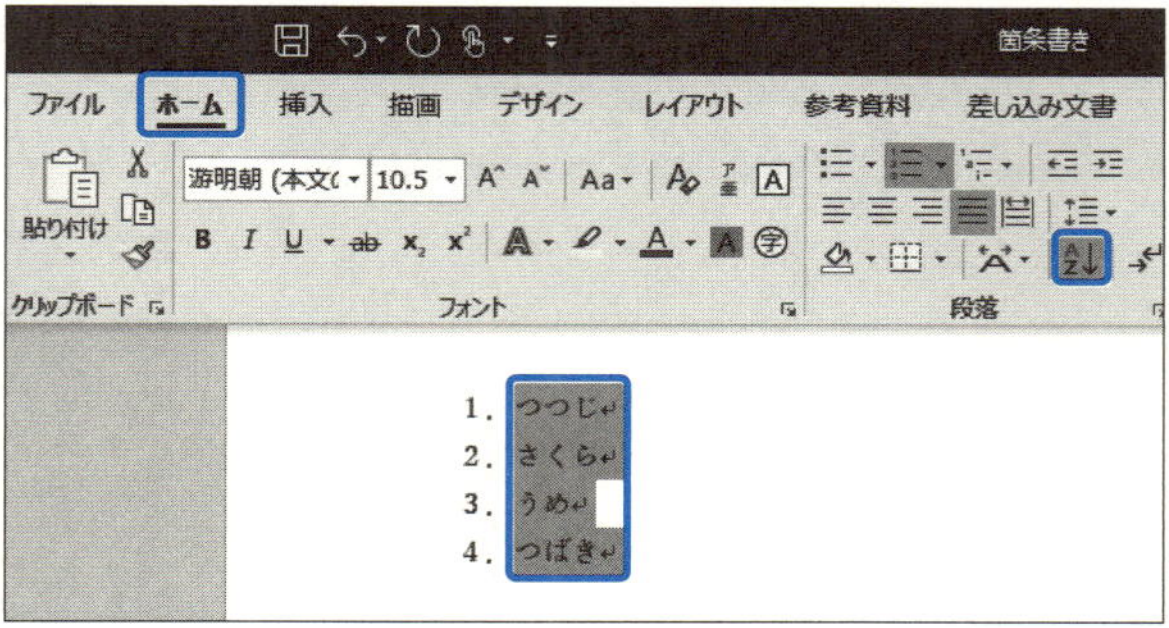

1 ワードの機能で箇条書きを作ってあります。並べ替える範囲を選択します。箇条書きの番号は範囲に入っていなくてかまいません。箇条書き以外でも並べ替えの手順は同じです。[ホーム]タブを開き、[段落]グループ→ をクリックします。

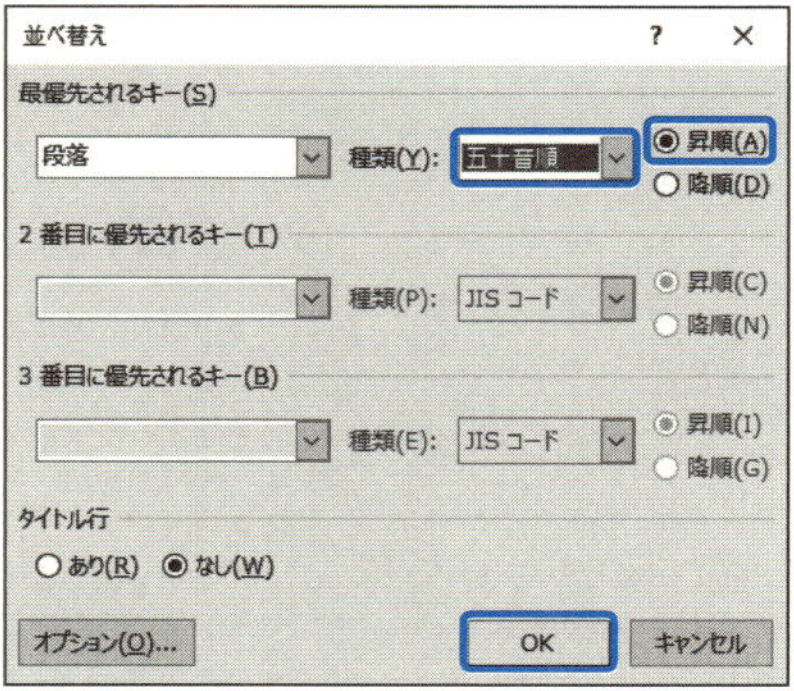

2 [種類]欄をクリックして[五十音順]を選びます。[昇順]が選択されていることを確認します。これにより「あ」から「ん」に向かって並びます。

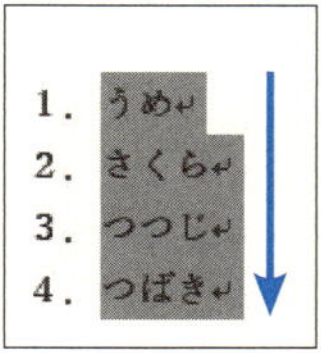

3 箇条書きが五十音順に並びます。

裏ワザ 099

選択した文字をテキストボックスに入れる

これは便利!

テキストボックスは、任意の場所に配置できる領域で、文字や画像を入れられます。ページのレイアウトに縛られずに文字や画像を置きたいときに利用します。

テキストボックスは先に作成して文字を入力するだけでなく、すでに入力してある文字を入れて作ることもできます。この場合は文字数に合わせた大きさになるので、必要に応じてサイズを調整してください。

文字を選択してから テキストボックスを作る

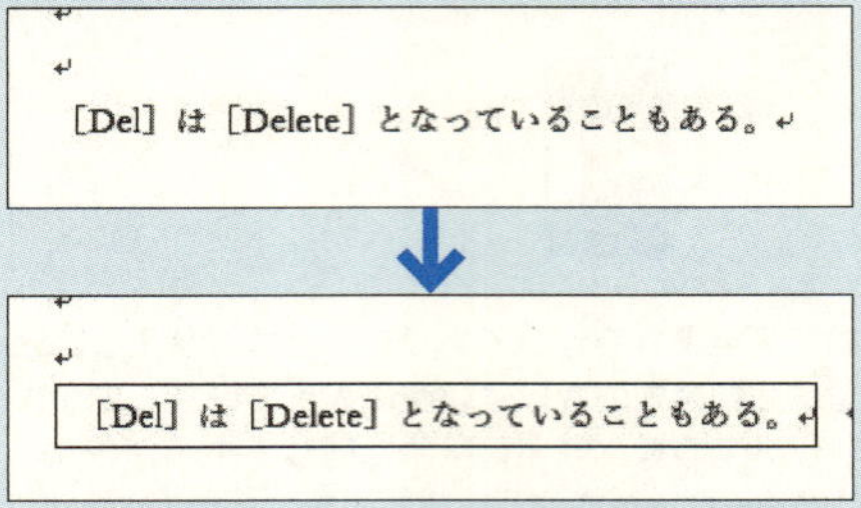
［Del］は［Delete］となっていることもある。
［Del］は［Delete］となっていることもある。

入力してある文字をテキストボックスに入れました。

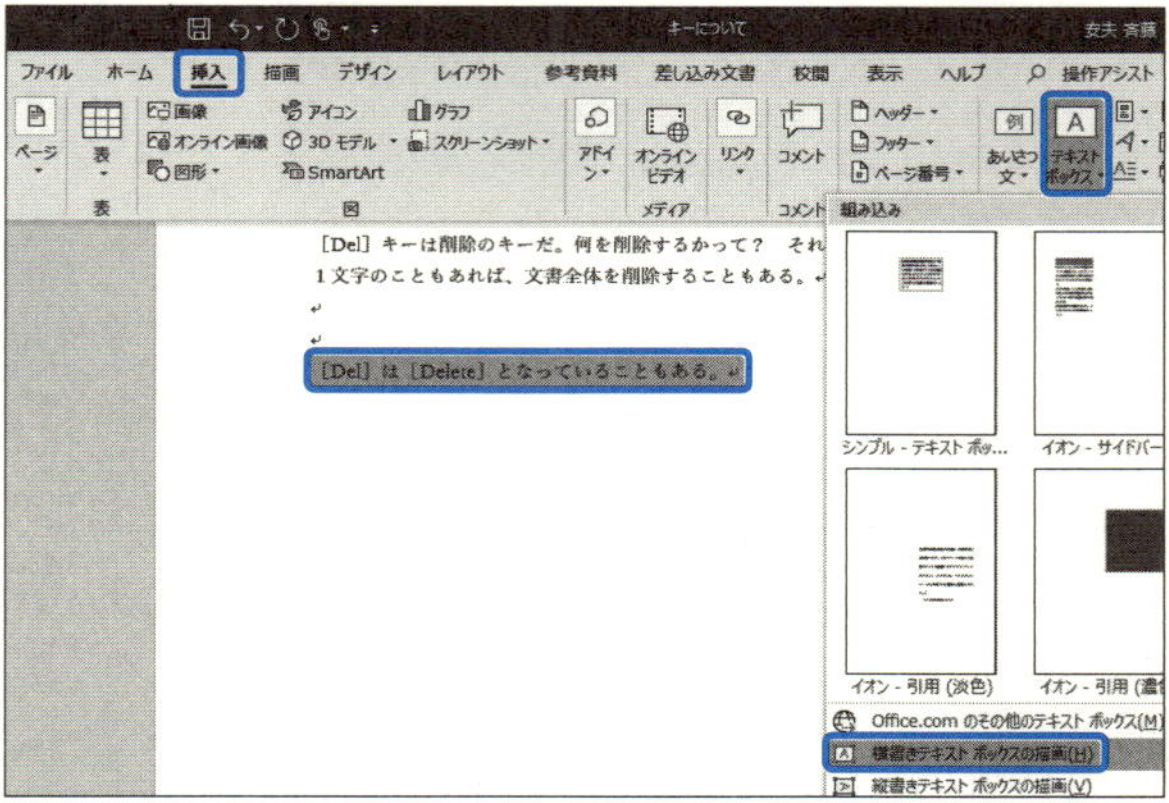

1 テキストボックスに入れる文字を選択します。[挿入] タブを開き、[テキスト] グループ→[横書きテキストボックスの描画] を選びます。ここで [縦書きテキストボックスの描画] を選ぶと、文字が縦書きになってテキストボックスに入ります。

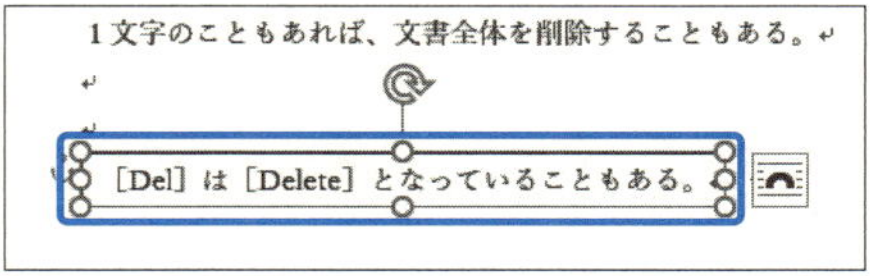

2 1で選択した文字が入ったテキストボックスができます。

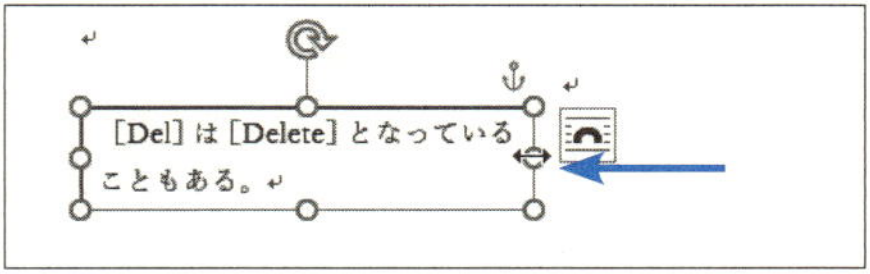

! テキストボックスをクリックして、周囲に表示される丸や四角のハンドルをドラッグするとサイズを変えられます。テキストボックスのなかをクリックしてから枠線にポインターを合わせ、になったらドラッグすると移動できます。

裏ワザ100

複数のテキストボックスに文章を流し込む

これは便利！

テキストボックスをリンクする

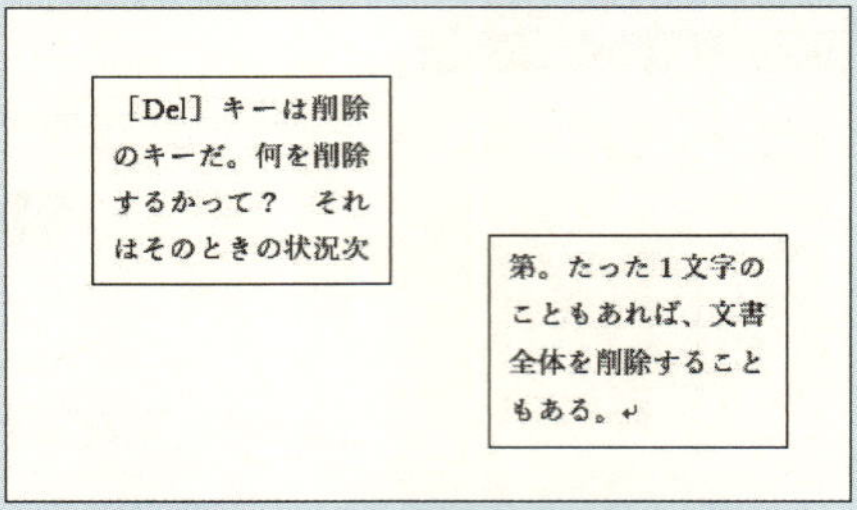
［Del］キーは削除
のキーだ。何を削除
するかって？　それ
はそのときの状況次
第。たった1文字の
こともあれば、文書
全体を削除すること
もある。↵

2つのテキストボックスをリンクさせました。左右のテキストボックスの文字はつながっています。

複数のテキストボックスをリンクさせると、その中に入力した文字は1つの文章として扱えます。文章の編集による文字の増減が自動的に次のテキストボックスにも反映されるわけです。長文を複数のテキストボックスに分けてレイアウトするのに適した機能です。また、リンクを解除すると、そのテキストボックスに入っていた文章は、リンク元のテキストボックスに残ります。

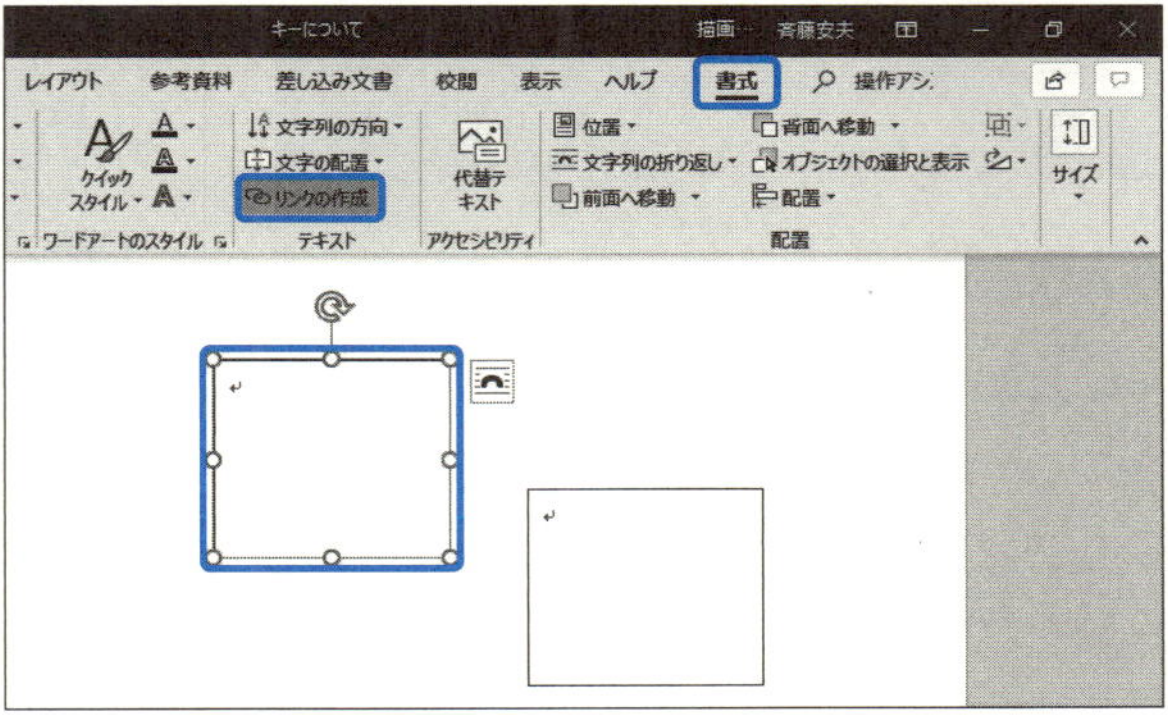

1 複数のテキストボックスを作っておきます。テキストボックスは、［挿入］タブを開き、［テキスト］グループ→［テキストボックス］→［横書きテキストボックスの描画］をクリックしてからドラッグして作ります。1つ目のテキストボックスをクリックし、［描画ツール］の［書式］タブを開きます。［テキスト］グループ→［リンクの作成］をクリックします。ここで［リンクの解除］をクリックするとリンクを解除できます。

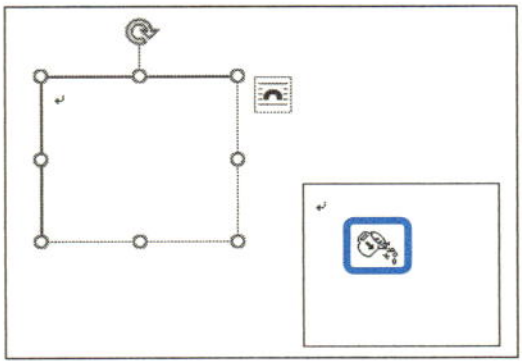

2 ポインターがになったら、2つ目のテキストボックスをクリックします。さらにリンクさせる場合は、［リンクの作成］とテキストボックスのクリックを繰り返してください。

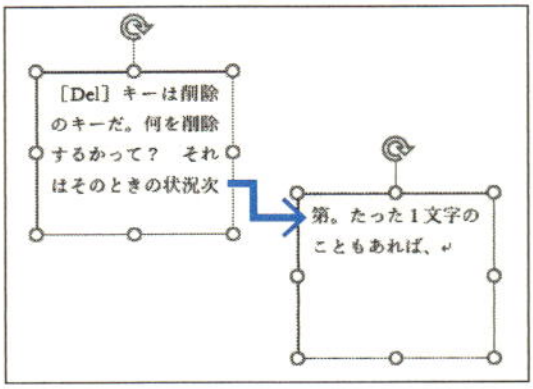

3 文章を入力して、1つ目のテキストボックスがいっぱいになったら、続きが2つ目のテキストボックスに入るようになります。

裏ワザ 101

置換で一気に書式を変える

時間短縮効率UP!

[置換]機能で書式を条件とする

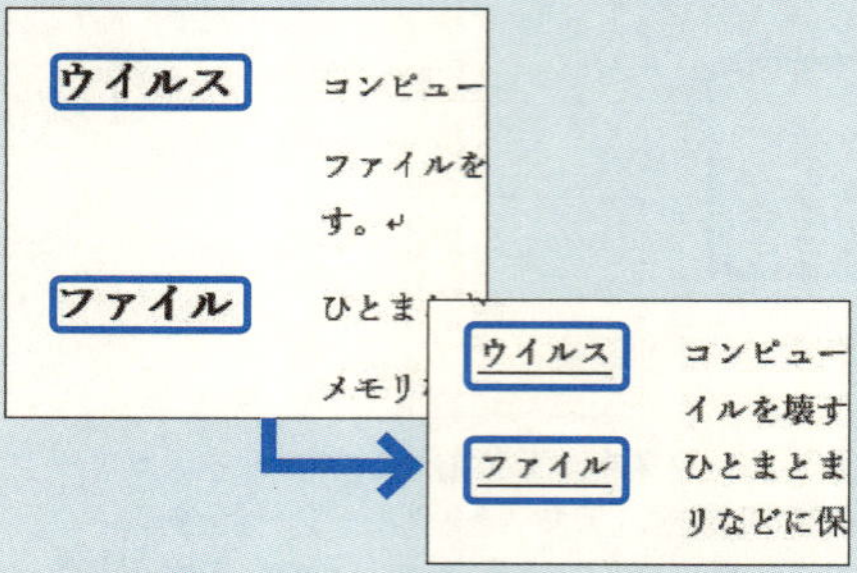

「14ポイント、太字」の書式を「10.5ポイント、標準、下線付き」に変えました。

「置換」は文字を置き換える機能ですが、書式にも利用できます。文字を斜体に変えたり、文字色を一気に変更したりするのに便利です。指定した書式をワードが検索して置き換えてくれるので、見落としの心配もありません。置換できる書式には、フォントの種類やサイズ、行揃えなどさまざまあります。エクセルでも画面は異なりますが、セル単位で書式の置換ができます。

❶ 検索を開始する位置をクリックし、[ホーム]タブを開きます。[編集]グループ→[置換]をクリックします。

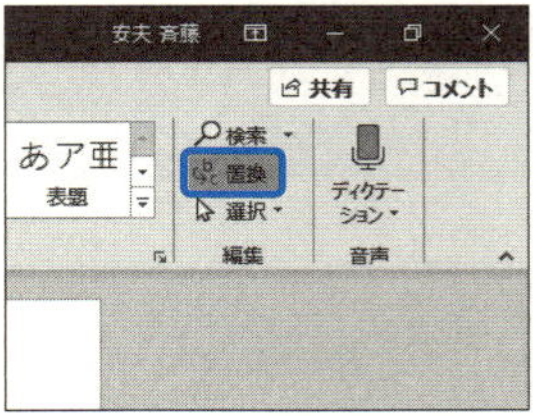

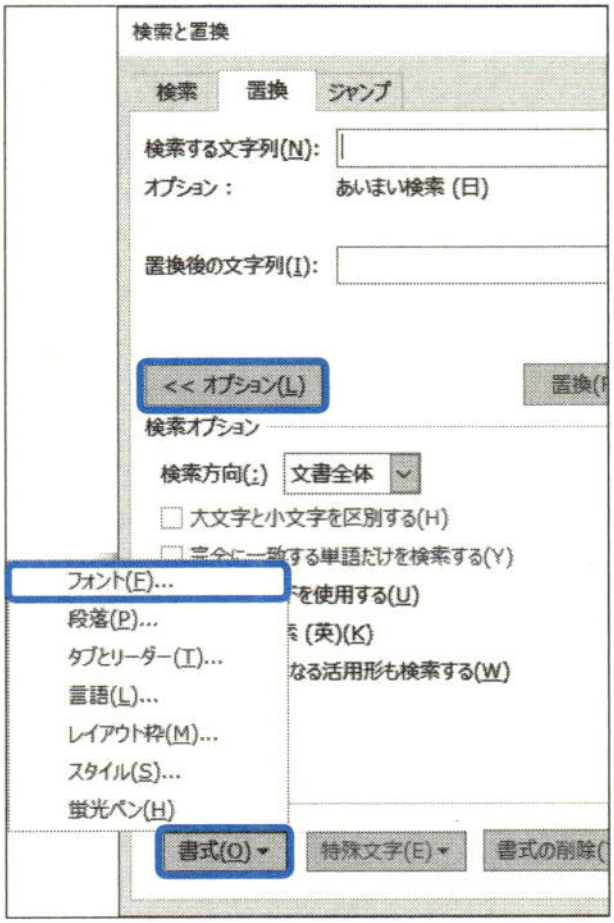

❷ [置換]タブを開き、[検索する文字列]欄をクリックします。文字が入力されていたら削除します。[オプション]をクリックし、[書式]→[フォント]を選択します。

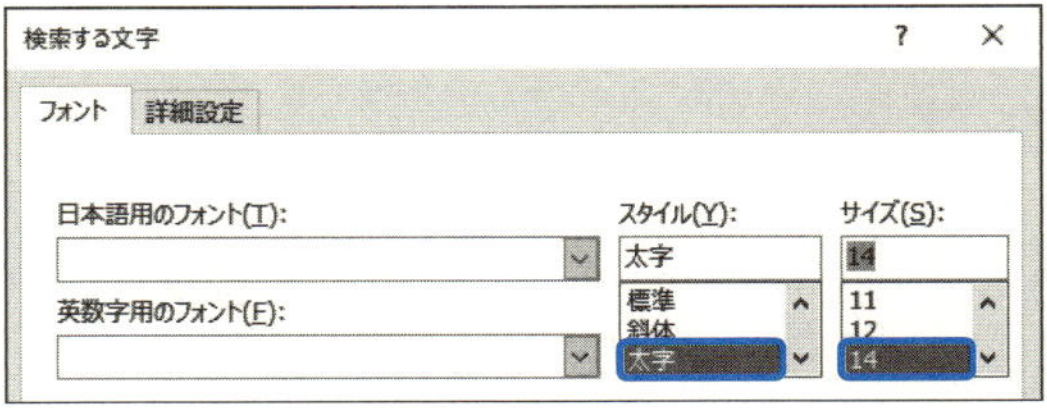

❸ 検索する書式を指定して[OK]をクリックします。❷に戻るので、[置換後の文字列]欄をクリックし、同様の手順で置換後の書式を指定します。[すべて置換]をクリックすると置き換えが一気に行われます。

裏ワザ 102

見出しと本文を必ず同じページに収める

仕上がりキレイ

見出しと本文が別ページになったときの解決策には、空白行を入れたり、ページ区切りを変えるなどがありますが、見出しと本文の段落が分離しないように設定する方法もあります。これなら文章を編集しても、見出しと本文が分かれません。

このほか、段落の最初や最後の行が別ページになるのを防ぐ[改ページ時1行残して段落を区切らない]も覚えておくと便利です。

[次の段落と分離しない]をオンにする

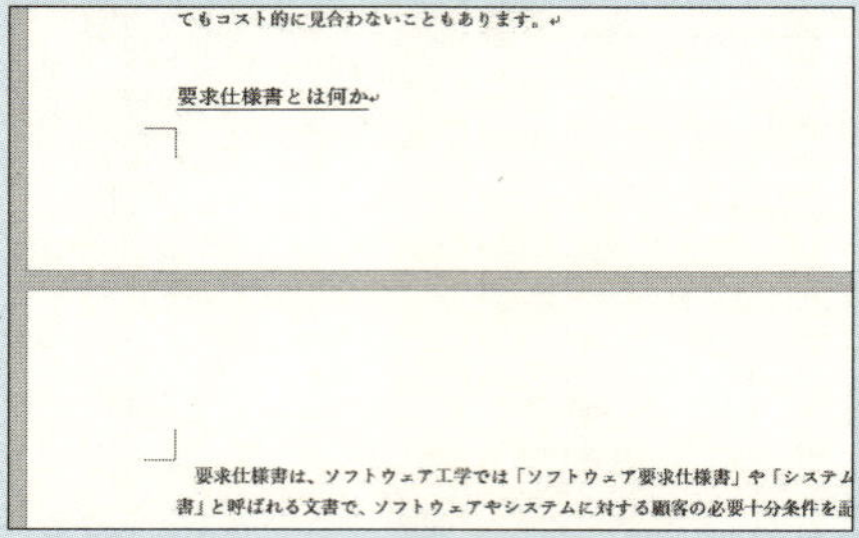
てもコスト的に見合わないこともあります。↵

要求仕様書とは何か↵

要求仕様書は、ソフトウェア工学では「ソフトウェア要求仕様書」や「システム
書」と呼ばれる文書で、ソフトウェアやシステムに対する顧客の必要十分条件を

見出しと本文が別ページになってしまいました。次の段落と分離しないように設定を変えます。

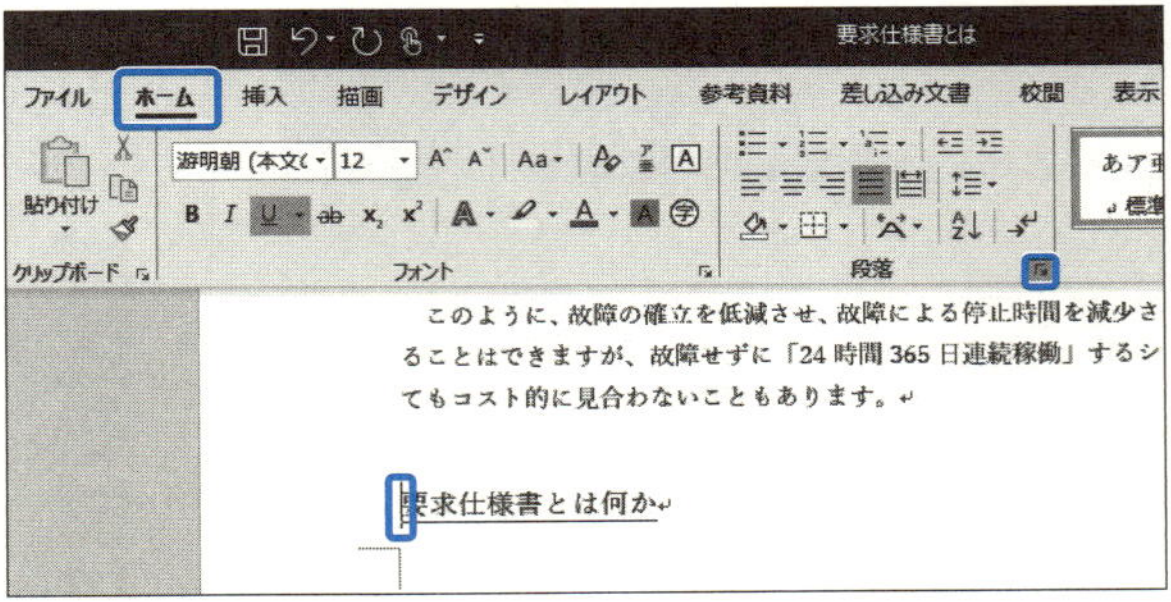

1 見出しの段落をクリックして、[ホーム]タブを開きます。[段落]グループ→[段落の設定]をクリックします。

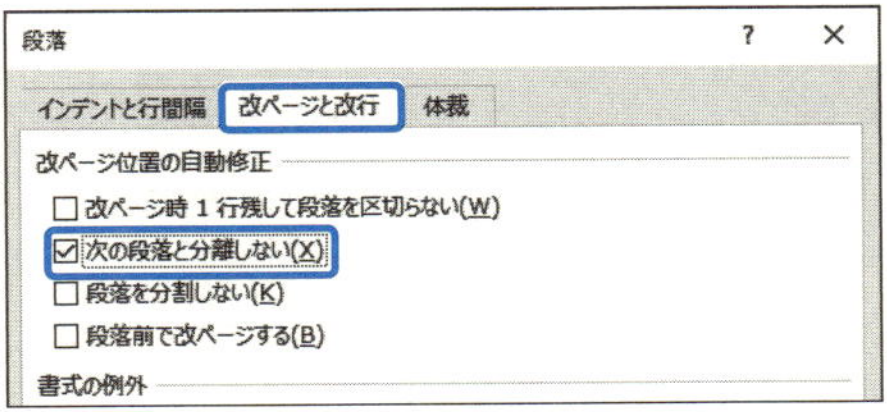

2 [改ページと改行]タブを開きます。[次の段落と分離しない]をクリックして☑にし、[OK]をクリックします。

段落の最初や最後の行が別ページにならないようにしたいときは、[改ページ時 1 行残して段落を区切らない]を☑にしてください。

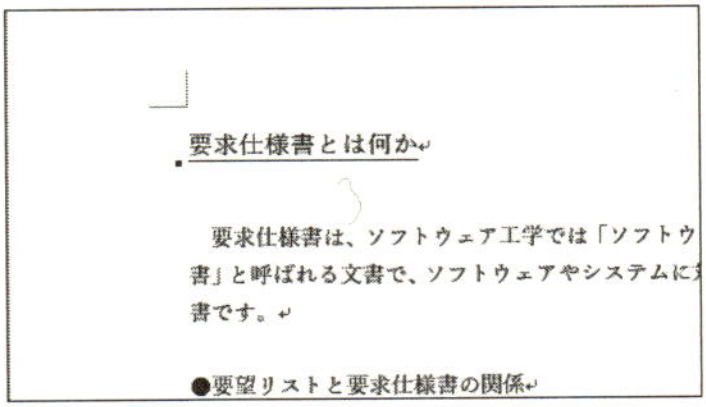

3 見出しが次のページに入ります。この設定をすると行頭に記号が表示されますが、記号は印刷されません。

裏ワザ
103

脚注を付ける

これは便利！

対象の文字を選択して［脚注の挿入］をクリック

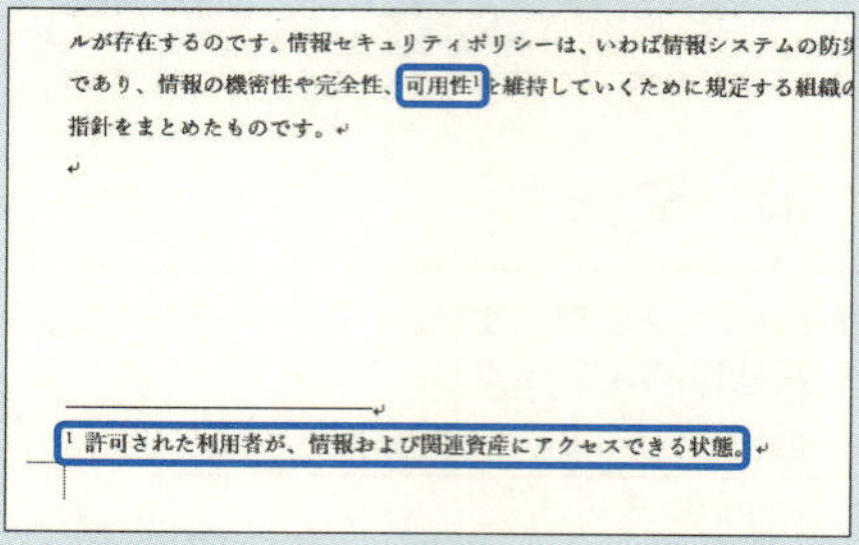
ルが存在するのです。情報セキュリティポリシーは、いわば情報システムの防
であり、情報の機密性や完全性、可用性[1]を維持していくために規定する組織の
指針をまとめたものです。

[1] 許可された利用者が、情報および関連資産にアクセスできる状態。

「可用性」に脚注を付けました。

脚注はページの下部または文書の最後に付ける注です。［脚注の挿入］または［文末脚注の挿入］を使うと、手軽に文書に注を入れられます。番号はワードが管理してくれるので、注を付けるたびに、何番目になるかを気にする必要もありません。

　脚注は削除も簡単です。文中の文字に表示されている脚注番号を削除すれば、注が削除されて番号が振りなおされます。

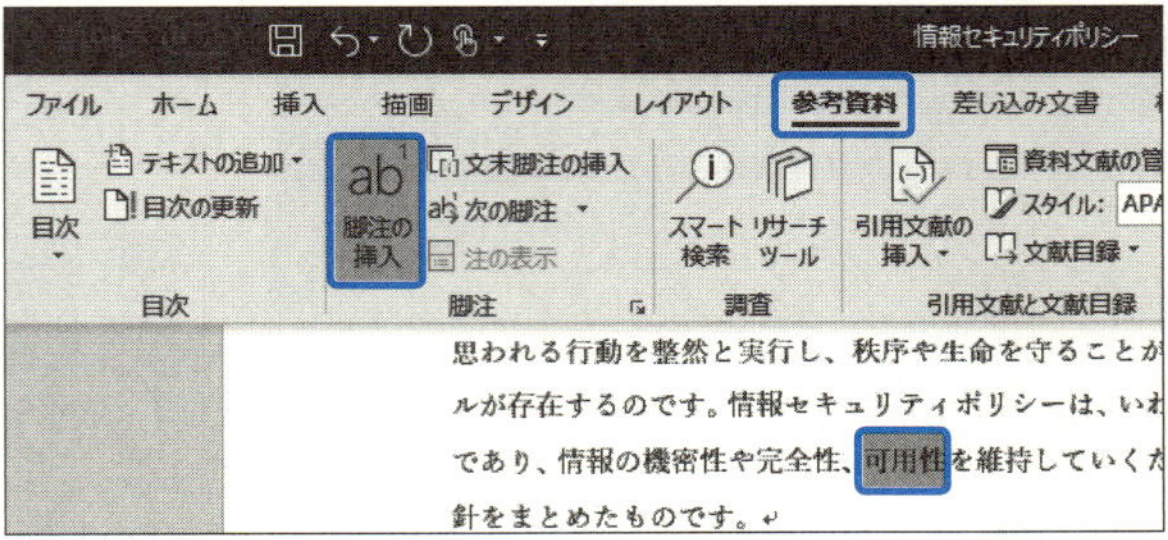
情報セキュリティポリシー
ファイル
ホーム
挿入
描画
デザイン
レイアウト
参考資料
差し込み文書
テキストの追加
目次の更新
目次
目次
ab
脚注の挿入
文末脚注の挿入
次の脚注
注の表示
脚注
スマート検索
リサーチツール
調査
引用文献の挿入
スタイル:
文献目録
引用文献と文献目録
思われる行動を整然と実行し、秩序や生命を守ること
ルが存在するのです。情報セキュリティポリシーは、い
であり、情報の機密性や完全性、可用性を維持していく
針をまとめたものです。

1 注を付ける文字を選択します。[参考資料]タブを開き、[脚注]グループ→[脚注の挿入]をクリックします。脚注を文書の最後に入れたい場合は[文末脚注の挿入]をクリックしてください。

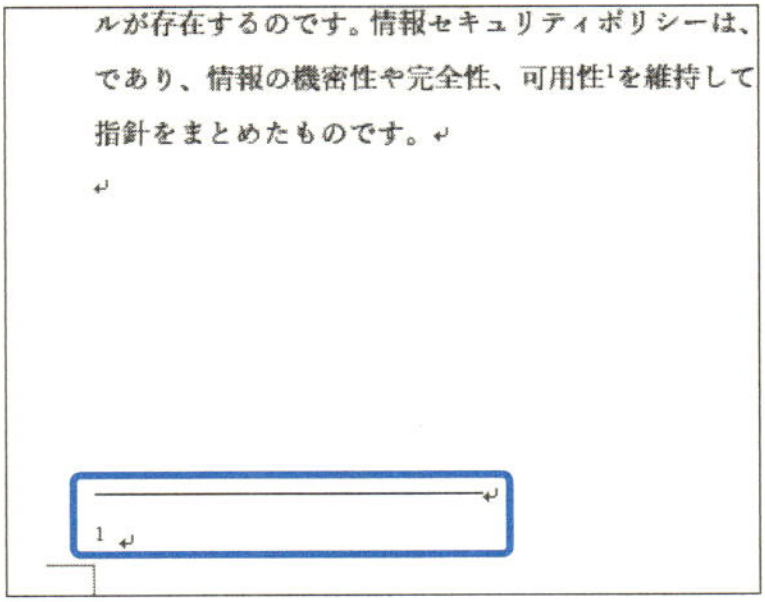
ルが存在するのです。情報セキュリティポリシーは、
であり、情報の機密性や完全性、可用性1を維持して
指針をまとめたものです。
1

2 ❶の文字に脚注番号が付き、ページの下部に脚注の領域が表示されます。

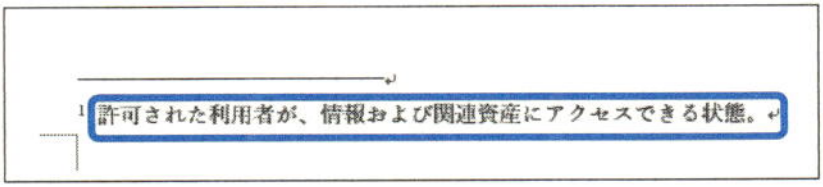
1 許可された利用者が、情報および関連資産にアクセスできる状態。

3 注を入力します。

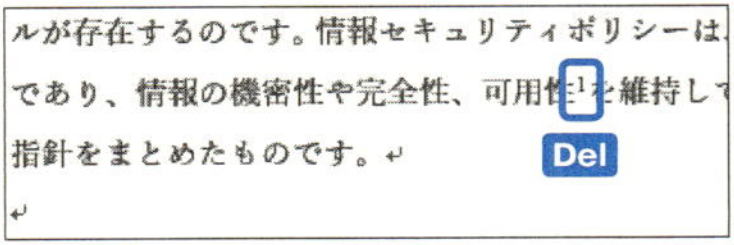
ルが存在するのです。情報セキュリティポリシーは
であり、情報の機密性や完全性、可用性1を維持して
指針をまとめたものです。
Del

! 脚注番号を選択して[Del]キーを押すと、番号と脚注を削除できます。

裏ワザ 104

複数の文書を連結して1つにする

これは便利！

文書のなかには、ほかの文書ファイルのデータを入れることもできます。複数のファイルに分けて作成した文書を1つにまとめたり、定型のあいさつ文を入力した文書に別の文書の内容を追加したいときなどに使えます。挿入するファイルを指定するだけなので、コピーのように範囲指定をする必要がありません。ただし、「オブジェクト」として入るので編集方法は通常と異なります。

[オブジェクトの挿入]で連結する文書を指定する

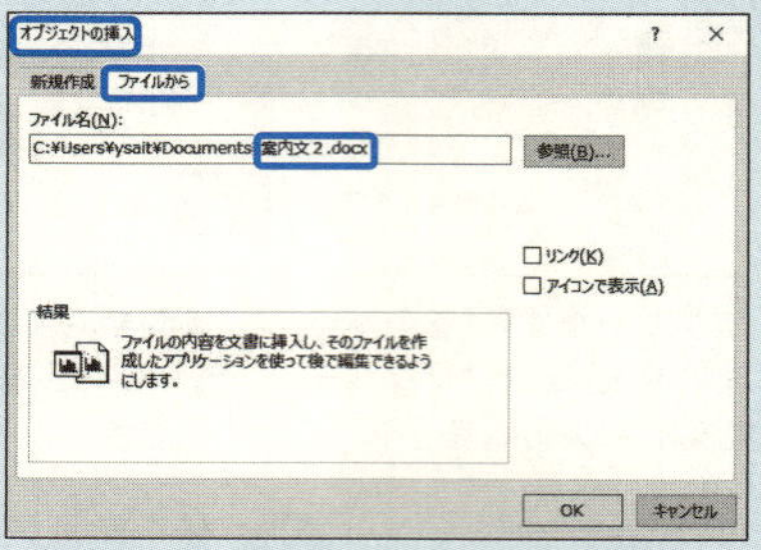

[オブジェクトの挿入]で[ファイルから]にすると、文書のなかに別の文書ファイルのデータを入れられます。

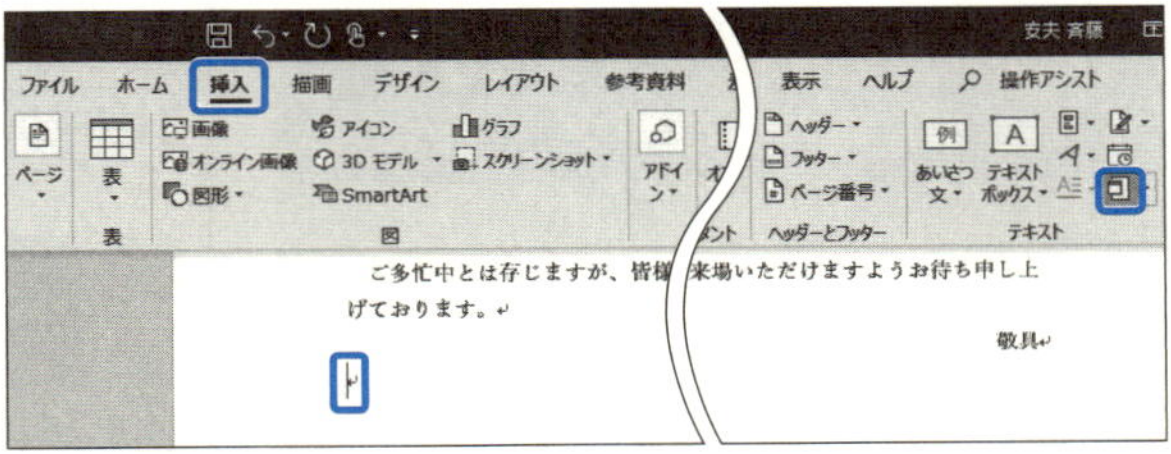

1 別の文書のデータを入れる位置をクリックして、[挿入]タブを開きます。[テキスト]グループ→[オブジェクト]をクリックします。

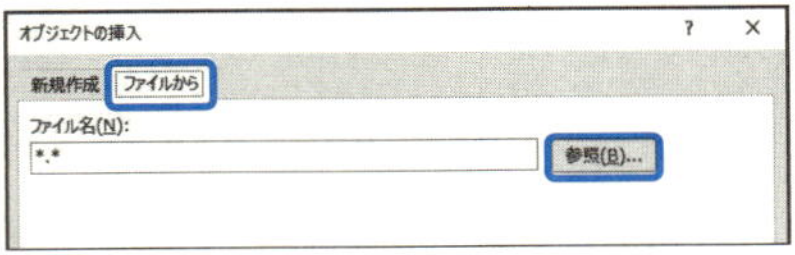

2 [ファイルから]タブを開きます。[参照]をクリックします。

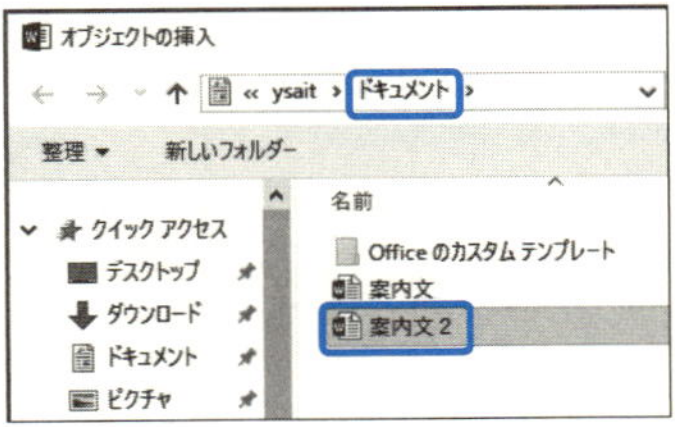

3 挿入するファイルを保存した場所を開き、ファイルを選んで[挿入]をクリックします。**2**に戻るので[OK]をクリックします。

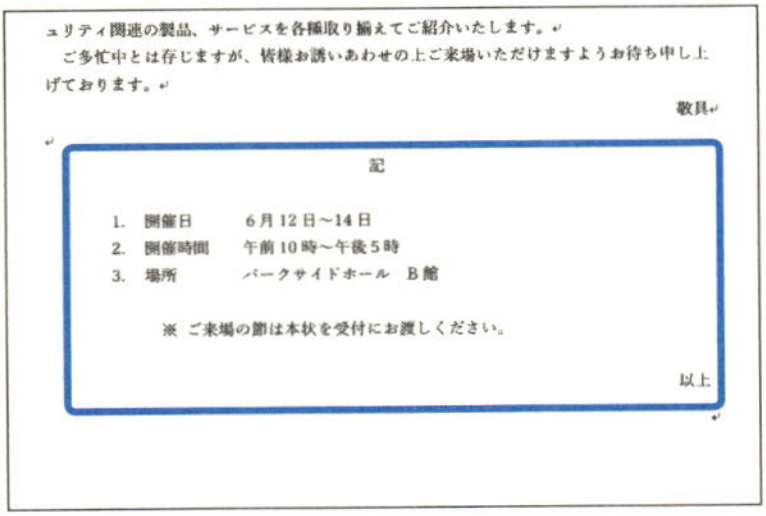

! 指定したファイルの内容がオブジェクト(入力した文章とは別に扱うもの)として挿入されます。編集する場合は挿入した部分をダブルクリックし、埋め込まれている元の文書を編集して保存してください。

裏ワザ 105

複数人が編集する文書で変更の履歴を残す

これは便利！

[変更履歴の記録]をオンにして編集内容を残す

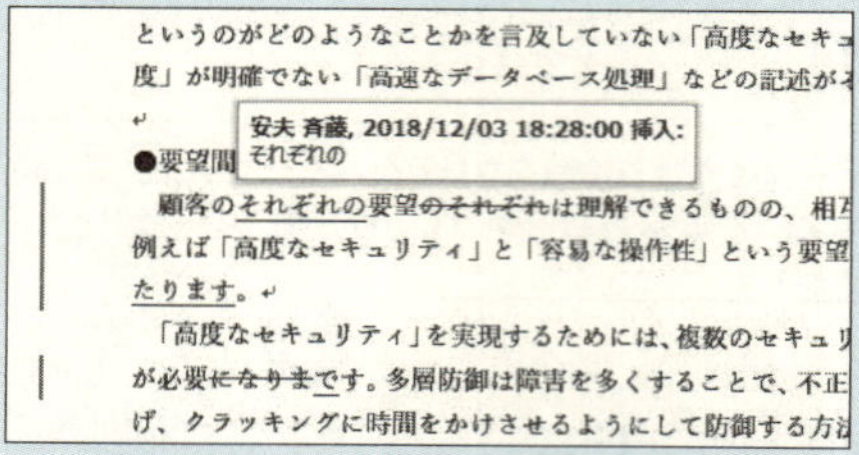
というのがどのようなことかを言及していない「高度なセキ
度」が明確でない「高速なデータベース処理」などの記述が
●要望間
安夫 斉藤, 2018/12/03 18:28:00 挿入:
それぞれの
顧客のそれぞれの要望のそれぞれは理解できるものの、相
例えば「高度なセキュリティ」と「容易な操作性」という要望
たります。
「高度なセキュリティ」を実現するためには、複数のセキュ
が必要になりまです。多層防御は障害を多くすることで、不正
げ、クラッキングに時間をかけさせるようにして防御する方

変更履歴を記録すると、変更箇所が強調表示され、変更者名、変更日時、変更内容が残ります。

「変更履歴」は、加筆、訂正などの履歴を保存する機能です。これを利用すると、複数人が同じ文書を編集するときに、誰が何をどのように変更したかがわかります。

　変更履歴を記録した文書では、変更を反映するまでは、変更したデータがすべて残っています。変更履歴が必要なくなったら、最終的に「削除を反映」などを行い、不要なデータを削除してください。

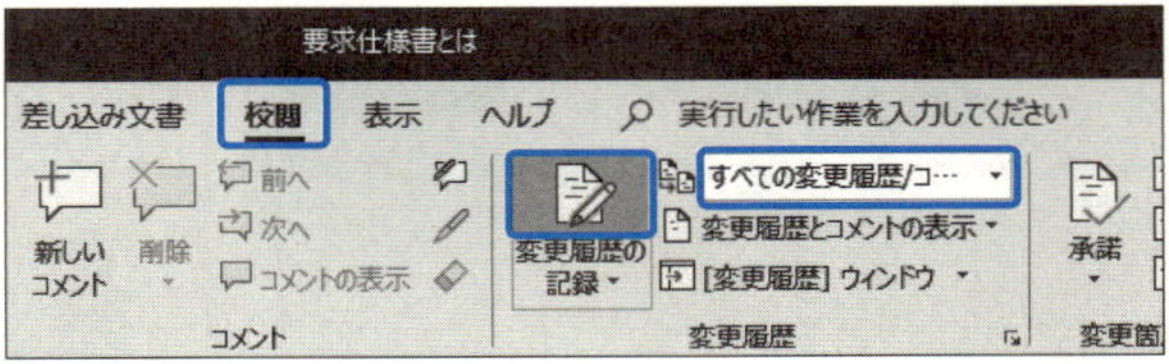

1 [校閲]タブを開きます。[変更履歴]グループ→[変更内容の表示]で[すべての変更履歴／コメント](2010では[最終版：変更箇所／コメントの表示])を選択します。[変更履歴]グループ→[変更履歴の記録]をクリックします。 この操作を繰り返すと変更履歴の記録を終了できます。

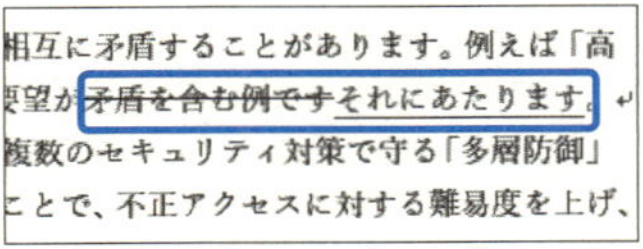

2 文書を変更すると、変更箇所が記録されます。書式の場合は、変更内容が吹き出しになって表示されます。

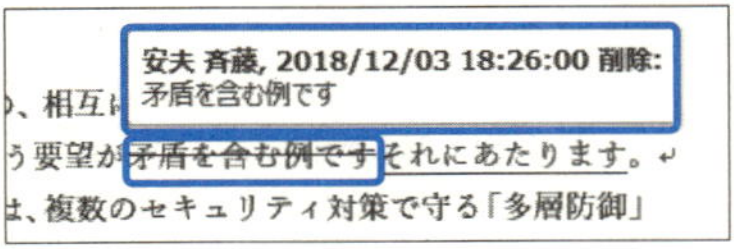

3 変更箇所にポインターを合わせると、変更者や変更日時などがわかります。

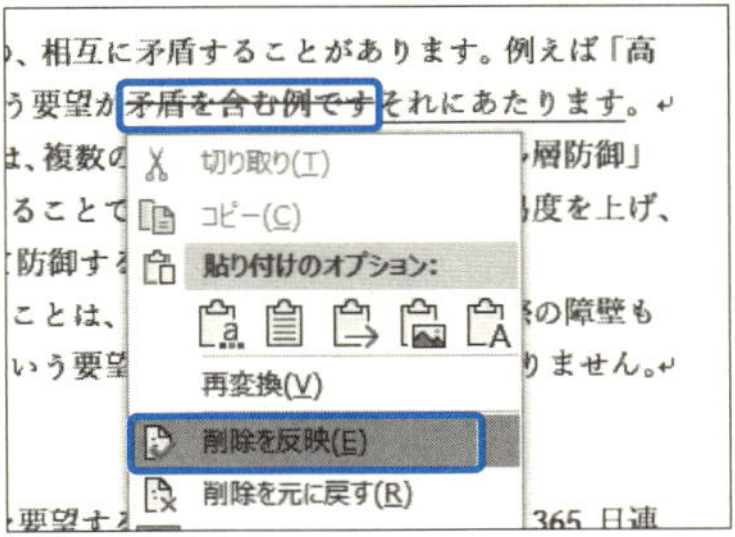

4 変更箇所を右クリックし、[削除を反映]を選択します。変更が反映され、強調表示がなくなります。変更したくないときは、[削除を元に戻す]を選んでください。「削除」の部分は変更に応じて変わります。

裏ワザ 106

文書の作成者名などを削除する

これは便利!

ファイルの作成者名や会社名などは、場合によっては個人情報や企業情報の流出源になります。また、自宅のパソコンで文書を作成すると、作成者名も自宅のものになるので、ビジネス上都合がよくありません。ファイルを第三者に渡す際は、相手に応じて個人情報などを削除しておくと安心です。配布先によっては、コメントやヘッダー・フッターなどへの配慮も必要です。

配信前に文書の個人情報を調べて一気に削除

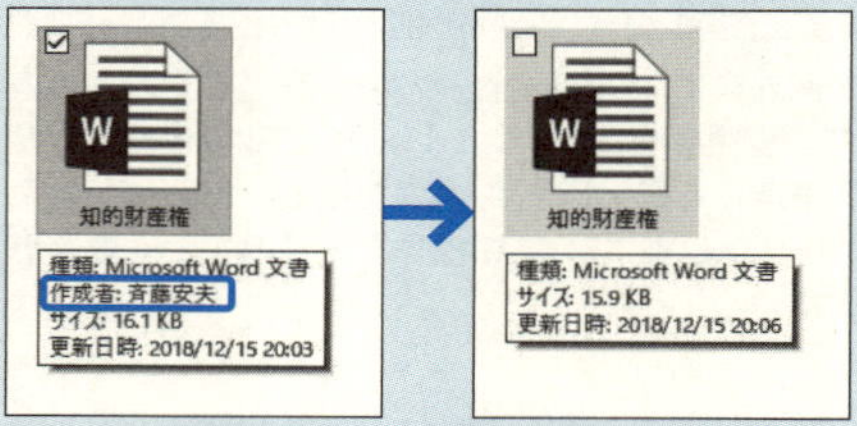

個人情報を削除すれば、作成者名が表示されなくなります。

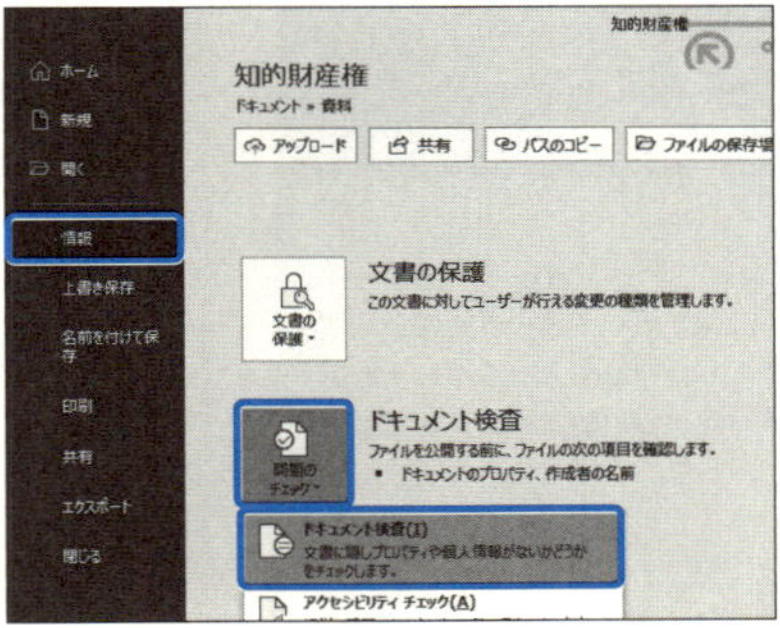

1 個人情報を削除する前に文書を保存します。[ファイル]タブを開き、[情報]をクリックします。[問題のチェック]→[ドキュメント検査]をクリックします。

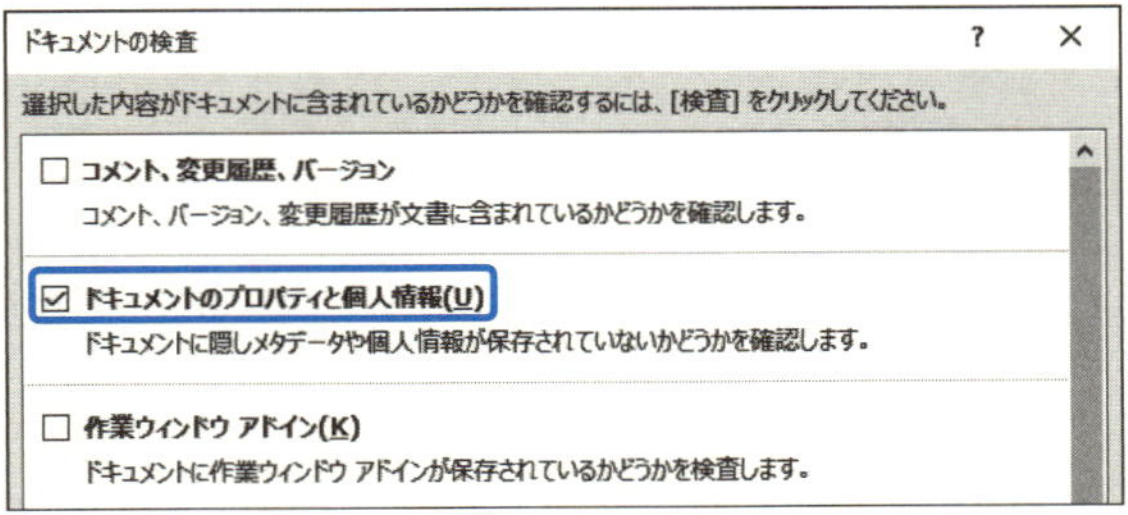

2 検査が必要な項目だけを☑にし、[検査]をクリックします。ここで[コメント、変更履歴、バージョン]を選ぶとコメントが、[ヘッダー、フッター、透かし]を選ぶとヘッダーやフッターなどがあるかどうかを調べられます。

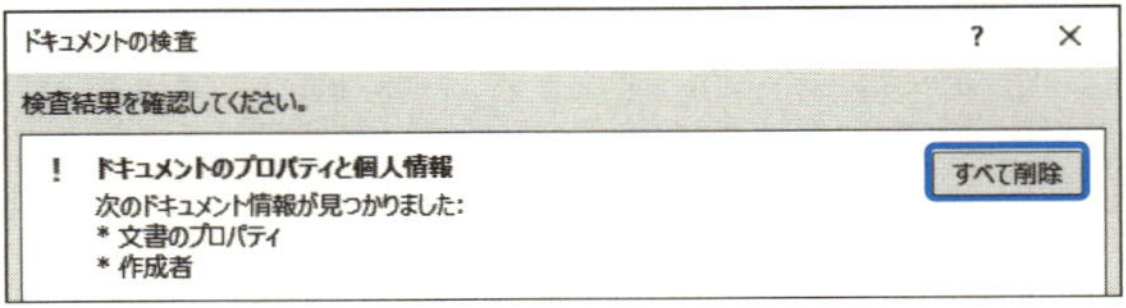

3 検査結果が表示されるので、[すべて削除]をクリックします。[閉じる]をクリックして変更を保存します。

裏ワザ 107

画像を好きなように動かす

これは便利！

[文字列の折り返し]を[四角]にする

度」が明確でない「高速なデータベース処理」など
顧客の要望のそれぞれは理解できるものの、相互
度なセキュリティ」と「容易な操作性」という要望
「高度なセキュリティ」を実現す
守る「多層防御」が必要になります。多層防御は障
する難易度を上げ、クラッキングに時間をかけさせ

画像が行内に配置されています。これを自由に動かせるようにします。

文書に挿入した画像は「行内」に配置されます。文字と同じように行に合わせて配置されるということです。画像が入った部分だけ行間隔が大きく開いたり、画像を自由に動かせないのはこのためです。

画像を文中の任意の位置に動かしたいときは「文字列の折り返し」を「四角形」などに変更します。この設定にすると画像の周囲に文字が流し込まれるようにもなります。

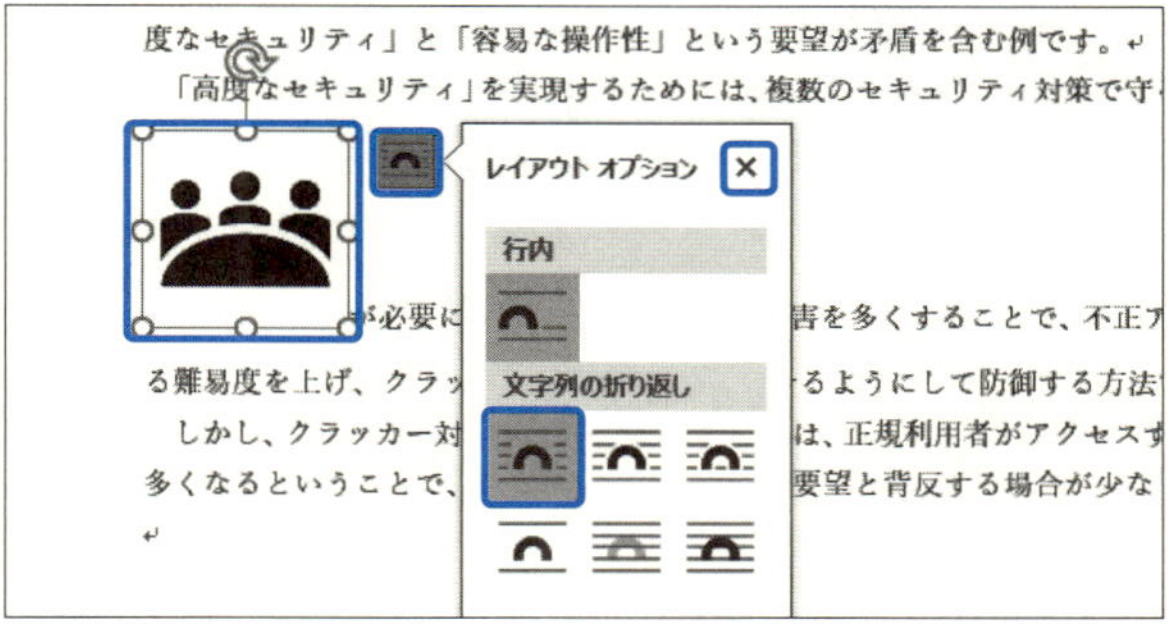
度なセキュリティ」と「容易な操作性」という要望が矛盾を含む例です。
「高度なセキュリティ」を実現するためには、複数のセキュリティ対策で守
が必要に
害を多くすることで、不正ア
る難易度を上げ、クラッ
るようにして防御する方法
しかし、クラッカー対
は、正規利用者がアクセス
多くなるということで、
要望と背反する場合が少な
レイアウト オプション
行内
文字列の折り返し

1 画像をクリックします。→[四角形]をクリックします。×をクリックして閉じます。2010では、[図ツール]の[書式]タブの[配置]グループ→[文字列の折り返し]→[四角]を選択します。

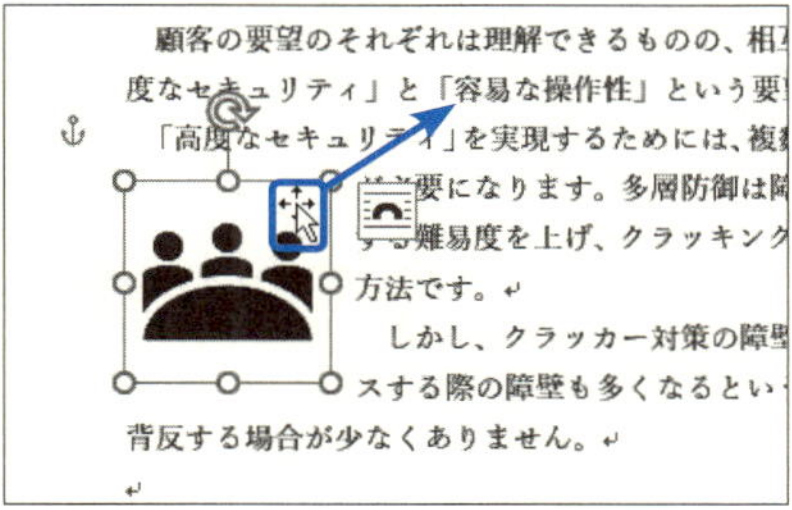
顧客の要望のそれぞれは理解できるものの、相
度なセキュリティ」と「容易な操作性」という要
「高度なセキュリティ」を実現するためには、複
要になります。多層防御は障
難易度を上げ、クラッキング
方法です。
しかし、クラッカー対策の障壁
スする際の障壁も多くなるとい
背反する場合が少なくありません。

2 画像の周囲に文字が流し込まれます。画像にポインターを合わせ になったことを確認し、任意の位置にドラッグします。

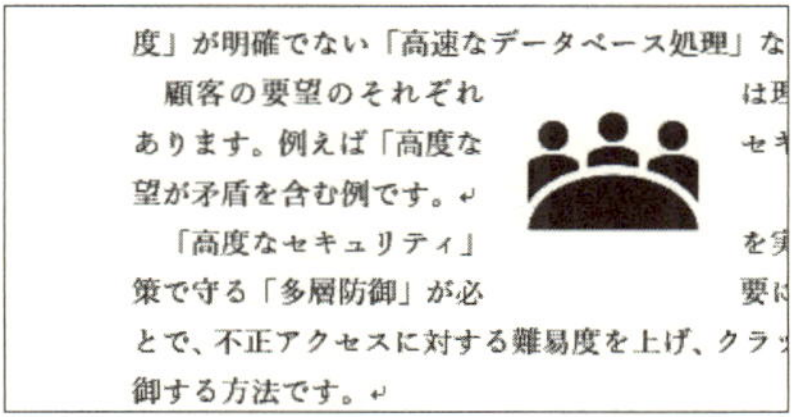
度」が明確でない「高速なデータベース処理」な
顧客の要望のそれぞれ
あります。例えば「高度な
望が矛盾を含む例です。
「高度なセキュリティ」
策で守る「多層防御」が必
とで、不正アクセスに対する難易度を上げ、クラッ
御する方法です。

3 画像が移動できます。

裏ワザ 108

意図せず画像が消えるのを防ぐ

トラブル退治

「アンカー」をページ上部に固定して画像を動きにくくする

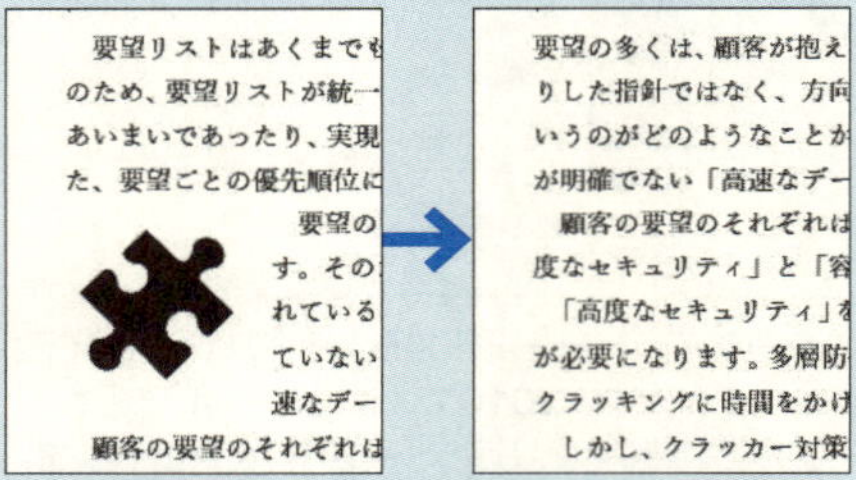

文章を編集したら画像が消えてしまいました。こんなトラブルを避けられる設定に変えます。

文書内の画像は、段落に関連付けて配置されています。この関連付けを「アンカー」と呼びます。アンカーのある段落を移動したり削除すると、アンカーも同じ動きをすることがあります。それに伴って関連付けられた画像も移動したり削除されたりすることがあるのです。アンカーをページ上部に固定しておくと、文章を編集しても画像が動いたり削除されたりしにくくなります。

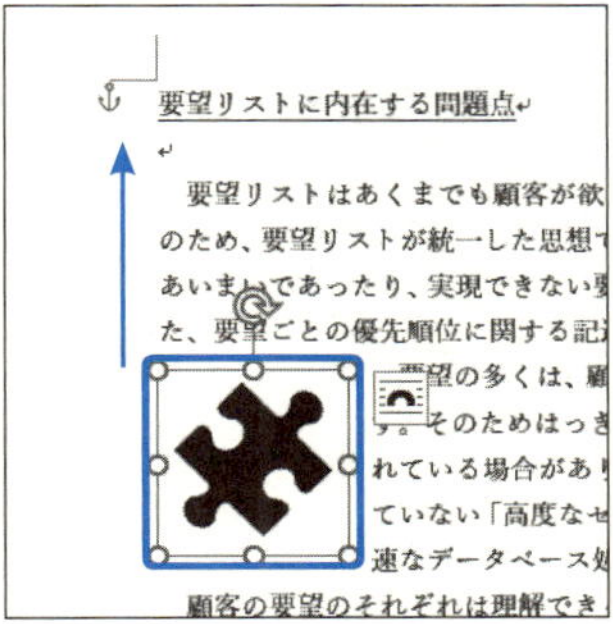

1 画像の［文字列の折り返し］の設定を［四角形］などにして自由に動かせるようにしておきます（項目107参照）。2010では続いて、［ホーム］タブを開き、［段落］グループ→ をクリックします。画像をクリックすると「アンカー」が表示されるので、ページの先頭にドラッグして移動します。

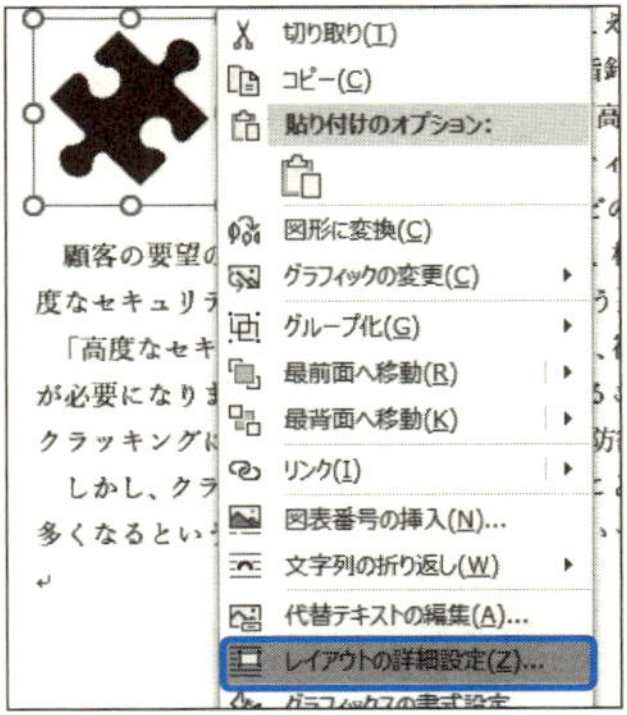

2 画像を右クリックして、［レイアウトの詳細設定］を選択します。

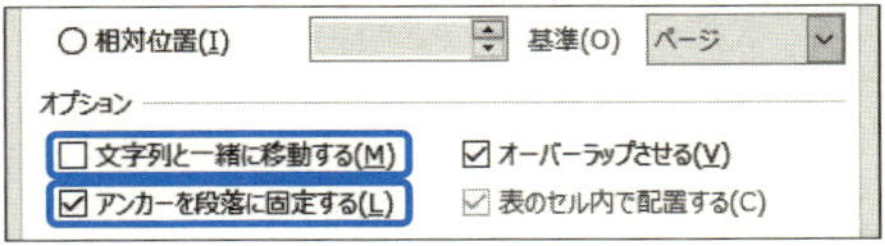

3 ［位置］タブを開きます。［文字列と一緒に移動する］をクリックして□にします。［アンカーを段落に固定する］をクリックして☑にします。［OK］をクリックします。これでアンカーがページの先頭に固定されます。

裏ワザ 109

背景に入れた透かし文字を編集する

仕上がりキレイ

文書の背景には「極秘」「緊急」「サンプル」などの文字を入れられます。これを「透かし」と呼びます。透かしの文字は文書の扱いを示すのに役立ちます。

透かしはヘッダー（フッター）と関連付けられており、全ページに入ります。また、透かしの文字は背景に入っていますが、ヘッダー（フッター）を表示すれば、文字サイズや色を変更するなどの編集ができます。

ヘッダーを表示して透かし文字を選択する

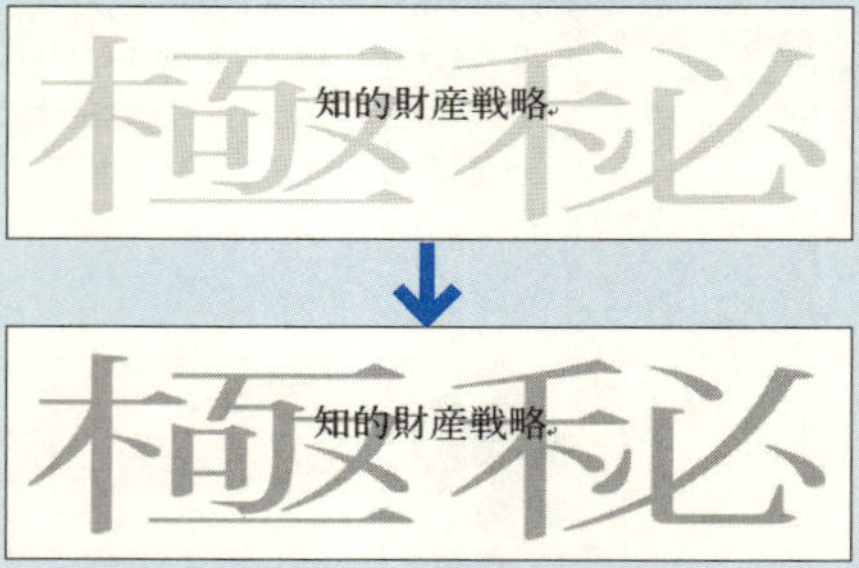

「極秘」という透かし文字に色を付けました。

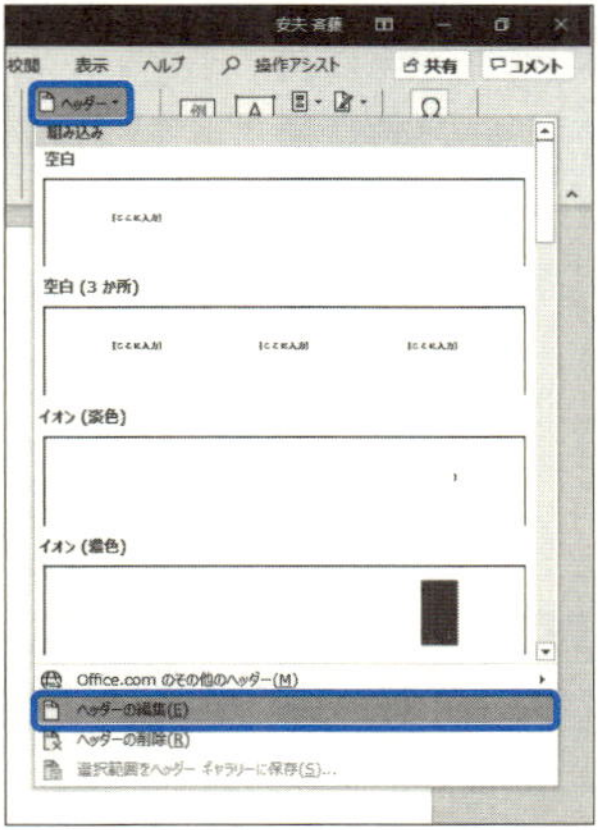

1 透かしの文字は、[デザイン](2010は[ページレイアウト])タブ→[ページの背景]グループ→[透かし]で入れられます。編集するには、[挿入]タブを開き、[ヘッダーとフッター]グループ→[ヘッダー]→[ヘッダーの編集]を選択します。

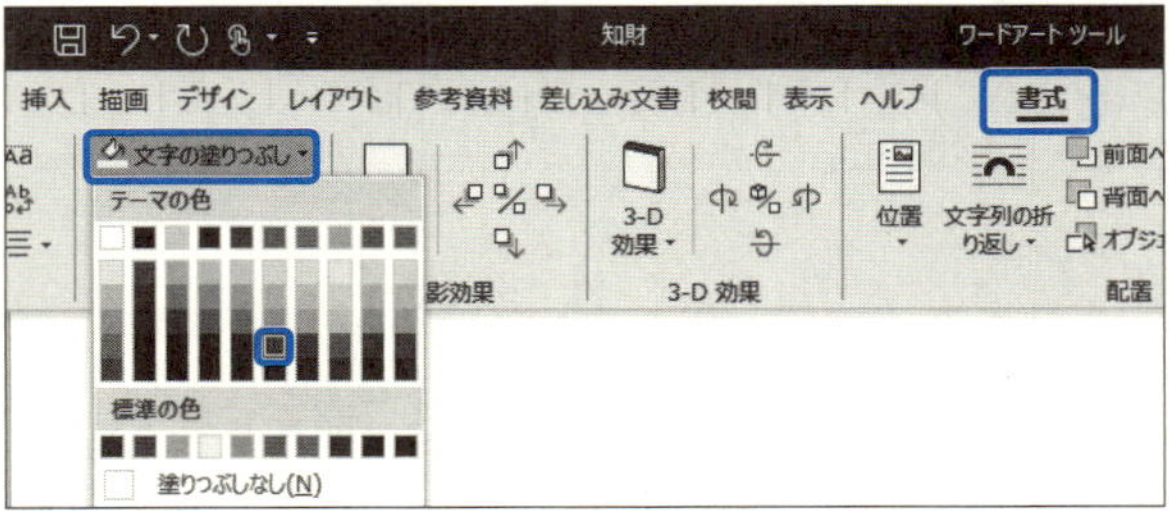

2 透かしの文字にポインターを合わせ、になったらクリックします。[ワードアートツール]の[書式]タブを開きます。[文字の塗りつぶし]をクリックして、色を選びます。文字の色が変わります。

3 [ヘッダー/フッターツール]の[デザイン]タブを開き、[ヘッダーとフッターを閉じる]をクリックします。透かしの文字が背景になります。

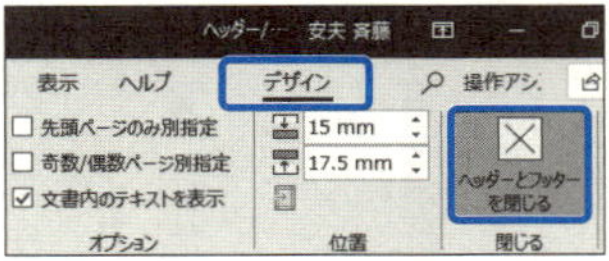

裏ワザ
110

「スタイル」で一気に表を整える

時間短縮効率UP!

[表のスタイル]から選ぶだけ

評価比較	X社	Y社
技術力	A	B
業務要求の満足度	B	B
機能要求の満足度	B	A

評価比較	X社	Y社
技術力	A	B
業務要求の満足度	B	B
機能要求の満足度	B	A

スタイルの一覧から選ぶだけで、複数の書式を一発で設定できます。

表の体裁を整えるのに色を付けたり、罫線を変えたりする必要はありません。[表のスタイル]を利用すれば一気に装飾できます。[表のスタイル]は、罫線の種類や太さ、セルの色などの組み合わせで、美しい色のデザインが特徴です。

スタイルの一覧で使いたいものにポインターを合わせると、適用された状態を確認できて、思いどおりのスタイルを選べる点も便利です。

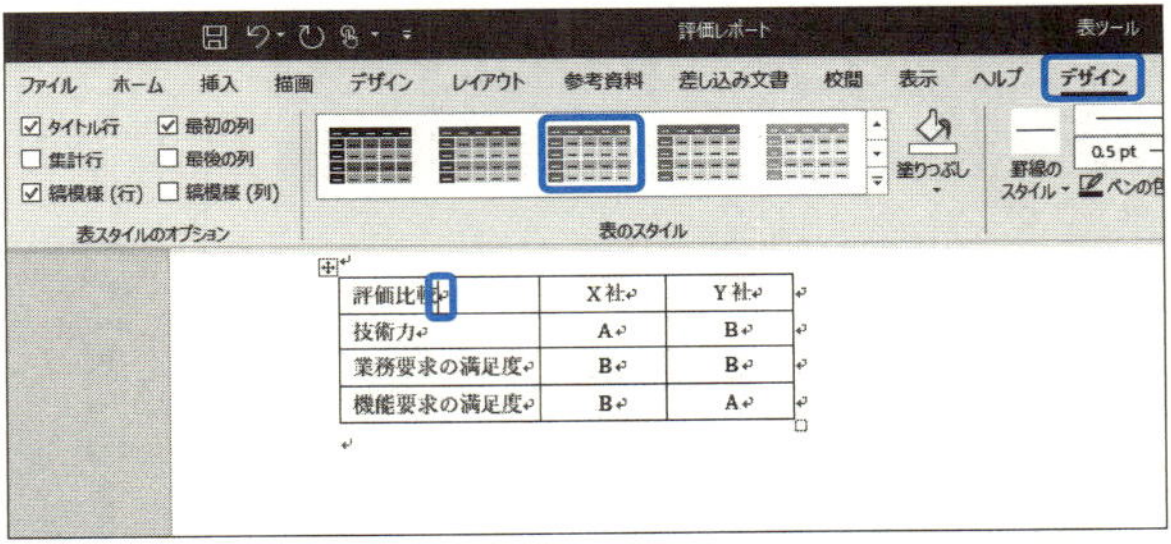

1 表をクリックして、[表ツール] の [デザイン] タブを開きます。[表のスタイル] グループのスタイルをスクロールして、利用するスタイルを選びます。スクロール矢印の下にある [その他] をクリックすると、スタイルを一覧で見ることもできます。

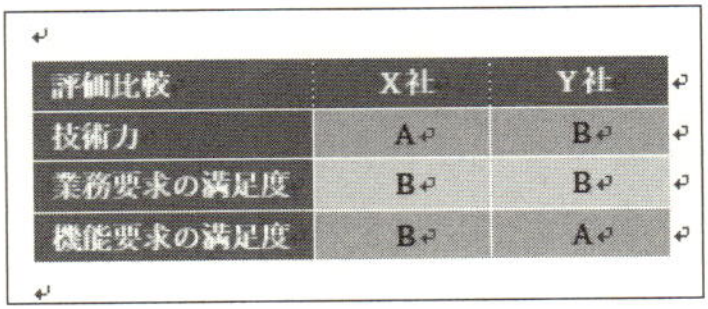

2 表が装飾されます。❶を繰り返すと別のスタイルにできます。

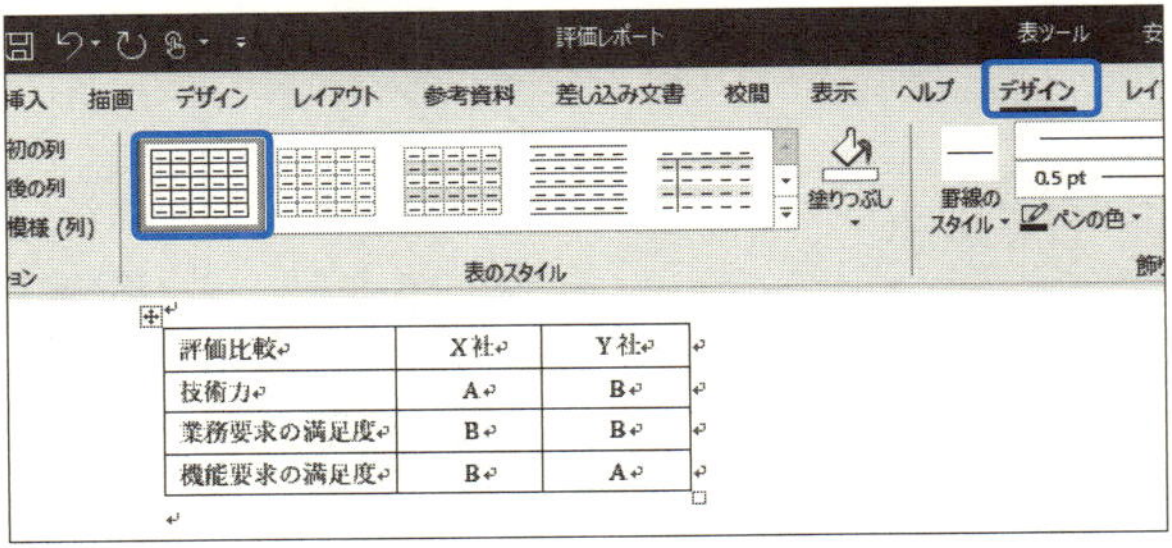

! スタイルの先頭にある [表 (格子)] を選ぶと、縦横の罫線だけの表に戻せます。

裏ワザ
111

スマートアートで図表を描く

これは便利！

図形を描けば、組織図や手順図などさまざまな図表を作れます。しかし、図形の数が多くなったり、複雑な関連を示すとなると、かなり面倒なことになります。こんなときこそ「スマートアート」を使いましょう。スマートアートは図表のひな型です。これを利用すれば、項目を列挙する「リスト」や最大要素を最上部（最下部）として階層を示す「ピラミッド」など各種の図表を短時間で作れます。

図表の種類とレイアウトを選んで挿入する

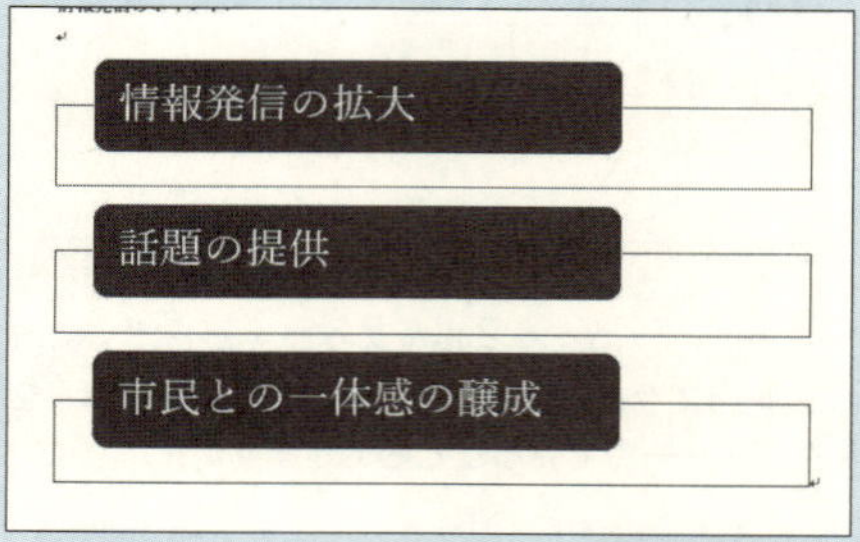

スマートアートを使うと、体裁の整った図表も簡単に作れます。

1 スマートアートを挿入する位置をクリックします。[挿入]タブを開き、[図]グループ→[SmartArt]をクリックします。

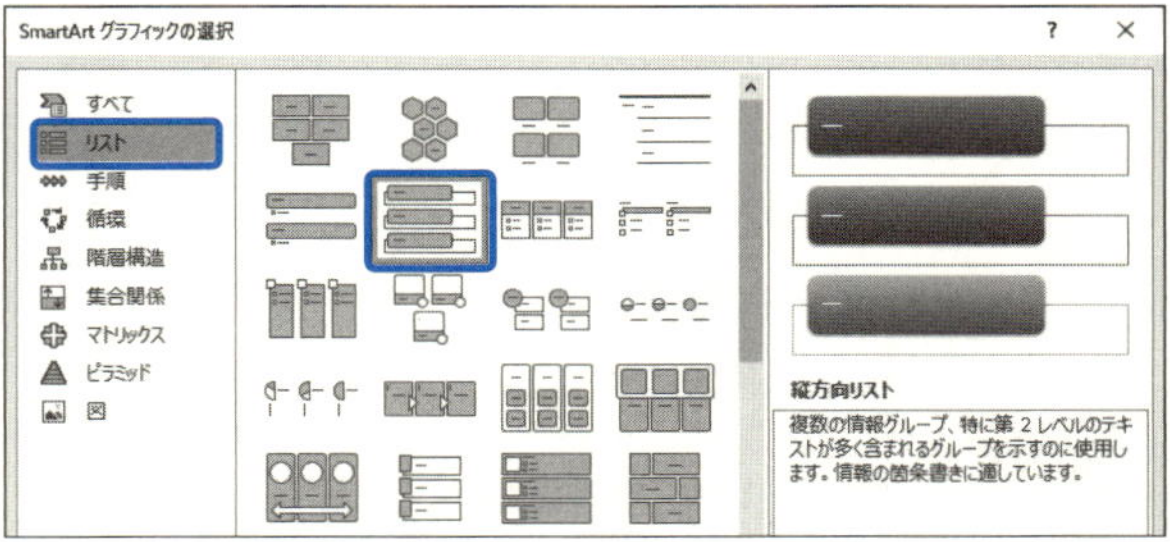

2 図表の種類と図表のレイアウトを選び、[OK]をクリックします。図では「リスト」のなかの「縦方向リスト」を選んでいます。

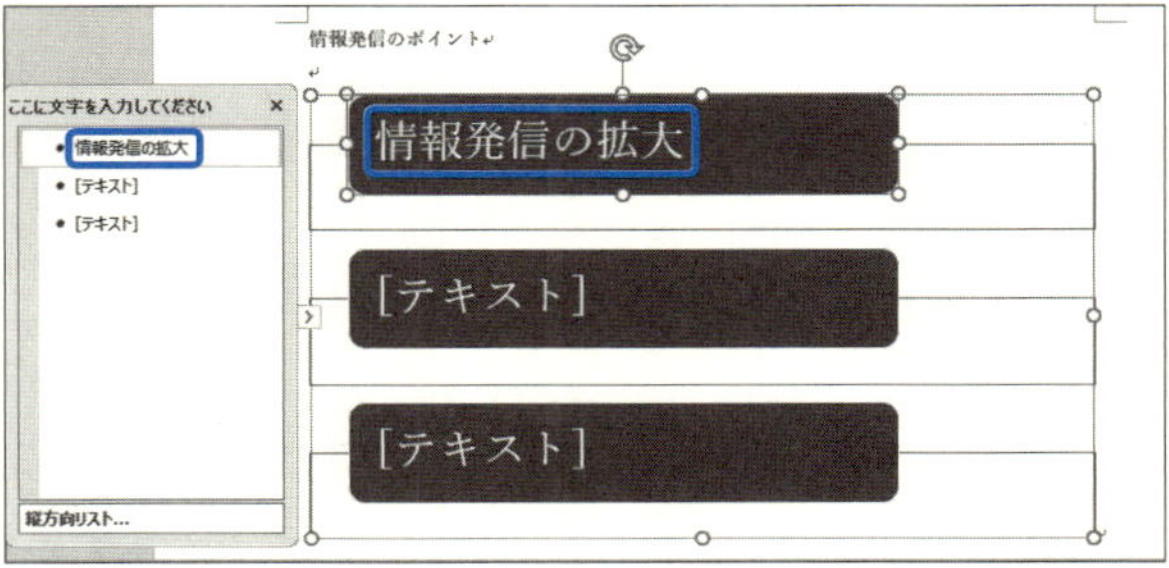

3 図表が挿入されます。「[テキスト]」と表示された部分をクリックして文字を入力すると、図形のなかに文字が入ります。入力が終わったら図表の外をクリックして終了します。

裏ワザ 112

図表番号を入れる

これは便利！

図表を選択して[図表番号の挿入]をクリック

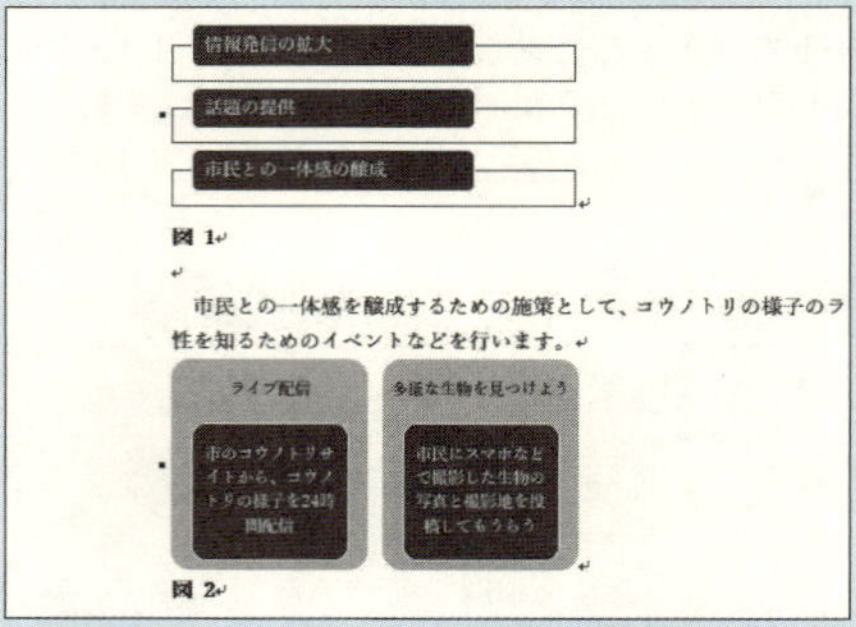
情報発信の拡大
話題の提供
市民との一体感の醸成
図 1
市民との一体感を醸成するための施策として、コウノトリの様子のラ
性を知るためのイベントなどを行います。
ライブ配信
多様な生物を見つけよう
市のコウノトリサイトから、コウノトリの様子を24時間配信
市民にスマホなどで撮影した生物の写真と撮影地を投稿してもらう
図 2

スマートアートで描いた図表に番号を振りました。

図表に番号を付けておくと、文書のなかで引用するときに、どの図表のことを指しているかが明確になります。図表の番号は入力するのではなく、[図表番号の挿入]を使って入れます。この方法なら、ワードが番号を管理してくれるので、図表を削除しても簡単に番号が振りなおせます。また、「図」「表」など、番号の前に付けるラベルを指定することもできます。

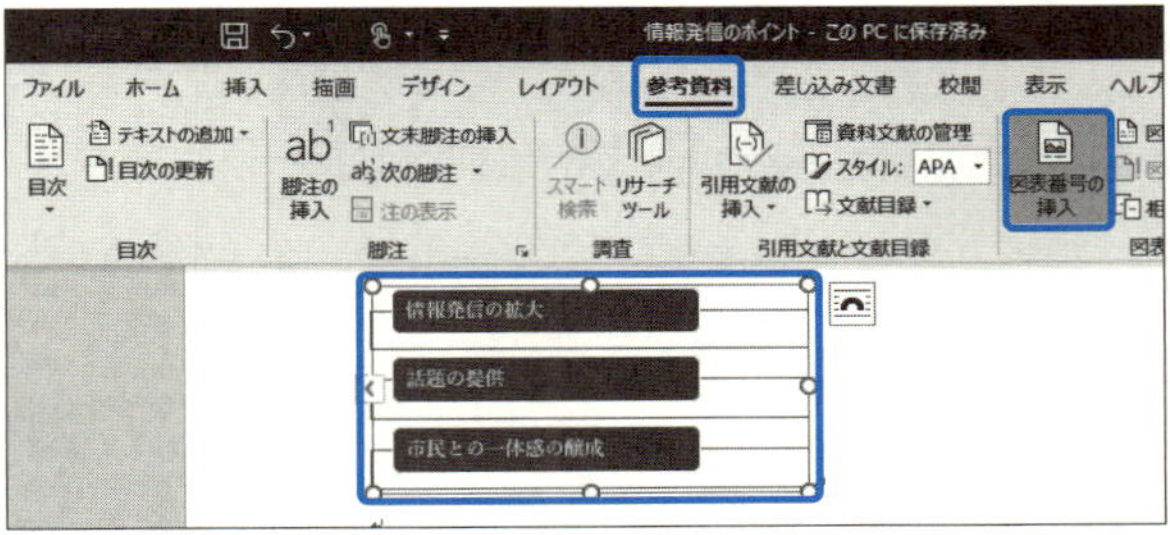

1 番号を付ける図や表、画像などをクリックします。[参考資料]タブを開き、[図表]グループ→[図表番号の挿入]をクリックします。

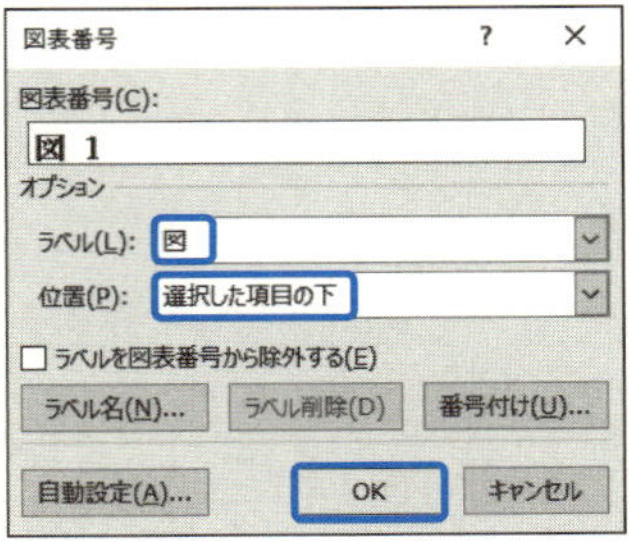

2 番号に付くラベルや位置を確認します。[ラベル]欄をクリックすると別のラベルを選べます。ラベルは「Figure」となることもあります。使いたいラベルがなければ、[ラベル名]をクリックすると独自のラベルを指定できます。[OK]をクリックします。

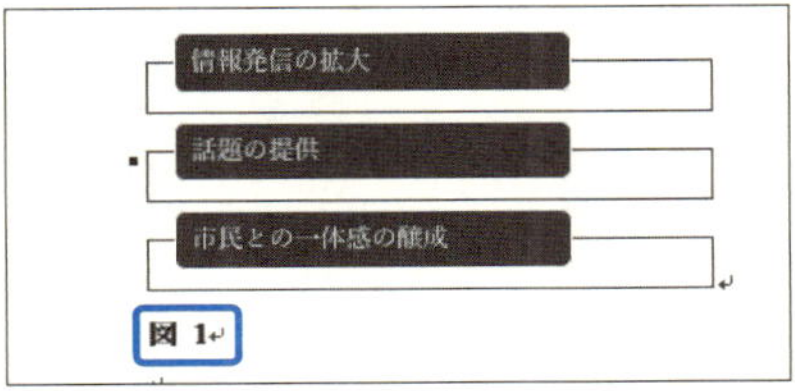

3 図表に番号が付きます。図表を削除したら、それ以降の番号を選択して[F9]を押すと振りなおせます。

裏ワザ 113

うっかり保存せずに終了！から文書を復活

トラブル退治

自動保存の文書を呼び出せば回復できることも！

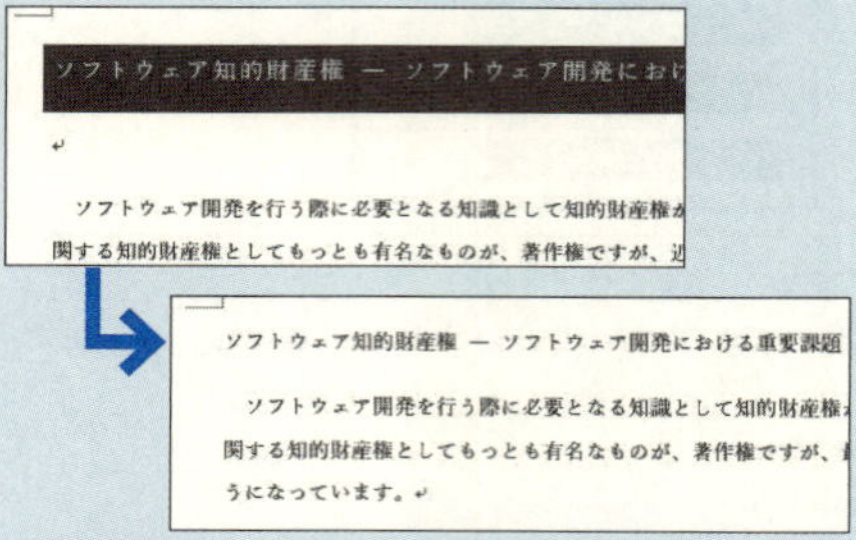

ソフトウェア知的財産権 — ソフトウェア開発にお
ソフトウェア開発を行う際に必要となる知識として知的財産権
関する知的財産権としてもっとも有名なものが、著作権ですが、
ソフトウェア知的財産権 — ソフトウェア開発における重要課題
ソフトウェア開発を行う際に必要となる知識として知的財産権
関する知的財産権としてもっとも有名なものが、著作権ですが、
うになっています。

文書を上書き保存せずに終了。次に開いたら編集前の状態に戻っていました。これを復旧します。

文書を作成すると、一定時間ごとに自動的に回復用のデータが保存されます。最新の状態を保存せずに終了してしまったときは、このデータを呼び出せば、編集内容をある程度復活できます。

ここでは、既存の文書を編集し、保存せずに閉じた場合を想定してデータを回復させる手順を紹介します。

同じ機能はエクセルにもあり、使い方も同じです。

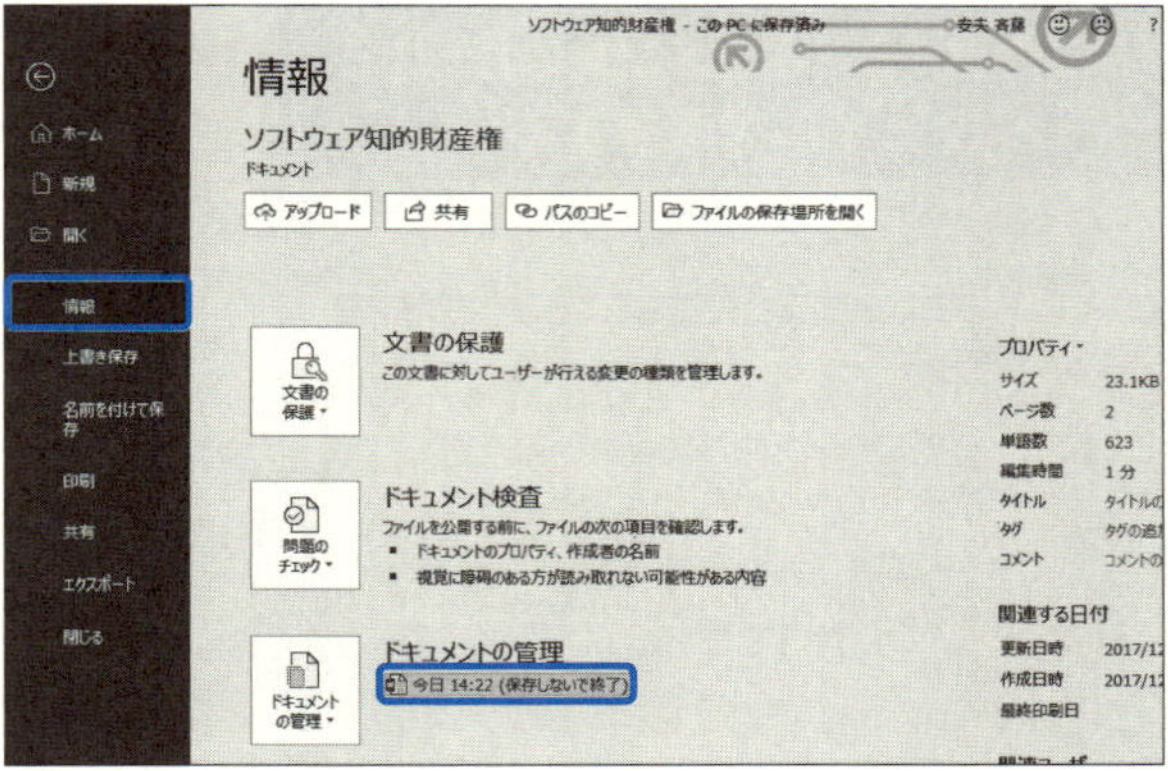

1 上書き保存をしなかった文書を開きます。[ファイル] タブを開き、[情報] をクリックします。[ドキュメントの管理] または [バージョン] 欄で「(保存しないで終了)」となっているバージョンを選択します。編集時間が非常に短かったり、編集内容が少なかったりすると、回復用のデータが保存されていないことがあります。ここに何も表示されていなければ、その文書は戻せません。

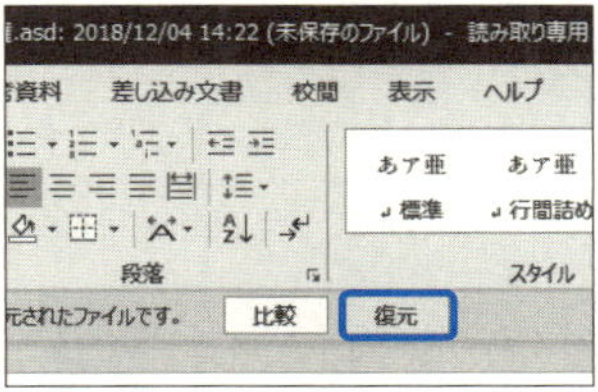

2 自動保存された文書が開きます。自動保存のタイミングによっては、終了直前と同じにならないこともあります。[復元] または [元に戻す] をクリックします。

3 [OK] をクリックすると、データが回復します。

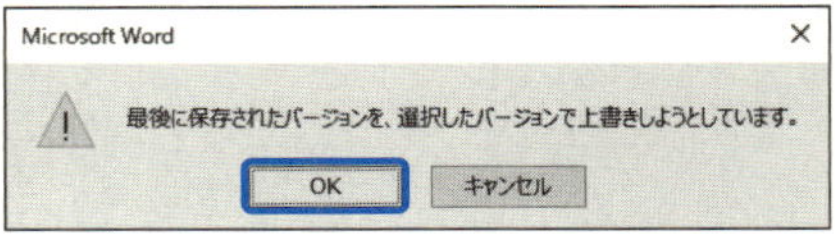

裏ワザ 114

ほかの人に見せる書類は PDF形式で保存する

これは便利！

[PDF/XPSドキュメントの作成]でファイルを保存する

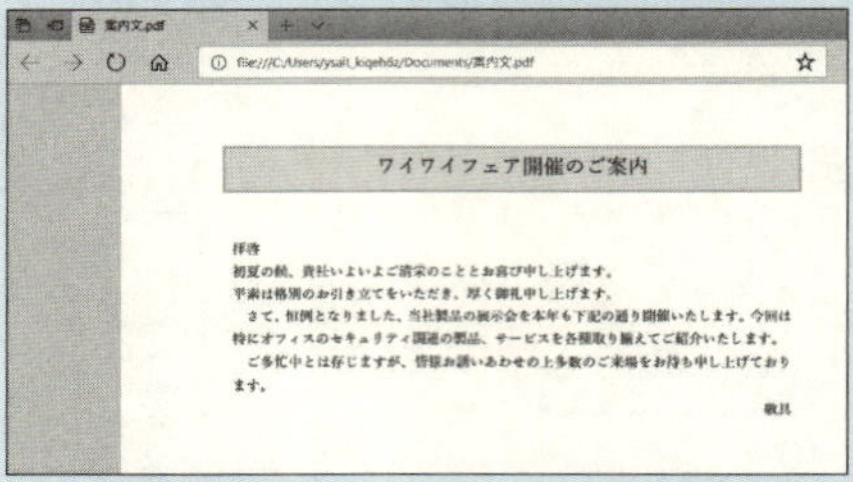
案内文.pdf
ワイワイフェア開催のご案内
拝啓
初夏の候、貴社いよいよご清栄のこととお喜び申し上げます。
平素は格別のお引き立てをいただき、厚く御礼申し上げます。
さて、恒例となりました、当社製品の展示会を本年も下記の通り開催いたします。今回は特にオフィスのセキュリティ関連の製品、サービスを各種取り揃えてご紹介いたします。
ご多忙中とは存じますが、皆様お誘いあわせの上多数のご来場をお待ち申し上げております。
敬具

PDF形式で保存すれば、設定された書式が再現できます。ウィンドウズ10ならブラウザーのエッジでもPDF形式のファイルを閲覧できます。

ＰＤＦは「Portable Document Format」の略で、さまざまな情報機器でファイルを表示することを目的にしたファイル形式です。ＰＤＦファイルは、どのような環境で開いたり、印刷しても、作成者の意図した書式が正確に再現できるという特徴があります。また、編集には専用のアプリが必要なので、改変されにくい形式です。このためファイルを配布するのによく使われます。

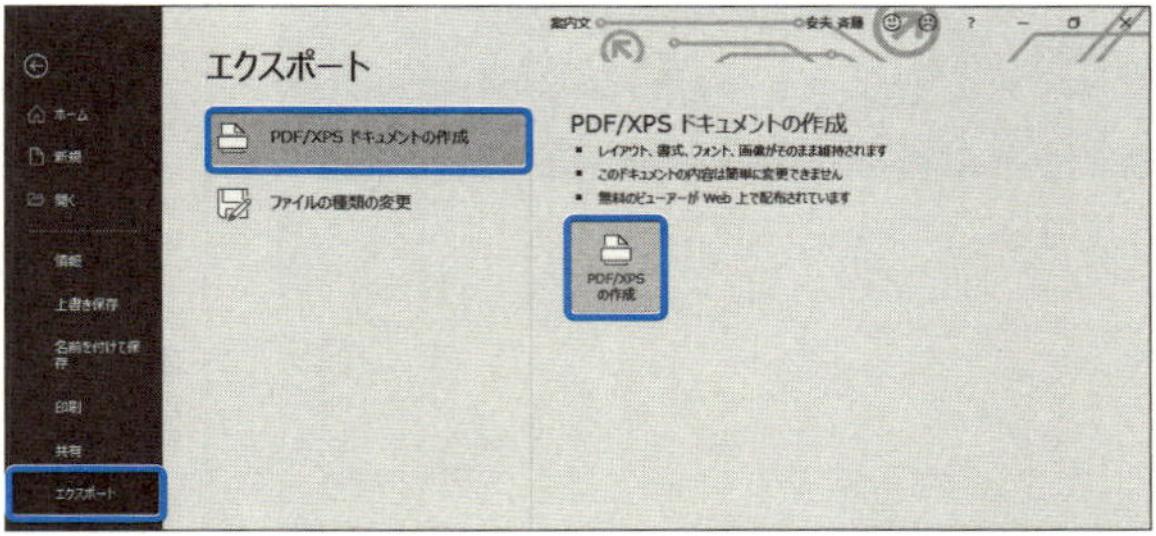

1 [ファイル]タブを開き、[エクスポート]または[保存と送信]を選択します。[PDF/XPSドキュメントの作成]をクリックし、[PDF/XPSの作成]をクリックします。

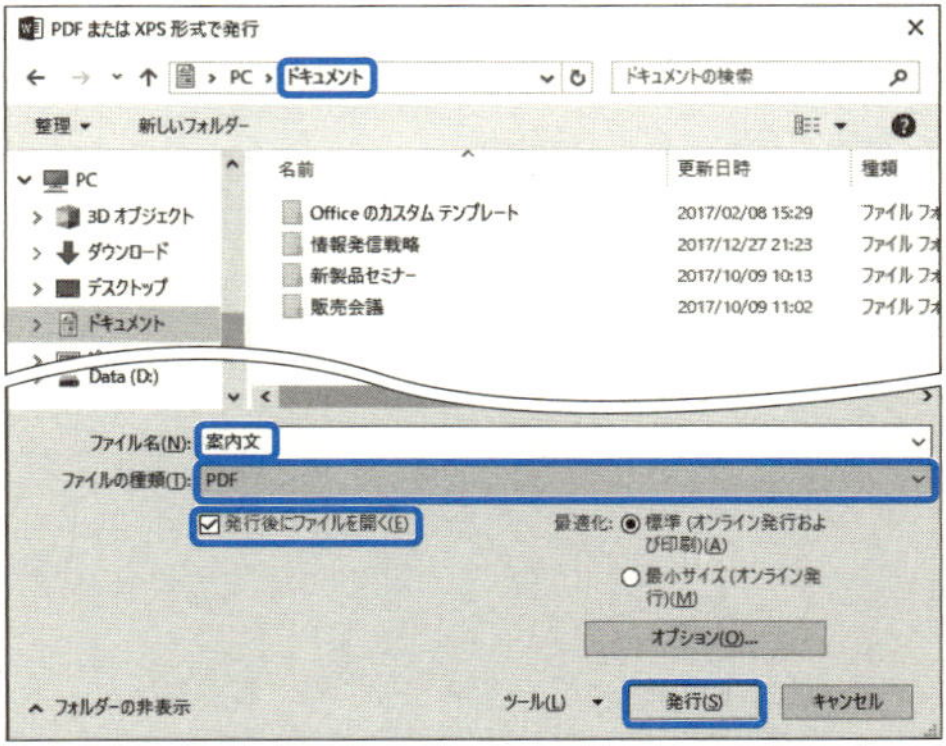

2 保存先のフォルダーを開きます。ファイル名を入力し、[ファイルの種類]欄が「PDF」であることと[発行後にファイルを開く]が☑であることを確認します。[発行]をクリックします。ファイルがPDF形式で保存され、PDFに関連付けられたアプリが起動して内容が表示されます。ウィンドウズ7の場合、PDFの表示に対応したアプリがインストールされていないと何も表示されませんが、ファイルはPDF形式で保存されています。

裏ワザ 115

トラブル退治

数行のはみ出しを何とか収める ①余白の調整

次のページに数行はみ出てしまった文章をページに収める方法の1つは、余白を減らすことです。上下あるいは左右の余白を狭くすれば入力領域が広がるので、はみ出た文章をページに収められます。

余白の調整は、ルーラーを表示して余白との境の線をドラッグするだけで行えます。レイアウトを確認しながら手軽に余白を変えられるおすすめのテクニックです。

余白を狭くしてページに収める

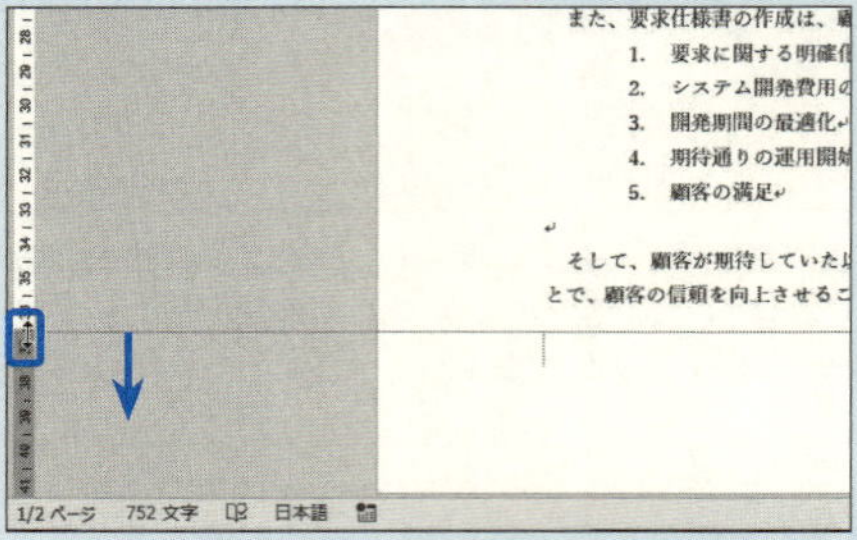

また、要求仕様書の作成は、
1. 要求に関する明確
2. システム開発費用の
3. 開発期間の最適化
4. 期待通りの運用開
5. 顧客の満足
そして、顧客が期待していた
とで、顧客の信頼を向上させるこ
1/2 ページ 752 文字 日本語

余白はドラッグで変えられます。

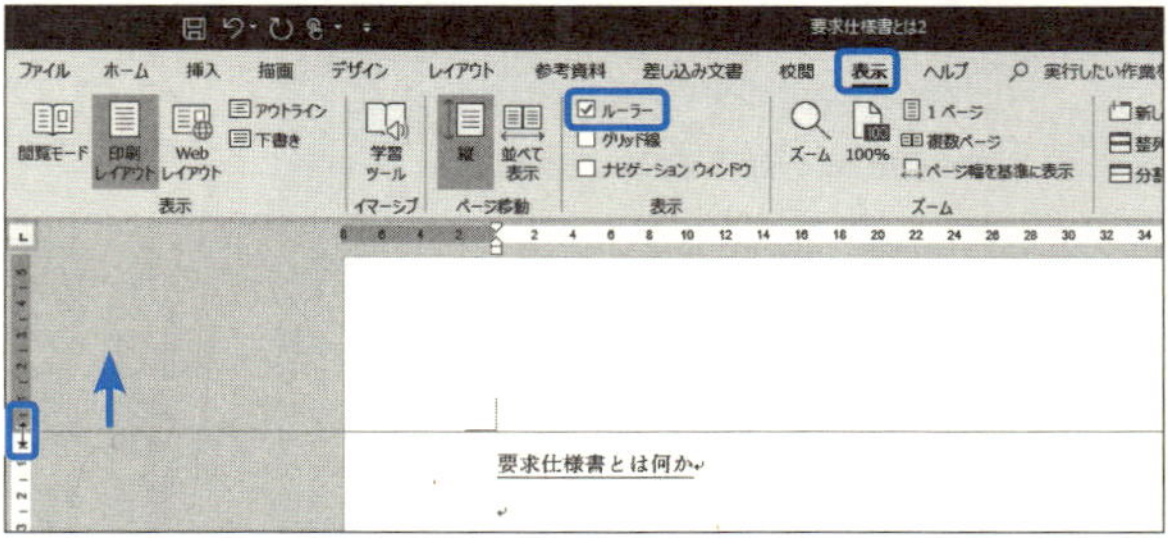

1 [表示]タブを開きます。[表示]グループ→[ルーラー]をクリックして☑にし、ルーラーを表示します。垂直ルーラーの上余白との境をドラッグすると上余白が変わります。

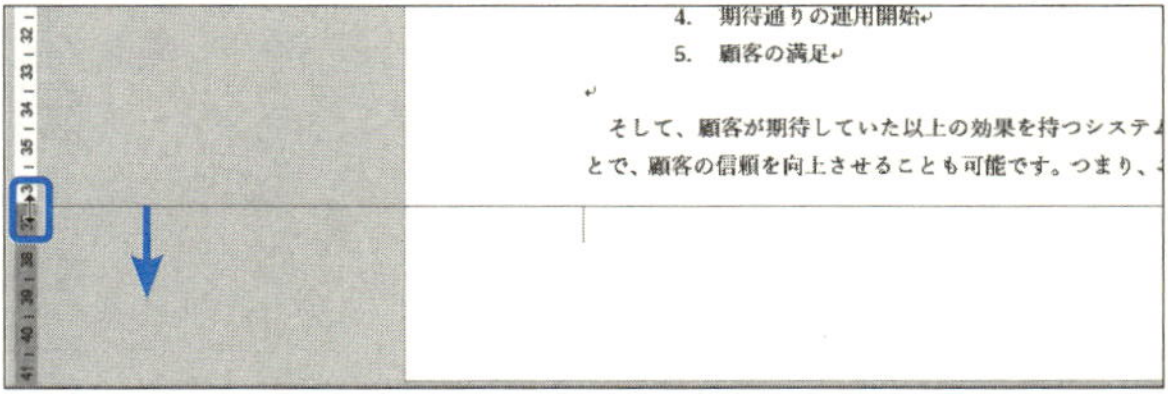

2 垂直ルーラーの下余白との境をドラッグすると、下余白が変わります。画面を見ながら調整して、はみ出しを解消します。

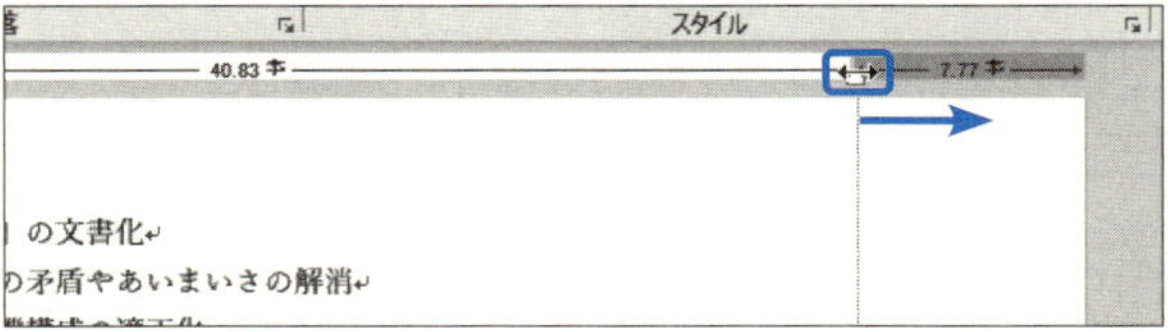

! 左右にある余白との境界線をドラッグすると、左余白、右余白を変えられます。[Alt] キーを押しながらドラッグすると、上図のように文字数などを確認しながら余白を決められます。

裏ワザ 116

数行のはみ出しを何とか収める ②行間を狭くする

トラブル退治

文書全体の行間を「1行」より狭くして解消

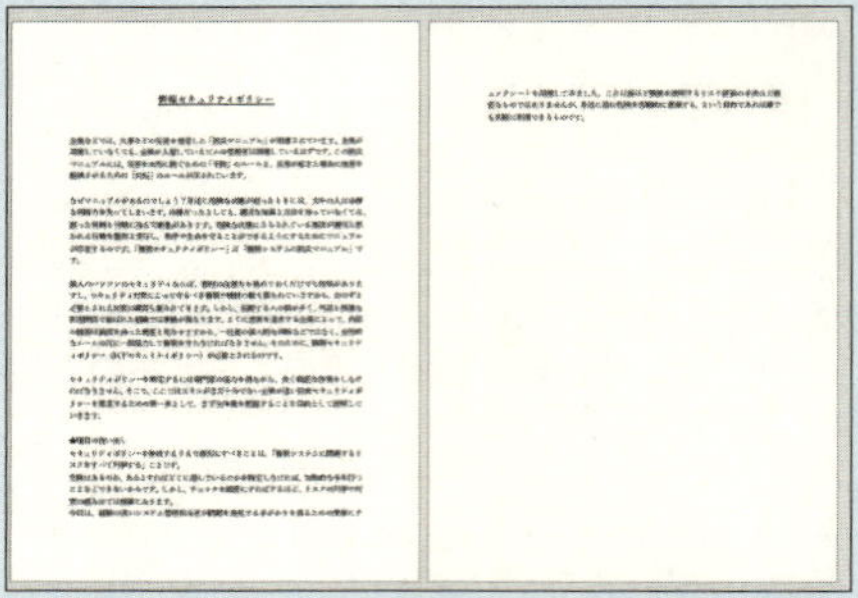

3行はみ出ました。行間を狭くしてこれを収めます。

数行はみ出た文章を何とかしてページに収める方法として、行間を狭くして調整する手もあります。

行間を「固定値」とし、既定より狭い行間を指定するという操作をします。これにより行間が狭く、文字サイズとも連動しなくなります。

はみ出しを解消する方法は、このほか余白を狭くしたり（項目115参照）、1ページ分圧縮する方法もあります（項目117参照）。

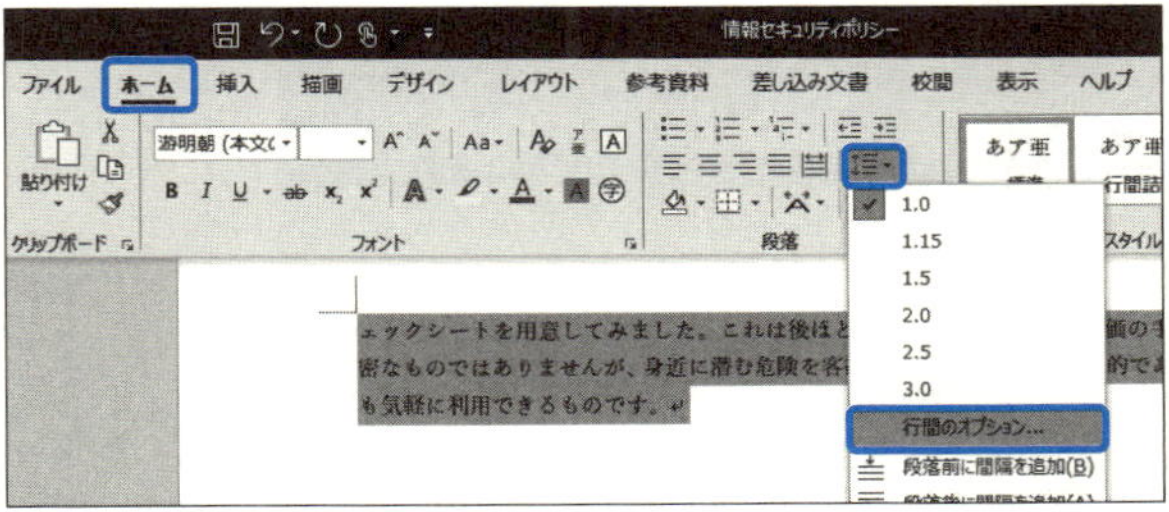

1 [Ctrl] キーを押したまま [A] キーを押して、文書全体を選択します。[ホーム] タブを開き、[段落] グループ→ [行間] → [行間のオプション] を選択します。

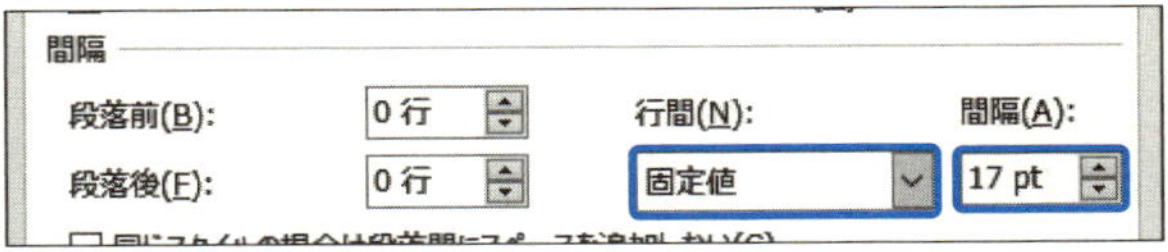

2 [行間] 欄をクリックし、[固定値] を選びます。これにより文字サイズを変えても行間が指定した値になります。[間隔] 欄で行間を指定します。既定の行間は約18ポイントなので、それより小さくします。[OK] をクリックします。

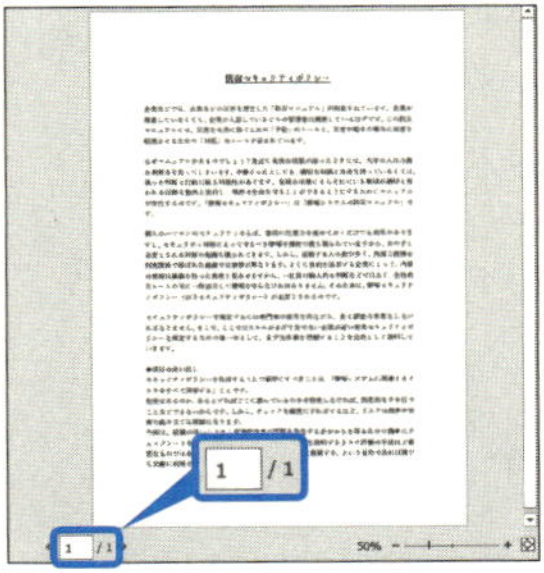

3 はみ出しが解消できます。

トラブル退治

裏ワザ 117

数行のはみ出しを何とか収める ③1ページ分圧縮

数行のはみ出しを収めたいときに便利なのが［1ページ分圧縮］です。これは、フォントを小さくするなどして文書のページ数を1ページ減らす機能です。これを使ってはみ出しを収めて印刷したあとは、［Ctrl］＋［Z］キーを押せば元に戻せます。

［1ページ分圧縮］は、［クイックアクセスツールバー］にボタンを追加して利用します。一度追加したボタンは、いつでも使えます。

[1ページ分圧縮]機能で はみ出しを前のページに収める

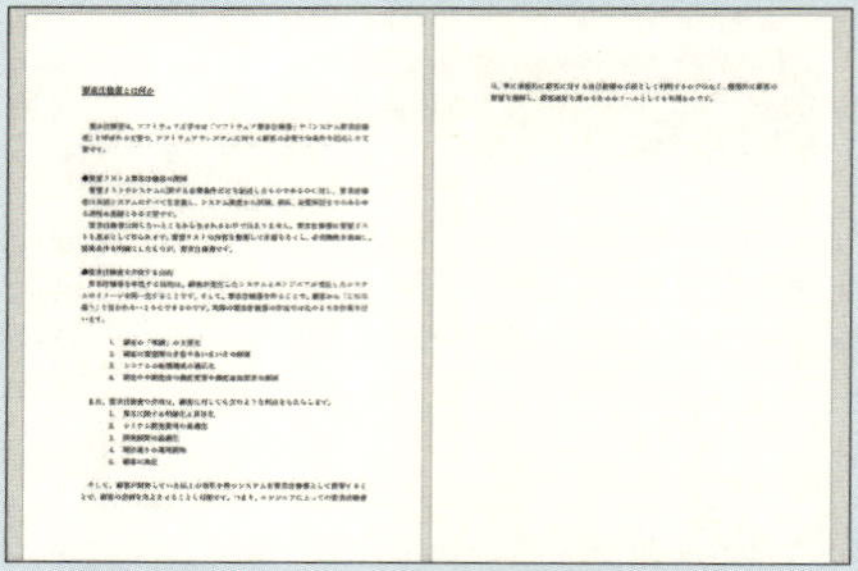

2行はみ出しました。[1ページ分圧縮]で前のページに収めます。

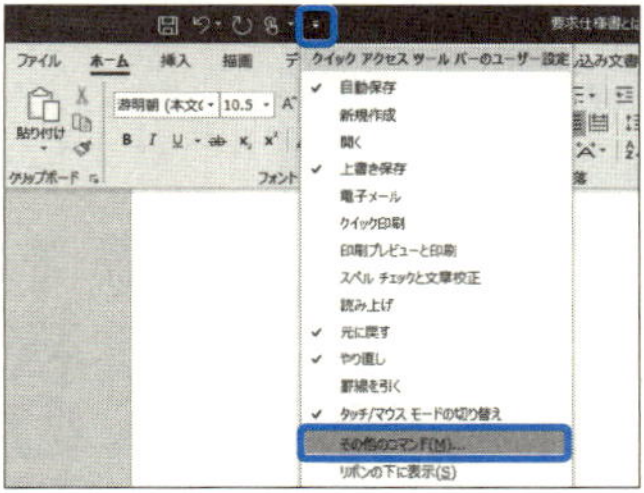

1 クイックアクセスツールバーにボタンを追加します。[クイックアクセスツールバーのユーザー設定]をクリックし、[その他のコマンド]を選択します。

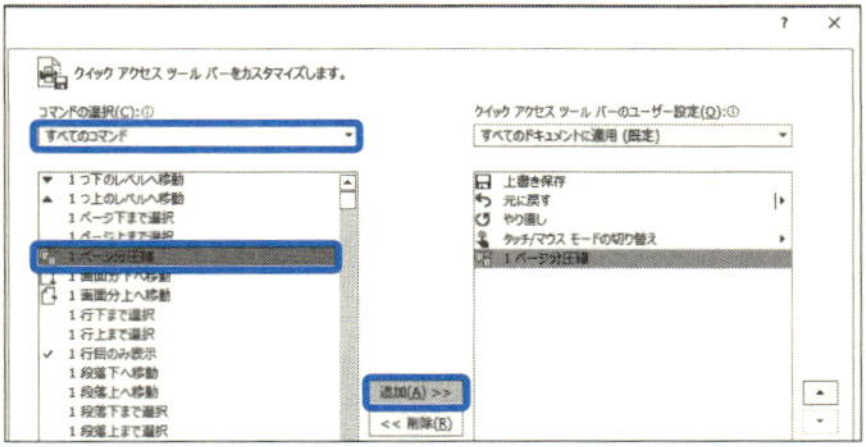

2 [コマンドの選択]欄で[すべてのコマンド]を選びます。左の欄で[1ページ分圧縮]を選択し、[追加]をクリックします。[OK]をクリックします。

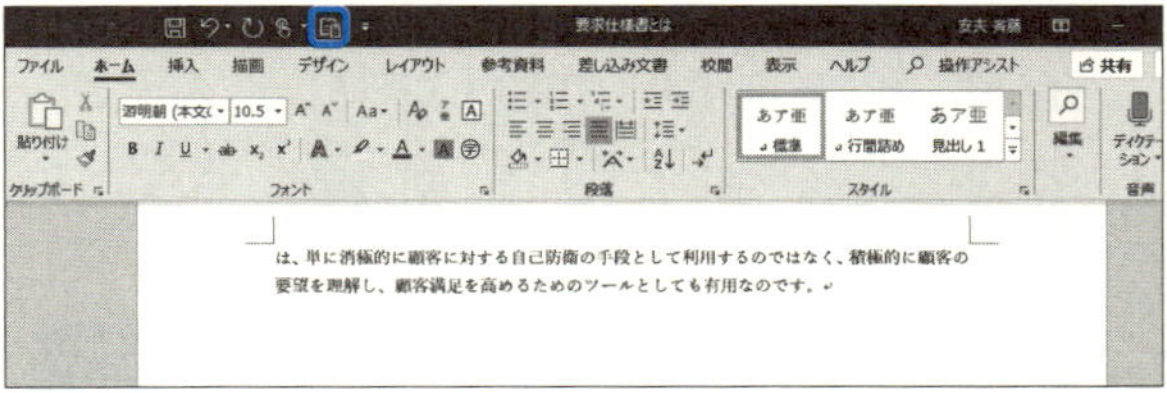

3 はみ出しを収めたい文書を開きます。クイックアクセスツールバーの[1ページ分圧縮]をクリックします。文書の最後のページが前のページに収まるように調節されます。「これ以上ページを圧縮することはできません。」と表示されたら、はみ出しが多すぎてこの機能が使えません。フォントを小さくしたり余白を狭くするなどを試してください。

裏ワザ 118

1枚の用紙に複数ページを印刷する

これは便利！

[印刷]の設定で[2ページ／数]を選ぶ

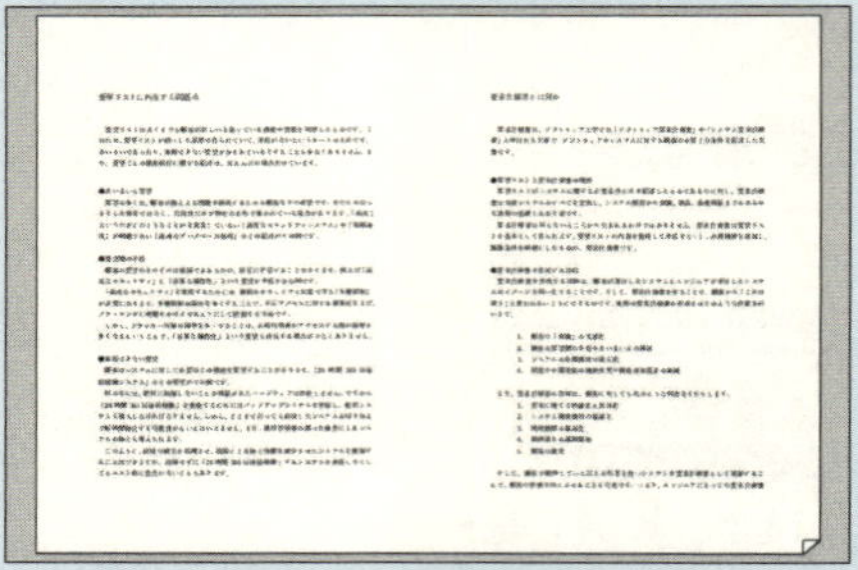

1枚に2ページ印刷して用紙を節約します。

ページ数が多い文書は1枚に複数ページ印刷すれば、用紙の節約になります。ワードでは1枚に16ページまで印刷できます。しかし、1枚あたりのページ数が多いと縮小率も高くなります。文書が読みづらくならない程度のページ数にしましょう。

1枚に印刷するページ数の設定は、文書を閉じると元に戻ります。次に印刷するときも同じように設定してください。

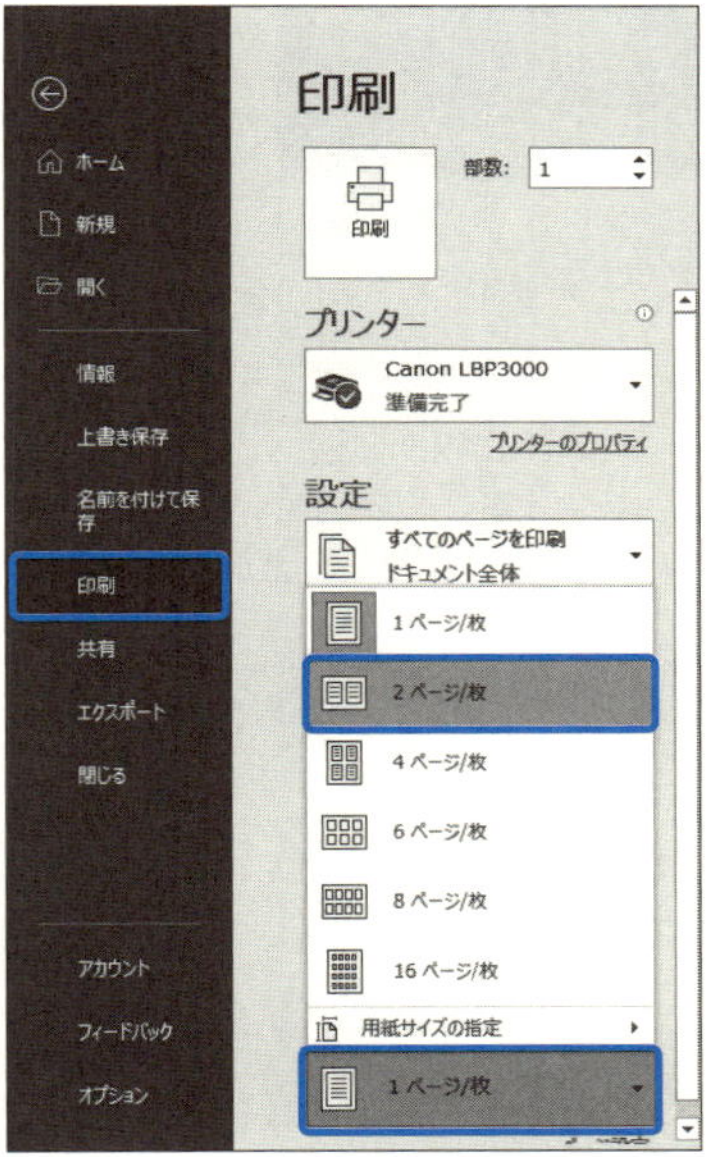

1 ［ファイル］タブを開き、左の一覧で［印刷］をクリックします。［1ページ／枚］をクリックして1枚に何ページ印刷するかを指定します。

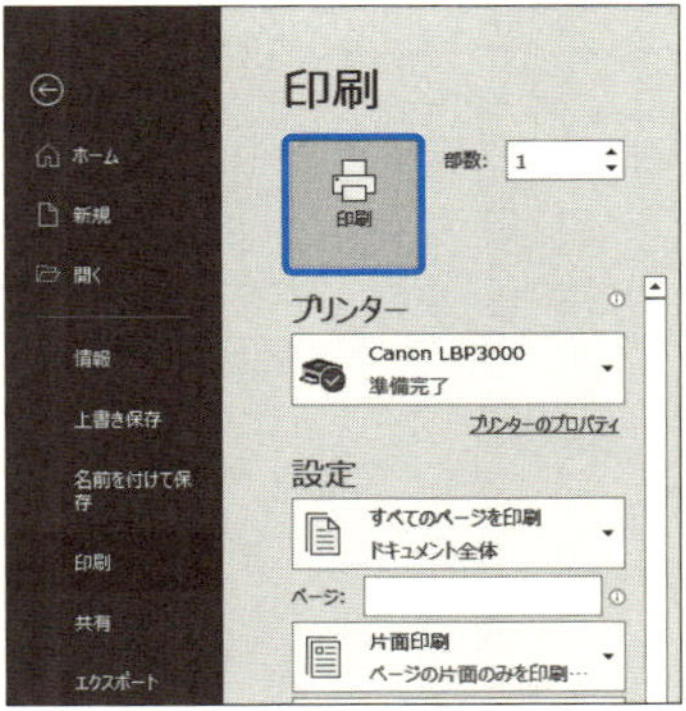

2 ［印刷］をクリックすると1枚に複数ページ印刷されます。

裏ワザ 119

文書を部分的に印刷する

これは便利!

文書のなかのごく一部分だけ印刷したいときには、印刷する範囲を選択してから、[印刷]画面で[選択した部分を印刷]を指定します。これを行ってもプレビューには反映されない点に注意してください。

　また、特定のページのみを印刷したい場合は、印刷するページを指定します。[印刷]画面の[ページ]欄で「2-4」のようにすれば2～4ページだけ印刷できます。

印刷する範囲を選択し [選択した部分を印刷]を選ぶ

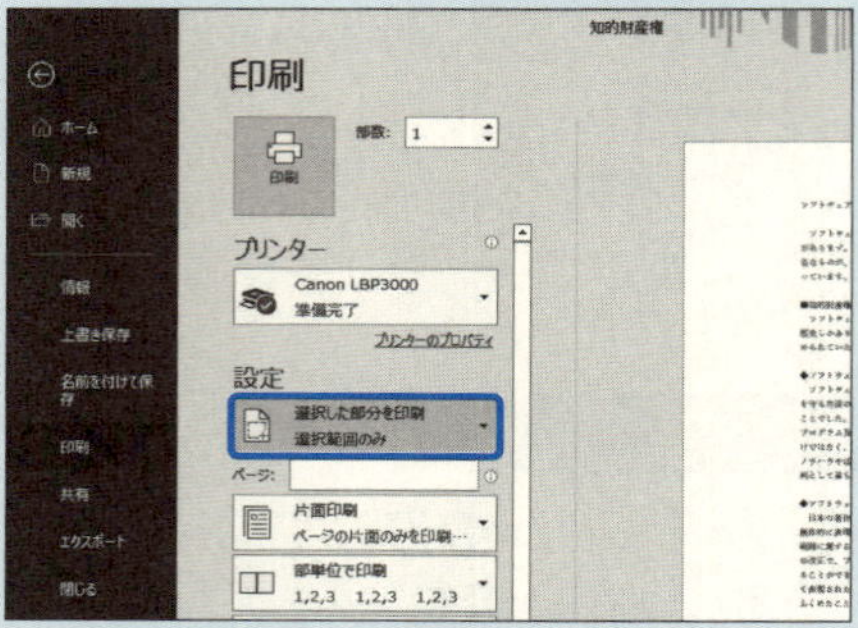

[選択した部分を印刷]を選んで印刷します。

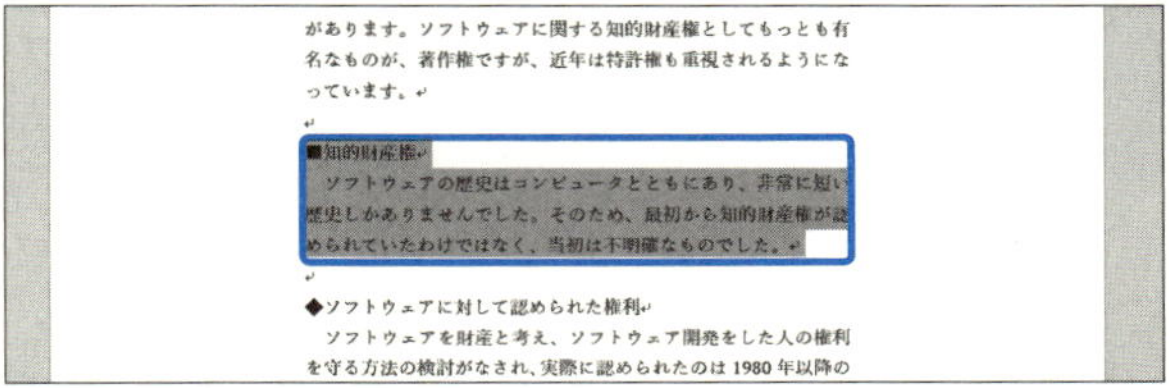

1 印刷する範囲を選択します。[ファイル]タブを開きます。

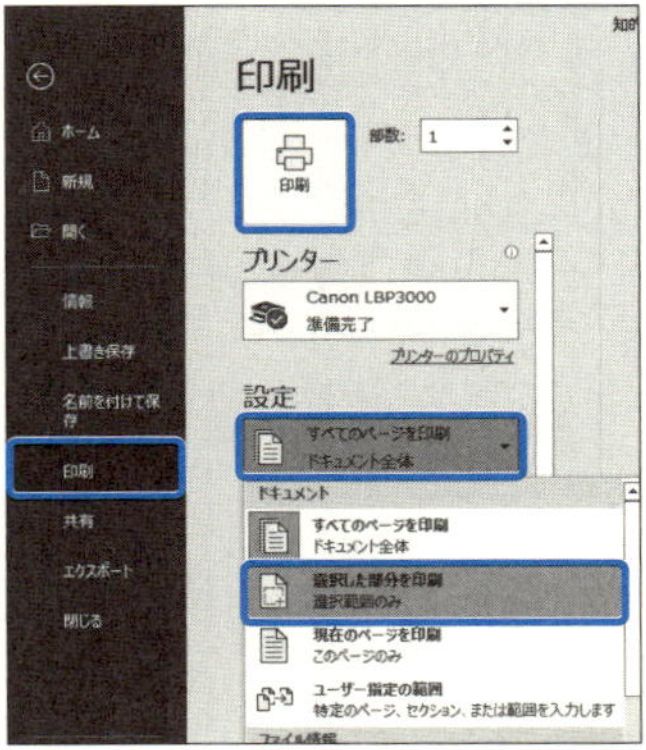

2 左の一覧で[印刷]を選びます。[すべてのページを印刷]をクリックして、[選択した部分を印刷]を選びます。右の欄の[印刷]をクリックすると❶で選択した範囲だけが印刷されます。

! 特定のページだけ印刷したい場合は、[印刷]画面の[ページ]欄で印刷するページを指定します。「2-4」とすれば2ページから4ページまで、「2,4」とすれば、2ページと4ページだけ印刷できます。

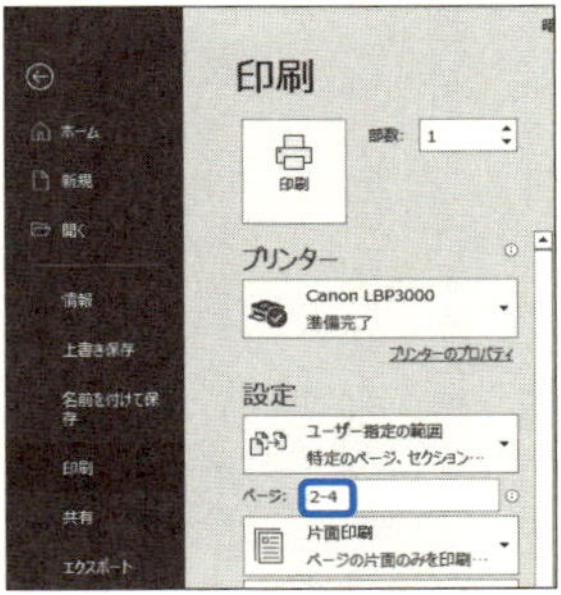

裏ワザ 120

ページ番号を「20」から始める

これは便利！

複数のファイルに分かれた文書にページ番号を振る場合、「1」以外から番号を付けることがあります。「ページ番号の書式」画面を開けば、任意の開始番号からページ番号を振れます。

また、「20」を開始番号としてページ番号を付けたあと、「30」からに変えることになったときも、この画面で開始番号を「30」にするだけで、即座に変更できます。

開始番号を「20」にする

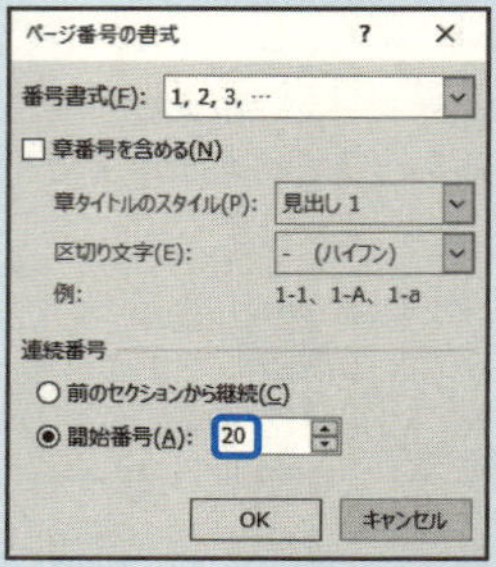

［開始番号］欄でページ番号をいくつから始めるかを指定できます。

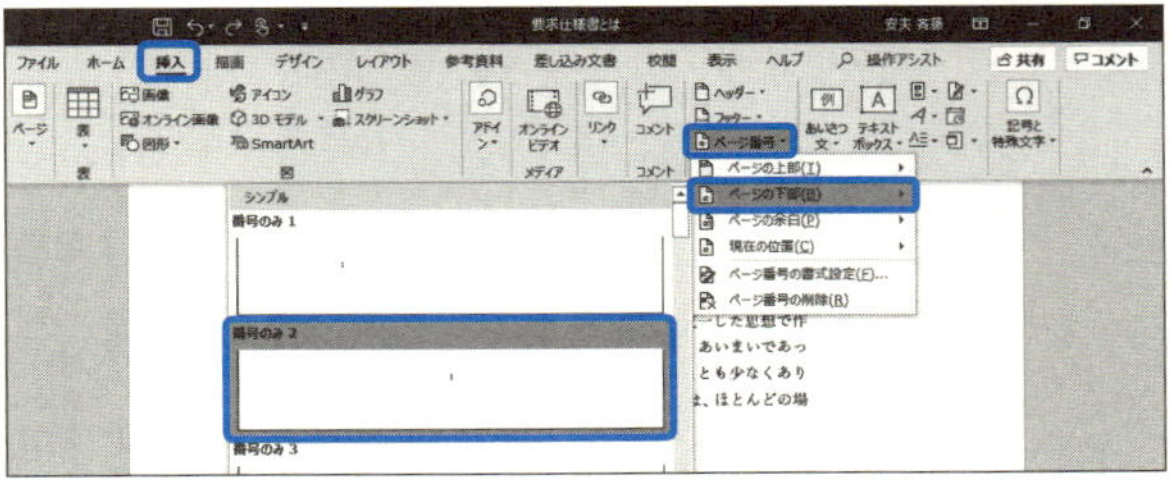

1 [挿入]タブを開き、[ヘッダーとフッター]グループ→[ページ番号]→ページ番号の位置とデザインを選んでページ番号を挿入します。すでにページ番号が入っている場合は、この操作は不要です。

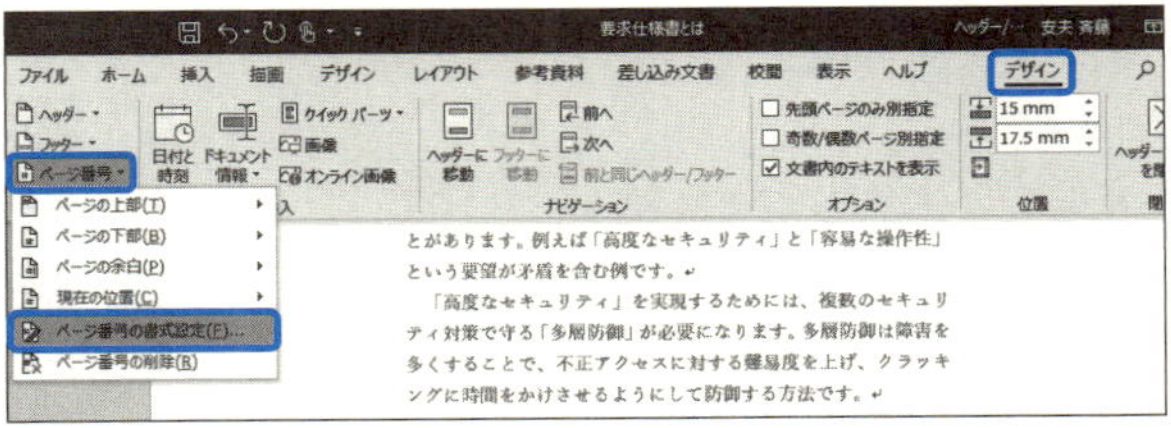

2 ページ番号が挿入されて[ヘッダー／フッターツール]の[デザイン]タブが開くので、[ヘッダーとフッター]グループ→[ページ番号]→[ページ番号の書式設定]を選びます。すでにページ番号が入っている文書では[挿入]タブで同じように[ページ番号の書式設定]を選びます。

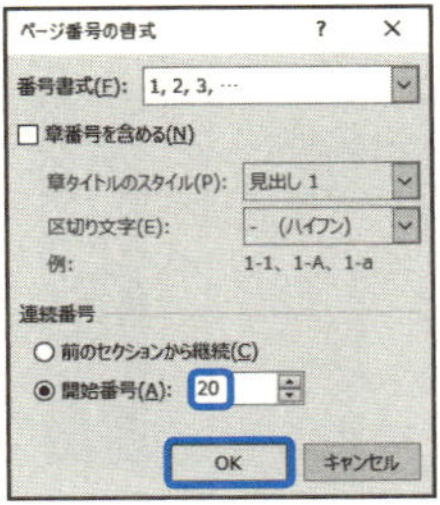

3 [開始番号]欄に開始する番号を入力します。[OK]をクリックすると、指定した番号からページ番号が始まります。**1**を行った場合は、[ヘッダー／フッターツール]の[デザイン]タブで[閉じる]グループ→[ヘッダーとフッターを閉じる]をクリックしてください。

裏ワザ 121

表紙にはページ番号を印刷しないようにする

これは便利!

表紙のある文書にページ番号を付けると、表紙に「1」と入ります。表紙にページ番号を入れたくない場合は、[先頭ページのみ別指定]の設定にします。こうすると表紙にはページ番号が付かず、次のページが「2」になります。

表紙はページに含まずに、次のページを「1」としたページ番号にしたければ、開始番号を「0」に変えてください。

[先頭ページのみ別指定]をオンにする

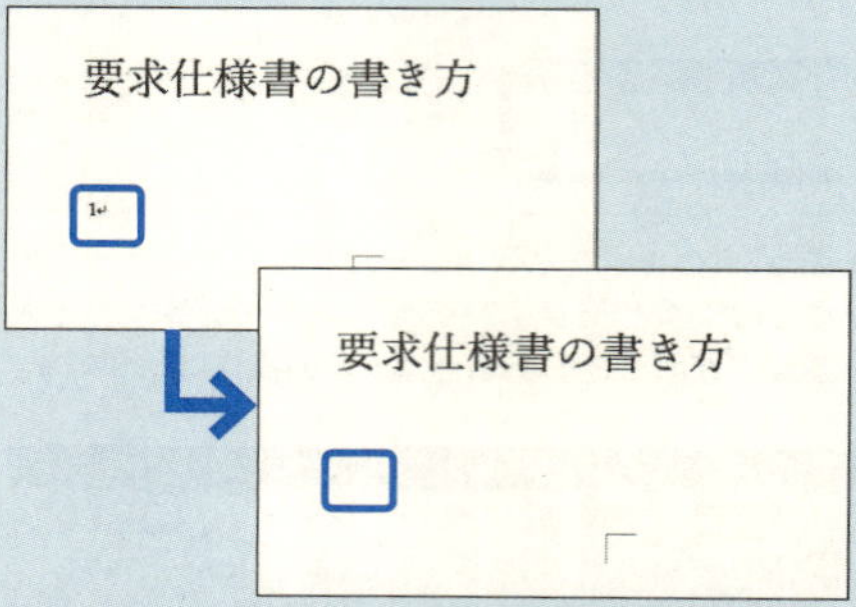

表紙にページ番号が印刷されないように設定を変えました。

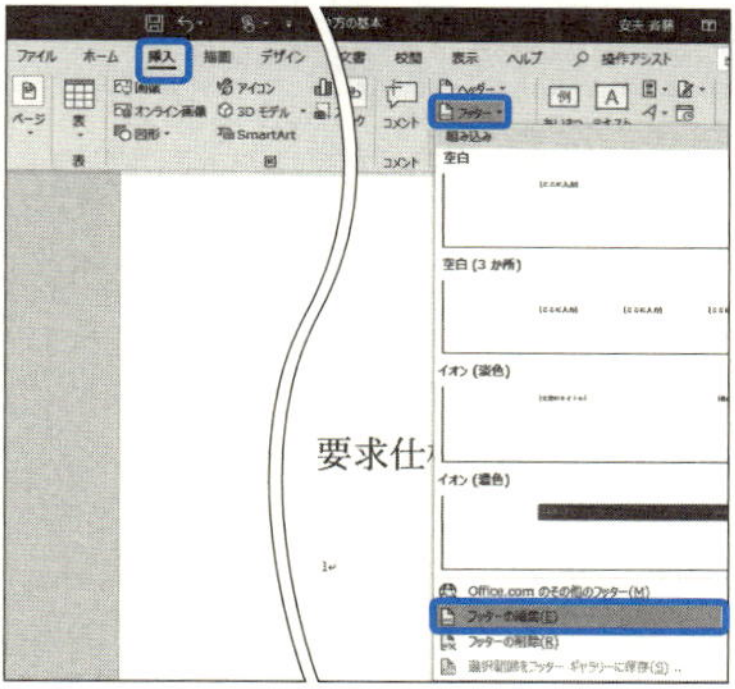

1 先にページ番号を入れておきます。[挿入]タブを開き、[ヘッダーとフッター]グループ→[フッター]→[フッターの編集]を選びます。ページ番号がヘッダーに入っている場合は、[ヘッダー]→[ヘッダーの編集]を選んでください。

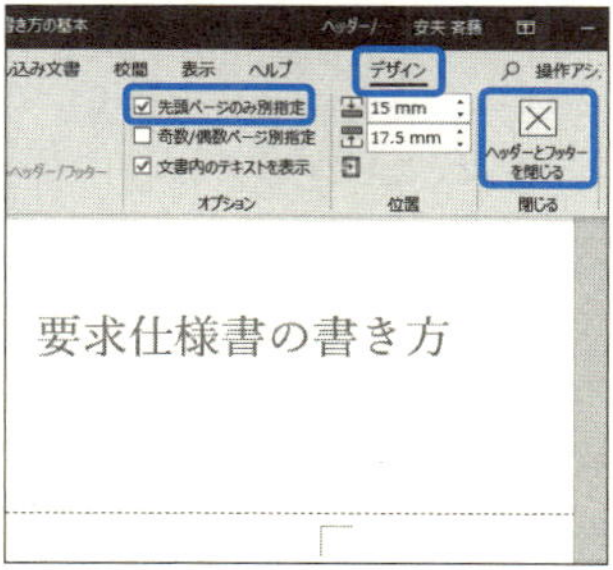

2 [ヘッダー／フッターツール]の[デザイン]タブが開きます。[オプション]グループの[先頭ページのみ別指定]をクリックして☑にします。[閉じる]グループ→[ヘッダーとフッターを閉じる]をクリックして閉じると表紙のページ番号が非表示になり次のページが「2」になります。

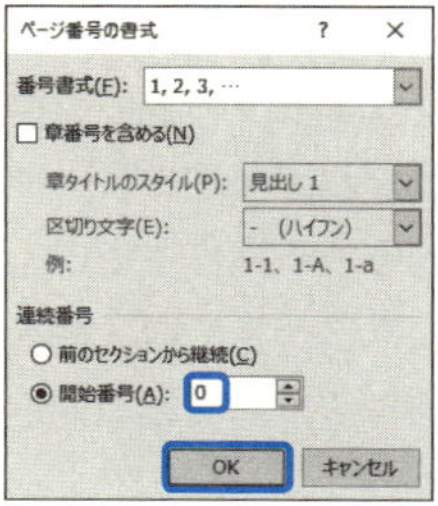

! 表紙の次のページの番号を「1」にするには、[挿入]タブを開き、[ヘッダーとフッター]グループ→[ページ番号]→[ページ番号の書式設定]を選び、[開始番号]を「0」にします。

COLUMN

ショートカットキーを覚えずに時短を図る

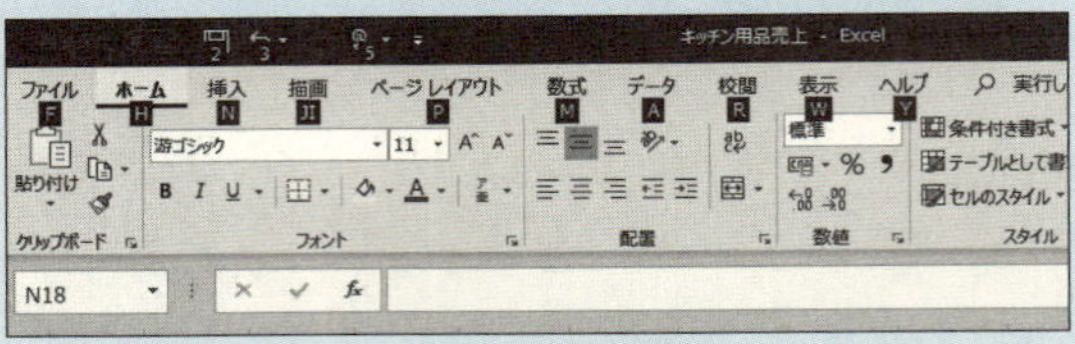

[Alt] キーを押すと、どのキーがどのタブに対応しているかが表示されます。[H]キーを押してみましょう。

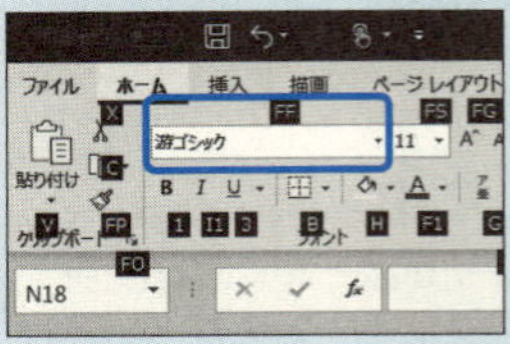

[ホーム] タブの各機能に対応したキーが表示されます。[F] キーを2回押すと[フォント] の欄を選べます。[↓]キーを押してフォントのリストを表示し、フォントを選ぶというようにして使います。

エクセルでもワードでも操作の時短を図るというと、まず思い浮かぶのがショートカットキーでしょう。しかし、数が多すぎて覚えきれずに挫折する人もたくさんいます。

キーで操作はしたいけれど、ショートカットキーは覚えられないという人におすすめのキーがあります。[Alt]キーです。これを押すと、どのキーを押せば各タブの機能を使えるかのヒントが表示され、次にそれぞれの機能のキーが表示され…という具合に画面を見ながらキー操作ができるのです。ショートカットキーとは少し異なりますが、手をマウスとキーボードの間で動かす時間がなくなる分、操作時間が短縮できるはずです。

著者紹介

ワイツープロジェクト
Y2 Project

■ 岡田泰子
Yasuko Okada

ワイツープロジェクトで書籍執筆およびユーザーモデル（ペルソナ）開発、コンサルティングを担当。著書に『その仕事、3秒で完了! パソコンの神ワザ200』『500円で覚えるウィンドウズ10 使える超便利ワザ全部!』（ともに宝島社）、訳書に『ペルソナ戦略』（ダイヤモンド社）など。

■ 秋本芳伸
Yoshinobu Akimoto

ワイツープロジェクトでシステムコンサルティングおよびコンピュータ関連書籍の執筆を担当。『基礎から学ぶシステム仕様書』『90分で学べるRFPの作り方』（ともに日経BP社）をはじめ著書、訳書多数。博士（工学）。

●登録商標について
Microsoft、MS、Windowsは、米国Microsoft Corporationの米国およびその他の国における登録商標または商号です。その他、本書中のシステム名・会社名は、一般にそれぞれ各社の商号、商標、登録商標です。なお本文中には、®マークおよびTMマークは明記していません。
●本書の内容を超えるお問い合わせにはお答えできません。

宝島SUGOI文庫

1時間で覚えるエクセル&ワード 仕事が3倍速になる超裏ワザ全部！

（いちじかんでおぼえるえくせるあんどわーど しごとがさんばいそくになるちょううらわざぜんぶ！）

2019年1月24日　第1刷発行
2021年12月23日　第2刷発行

著　者　ワイツープロジェクト

発行人　蓮見清一
発行所　株式会社 宝島社
〒102-8388　東京都千代田区一番町25番地
電話：営業 03（3234）4621／編集 03（3239）0928
https://tkj.jp
印刷・製本　図書印刷株式会社

本書の無断転載・複製・放送を禁じます。
乱丁・落丁本はお取り替えいたします。
©Y2 Project 2019

Printed in Japan
ISBN978-4-8002-9206-3